MATLAB®
examples

MATLAB®
examples

FRM金融风险管理师零基础编程

MATLAB 金融风险管理师 FRM（二级）

姜伟生 涂升 编著

清华大学出版社
北京

内 容 简 介

金融风险管理已经成为各个金融机构必备的职能部门。特别是随着全球金融一体化不断发展深入,金融风险管理愈发重要,也日趋复杂。金融风险管理师(FRM)就是在这个大背景下推出的认证考试,FRM现在已经是金融风险管理领域顶级权威的国际认证考试。丛书共分三本,分别是FRM考试第一、二级考纲内容以及实际工作所需的金融建模风险管理知识。丛书将金融风险建模知识和MATLAB编程有机地结合在一起,配合丰富的彩色图表,由浅入深地将各种金融概念和计算结果可视化,帮助读者理解金融风险建模核心知识,提高数学和编程水平。

本册共分12章。第1章以股票市场指数为基础讲解市场波动、回报率、波动率计算,特别是和读者探讨指数加权移动平均法。第2章探讨随机过程,讲解随机数特性、随机数线性关系、维纳过程、布朗运动、几何布朗运动和随机试验。第3章以第2章为基础,探讨随机过程模拟,首先介绍几何布朗过程离散方法,然后分析股价相关性特点以及模拟,之后分析利率特点并讨论均值回归模型,最后讨论几个常见利率模型和模型校准。第4章讨论期权定价,首先回顾期权基础内容,然后介绍重要的Black Scholes模型,以此为基础讨论期权理论价格走势,然后讨论期权风险因子,特别是波动率,最后比较几种期权定价方法。第5章以第4章为基础讨论计算期权用到的希腊字母Delta、Gamma、Theta、Vega和Rho。第6章讨论现金或空手期权、资产或空手期权、障碍期权等定价和希腊字母。第7和8两章讨论市场风险度量,首先讨论资产风险因子和敏感度以及损益估算,然后集中讨论参数法、历史法、历史加权和蒙特卡洛模拟法计算风险价值,最后讨论VaR回顾测试。本书最后三章,也就是第10、11和12章,集中讨论信用风险内容。第10章首先介绍信用风险基础,然后讨论个人和企业信用评分模型。第11章主要讨论违约概率、信用转移和两个主要结构违约模型。第12章主要讲解缩减式风险模型、违约相关性和违约损失率。

本书适合所有金融从业者阅读,特别适合金融编程零基础读者参考学习。本书适合FRM考生备考参考学习,可以帮助FRM持证者实践金融建模,另外本书也是巩固金融知识、应对金融笔试面试的利器。

本书封面贴有清华大学出版社防伪标签,无标签者不得销售。
版权所有,侵权必究。侵权举报电话: 010-62782989 13701121933

图书在版编目(CIP)数据

MATLAB金融风险管理师FRM: 二级 / 姜伟生,涂升编著. — 北京: 清华大学出版社,2020.4
(FRM金融风险管理师零基础编程)
ISBN 978-7-302-55186-7

Ⅰ. ①M… Ⅱ. ①姜… ②涂… Ⅲ. ①Matlab软件—应用—金融风险—风险管理—资格考试—自学参考资料 Ⅳ. ①F830.9-39

中国版本图书馆 CIP 数据核字(2020) 第 049547 号

责任编辑: 栾大成
封面设计: 姜伟生 涂 升
责任校对: 徐俊伟
责任印制: 杨 艳

出版发行: 清华大学出版社
  网　　址: http://www.tup.com.cn, http://www.wqbook.com
  地　　址: 北京清华大学学研大厦A座　　邮　编: 100084
  社 总 机: 010-62770175　　邮　购: 010-83470235
  投稿与读者服务: 010-62776969, c-service@tup.tsinghua.edu.cn
  质 量 反 馈: 010-62772015, zhiliang@tup.tsinghua.edu.cn
印 装 者: 涿州汇美亿浓印刷有限公司
经　　销: 全国新华书店
开　　本: 188mm×260mm　　印　张: 31.25　　字　数: 990千字
版　　次: 2020年8月第1版　　印　次: 2020年8月第1次印刷
定　　价: 199.00元

产品编号: 084119-01

Preface
前言

　　人以"血"为"气之母"。金融之于一个国家,亦犹如血液之于人的身体。风险管理作为必不可少的金融行业之一,时时刻刻都在管理金融"血液"的流动,监控"血液"的各项指标,预防各类"血液"问题的发生。

　　现代金融风险管理是由西方世界在二战以后系统性地提出,研究和发展起来的。一开始,还只是简单地使用保险产品来规避个人或企业由于意外事故而遭受的损失。到了20世纪50年代,此类保险产品不仅难以面面俱到而且费用昂贵,风险管理开始以其他的形式出现。例如,利用金融衍生品来管理风险,在70年代开始崭露头角,在80年代风靡一时。再到90年代,金融机构开始开发内部的风险管理模型,全球性的风险监管陆续介入并扮演起管理者的角色。如今,风险管理在不断完善的过程中,已经成为了各个金融机构的必备职能部门,在有效地分析、理解和管理风险的同时,也创造了大量的就业机会。

　　金融风险管理的进化还与量化金融的发展息息相关。量化金融最大的特点就是利用模型来解释金融活动和现象,并对未来进行合理的预测。1827年,当英国植物学家罗伯特•布朗 (Robert Brown) 盯着水中做无规则运动的花粉颗粒时,他不会想到几十年后的1986年,法国人朱尔斯•雷诺特 (Jules Regnault) 根据自己多年股票经纪人的经验,首次提出股票价格也服从类似的运动。到了1990年,法国数学家路易斯•巴切里尔 (Louis Bachelier) 发表了博士论文《投机理论》(*The theory of speculation*)。从此,布朗运动被正式引入和应用到了金融领域,树立了量化金融史上的首座里程碑。

　　而同样历史性的时刻,直到1973年和1974年才再次出现。美国经济学家费雪•布雷克 (Fischer Black)、美加经济学家迈伦•舒尔兹 (Myron Scholes) 和美国经济学家罗伯特•默顿 (Robert Merton) 分别于这两年提出并建立了Black-Scholes-Merton模型。该模型不仅实现了对期权产品的定价,其思想和方法还被拓展应用到了其他的各类金融产品和领域,影响极其深远。除了对随机过程的应用,量化金融更是将各类统计模型、时间序列模型、数值计算技术等其他五花八门的神兵利器都招致麾下,大显其威。而这些广泛应用的模型、工具和方法,无疑都为金融风险管理提供了巨大的养分和能量,也成为了金融风险管理的重要手段。例如,损益分布、风险价值(VaR)、波动率、投资组合、风险对冲、违约概率、信用评级等这些重要的概念,就是在这肥沃的土壤上结出的果实。

　　纵观我国历史,由西周至唐,历经银本位的宋元明,清之后近代至今,中华文明本身就是一段璀璨瑰丽的金融史,并曾在很长一段时间位于世界前列。在当今变幻莫测的国际局势中,金融更是一国重器，金融风险管理人才更是核心资源。特别是随着全球一体化的深入，金融风险管理愈发重要，也日趋复杂。

金融风险管理师（FRM）就是在这样的大背景下应运而生的国际专业资质认证考试。本丛书以FRM考试第一、二级考纲为中心，突出介绍实际工作所需的金融风险建模和管理知识，并且将MATLAB编程有机地结合到内容中。就形式而言，本丛书另一大特点是通过丰富多彩的图表和生动贴切的实例，深入浅出地将烦琐的金融概念和复杂的计算结果进行了可视化，能有效地帮助读者领会知识要点并提高编程水平。

贸易战、金融战、货币战这些非传统意义的战争，所到之处虽不见炮火硝烟，但遍野哀嚎不绝于耳。安得广厦千万间，风雨不动安如山。笔者希望这一套丛书，能为推广金融风险管理的基本知识尽一份微薄之力，为国内外从事该行业的中文读者提供一点助益。在这变化莫测的全球金融浪潮里，为一方平安保驾护航，为盛世永驻尽心尽力。

在这里，笔者衷心感谢清华大学出版社的栾大成老师，以及其他几位编辑老师对丛书的大力支持，感谢身边好友们的倾情协助和辛苦工作。感谢MathWorks中国Lynn Ye女士对丛书的大力支持。感谢MathWorks Book Program对丛书的技术支持。最后，借清华大学校训和大家共勉——天行健，君子以自强不息；地势坤，君子以厚德载物。

Nothing and no one can destroy the Chinese people. They are relentless survivors. They are the oldest civilized people on earth. Their civilization passes through phases but its basic characteristics remain the same. They yield, they bend to the wind, but they never break.

——赛珍珠 (Pearl S. Buck)

About Authors and Reviewers
作者和审稿人
(按姓氏字母先后顺序)

安然

博士，现就职于道明金融集团道明证券 (TD Securities)，从事交易对手风险模型建模，在金融模型的设计与开发以及金融风险的量化分析等领域具有丰富的经验。曾在密歇根大学、McMaster大学、Sunnybrook健康科学中心从事飞秒激光以及聚焦超声波的科研工作。

姜伟生

博士，FRM，现就职于MSCI，负责为美国对冲基金客户提供金融分析产品RiskMetrics RiskManager的咨询和技术支持服务。MATLAB建模实践超过10年。跨领域著作丰富，在语言教育、新能源汽车等领域出版中英文图书超过15种。

梁健斌

博士，现就职于McMaster Automotive Resource Center，MATLAB使用时间超过10年。曾参与过CRC Taylor & Francis图书作品出版工作，发表多篇英文学术期刊。深度参与本丛书的创作，对MATLAB代码进行了多轮查验和调试，完成了图书大部分核心代码甄选工作。

芦苇

博士，硕士(金融数学方向)，现就职于加拿大五大银行之一的丰业银行(Scotiabank)，从事金融衍生品定价建模和风险管理工作。编程建模时间超过十年。曾在密歇根州立大学、多伦多大学，从事中尺度气候模型以及碳通量反演的科研工作。

邵航

金融数学博士，CFA，博士论文题目《系统性风险的市场影响、博弈论和随机金融网络模型》。现就职于OTPP (Ontario Teachers' Pension Plan，安大略省教师退休基金会)，从事投资业务。曾在加拿大丰业银行之一从事交易对手风险模型建模和管理工作。MATLAB建模实践超过10年。

涂升

博士，FRM，现就职于CMHC (Canada Mortgage and Housing Corporation，加拿大抵押贷款和住房管理公司，加拿大第一大皇家企业)，从事金融模型审查与风险管理工作。曾就职于加拿大丰业银行，从事IFRS9信用风险模型建模，执行监管要求的压力测试等工作。MATLAB使用时间超过10年。

王伟仲

博士，现就职于美国哥伦比亚大学，从事研究工作，参与哥伦比亚大学多门研究生级别课程教学工作，MATLAB建模实践超过10年，发表多篇英文期刊杂志论文。参与本书的代码校对工作，并对本书信息可视化提供了很多宝贵意见。

张丰

金融数学硕士，CFA，FRM，现就职于OTPP，从事一级市场等投资项目的风险管理建模和计算，包括私募股权投资、并购和风投基金、基础建设、自然资源和地产类投资。曾就职于加拿大蒙特利尔银行，从事交易对手风险建模。MATLAB建模实践超过10年。

Acknowledgement
致谢

To our parents.
谨以此书献给我们的母亲父亲。

Book Reviews
推荐语

本书作者结合MATLAB编程将复杂的金融风险管理的基本概念用大量图形展现出来，使读者能用最直观的方式学习和理解知识点。书中提供的大量源代码使得读者可以亲自实现书中的具体实例。真的是市场上少有的、非常实用的金融风险管理资料。

——张旭萍 | 资本市场部门主管 | 蒙特利尔银行

投资与风险并存，但投资不是投机，如何在投资中做好风险管理一直是值得探索的课题。一级市场中更多的是通过法律手段来控制风险，而二级市场还可以利用量化手段来控制风险。本书基于MATLAB从实操上教给读者如何量化并控制投资风险的方法，这"术"的背后更是让读者在进行案例实践的过程中更好地理解风险控制之"道"，更深刻地理解风控的思想。

——杜雨 | 风险投资人 | 红杉资本中国基金

作为具有十多年FRM培训经验的专业讲师，我深刻感受到，每一位FRM考生都希望能将理论与实践结合，希望用计算机语言亲自实现FRM中学习到的各种产品定价和金融建模理论知识。而MATLAB又是金融建模设计与分析等领域的权威软件。本丛书将MATLAB编程和金融风险建模知识有机地结合在一起，配合丰富的彩色图表，由浅入深地将各种金融概念和计算结果可视化，帮助读者理解金融风险建模核心知识。本丛书特别适合FRM备考考生和通过FRM考试的金融风险管理从业人员，同时也是金融风险管理岗位笔试和面试的葵花宝典，甚至可以作为金融领域之外的数据可视化相关岗位的绝佳参考书，非常值得学习和珍藏。

——Cate程黄维 | 高级合伙人兼金融项目学术总监 | 中博教育

How to Use the Book
使用本书

欢迎读者订阅本书微信公众号，获取图书配套代码源文件和更多风控咨询：

本书的重要特点：

- ◀ 紧紧围绕FRM一、二级考纲内容；
- ◀ 由浅入深，突出FRM考试和实际工作的联系；
- ◀ 强调理解，绝不一味罗列金融概念和数学公式；
- ◀ 将概念、公式变成简单的MATLAB代码；
- ◀ 全彩色印刷，赏心悦目地将各种金融概念和数据结果可视化；
- ◀ 中英混排，扩充个人行业术语库。

本书适用读者群体：

- ◀ 如果你是FRM备考考生：本书帮助你更好地理解FRM核心考点；
- ◀ 如果你是FRM持证者：本书是FRM证书和实际工作的桥梁；
- ◀ 如果你要准备金融类面试：本书帮助你巩固金融知识，应对复杂面试题目；
- ◀ 如果你并非金融科班出身，有志于在金融行业发展：本书可能是金融MATLAB编程最适合零基础入门、最实用的图书。

获得正版MATLAB软件

◀ 如果读者是学生或者教职员工,学校可能已提供无试用限期的MATLAB。如下网址可以用来检查是否已有校园许可证。

https://ww2.mathworks.cn/academia/tah-support-program/eligibility.html

◀ 如果读者是在职员工,可通过公司邮箱申请下载为期30天的试用软件。如下网址是网申入口。

https://ww2.mathworks.cn/campaigns/products/trials.html

丛书公开课视频资源

◀ 本书代码请扫码下载,下载平台不定期提供更多资源:

◀ 作者专门为丛书读者开设公开课,讲授图书主要内容。请读者登录https://www.bilibili.com/或https://www.zhihu.com网站或App,搜索"生姜DrGinger"频道。丛书公开课陆续在频道推出,欢迎读者订阅转载。

◀

请读者注意:

◀ 本书为了方便读者学习,在围绕FRM考纲的基础上对内容设计有所调整;

◀ 本书的MATLAB代码是在2018a版本环境中编写。虽然本书的代码也使用2016a版本运行检查,笔者并不确定任何其他低版本MATLAB都可以运行本书代码;

◀ 本书采用的内容、算法和数据均来自公共领域,包括公开出版发行的论文、网页、图书、杂志等;本书不包括任何知识产权保护内容;本书观点不代表任何组织立场;因水平所限,本书作者并不保证书内提及的算法及数据的完整性和正确性;

◀ 本书所有内容仅用于教学,代码错误难免;任何读者使用本书任何内容进行投资活动,本书笔者不为任何亏损和风险负责。

Contents 目录

第1章 波动的市场 ... 1
- 1.1 股票市场指数 ... 3
- 1.2 市场波动 ... 5
- 1.3 回报率 ... 7
- 1.4 标普数据分析 ... 10
- 1.5 波动率 ... 24
- 1.6 指数加权移动平均 ... 32

第2章 随机过程 ... 43
- 2.1 随机数 ... 45
- 2.2 线性相关 ... 56
- 2.3 维纳过程 ... 61
- 2.4 布朗运动 ... 65
- 2.5 几何布朗运动 ... 81
- 2.6 随机试验 ... 83

第3章 随机模拟 ... 89
- 3.1 伊藤引理 ... 91
- 3.2 股价相关性 ... 97
- 3.3 利率特点 ... 105
- 3.4 均值回归模型 ... 111
- 3.5 利率模型 ... 117
- 3.6 模型校准 ... 126

第4章　期权定价 · 133

- 4.1 再谈期权 · 134
- 4.2 BSM模型 · 137
- 4.3 期权理论价格走势 · 140
- 4.4 风险因子 · 147
- 4.5 波动率 · 159
- 4.6 定价方法比较 · 162

第5章　希腊字母 · 170

- 5.1 希腊字母介绍 · 171
- 5.2 Delta · 172
- 5.3 Gamma · 191
- 5.4 Theta · 197
- 5.5 Vega · 206
- 5.6 Rho · 207

第6章　奇异期权 · 210

- 6.1 现金或空手期权 · 211
- 6.2 资产或空手期权 · 220
- 6.3 看涨障碍期权 · 224
- 6.4 看跌障碍期权 · 236
- 6.5 亚式期权 · 245
- 6.6 其他奇异期权 · 248

第7章　市场风险Ⅰ · 250

- 7.1 市场风险 · 251
- 7.2 风险因子和敏感度 · 254
- 7.3 损益估算 · 256
- 7.4 风险价值 · 267
- 7.5 参数法VaR · 271
- 7.6 历史法VaR · 279

第8章　市场风险Ⅱ · 292

- 8.1 移动窗口 · 293
- 8.2 预期亏空 · 301
- 8.3 历史加权法 · 311
- 8.4 蒙特卡洛VaR · 318
- 8.5 债券风险度量 · 326
- 8.6 回顾测试 · 331

第9章 投资组合 — 339

- 9.1 有关投资组合 — 341
- 9.2 资产定价 — 349
- 9.3 期权组合敏感性 — 355
- 9.4 债券组合敏感性 — 359
- 9.5 风险对冲 — 363
- 9.6 投资组合风险价值 — 372

第10章 信用风险 I — 377

- 10.1 有关信用 — 378
- 10.2 信用风险来源和分类 — 379
- 10.3 信用风险的量化度量 — 381
- 10.4 个人信用评分卡模型 — 383
- 10.5 个人信用评分卡模型的变量筛选 — 395
- 10.6 企业信用评分模型 — 402

第11章 信用风险 II — 411

- 11.1 离散和连续违约概率 — 412
- 11.2 信用转移 — 420
- 11.3 结构违约Merton模型 — 431
- 11.4 结构违约KMV模型 — 437

第12章 信用风险 III — 449

- 12.1 缩减式风险模型 — 450
- 12.2 违约相关性 — 461
- 12.3 违约损失率 — 473

附录 — 481

第 1 章 波动的市场
Volatile Market

> 哪怕股价狂跌、灰飞烟灭，你也得面不改色、谈笑风生，否则，你并不适合股市。
> Unless you can watch your stock holding decline by 50% without becoming panic-stricken, you should not be in the stock market.
>
> ——沃伦·巴菲特（Warren Buffett）

Core Functions and Syntaxes
本章核心命令代码

- `autocorr(A)` 计算自相关性，并绘制火柴杆状图
- `datetick('x','yyyy','keeplimits')` 将绘制的火柴杆状图里的横坐标改为以年份格式显示，'keeplimits'选项是使得横坐标的范围按照指定的开始日期和结束日期显示
- `diff(X)` 当X为向量时计算相邻元素之间的差值，当X为矩阵时，计算相邻行对应元素之间的差值
- `disp(['Print this value: ', num2str(value)])` 在命令窗口上显示
- `double()` 将所有数值变量存储为8字节（64位）双精度浮点值
- `fetch(c,series,startdate,enddate)` 配合fred()函数获取经济数据，c为指定的经济数据类型，startdate和enddate分别为数据的开始日期和结束日期
- `fred(url)` 当url='https://fred.stlouisfed.org/'时，可以使用fred(url)圣路易士联邦储备银行 [Federal Reserve Bank of St Louis] 的官网下载大量经济数据
- `histfit(PnL,50)` 不仅绘制直方图，还根据PnL的数据拟合出其概率分布曲线
- `histogram(PnL,50)` 绘制直方图，PnL为直方图的纵坐标数据，"50"指定了直方条的数量为50
- `nanstd(X)` 去除所有的NaN值，计算X的标准差。类似的函数还有`nanmean()`
- `pearsrnd(mu,sigma,skew,kurt,m,n)` 根据平均值mu，标准差sigma，偏度skew，峰度kurt生成符合泊松分布的m×n的随机数矩阵
- `qqplot(x)` 绘制x对比正态分布的分位图，若x的分布是正态分布，则图形为线性图形
- `set(gca,'XTickLabel',x_labels)` 设置图例，x_labels是事先定义好的字符串，如x_labels = {'Overlapped','Mon-Mon','Tue-Tue', 'Wed-Wed','Thu-Thu','Fri-Fri'}
- `set(gcf,'color','white')` 将图的背景设置为白色
- `sort(A)` 按照递增的方式对A内元素进行排序，当A为矩阵时，以列为单位，对每一列进行排序
- `stem(X,Y)` 绘制离散火柴杆图
- `tick2ret(SP500,date_series,'Simple')` 计算简单日回报率，当参数'Continuous'时计算连续日回报率
- `trnd()` 生成符合学生-t分布的随机数矩阵
- `ylim([0,max(SP500)*1.1])` 动态调整纵轴刻度值范围
- `ax = gca; ax.YAxis.Exponent = 0`设置纵轴刻度值的幂次为0次，即不采用科学计数法表示纵轴刻度值

- ◀ nanstd(wkly_log_return) 去除数组 wkly_log_return 中的 NaN 数值后计算标准差
- ◀ ceil(x) 朝正无穷大四舍五入
- ◀ yyaxis left 激活当前坐标区中与左侧 y 轴关联的一侧。后续图形命令的目标为左侧
- ◀ yyaxis right 激活当前坐标区中与右侧 y 轴关联的一侧。后续图形命令的目标为右侧

1.1 股票市场指数

表1.1列出了全球前10大股票交易场所。**股票市场指数**（stock market index），代表某个市场股票的整体表现，比如**标普500**（S&P 500），可以用来跟踪市场行情变动。指数通常由证券交易所或金融服务机构编制。股票市场指数有两大类：**价格加权指数**（price-weighted index）和**价值加权指数**（value-weighted index）。道琼斯指数（US）和日经225指数（Japan）都是价格加权指数；而标普500指数（US）和富时100指数（UK）都是价值加权指数。

表 1.1 全球前10大股票交易所，数据截至2019年1月

交易所	国家地区	城市	资本 (USD bn)
纽约证券交易所（New York Stock Exchange）	United States	New York	22464.24
纳斯达克股票交易所（NASDAQ）	United States	New York	10662.32
日本交易所集团（Japan Exchange Group）	Japan	Tokyo	5628.46
上海证券交易所（Shanghai Stock Exchange）	China	Shanghai	4194.01
泛欧交易所（Euronext）	European Union	Amsterdam, Brussels, Dublin, Lisbon, Paris	4102.40
香港交易所（Hong Kong Stock Exchange）	Hong Kong	Hong Kong	4083.94
伦敦证券交易所集团（London Stock Exchange Group）	United Kingdom	London, Milan	3826.89
深圳证券交易所（Shenzhen Stock Exchange）	China	Shenzhen	2505.18
多伦多证券交易所（TMX Group）	Canada	Toronto	2176.24
孟买证券交易所（Bombay Stock Exchange）	India	Mumbai	1992.63

数据来源：https://www.world-exchanges.org/

道琼斯工业平均指数（Dow Jones Industrial Average，DJIA），简称"道指"，是由**华尔街日报**（The Wall Street Journal，WSJ）和**道琼斯公司**（Dow Jones & Company）创建者**查尔斯·道**（Charles Henry Dow）创造的几种股票市场指数之一。现在，道指的全称是**标普道琼斯指数**（S&P Dow Jones Indices）。

日经平均指数（Nikkei 225），简称"日经225"，是由**日本经济新闻社**（Japan Economics Newspaper）推出的**东京证券交易所**（Tokyo Stock Exchange）股指，1971年第一次发布。该指数为从东京证券交易所上市的股票中选出225家最具代表性的股票，计算方法和纽约道琼斯指数相同，采用价格平均法，用日元计价也是该指数的特点。

标准普尔500（Standard & Poor's 500，S&P 500），简称"标普500"，创立于1957年。它追踪美国股市的平均水平，观察范围多达美国500家上市公司。标准普尔500指数里的500家公司都是美国两大股票交易市场，**纽约证券交易所**（New York Stock Exchange，NYSE）和**纳斯达克**（National

Association of Securities Dealers Automated Quotations，NASDAQ）中的交易公司。标普500指数由标准普尔公司创建并维护。**全收益指数**（total return index，TRI）将分红等计入指数收益。S&P 500就是一个全收益指数。而与之相对的是**价格收益指数**（price return index，PRI），这类指数不考虑分红等。

如下网页给出标普500指数定值方法等信息：

https://us.spindices.com/indices/equity/sp-500

富时100指数（Financial Times Stock Exchange 100 Index，FTSE 100 Index，FTSE 100），创立于1984年1月3日，是由**富时集团**（FTSE Group）根据在**伦敦证券交易所**（London Stock Exchange，LSE）上市的前一百家公司的表现而制作的股价指数。该指数是英国经济的晴雨表，也是欧洲最重要的股票指数之一。

罗素指数（Russell Indexes）是由华盛顿州的Frank Russell所发行的市场资本总额加权平均数，是美国市场被广泛关注的跟踪大型股和小型股的指数。罗素指数有三种，分别是**罗素3000指数**（Russell 3000 Index），**罗素1000指数**（Russell 1000 Index），**罗素2000指数**（Russell 2000 Index）。表1.2给出了几大股指的数据来源。大家可以使用MATLAB的两个函数fred()和fetch()来获得数据。

表1.2 数据来源

指数	数据来源
标普500（S&P 500）	https://fred.stlouisfed.org/series/SP500
道琼斯（Dow Jones Industrial Average）	https://fred.stlouisfed.org/series/DJIA
罗素3000指数（Russell 3000 Price Index）	https://fred.stlouisfed.org/series/RU3000TR
日经225股指指数（Nikkei Stock Average, Nikkei 225）	https://fred.stlouisfed.org/series/NIKKEI225

图1.1给出了标普500 2009—2018年的变化趋势。虽然有涨有跌，但整体而言还是保持上升的趋势。即便去除通货膨胀影响，标普500指数整体上升趋势依然明显。请读者改写如下代码获得其他股指的趋势图。

`B2_Ch1_1_A.m`

```matlab
clc; clear all; close all
url = 'https://fred.stlouisfed.org/';
c = fred(url);
series = 'SP500';
startdate = '01/01/2008';
% beginning of date range for historical data
enddate = '11/18/2018'; % to be updated
% ending of date range for historical data

d = fetch(c,series,startdate,enddate)
% display description of data structure

%% Plot daily SP500
SP500 = d.Data(:,2);
```

```
date_series = d.Data(:,1);

index = 1;
figure(index)
index = index + 1;
plot(date_series, SP500)
datetick('x','yyyy','keeplimits')
xlim([date_series(1)-1,date_series(end)+1])
ylim([0,max(SP500)*1.1])
xlabel('Year')
ylabel('S&P 500 index')
set(gcf,'color','white')
```

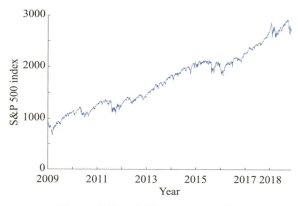

图1.1　标普500指数（2009—2018年）

请注意，fred.stlouisfed.org只提供距今整10年的数据；因此，本书使用的部分数据已经不能从fred.stlouisfed.org获取。如果想要获得和本章完全一致的图片和结果，读者可以用其他数据源，比如Yahoo金融数据。请读者参考以下链接：

https://www.mathworks.com/matlabcentral/fileexchange/43627-download-daily-data-from-google-and-yahoo-finance

1.2　市场波动

在波动的市场里，价格有涨有跌，有些资本获利，有些资本亏损。有些人在股市赚得盆满钵满，有些人则亏得倾家荡产。股市的波动牵动着数以万计股民的心跳。如同**汇率**（exchange rate）、**利率**（interest rate）、**大宗商品**（commodity）等市场也都存在波动一样，甚至波动率本身也存在波动。

我们先管中窥豹，从美国道琼斯、标普和纳斯达克三大股票指数上来看看市场的极端波动情况。观察它们历史上当日的开盘和收盘价格，涨跌情况如同领略一趟过山车之旅。

表1.3给出了历史上道琼斯指数单日涨幅百分比最高的前十名。前四名都发生在20世纪30年代左右。2008年金融危机前后，股市波动剧烈，出现大涨大跌。大家知道，均方差是有效度量波动的方法。在金融领域，一定时间内回报率的均方差，被称作**波动率**（volatility）。就股票而言，回报率可以是涨幅或者跌幅的百分比，也可以是它们的对数形式。当股指出现大起大落时，股指的波动率就会

明显上升。需要强调的是，波动率有时被误解为股指价格的均方差，实际上它是股指**回报率的均方差**（standard deviation of returns）。

表1.3 道琼斯单日开盘收盘极端涨幅

日期	开盘	收盘	单日涨幅	涨幅 (%)
1933-03-15	53.84	62.1	8.26	15.34
1931-10-06	86.48	99.34	12.86	14.87
1929-10-30	230.07	258.47	28.4	12.34
1932-09-21	67.49	75.16	7.67	11.36
2008-10-13	8 451.19	9 387.61	936.42	11.08
2008-10-28	8 175.77	9 065.12	889.35	10.88
1987-10-21	1 841.01	2 027.85	186.84	10.15
1932-08-03	53.16	58.22	5.06	9.52
1932-02-11	71.80	78.6	6.8	9.47
1929-11-14	198.69	217.28	18.59	9.36

表1.4给出了道琼斯单日极端跌幅的前十名。排名第一的，是发生在1987年10月19号的**黑色星期一**（Black Monday）。在道指的带动下，全美股票市场全面下跌，引发市场震动。极度的恐慌迅速蔓延至亚洲和欧洲的金融市场。10月26日，恒生指数单日跌幅就超过了30%。这场源头在美国的股市的危机，最后演变成全球性的经济衰退。这次金融事件留下的各种历史数据，是当下流行的**压力测试**（stress test）常常采用的测试脚本之一。排名第二的事件发生在1929年10月29日，俗称**黑色星期二**（Black Tuesday）。这一次大崩盘的引爆点是纽约证券交易所，又叫作**1929年华尔街股灾**（Wall Street Crash of 1929），是美国历史上最严重的股灾。随之而来的是长达十年之久的**大萧条**（Great Depression）。直至1954年，股票市场才回到以往的水平。

表 1.4 道琼斯单日开盘收盘极端跌幅

日期	开盘	收盘	单日跌幅	跌幅 (%)
1987-10-19	2 246.74	1 738.74	−508	−22.61
1929-10-28	298.97	260.64	−38.33	−12.82
1929-10-29	260.64	230.07	−30.57	−11.73
1929-11-06	257.68	232.13	−25.55	−9.92
1899-12-18	63.84	58.27	−5.57	−8.72
1932-08-12	68.90	63.11	−5.79	−8.4
1907-03-14	83.12	76.23	−6.89	−8.29
1987-10-26	1 950.76	1 793.93	−156.83	−8.04
2008-10-15	9 310.99	8 577.91	−733.08	−7.87
1933-07-21	96.26	88.71	−7.55	−7.84

有没有可能设计一套算法，让自己的股票投资每天都是正收益呢？如果不太贪心的话，不追求每天10%以上的回报率，只要1%到2%（还是很贪心）。年初投资1000美金，经过一年252个工作日，年终时总的回报有多少呢？图1.2给出的数据会让人大吃一惊。当日回报率为1%时，252个工作日之后，收益超过10倍即$1.01^{252}=12.2740$。如果日回报率是2%，则一年过去后，收益将超过140倍，即$1.02^{252}=146.9749$。可以体会到指数型增长的强大之处了吧。

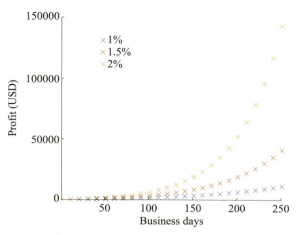

图1.2 投资1000美金,日均涨幅为1%、1.5%和2%的收益情况

但是,如果年初投资100000美金,每天亏损1%或者2%,那么经过252个工作日,也就是一年之后,几乎是血本无归如图1.3所示。

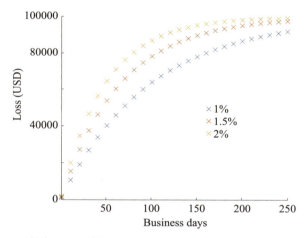

图1.3 投资100000美金,日均跌幅为 -1%、-1.5%和 -2%的亏损情况

但现实中却不能创造出这样的算法,保证每天都能盈利。真实的股票市场有涨有跌,只能从其长期而整体的运动上寻踪觅迹,数往知来。如何运用丛书第一本书中学习的统计知识来分析市场数据呢?如何正确计算回报率?日回报率的平均值大概是多少?日回报率的直方图分布是否近似正态分布?偏度和峰度趋势是怎么样的?波动的市场,如何理性地估算其波动情况呢?带着这些问题继续接下来的学习。

1.3 回报率

回报率可以是一个广义名词。本节探讨的回报率具体指价格、价值或其他数值的变动,例如股票的回报率,利率的回报率。考察一支股票的价格起伏,如图1.4所示,只考虑收盘价S在t时刻和$t-1$

时刻，单位为**工作日**（business day）的变动，通过如下公式计算出相应的**损益**（profit and loss，PnL，P&L）：

$$PnL_t = P_t - P_{t-1} \tag{1.1}$$

式中：PnL_t为t时刻的股票损益，在不考虑分红的情况下，$PnL_t > 0$，股票获利，$PnL_t < 0$，股票亏损；P_t为t时刻的股票价格；P_{t-1}为$t-1$时刻的股票价格。

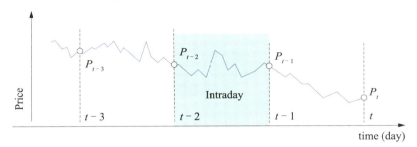

图1.4　某股票的价格变动

在没有**分红**（dividend）的情况下，单日**简单回报率**（simple return）可以通过式（1.2）计算：

$$y_t = \frac{P_t - P_{t-1}}{P_{t-1}} \tag{1.2}$$

周期为k天的简单回报率：

$$\begin{aligned} y_t(k) &= \frac{P_t - P_{t-k}}{P_{t-k}} \times 100\% \\ &= \frac{P_t}{P_{t-k}} - 1 \\ &= \frac{P_t}{P_{t-1}} \frac{P_{t-1}}{P_{t-2}} \cdots \frac{P_{t-k+1}}{P_{t-k}} - 1 \\ &= (y_t + 1)(y_{t-1} + 1) \cdots (y_{t-k+1} + 1) - 1 \end{aligned} \tag{1.3}$$

仅考虑营业日数据，单周简单回报率可以通过式（1.4）得到：

$$y_t(5) = \frac{P_t - P_{t-5}}{P_{t-5}} \times 100\% \tag{1.4}$$

双周（半月）简单回报率可以通过式（1.5）得到：

$$y_t(10) = \frac{P_t - P_{t-10}}{P_{t-10}} \times 100\% \tag{1.5}$$

单月简单回报率：

$$y_t(20) = \frac{P_t - P_{t-20}}{P_{t-20}} \times 100\% \tag{1.6}$$

若一年有252个数据点，如果每周只采集一次单周回报率，只能得到50个数据。但是，如果每天都采集一个单周回报率，即以周为单位的数据窗口每天都随着时间不停向前移动，每天都能得到新的过去一周的回报率。这样的话，就可以得到247个周回报率数据。这种周回报率也称为**重叠**（overlapping）单周回报率，其概念也可以用到其他的时间单位上，比如月、季度和年。使用重叠回报率的好处显而易见，相较于**非重叠**（non-overlapping）回报率而言，数据量成倍增加。但是不足之处是，由于数据存在较高的自相关性，会降低重叠回报率样本序列波动率的波动率，如图1.5所示。

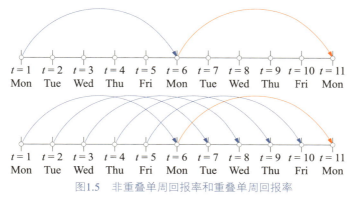

图1.5　非重叠单周回报率和重叠单周回报率

在考虑分红的情况下，股票的回报率可以由式（1.7）计算：

$$y_t = \frac{P_t - P_{t-1} + D_t}{P_{t-1}} \times 100\% \qquad (1.7)$$

如果某个**投资组合**（investment portfolio）只含有这个股票，而且当前这个投资组合的价值为A_t，那么t时刻投资组合的损益情况为：

$$Q_t = A_t \frac{P_t - P_{t-1}}{P_{t-1}} \qquad (1.8)$$

除了简单回报率，还有**连续回报率**（log return, continuously compounded return）。一般情况下，回报率用**百分数**（percentage）来表达，也有相当多的情况，回报率用**小数**（decimal）表达。简单回报率通常用在各种会计计算，而连续回报率用在各种数学模型。连续回报率计算方法为：

$$r_t = \ln\left(\frac{P_t}{P_{t-1}}\right) = \ln(P_t) - \ln(P_{t-1}) \qquad (1.9)$$

当$\frac{P_t}{P_{t-1}}$很接近时（如小于10%），对数回报率$\ln\left(\frac{P_t}{P_{t-1}}\right)$和$\frac{P_t}{P_{t-1}}$很接近。此外，采用连续回报率可以简化多阶段收益率的计算。对于横跨几个时间单位的多期连续回报率，其计算可以通过式（1.10）获得：

$$\begin{aligned}
r_t(k) &= \ln\left(\frac{P_t}{P_{t-k}}\right) \\
&= \ln(P_t) - \ln(P_{t-k}) \\
&= [\ln(P_t) - \ln(P_{t-1})] + [\ln(P_{t-1}) - \ln(P_{t-2})] + \ldots + [\ln(P_{t-k+1}) - \ln(P_{t-k})] \\
&= r_t + r_{t-1} + \ldots + r_{t-k+1}
\end{aligned} \qquad (1.10)$$

从连续回报率的数学表达式中可以联系到简单回报率，两者的直接关系为：

$$r_t = \ln\left(\frac{P_t - P_{t-1} + P_{t-1}}{P_{t-1}}\right) = \ln(y_t + 1) \tag{1.11}$$

式（1.11）在丛书第一本书的第4章已经介绍过，请读者也同时注意它的泰勒展开式：

$$\ln(y_t + 1) = \sum_{n=1}^{\infty} \frac{(-1)^{n+1}}{n}(y_t)^n \tag{1.12}$$
$$= y_t - \frac{y_t^2}{2} + \frac{y_t^3}{3} - \frac{y_t^4}{4} + \frac{y_t^5}{5}\cdots, \forall y_t \in (-1, +\infty)$$

1.4 标普数据分析

这一节，对标普数据进行简单的统计学分析。图1.6展示了近10年标普500指数的历史数据。在此基础上，先计算一下标普500指数每天的损益PnL，并在图1.6中展示出标普500单日涨幅或跌幅。从图1.6中能观察到2018年年初，标普500指数出现了近十年最大的单日跌幅。同时，也能看到单日损益的均值在0附近。

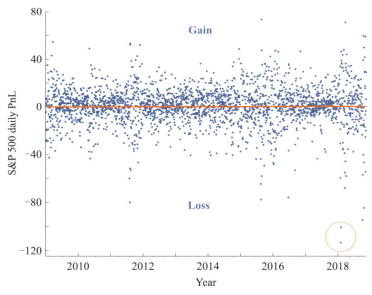

图1.6 标普500单日损益PnL

为了进一步了解图1.6中的数据分布情况，这里调用统计直方图。分别使用MATLAB函数histogram()和histfit()绘制直方图以及它与正态分布PDF的拟合情况。如图1.7所示，可以很清楚地看到分布的均值在0左右，呈现高峰态（kurtosis > 3），两侧尾部都存在**肥尾**（fat tail）的迹象。

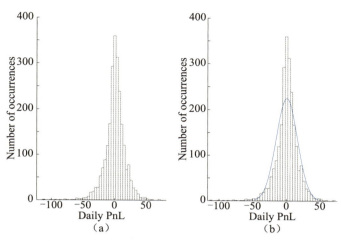

图1.7 日损益概率分布和正态分布PDF拟合：（a）由histogram生成，（b）由histfit生成

以下代码联合第一节代码使用，可以生成图1.6和图1.7。

```matlab
B2_Ch1_1_B.m

%% Profit and Loss

PnL = diff(SP500);
PnL = [NaN; PnL];
% If X is a vector of length m, then Y = diff(X) returns
% a vector of length m-1. The elements of Y are the
% differences between adjacent elements of X.
% Y = [X(2)-X(1) X(3)-X(2) ... X(m)-X(m-1)]

figure(index)
index = index + 1;
plot(date_series, PnL,'.'); hold on
plot(date_series,0*PnL,'LineWidth',2)
datetick('x','yyyy','keeplimits')
xlim([date_series(1)-1,date_series(end)+1])
ylim([min(PnL)*1.1,max(PnL)*1.1])
xlabel('Year')
ylabel('S&P 500 daily P&L')
set(gcf,'color','white')

figure (index)
index = index + 1;

subplot (1,2,1)
histogram(PnL,50);
xlabel('Daily P&L')
ylabel('Number of occurrences')

subplot(1,2,2)
```

```matlab
% Plot histogram with 100 bins together with normal fit
histfit(PnL,50);
xlabel('Daily P&L')
ylabel('Number of occurrences')
set(gcf,'color','white')
```

为获得图1.7数据的具体统计数值，可以运行如下代码：

`B2_Ch1_1_C.m`

```matlab
%% Four moments of PnL
PnL(isnan(PnL)) = [];
disp(['Mean value of PnL: ', num2str(mean(PnL))])

disp(['Variance of PnL: ', num2str(var(PnL))])

disp(['Standard deviation of PnL: ', num2str(std(PnL))])

disp(['Skewness of PnL: ', num2str(skewness(PnL))])

% Please also try m = moment(X,order), which returns the central
% sample moment of X specified by the positive integer order
```

运算结果如下：

```
Mean value of PnL: 0.78544
Variance of PnL: 251.3255
Standard deviation of PnL: 15.8533
Skewness of PnL: -0.70563
Kurtosis of PnL: 7.765
```

在以上运算结果中，2009—2016年标普500损益分布平均值稍大于0，分布整体左偏，高峰态明显。图1.8比较了标普500的连续日回报率和简单日回报率，两者几乎完全一致。因为，连续日回报率在数学上更容易处理，在之后的讨论中会一律使用连续日回报率。

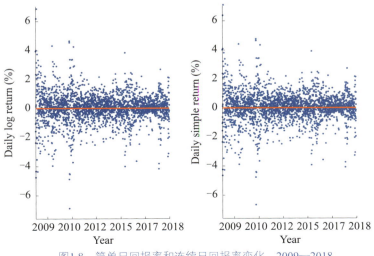

图1.8 简单日回报率和连续日回报率变化，2009—2018

以下代码配合之前两部分代码使用，可以获得图1.8。

`B2_Ch1_1_C.m`

```matlab
%% Daily log and simple returns

[daily_log_return,interval] = tick2ret (SP500, date_series,...
'Continuous');

[daily_simple_return,interval] = tick2ret (SP500, ...
date_series,'Simple');
% If Method is unspecified or 'Simple', the returns are:
% RetSeries(i) = TickSeries(i+1)/TickSeries(i) - 1
% If Method is 'Continuous', the returns are:
% RetSeries(i) = log[TickSeries(i+1)/TickSeries(i)]
% ranked_log_return = sort(daily_log_return); % sort returns

figure (index)
index = index + 1;

subplot(1,2,1)
plot(date_series(2:end), daily_log_return*100,'.'); hold on
% yline(0) % 2018b, new function to draw a reference line
x = date_series(2:end);
y = 0;
plot(x,y*ones(size(x)),'LineWidth',2)
datetick('x','yyyy','keeplimits')
xlim([date_series(2),date_series(end)])
ylim([min(daily_log_return)*110,max(daily_log_return)*110])
xlabel('Year')
ylabel('Daily log return [%]')
set(gcf,'color','white')

subplot(1,2,2)
plot(date_series(2:end), daily_simple_return*100,'.'); hold on
plot(x,y*ones(size(x)),'LineWidth',2)
datetick('x','yyyy','keeplimits')
xlim([date_series(2),date_series(end)])
ylim([min(daily_log_return)*110,max(daily_log_return)*110])
xlabel('Year')
ylabel('Daily simple return [%]')
set(gcf,'color','white')
```

图1.9给出2009—2018年标普500的对数日收益率的直方图和正态分布PDF拟合，与损益分布相似。图1.9中分布的均值在0附近，呈现高峰态，有明显的肥尾现象。

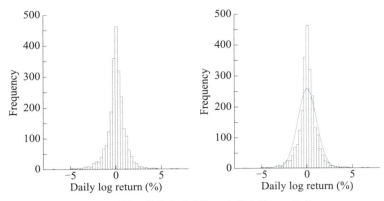

图1.9 对数日收益率分布和正态分布的PDF拟合

以下代码可以求解分布的四阶中心矩：

`B2_Ch1_1_D.m`

```matlab
%% Four moments of daily log returns
daily_log_return(isnan(daily_log_return)) = [];
disp(['Mean value of log_r: ', num2str(mean(daily_log_return))])
% Please also try nanmean()
% y = nanmean(X) returns the mean of the elements of X,
% computed after removing all NaN values.

disp(['Variance of log_r: ', num2str(var(daily_log_return))])
% please also try nanvar
% y = nanvar(X) is the variance var of X,
% computed after removing NaN values.

disp(['Standard deviation of PnL: ', num2str(std(daily_log_return))])
% y = nanstd(X) is the standard deviation std of X,
% computed after removing all NaN values.

disp(['Skew of log_r: ', num2str(skewness(daily_log_return))])

disp(['Kurt of log_r: ', num2str(kurtosis(daily_log_return))])
```

具体的结果显示如下：

```
Mean value of log_r: 0.00049851
Variance of log_r: 9.7175e-05
Standard deviation of log_r: 0.0098577
Skew of log_r: -0.33021
Kurt of log_r: 7.7254
```

单日连续回报率大于0，这一点解释了为什么在图1.1中能够看到长期上升的趋势。单日对数收益率分布同样呈现左偏，这一点对于计算风险价值VaR格外重要。为了更明显地观察肥尾现象，可以将图1.9的左尾部放大显示如图1.10所示。

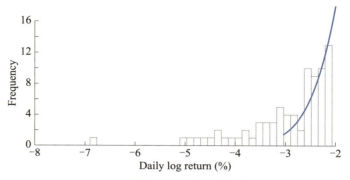

图1.10 肥尾情况,对数日收益率概率分布

配合之前的代码,继续运行如下的代码就可以生成图1.10。

```
B2_Ch1_1_E.m
%% Histogram, daily log return

figure (index)
index = index + 1;

subplot (1,2,1)
histogram(daily_log_return*100,50);
xlim([-8,8])
xlabel('Daily log return [%]')
ylabel('Frequency')

subplot(1,2,2)
% Plot histogram with 100 bins together with normal fit
histfit(daily_log_return*100,50);
xlim([-8,8])
xlabel('Daily log return [%]')
ylabel('Frequency')
set(gcf,'color','white')



figure (index)
index = index + 1;

% Plot histogram with 100 bins together with normal fit
histfit(daily_log_return*100,100);
xlim([-8,-2])
xlabel('Daily log return [%]')
ylabel('Frequency')
set(gcf,'color','white')
title('Fat tail of S&P 500 daily return')
```

用**累积概率密度**(cumulative distribution function,CDF)图能够更方便地观察肥尾现象,如图1.11

所示。首先使用函数ecdf()绘制样本数据的CDF图像。然后计算出样本的均值和均方差，这两个值再用于函数normcdf()绘制正态分布的CDF。将这两个图像叠加，就可以进行直接比较。图1.11（b）展示的是左边尾部的CDF趋势，可以清楚地看到样本数据的CDF高于正态分布的CDF。

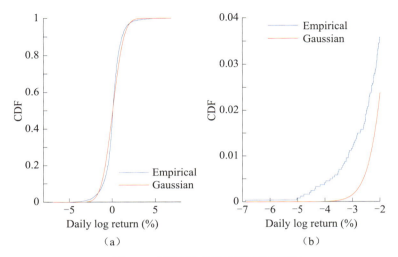

图1.11　对数周收益积累概率分布CDF

以下代码可以用来获得图1.11。

```matlab
B2_Ch1_1_F.m

%% Fat tail CDF, daily log return

figure (index)
index = index + 1;

subplot (1,2,1)

[F,yi] = ecdf(daily_log_return*100);
% empirical CDF
% [f,x] = ecdf(y) returns the empirical cumulative distribution function
% (cdf), f, evaluated at the points in x, using the data in the vector y.
stairs(yi,F,'r'); hold on;
axis([-8 8 0 1]);
xlabel('Daily log return [%]')
ylabel('CDF')
fitted_cdf = normcdf(yi,nanmean(daily_log_return*100),...
    nanstd(daily_log_return*100));

plot(yi,fitted_cdf,'-'); % fitted normal
hold off; % cumulative distribution function (cdf)
legend('Empirical','Gaussian','location','northwest');
set(gcf,'color','white')
subplot (1,2,2)
```

```matlab
stairs(yi,F,'r'); hold on;
axis([-7 -2 0 0.04]);

plot(yi,normcdf(yi,nanmean(daily_log_return*100),...
nanstd(daily_log_return*100)),'-');
% fitted normal
hold off; % cumulative distribution function (cdf)
xlabel('Daily log return [%]')
ylabel('CDF')
legend('Empirical','Gaussian','location','northwest');
set(gcf,'color','white')
```

QQ图（quantile-quantile plot），又称分位图，是一种**非参数法**（non-parametric method），比较两个分布一致性很直观的办法。系列丛书第一本书统计部分，已经讨论过QQ图。熟悉QQ图的读者，通过观察图1.12（a），一眼就可以得出结论，这个分布的两个尾端都存在肥尾现象。图1.12（a）是拿样本分布和标准正态分布比较。图1.12（b）是样本分布和学生t-分布（nu = 3.2）比较。

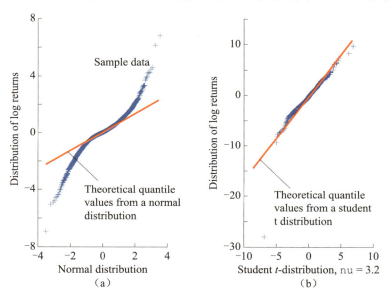

图1.12　标普500日对数回报率的QQ图

以下代码可以用来获得图1.12。

```matlab
%% QQ Plot, daily log returns

figure (index)
index = index + 1;

subplot(1,2,1)
qqplot(daily_log_return*100)
xlabel('Normal distribution')
ylabel('Distribution of log return')
```

```
% QQ plot versus t distribution with
nu = 3.2;
subplot(1,2,2)
qqplot(daily_log_return*100,...
trnd(nu,length(daily_log_return*100),1))

set(gcf,'color','white')
xlabel(['Student t distribution, \nu = ',num2str(nu)])
ylabel('Distribution of log return')
```

我们知道MATLAB函数autocorr()可以用来研究标普500连续日回报率的自相关性。图1.13展示的单日对数回报率自相关情况，没有展现出明显的自相关特征。但是，通过观察图1.14，会发现标普500连续日回报率的平方数却展现出很好的自相关性。这点发现，对于建立波动率的模型很有帮助。丛书第三本书将会在时间序列一章中介绍自相关性建模内容。

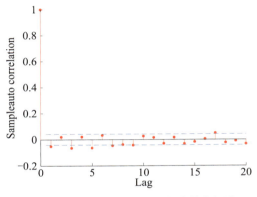

图1.13　标普500日对数回报率的自相关

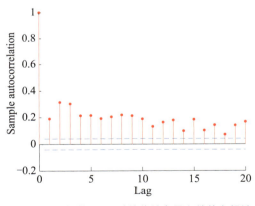

图1.14　标普500日对数收益率平方数的自相关

以下代码可以用来获得图1.13和图1.14。

`B2_Ch1_1_H.m`

```
%% Autocorrelation of log returns

figure (index)
```

```
index = index + 1;

autocorr(daily_log_return)

%% Autocorrelation of log returns squared

figure (index)
index = index + 1;

autocorr(daily_log_return.^2)
```

图1.15展示的是标普500重叠单周对数回报率。每个工作日计算一个回报率的数据。用重叠回报率这种方法可以显著增加数据量。假设10年标普指数数据，每年250个数据点，十年一共2500个数据点。如果用非重叠方法，一共只能得到约500个单周回报率。前者较之于后者而言，周回报率的数据量立刻提高约5倍。

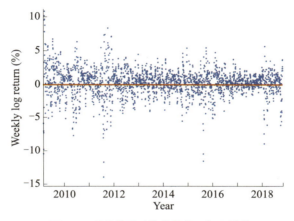

图1.15 重叠单周对数收益率，每天采样

配合之前代码，继续使用以下代码可以获得图1.15。

`B2_Ch1_1_I.m`

```
%% Weekly log return

% daily_log_return=diff(log(SP500))*100;
day_lag = 5;
log_SP500 = log(SP500);
wkly_log_return = log_SP500(1+day_lag:end) - ...
  log_SP500(1:end-day_lag);

figure (index)
index = index + 1;

plot(date_series(1+day_lag:end), wkly_log_return*100,'.');
hold on
plot(x,y*ones(size(x)),'LineWidth',2)
```

```
datetick('x','yyyy','keeplimits')
xlim([date_series(2),date_series(end-day_lag)])
ylim([min(wkly_log_return)*110,max(wkly_log_return)*110])
xlabel('Year')
ylabel('Weekly log return [%]')
set(gcf,'color','white')
```

图1.16提供了6种情况,对比了重叠周回报率和非重叠周回报率。第一种情况是重叠周回报率,剩下的五种是非重叠周回报率。这里,只考虑工作日周一到周五,不考虑节假日带来的影响。五种非重叠周回报率被命名为"周一到周一(Mon-Mon)""周二到周二(Tues-Tues)",以此类推。图1.16说明剩下5个时间序列可以通过第一个时间序列获得。下面来比较一下这6个时间序列的波动率和自相关性。

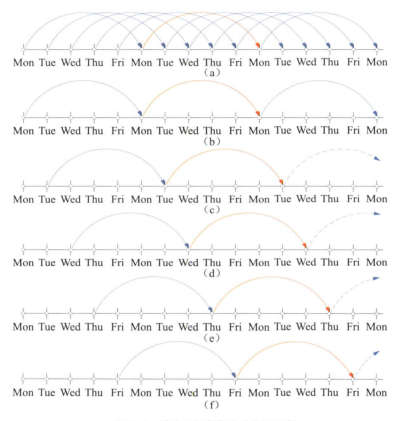

图1.16　重叠回报率和非重叠回报率

使用2009—2018年的标普500数据得到的周回报率数据,然后计算出6种情况的波动率。如图1.17所示,并没有发现这6个波动率存在明显区别。尽管如此,相比非重叠回报率,重叠回报率一般会有较小的波动率。但这里需要强调,这种现象在短期数据采样时会比较明显。这里使用的数据窗口有十年之久,所以差别小是可以理解的。另外,逐字回顾前文的原话"重叠回报率会降低波动率时间序列的波动率"。这里需要强调的是"波动率的波动率"。大家可能疑惑了,波动率自己怎么会有波动率?如果以一年252个工作日为窗口长度来估算波动率,这个窗口每个工作日移动一次。当这个窗口扫描10年数据(约2520个数据点)的时候,就会得到大约2260个波动率,这些波动率就形成了一个时间序列。这就是波动率的时间序列。类似的,也可以求出这个时间序列的波动率,得到的结果就是波动率的波动率。这部分内容，将会再次讨论，请读者留意。

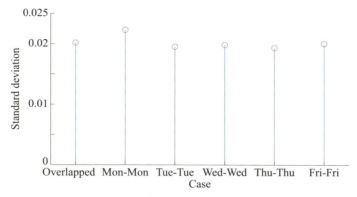

图1.17　比较6种单周对数分布的波动率

同样是回报率，图1.13中可以看到非重叠的单日对数回报率几乎没有显著的自相关性。图1.18说明，重叠周对数收益，在滞后 $k = 1, 2, 3, 4$ 时，展现出显著的自相关性。对于非重叠的单周对数收益，也没有观察到明显的自相关现象，如图1.19所示。

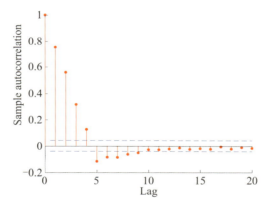

图1.18　重叠周回报率的自相关性（每天采样）

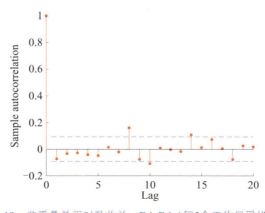

图1.19　非重叠单周对数收益，Fri-Fri（每5个工作日采样一次）

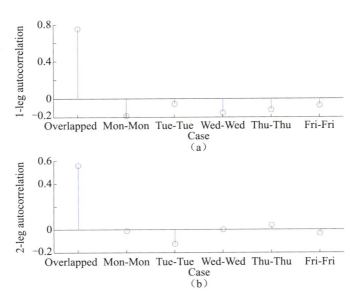

图1.20 比较6种情况的滞后系数$k=1$和$k=2$的自相关系数

以下代码配合之前代码使用，可以获得图1.17、图1.18、图1.19和图1.20。

B2_Ch1_1_J.m

```matlab
%% Overlapping weekly return vs non-overlapping

WK_days = [1:5];

STDs = [nanstd(wkly_log_return)];
acf = autocorr(wkly_log_return);
AutoCORRs_lag1 = [acf(2)]; AutoCORRs_lag2 = [acf(3)];

for i = 1:length(WK_days)
    
    wk_d = WK_days(i);
    non_overlap_wkly = wkly_log_return(wk_d:5:end);
    wk_d_std = nanstd(non_overlap_wkly);
    acf = autocorr(non_overlap_wkly);
    
    STDs = [STDs,wk_d_std];
    AutoCORRs_lag1 = [AutoCORRs_lag1,acf(2)];
    AutoCORRs_lag2 = [AutoCORRs_lag2,acf(3)];
    
end

figure (index)
index = index + 1;
stem(STDs); xlabel('Case');ylabel('Standard deviation')
xlim([0.5,6.5])
x_labels = {'Overlapped','Mon-Mon','Tue-Tue',...
```

```
               'Wed-Wed','Thu-Thu','Fri-Fri'}
set(gca,'XTickLabel',x_labels)
title('Comparing standard deviation')

figure (index)
index = index + 1;
autocorr(wkly_log_return)

figure (index)
index = index + 1;
autocorr(non_overlap_wkly) % Fri-Fri

figure (index)
index = index + 1;
subplot(2,1,1)
stem(AutoCORRs_lag1);
xlabel('Case');ylabel('1-lag autocorrelation')
xlim([0.5,6.5])
x_labels = {'Overlapped','Mon-Mon','Tue-Tue',...
    'Wed-Wed','Thu-Thu','Fri-Fri'}
set(gca,'XTickLabel',x_labels)
title('Comparing 1-lag autocorrelation')

subplot(2,1,2)
stem(AutoCORRs_lag2);
xlabel('Case');ylabel('2-lag autocorrelation')
xlim([0.5,6.5])
x_labels = {'Overlapped','Mon-Mon','Tue-Tue',...
    'Wed-Wed','Thu-Thu','Fri-Fri'}
set(gca,'XTickLabel',x_labels)
title('Comparing 2-lag autocorrelation')
```

重叠回报率还有一个重要的参数就是**重叠天数**（overlapping days），即相邻两个回报率之间共享的天数长度。图1.16（a）的重叠周回报率的重叠天数为4天，图1.21给出的是重叠天数分别为3天和2天的周回报率。

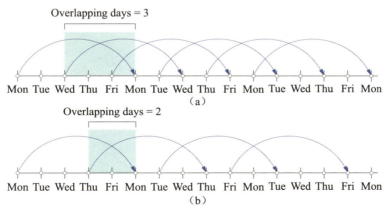

图1.21　重叠天数分别为3天和2天的周回报率

1.5 波动率

芝加哥期权交易所市场的波动率指数（CBOE Volatility Index），又称VIX指数、恐慌指数。这个波动率指数以标普500期权实时价格计算出来的**隐含波动率**（implied volatility）为基础来编制。这种用期权定价公式反推波动率是**前瞻**（forward-looking）波动率。VIX指数能反映出投资者对标普500在未来一个月的时间里走势的期望。图1.22中给出VIX指数和标普500的趋势对比。

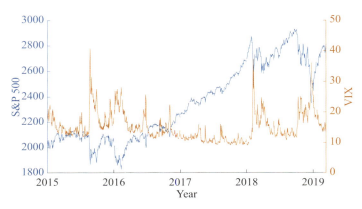

图1.22　VIX指数和标普500的趋势比较

有关VIX计算方法的白皮书，读者可以参考：

https://www.cboe.com/micro/vix/vixwhite.pdf

对于隐含波动率，在其他章节还会继续讨论。**回望**（backward-looking）波动率是用回报率历史数据计算波动率，也叫作**历史波动率**（historical volatility）。下面来讨论如何用收益率数据计算波动率。

使用单日连续回报率，单日波动率可以通过式（1.13）求得：

$$\sigma_{\text{daily}} = \sqrt{\frac{1}{N-1}} \sqrt{\sum_{i=1}^{N}(r_i - \mu)^2} \qquad (1.13)$$

式中：N为样本数据个数，比如一年单日数据$N=250$或$N=252$；r为对数回报率，这里是单日对数回报率；μ为对数回报率的平均值也称期望值。

波动率的平方，也就是方差可以通过式（1.14）求得：

$$\text{var} = \frac{\sum_{i=1}^{N}(r_i - \mu)^2}{N-1} \qquad (1.14)$$

每个数据减去组内均值得到的数据叫作**去均值数据**（demeaned data），也叫作**均值中心化数据**（mean-centered data）。去均值是数据处理基本方法之一，将会在丛书第三本书数学和数据部分更详细地讲解。均值μ可以通过式（1.15）求得：

$$\mu = \frac{\sum_{i=1}^{N} r_i}{N} \qquad (1.15)$$

一般情况下，这个平均值近似为0，可以忽略。另外，当N足够大时，$N-1$可以被N替换。因此，方差的公式可以简化为：

$$\text{var} = \frac{\sum_{i=1}^{N}(r_i)^2}{N} \tag{1.16}$$

因此，单日波动率的计算可以简化为：

$$\sigma_{\text{daily}} = \sqrt{\frac{\sum_{i=1}^{N}(r_i)^2}{N}} \tag{1.17}$$

通过观察回报率或者回报率的平方，可以看到数据波动的变化趋势，如图1.23所示。

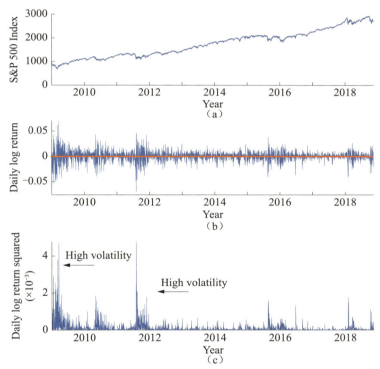

图1.23　标普500指数变动、单日连续回报率和单日连续回报率的平方值

以下代码可以用来获得图1.23。

```
B2_Ch1_2_A.m

clc; clear all; close all

url = 'https://fred.stlouisfed.org/';
c = fred(url);
series = 'SP500';
startdate = '01/01/2009';
% beginning of date range for historical data
```

```matlab
enddate = '11/18/2018'; % to be updated
% ending of date range for historical data

d = fetch(c,series,startdate,enddate)
% display description of data structure

%% Prepare data for daily SP500

SP500 = d.Data(:,2);
date_series = d.Data(:,1);

SP500_nan_removed = SP500; % delete NaN

SP500_nan_removed(any(isnan(SP500),2),:) = [];

date_series_nan_removed  = date_series; % delete NaN

date_series_nan_removed(any(isnan(SP500),2),:) = [];

%% Index, vs, log return, vs log return squared

[daily_log_return,interval] = tick2ret (SP500_nan_removed,...
    date_series_nan_removed,'Continuous');
daily_log_return = [NaN; daily_log_return];

index = 1;
figure(index)
index = index + 1;

% plot index
subplot(3,1,1)
plot(date_series_nan_removed, SP500_nan_removed)
datetick('x','yyyy','keeplimits')
xlim([date_series_nan_removed(1)-1,date_series_nan_removed(end)+1])
ylim([0,max(SP500)*1.1])
xlabel('Year')
ylabel('S&P 500 index')
set(gcf,'color','white')

% plot daily log return
subplot(3,1,2)
plot(date_series_nan_removed, daily_log_return); hold on
x = date_series_nan_removed;
y = 0;
plot(x,y*ones(size(x)),'r','LineWidth',2)
datetick('x','yyyy','keeplimits')
xlim([date_series_nan_removed(1)-1,date_series_nan_removed(end)+1])
```

```
ylim([min(daily_log_return)*1.1,max(daily_log_return)*1.1])
xlabel('Year')
ylabel('Daily log return')
set(gcf,'color','white')

% plot daily log return squared
subplot(3,1,3)
daily_log_return_squared = daily_log_return.^2;
plot(date_series_nan_removed, daily_log_return_squared);
datetick('x','yyyy','keeplimits')
xlim([date_series_nan_removed(1)-1,date_series_nan_removed(end)+1])
ylim([0,max(daily_log_return_squared)*1.1])
xlabel('Year')
ylabel('Daily log return squared')
set(gcf,'color','white')
```

如果把1/N这一部分看成是权重的话,可以看到窗口内不同时间点的数据的权重完全相同。这种方法又叫作**均权重、等权重**(equally weighted),具体形式如式(1.18):

$$\begin{cases} \sigma^2 = \dfrac{\sum_{i=1}^{N}(y_i)^2}{N} = \sum_{i=1}^{N} w_i(y_i)^2 \\ w_i = \dfrac{1}{N} \end{cases} \tag{1.18}$$

从单日波动率,使用**平方根法则**(square root rule,square-root-of-time rule)可以推算J天(营业日)的波动率:

$$\sigma_{J\_days} = \sqrt{J} \times \sigma_{daily} \tag{1.19}$$

从单日波动率推算单周波动率:

$$\sigma_{weekly} = \sqrt{5} \times \sigma_{daily} \tag{1.20}$$

比如,双周波动率:

$$\sigma_{biweekly} = \sqrt{10} \times \sigma_{daily} \tag{1.21}$$

单月波动率:

$$\sigma_{monthly} = \sqrt{21} \times \sigma_{daily} \tag{1.22}$$

式(1.22)中,也常用20平方根作为乘数,即一个月有20个工作日。最常用的年波动率可以通过式(1.23)获得:

$$\sigma_{annually} = \sqrt{250} \times \sigma_{daily} \tag{1.23}$$

式（1.23）中，也可以用252，相当于一年有252个工作日。如果已知单周波动率，年化波动率可以通过式（1.24）计算出来：

$$\sigma_{\text{annually}} = \sqrt{52} \times \sigma_{\text{weekly}} \tag{1.24}$$

如果已知单月波动率，年波动率可以通过式（1.25）计算出来：

$$\sigma_{\text{annually}} = \sqrt{12} \times \sigma_{\text{monthly}} \tag{1.25}$$

如果使用250个数据作为一个固定的窗口长度，用250天的单日回报率的平方值计算出一个波动率，如图1.24所示。随着这个窗口一天天向前滚动，可以获得一个关于波动率的时间序列，又称为**滚动波动率**（rolling volatility）。

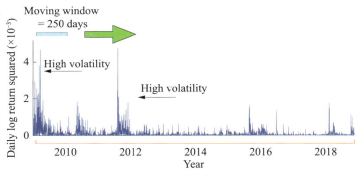

图1.24　滚动波动率（窗口长度为250个工作日）

上述讨论的是以过去N天单日连续回报率等权重地计算该日的波动率，这种方法又称为**简单移动平均**（simple moving average，SMA）。图1.25就是通过这种简单移动平均方法得到的单日回报率波动率。每个工作日计算一个单日回报率波动率，需要用到之前250个工作日的单日回报率数据。

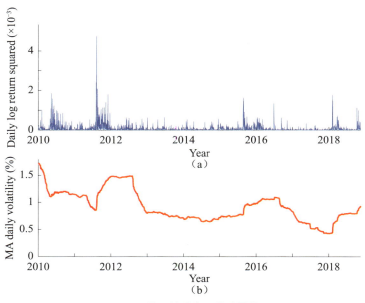

图1.25　单日波动率，移动平均

用平方根法则，可以很容易得到年化波动率，如图1.26所示。这种移动平均的方法，对窗口内的数据，不分新旧，采用同样权重。等权重的处理思路带来的直接问题就是，新数据的表现力不足，旧数据的影响过大。图1.26中，由单日回报率平方值表现出来的波动最大的时间区域在2011年年末。但是图1.26（a）中的波动率估算却滞后于市场表现。然而，在阴影波峰过去一段时间后，移动平均这种方法估算出来的波动率却达到了峰值；市场单日回报率平方值已经回归平均，但是波动率估计继续保持峰值一段时间。然后波动率估计突然下降，这个现象被戏谑地称做**幽灵效应**（ghost effect）。出现幽灵效应的原因很简单，随着窗口移动扫描，极端值过时并离开数据窗口。

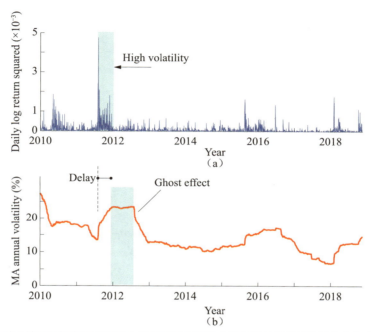

图1.26　对比单日回报率平方值和由简单移动平均平方根法则转换单日波动率为年化波动率

以下代码配合前文代码可以用来获得图1.25和图1.26。

`B2_Ch1_2_B.m`

```matlab
%% Moving average volatility, no demean
% Sometimes called realized volatility or
% simple moving average (SMA)

annual_moving_vol_no_demean = [];
annual_moving_vol_with_demean = [];

NN = length(daily_log_return);

for i = 1:NN-251
    
    % Get standard deviation of that change
    daily_moving_vol_no_demean(i) = ...
        nanstd(daily_log_return(i:i + 249));
    
    mean_temp = nanmean(daily_log_return(i:i + 249));
```

```matlab
        daily_moving_vol_with_demean(i) = ...
            nanstd(daily_log_return(i:i + 249) - mean_temp);
        
        % Now normalize to annual volatility, square root rule
        annual_moving_vol_no_demean(i) = ...
            daily_moving_vol_no_demean(i)*sqrt(250);
        
        annual_moving_vol_with_demean(i) = ...
            daily_moving_vol_with_demean(i)*sqrt(250);
        
end

figure (index)
index = index + 1;

subplot(2,1,1)

plot(date_series_nan_removed(252:end),...
    daily_log_return_squared(252:end)); hold on
datetick('x','yyyy','keeplimits')
xlim([date_series_nan_removed(250),date_series_nan_removed(end)])
ylim([0,max(daily_log_return_squared)*1.1])
xlabel('Year')
ylabel('Daily log return squared')
set(gcf,'color','white')

subplot(2,1,2)
plot (date_series_nan_removed(252:end),daily_moving_vol_no_demean*100)
datetick('x','yyyy','keeplimits')
xlim([date_series_nan_removed(250),date_series_nan_removed(end)])
ylim([0,max(daily_moving_vol_no_demean)*110])
xlabel('Year')
ylabel('MA daily volatility [%]')
set(gcf,'color','white')


figure (index)
index = index + 1;

subplot(2,1,1)

plot(date_series_nan_removed(252:end),
daily_log_return_squared(252:end))
datetick('x','yyyy','keeplimits')
xlim([date_series_nan_removed(250),date_series_nan_removed(end)])
ylim([0,max(daily_log_return_squared)*1.1])
xlabel('Year')
```

```
ylabel('Daily log return squared')
set(gcf,'color','white')

subplot(2,1,2)
plot (date_series_nan_removed(252:end),annual_moving_vol_no_demean*100)
datetick('x','yyyy','keeplimits')
xlim([date_series_nan_removed(250),date_series_nan_removed(end)])
ylim([0,max(annual_moving_vol_no_demean)*110])
xlabel('Year')
ylabel('MA annual volatility [%]')
set(gcf,'color','white')
```

如果将±2σ（四个标准差）构成的上下界放置在对数回报率的数据中。这里，σ标准差就是用移动平均估算出来的对数回报率的单日波动率（标准差），随着时间不断变动。在±2σ值域内的对数回报率，标记为"·"；在±2σ值域外的数据，标记为"×"。如图1.27所示，选取504个（两年）数据点，根据68–95–99.7法则，如果用±2σ作为上下界，在界外的、标记为"×"的数据大概应该有25（= 504×0.05）个，而图1.27中的"×"远超过25个；这意味着，波动率估计过小，没有很好跟踪市场波动变化。这种思想也是各种**回溯测试**，即**回测**（backtesting）的基本思路。回测的目的是将一些交易策略及其数学模型应用于历史数据中，用以检测其在预测实际历史行情准确度。

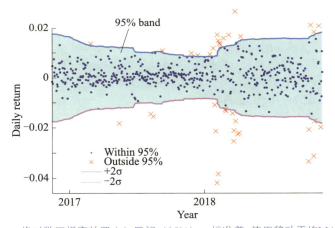

图1.27 将对数回报率放置±2σ区间（95%），标准差σ使用移动平均MA估算

运行以下代码产生图1.27。

`B2_Ch1_2_C.m`

```
figure (index)
index = index + 1;
past_2_yr = date_series_nan_removed(end-252*2:end);
log_r_past_2_yr = daily_log_return(end-252*2:end);
sigma_past_2_yr = annual_moving_vol_no_demean(end-252*2:end)'./sqrt(252);
mask = (-2*sigma_past_2_yr <= log_r_past_2_yr) & ...
 (log_r_past_2_yr <= 2*sigma_past_2_yr);
mask_within_95 = double(mask);
mask_outside_95 = 1 - double(mask);
mask_within_95(mask_within_95 == 0) = NaN;
mask_outside_95(mask_outside_95 == 0) = NaN;
```

```
plot(past_2_yr, log_r_past_2_yr.*mask_within_95,'.b'); hold on
plot(past_2_yr, log_r_past_2_yr.*mask_outside_95,'xr'); hold on
plot(past_2_yr, 2*sigma_past_2_yr); hold on
plot(past_2_yr, -2*sigma_past_2_yr); hold on

datetick('x','yyyy','keeplimits')
xlim([past_2_yr(1),past_2_yr(end)])
ylim([min(log_r_past_2_yr)*1.1,max(log_r_past_2_yr)*1.1])
xlabel('Year')
ylabel('Daily log return')
legend('Within 95%','Outside 95%','+ 2\sigma','- 2\sigma')
set(gcf,'color','white')
box off;
```

1.6 指数加权移动平均

JP Morgan最先采用**指数加权移动平均**（exponentially weighted moving average，EWMA）方法来解决波动率估算的问题。简单地说，EWMA方法就是根据数据的新旧情况，重新分配其在估算波动率时的权重，越新的数据权重越高，越旧的数据权重越小。这里有必要简单介绍一下RiskMetrics这个金融风险界的传奇品牌。JP Morgan向整个金融市场提出了一整套风险计算解决方案，并孵化出RiskMetrics这个产品。而后，RiskMetrics成为一家独立的公司。现在，RiskMetrics是MSCI（Morgan Stanley Capital International）的一部分，正式的名称是RiskMetrics RiskManager。

建议大家阅读RiskMetrics早期的几篇文章。这三篇文章目前在网络上流传很广。

Return to RiskMetrics: The Evolution of a Standard
The RiskMetrics 2006 methodology
RiskMetrics—Technical Document Fourth Edition, 1996

式（1.26）就是EWMA估算波动率最核心的公式：

$$\sigma_n^2 = \lambda \sigma_{n-1}^2 + (1-\lambda) r_{n-1}^2 \tag{1.26}$$

式中：λ (lambda) 为**衰减因子**（decay factor）；σ_n为当前时刻的要被估算的波动率；σ_{n-1}为上一时刻的波动率；r_{n-1}是上一时刻回报率。

为了清楚地看到衰减因子如何影响波动率计算，首先列出四个时间点（n、$n-1$、$n-2$和$n-3$）的EWMA波动率计算式：

$$\begin{cases} \sigma_n^2 = \lambda \sigma_{n-1}^2 + (1-\lambda) r_{n-1}^2 \\ \sigma_{n-1}^2 = \lambda \sigma_{n-2}^2 + (1-\lambda) r_{n-2}^2 \\ \sigma_{n-2}^2 = \lambda \sigma_{n-3}^2 + (1-\lambda) r_{n-3}^2 \\ \sigma_{n-3}^2 = \lambda \sigma_{n-4}^2 + (1-\lambda) r_{n-4}^2 \end{cases} \tag{1.27}$$

逐次将σ_{n-3}代入σ_{n-2}，然后将σ_{n-2}代入σ_{n-1}，最后将σ_{n-1}代入σ_n，可以得到式（1.28）：

$$\sigma_n^2 = (1-\lambda)\left(r_{n-1}^2 + \lambda r_{n-2}^2 + \lambda^2 r_{n-3}^2 + \lambda^3 r_{n-4}^2\right) + \lambda^4 \sigma_{n-4}^2 \tag{1.28}$$

如果$\lambda = 0.94$，r_{n-1}^2的权重为0.06，r_{n-2}^2的权重为0.0564（= 0.94 × 0.06），r_{n-3}^2的权重为0.0530（= 0.94² × 0.06）……。如图1.28所示，如果使用250个数据点，简单移动平均MA方法的权重为0.04（= 1/250）。很多情况，都使用0.94作为EWMA的衰减系数。

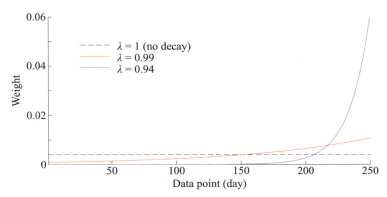

图1.28　权重系数随数据点新旧变化，衰减因子分别为$\lambda = 1$、$\lambda = 0.99$和$\lambda = 0.94$

下面讨论MA等权重系数和EWMA的衰减系数如何影响波动率计算。如图1.29（a）所示，用移动平均方法计算波动率时，不管数据新旧，权重大小一样。使用EWMA方法计算波动率时，新数据被赋予更大的权重。如图1.29（b）所示，当$\lambda = 0.94$，而250个数据中前200个旧数据对波动率的计算几乎没有任何影响。

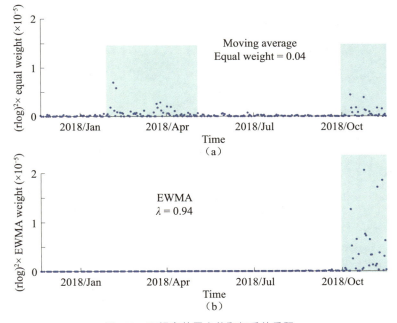

图1.29　回报率的平方值和权重的乘积

结合上文代码，以下代码可以用来获得图1.28和图1.29。

B2_Ch1_2_D.m

```matlab
%% Study of decay factor

LAMBDAs = [1, 0.99, 0.94, 0.9];

EstimationWindowSize = 250;

decay_depth = [EstimationWindowSize-1:-1:0]';
WEIGHTs = [];
WEIGHTs = ones(EstimationWindowSize,1);

for jj = 1:length(LAMBDAs)
    
    lambda = LAMBDAs(jj);
    
    if lambda == 1
        WEIGHTs_series(jj,:) = WEIGHTs./EstimationWindowSize;
        
    else
        WEIGHTs_series(jj,:)  = (1 - lambda)/(1 - ...
        lambda^EstimationWindowSize).*lambda.^decay_depth;
        
    end
    
end

figure (index)
index = index + 1;

plot(WEIGHTs_series(1,:)); hold on
plot(WEIGHTs_series(2,:)); hold on
plot(WEIGHTs_series(3,:)); hold on
plot(WEIGHTs_series(4,:)); hold on


legend('\lambda = 1 (no decay)','\lambda = 0.99',...
    '\lambda = 0.94','\lambda = 0.9')

title('Study of decay factors')
xlabel('Data point (day)')
ylabel('Weight')
xlim([1,250])
ylim([0,0.1])

figure (index)
```

```
    index = index + 1;

equal_weighted_r2 = daily_log_return_squared(end - ...
    EstimationWindowSize + 1:end).*WEIGHTs_series(1,:)';

EWMA_weighted_r2 = daily_log_return_squared(end - ...
    EstimationWindowSize + 1:end).*WEIGHTs_series(3,:)';

subplot(2,1,1)
plot(date_series_nan_removed(end - EstimationWindowSize ...
    + 1:end),equal_weighted_r2,'.')
datetick('x','yyyy/mmm','keeplimits')
xlim([date_series_nan_removed(end - EstimationWindowSize + 1)...
    ,date_series_nan_removed(end)])
ylim([0,max(EWMA_weighted_r2)*1.1])
xlabel('Year')
ylabel('Log r squared*equal weight')
set(gcf,'color','white')


subplot(2,1,2)
plot(date_series_nan_removed(end - EstimationWindowSize ...
    + 1:end),EWMA_weighted_r2,'.')
datetick('x','yyyy/mmm','keeplimits')
xlim([date_series_nan_removed(end - EstimationWindowSize + 1)...
    ,date_series_nan_removed(end)])
ylim([0,max(EWMA_weighted_r2)*1.1])
xlabel('Year')
ylabel('Log r squared*EWMA weight')
set(gcf,'color','white')
```

对于EWMA估算波动率，数据越早，权重越小。在丛书第一本书数学部分讨论过半衰期的概念。对应在估算波动率这一部分，EWMA权重的半衰期指的是和最新数据的权重w_1相比，推前$T_{\text{half-life}}$天的旧数据被赋予的权重是w_1的一半。$T_{\text{half-life}}$可通过式（1.29）计算得到：

$$T_{\text{half-life}} = \text{ceil}\left(\frac{\ln(0.5)}{\ln \lambda}\right) \quad (1.29)$$

式（1.29）中的ceil()函数是向正方向取整。当$\lambda = 0.94$时，和当前T_n数据（r_{n-1}^2）相比，T_{n-12}数据的权重减半，如图1.30所示。和最新数据的权重w_1相比，旧数据的权重小于等于w_1的1%的话，旧数据对波动率的估算几乎没有影响。这个历史数据滞后的天数可以通过式（1.30）计算获得：

$$T_{1\%\_\text{tolerance}} = \text{ceil}\left(\frac{\ln(0.01)}{\ln \lambda}\right) \quad (1.30)$$

从图1.31可以看出来，$\lambda = 0.94$时，从当前最新数据开始，可以说历史第76个数据对EWMA估算波动率的影响已经很小了。丛书第三本时间序列一章将会再次深入介绍EWMA方法和其他常见时间序列建模技术。

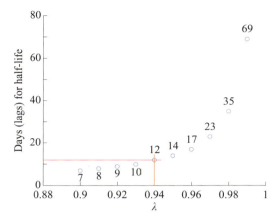

图1.30　EWMA方法采用不同λ时，权重减半对应的旧数据量

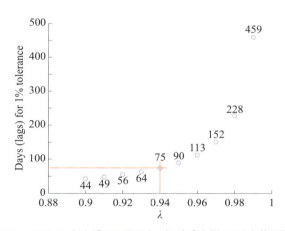

图1.31　EWMA方法采用不同λ时，权重减小到1%对应的旧数据量

以下代码可以用来获得图1.30和图1.31。

`B2_Ch1_2_E.m`

```matlab
lambda = [0.9:0.01:0.99];
n_half_life = ceil(log(1/2)./log(lambda));
figure(1)
plot(lambda,n_half_life,'o'); hold on
str = string(n_half_life);
textscatter(lambda,5 + n_half_life,str);
xlabel('\lambda'); ylabel('Days [lags] for half-life')
box off

tol = 0.01;
n_1_percent_tol = ceil(log(tol)./log(lambda));
figure(2)
plot(lambda,n_1_percent_tol,'o'); hold on
str = string(n_1_percent_tol);
```

```
textscatter(lambda,20 + n_1_percent_tol,str);
xlabel('\lambda'); ylabel('Days [lags] for 1% tolerance')
box off
```

下面比较三种波动率估算的情况：MA（没有衰减）、EWMA（衰减系数$\lambda = 0.99$）和EWMA（衰减系数$\lambda = 0.94$）。

图1.32展示的是采用移动平均方法获得的年化波动率，这种方法在图1.26中已经讨论过。当使用EWMA方法，衰减系数为$\lambda = 0.99$时，如图1.33所示，波动率估算已经很好地跟踪回报率平方的变化，但还是有一定的滞后。相比MA方法，幽灵效应也有所缓解。当衰减系数$\lambda = 0.94$时，发现EMWA波动率估算很快跟踪回报率的变化，如图1.34所示。幽灵效应几乎完全消失，极端旧数据对波动率估算没有影响。

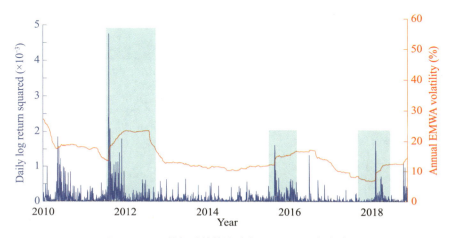

图1.32　MA等权重估算波动率，$\lambda = 1$，没有衰减

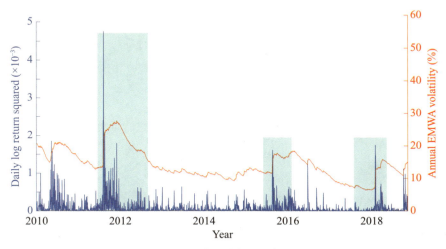

图1.33　EWMA估算波动率，衰减系数$\lambda = 0.99$

图1.35对比几种波动率估算方法。MA方法在波动率估算时有滞后性，波动率的峰值最小，波动率曲线平滑。MA方法的显著缺点在于，收益率小的时候，MA过高估计波动率；收益率大的时候，波动率估计滞后。EWMA方法克服滞后性和幽灵效应，但是随着衰减因子变小，波动率估算的峰值不断提高，而且波动不断增大。这也是衰减系数不能过小的主要原因。

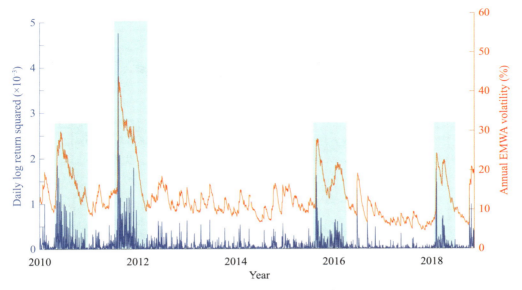

图1.34 EWMA估算波动率,衰减系数λ = 0.94

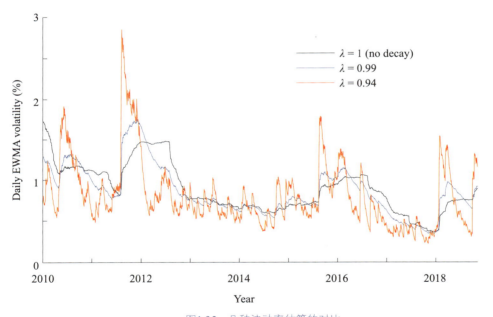

图1.35 几种波动率估算的对比

以下代码可以获得图1.32、图1.33、图1.34和图1.35。

`B2_Ch1_2_F.m`

```
%% EWMA volatility, decay factor lambda
% weight of current data = 1 - lambda

LAMBDA = [1, 0.99, 0.94, 0.9];
annual_moving_EWMA_volatility = [];
```

```matlab
for k = 1:length(LAMBDA)
    
    lambda = LAMBDA(k);
    
    NN = length(daily_log_return);
    
    for i = 1:NN - 249
        
        Y=EWMASTD(daily_log_return(i:i + 249),lambda);
        % EWMASTD, is a self-defined function
        
        % Now normalize to annual volatility
        daily_moving_EWMA_volatility(i,k) = Y;
        annual_moving_EWMA_volatility(i,k) = Y*sqrt(250);
        
    end
    
    figure (index)
    index = index + 1;
    
    yyaxis left
    
    plot(date_series_nan_removed(250:end), ...
        daily_log_return_squared(250:end))
    datetick('x','yyyy','keeplimits')
    xlim([date_series_nan_removed(250),...
        date_series_nan_removed(end)])
    ylim([0,max(daily_log_return_squared)*1.1])
    ylabel('Daily log return squared')
    set(gcf,'color','white')
    
    yyaxis right
    plot (date_series_nan_removed(250:end),...
        annual_moving_EWMA_volatility(:,k)*100)
    datetick('x','yyyy','keeplimits')
    xlim([date_series_nan_removed(250),...
        date_series_nan_removed(end)])
    ylim([0,0.55*110])
    xlabel('Year')
    ylabel('Yearly EWMA volatility [%]')
    set(gcf,'color','white')
    line1 = ['EWMA conditional volatility: lambda = '...
        ,num2str(lambda)];
    if lambda == 1
        line2 = ['No decay']
    else
        line2 = ['Weight on current data: 1 - lambda = ' ...
            ,num2str(1 - lambda)];
```

```matlab
        end
        title({line1,line2})
    
end

%% compare volatilities

figure (index)
index = index + 1;

plot (date_series_nan_removed(250:end),...
    daily_moving_EWMA_volatility(:,1)*100); hold on
plot (date_series_nan_removed(250:end),...
    daily_moving_EWMA_volatility(:,2)*100); hold on
plot (date_series_nan_removed(250:end),...
    daily_moving_EWMA_volatility(:,3)*100); hold on

legend('\lambda = 1 (no decay)','\lambda = 0.99',...
    '\lambda = 0.94')

datetick('x','yyyy','keeplimits')
xlim([date_series_nan_removed(250),date_series_nan_removed(end)])
ylim([0,0.035*110]) xlabel('Year')
ylabel('Daily EWMA volatility [%]') set(gcf,'color','white')

%% sub-function

function Sigma=EWMASTD(returns,lambda)

EstimationWindowSize = 250;
decay_depth = [EstimationWindowSize-1:-1:0]';
WEIGHTs = [];
WEIGHTs = ones(EstimationWindowSize,1);

if lambda == 1
    WEIGHTs = WEIGHTs./EstimationWindowSize;

else
    WEIGHTs = (1 - lambda)/(1 - lambda^EstimationWindowSize).*...
        lambda.^decay_depth;

end

XX = returns.*returns;
Sigma2 = sum(WEIGHTs.*XX);
Sigma = sqrt(Sigma2);

end
```

如图1.36所示，同样将504个对数回报率数据放置在±2σ区间中，σ为EWMA（λ = 0.94）估算的日波动率。在±2σ区间内部的数据，标记为"·"；在±2σ区间外部的数据，标记为"×"。根据68–95–99.7法则，预计约25个数据位于±2σ区间外部。可以发现，EWMA（λ = 0.94）估算的日波动率大致满足条件，比较理想地估计回报率波动率。

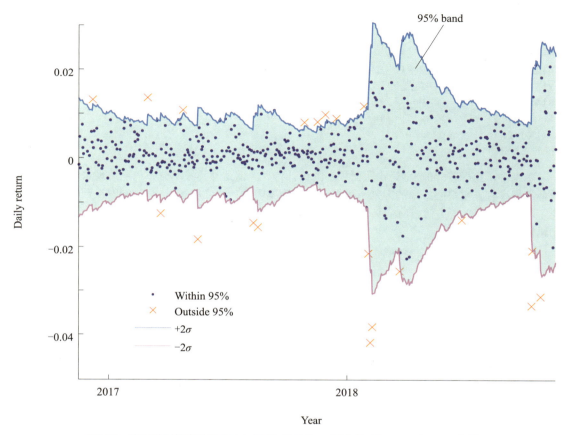

图1.36　将对数回报率放置在±2σ区间（95%），标准差σ用EWMA λ = 0.94估算

请读者自己修改下文代码，将标记为"×"数据数量显示在图片顶部，并且计算出"×"占总体数据的百分比。

以下代码可以生成图1.36。

```
B2_Ch1_2_G.m
index = index + 1;
past_2_yr = date_series_nan_removed(end-252*2:end);
log_r_past_2_yr = daily_log_return(end-252*2:end);
sigma_past_2_yr = daily_moving_EWMA_volatility(end-252*2:end,3);
mask = (-2*sigma_past_2_yr <= log_r_past_2_yr) & ...
    (log_r_past_2_yr <= 2*sigma_past_2_yr);
mask_within_95 = double(mask);
mask_outside_95 = 1 - double(mask);
mask_within_95(mask_within_95 == 0) = NaN;
```

```
mask_outside_95(mask_outside_95 == 0) = NaN;

plot(past_2_yr, log_r_past_2_yr.*mask_within_95,'.b'); hold on
plot(past_2_yr, log_r_past_2_yr.*mask_outside_95,'xr'); hold on
plot(past_2_yr, 2*sigma_past_2_yr); hold on
plot(past_2_yr, -2*sigma_past_2_yr); hold on

datetick('x','yyyy','keeplimits')
xlim([past_2_yr(1),past_2_yr(end)])
ylim([min(log_r_past_2_yr)*1.2,max(log_r_past_2_yr)*1.2])
xlabel('Year'); ylabel('Daily log return')
legend('Within 95%','Outside 95%','+ 2\sigma','- 2\sigma')
set(gcf,'color','white')
box off;
```

本章中，用标普500数据讨论了回报率的统计特点。请留意回报率分布的肥尾现象。另外，注意重叠回报率和非重叠回报率的区别。数据分布的肥尾现象、偏度等都可以用QQ图来判断。本章还讨论了两种波动率估算方法，MA移动平均和EWMA方法。丛书第三本和第五本，将会讨论其他时间序列建模方法。

第 2 章 Stochastic Process 随机过程

> 不断重复地观察这些运动给我极大的满足；它们并非来自水流，也不是源于水的蒸发，这些运动的源头是颗粒自发的行为。
>
> *These motions were such as to satisfy me, after frequently repeated observation, that they arose neither from currents in the fluid, nor from its gradual evaporation, but belonged to the particle itself.*
>
> ——罗伯特·布朗（Robert Brown）

1827年，英国著名植物学家，**罗伯特·布朗**（Robert Brown），通过显微镜观察悬浮于水中的花粉，发现花粉颗粒迸裂出的微粒呈现出不规则的运动，后人称之为**布朗运动**（Brownian motion）。这里一个有趣的细节是，实际上花粉自身在水中并没有呈现出布朗运动，而是其崩裂出的微粒在运动。后来实验也证实，其他微细颗粒如灰尘也能产生同样的现象。

Core Functions and Syntaxes
本章核心命令代码

- `cumsum(displacement)` 计算矩阵或者向量的累和
- `fliplr(curve2)` 左右翻转矩阵
- `histogram(displacement, 20)` 根据数据displacement生成直方图，直方条的数量是20
- `histogram(displacement,20,'Normalization','probability')` 将数据displacement归一化，归一化方法是'probability'，然后生成直方图
- `histogram(norm_rand, bins_edges)` 将数据norm_rand生成直方图，每条直方的横轴边界范围由向量bins_edges指定
- `integral(fun,min(x),max(x))` 计算函数在自变量x的定义域内的数值积分值
- `ksdensity(X_norm_rand,x,'function','cdf')` 根据样本数据X_norm估算其在指定的点x的累计分布函数CDF值
- `linspace(a,b,num_bins)` 在区间 [a,b] 之间生成bins个均匀分布的数据
- `lognpdf(x,mu_logn,sigma_logn)` 返回对数正态分布（数学期望是mu_login，标准差是sigma_logn）在x处的概率密度函数pdf的值
- `norminv(val_cdf,mu,sigma)` 根据概率值val_cdf返回其逆累计分布函数值，该概率分布函数是正态分布，其均值和标准差由mu和sigma给定
- `normpdf(x,mu,sigma)` 根据指定的x值计算其正态分布的概率分布函数值(数学期望是mu,标准差是sigma)
- `num2str()` 将数值型变量转化为字符型变量
- `particle_disp = struct()` 将变量particle_disp 定义为结构体数组
- `particle_disp.x = randn(N, 1)` 给结构体变量的结构体元素赋值
- `plot3(x, y, z)` 绘制三维线图
- `pol2cart(theta,rho)` 将极坐标转化为直角坐标值
- `rand()` 均匀连续分布随机数生成器

- rand(num_points,2) 生成num_poins×2 的均匀分布随机数矩阵
- randn() 标准正态分布随机数生成器
- randn(num_points,2) 生成num_poins×2的符合正态分布的随机数矩阵
- repmat(MUs,num_points,1) 将矩阵num_pcints×2 的每个元素用矩阵 Mus替换,生成新的矩阵
- scatterhist(x,y,'NBins',[num_bins,num_bins]) 绘制二维散点图和直方图。参数 [num_bins,num_bins] 分别定义x和y的直方图的直方条数量
- unique(nodes_next) 将向量nodes_next中的重复元素去除

2.1 随机数

金融领域的很多数据随时间变化都展现出一定的不规则运动。如图2.1展示了标普500指数近十年来的涨跌变化。但也不难发现,长期来看指数在不断升高,尽管短期来看指数上下跳动表现出一些不确定性。如果观察对数日回报率,数据本身表现出非常不规律的变化。但是如图2.2所示,大量对数日回报率却又表现出特定的统计特点。为了描述并模拟这些不规则运动,本节来讨论一下随机过程。

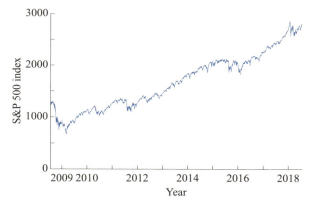

图2.1 标普500指数走势(2008—2018年)

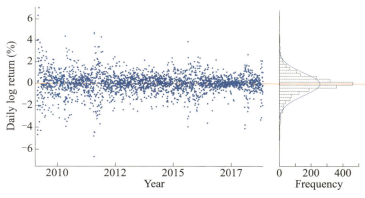

图2.2 标普500日对数回报率(2009—2018年)

随机过程模拟离不开随机数发生器。在正式开始讲解随机过程之前,先回顾一下在丛书第一本书中有关统计章节随机数发生器的内容。这里主要使用了如下几个MATLAB函数用来产生特定的随机数:

◂ rand()在区间 (0, 1) 产生符合均匀分布的随机数;
◂ randi()在指定区间产生符合均匀分布的随机整数;
◂ randn()产生符合标准正态分布的随机数;
◂ random()配合makedist()可以产生服从指定分布的随机数;
◂ pearsrnd()产生符合指定四阶矩的随机数;
◂ mvnrnd()函数获得服从正态分布的多元随机数;
◂ randsample()是一个随机采样的函数。

图2.3给出的是由均匀分布随机数发生器rand()产生的在 [−2,2] 区间的随机数直方图。这四个直

方图都有相同的10个bin，**组距**（bin width）完全一样。rand()产生 [0，1] 之间的连续均匀随机数，然后将这些随机数转化成 [-2，2] 区间的连续均匀随机数。代码中，linspace() 定义bin的边界，也称组界。将随机数和组界赋值给histogram绘制直方图。当随机数的数据量较小时，比如20个数据，很难观察出随机数服从的统计学规律。当数据量不断增大，随机数的统计学规律也日渐明显。

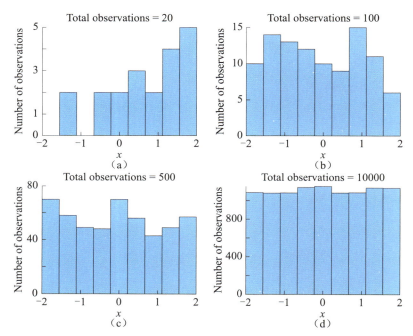

图2.3 均匀分布随机数发生器的随机数逐渐呈现均匀分布的特点

以下代码可以产生图2.3。

```matlab
B2_Ch2_1.m
% univariate uniform distribution
% range [a, b]
clc; close all; clear all
a = -2; b = 2;
num_bins = 10;

figure(1)
subplot(2,2,1)
num_points = 20;
plot_unif_hist(a,b,num_points,num_bins)

subplot(2,2,2)
num_points = 100;
plot_unif_hist(a,b,num_points,num_bins)

subplot(2,2,3)
num_points = 500;
plot_unif_hist(a,b,num_points,num_bins)
```

```
subplot(2,2,4)
num_points = 10000;
plot_unif_hist(a,b,num_points,num_bins)

function plot_unif_hist(a, b, num_points,num_bins)
    bins_edges = linspace(a,b,num_bins);
    unif_rand = a + (b - a)*rand(num_points,1);
    histogram(unif_rand, bins_edges);
    xlabel('x'); ylabel('Number of observations')
    title(['Total observations = ',num2str(num_points)])
    xlim([a,b]); box off; grid off
end
```

再来观察randn()函数产生的符合正态分布的随机数数据。这一次直方图bin的数量为20。首先，randn()产生一定数量的符合标准正态分布的随机数，然后将这些数据转化为均值$\mu = 2$、标准差$\sigma = 1$的随机数。同样用linspace()将$\mu \pm 3\sigma$取值范围划分成20个均匀的bin。同样用histogram()函数绘制直方图。如图2.4所示，当数据量为20，甚至100时，很难说这些数据呈现某种分布特点；但是，当数据量提高到200，甚至更大值时，数据的统计学规律就显而易见。请读者自行绘制图2.4。

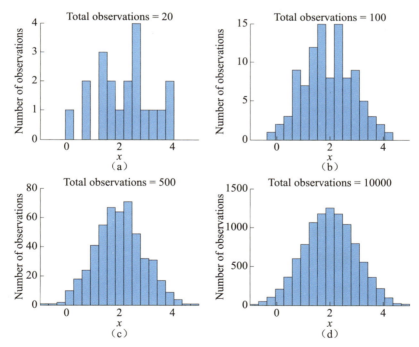

图2.4 标准正态分布随机数发生器的随机数逐渐呈现标准正态分布的特点

刚才介绍了一元随机数据的两种分布，现在来看看二元随机数据。假设一个关于两个变量的概率分布$P(X, Y)$，当保持其中一个变量的值固定不变，此时另一个变量在该状态下的分布就是**条件概率分布**（conditional probability distribution），又称为**边缘分布**（marginal distribution），对应的概率称为**边缘概率**（marginal probability）。例如，对于离散随机分布$P(X, Y)$，当变量$X = x$时的边缘概率可以通过沿着所有y值的所有离散概率求和得到：

$$P(X=x) = \sum_y P(X=x, Y=y) = \sum_y \{P(X=x|Y=y) \cdot P(Y=y)\} \quad (2.1)$$

图2.5给出的是离散随机分布计算边缘概率的规则。计算边缘概率$P(X=x_3)$，可以通过式（2.2）计算得到：

$$P(X=x_3) = P(X=x_3, Y=y_1, y_2, y_3, y_4) \quad (2.2)$$

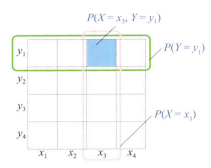

图2.5 边缘概率计算规则

类似的，边缘概率$P(Y=y_1)$可以通过式（2.3）计算求得：

$$P(Y=y_1) = P(X=x_1, x_2, x_3, x_4, Y=y_1) \quad (2.3)$$

图2.6给出的是一个二元分布的频率图。这个二元分布的两个随机变量维度为X和Y，样本总数为20。图2.6中热图的每一个格子代表的是某一个事件发生的频率，比如$(X=x_3, Y=y_2)$事件发生的频率为$n(X=x_3, Y=y_2)=5$。而热图左侧和下侧的柱状图代表的分别是边缘分布的频率。比如说，边缘频率$n(Y=y_2)$为9（=1+3+5），边缘频率$n(X=x_3)$为6（=5+1）。

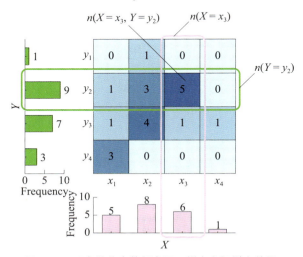

图2.6 二元离散分布的频率图（样本空间样本数量20）

丛书第一本书中，某个事件A的概率可以这样计算，该事件的出现频数$n(A)$除以样本空间Ω中样本数量。因此，图2.6热图的样本频数除以样本空间样本数量（20）就可以得到频率的热图，如图2.7

所示。$P(X=x_3, Y=y_2) = 5/20 = 0.25$。因此$P(X=x_3, Y=y_2)$事件对应的概率为0.25。边缘概率$P(Y=y_2) = 9/20 = 0.45$；边缘概率$P(X=x_3) = 6/20 = 0.3$。对连续随机变量用积分得到边缘概率：

$$P_X(x) = \int_y P_{X,Y}(x,y)\mathrm{d}y = \int_y P_{X|Y}(x|y)P_Y(y)\mathrm{d}y \tag{2.4}$$

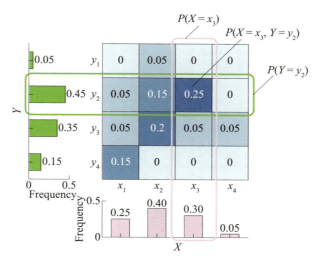

图2.7 二元离散分布的概率图

以下代码可以用来获得图2.6。请读者修改如下代码获得图2.7。

```matlab
B2_Ch2_2.m
% marginal frequency/probability/distribution

XY = [0 1 0 0;
      1 3 5 0;
      1 4 1 1;
      3 0 0 0;];

xvalues = {'x1','x2','x3','x4'};
yvalues = {'y1','y2','y3','y4'};

total = sum(XY(:));
X = sum(XY,1); Y = sum(XY,2);

figure(1)
subplot(4,4,[2:4 6:8 10:12]); % Top right square
heatmap(xvalues, yvalues, XY)
y_lim=get(gca,'ylim'); X_lim=get(gca,'xlim');

subplot(4,4,[1 5 9]); % Top left
Y = flipud(Y);
bar(Y,0.5);
text([1:length(Y)], Y, num2str(Y,'%0.0f'),...
```

```matlab
        'HorizontalAlignment','center','VerticalAlignment','middle')
box off; xlim([0.5,4.5]); xlabel('Y');
view(90,-90); box off; ylabel('Frequency')
ylim([0, 12]); set(gca,'XTickLabel',[]);

subplot(4,4,[14:16]); % Btm right
bar(X,0.5); xlabel('X'); ylabel('Frequency')
% xlim(X_lim); box off
text([1:length(X)], X', num2str(X','%0.0f'),...
     'HorizontalAlignment','center','VerticalAlignment','bottom')
box off; xlim([0.5,4.5]); xlabel('X');
ylim([0, 12]); set(gca,'XTickLabel',[]);
```

利用边缘概率这个概念来观察一下二元随机数。为了方便可视化，使用scatterhist()这个函数。如图2.8（a）所示，20个满足连续均匀分布的二元随机数，它的边缘分布没有呈现出明显的均匀分布的特点。当数据量提高到1000时，如图2.8（b）所示，边缘分布趋近于均匀分布特点。

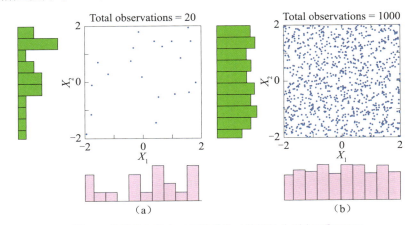

图2.8 连续均匀分布二元随机数（数据量分别为20和1000）

以下代码可以获得图2.8。

```matlab
B2_Ch2_3.m
% bi-variate uniform distribution
% range [a, b]
clc; close all; clear all
a = -2; b = 2; num_bins = 10;

figure(1)
subplot(1,2,1)
num_points = 20; plot_unif_hist(a,b,num_points,num_bins)

subplot(1,2,2)
num_points = 1000; plot_unif_hist(a,b,num_points,num_bins)

function plot_unif_hist(a, b, num_points,num_bins)
```

```
unif_rand = a + (b - a)*rand(num_points,2);
scatterhist(unif_rand(:,1),unif_rand(:,2),'NBins',...
    [num_bins,num_bins],'Marker','.');
xlabel('X_1'); ylabel('X_2')
title(['Total observations = ',num2str(num_points)])
xlim([a,b]); ylim([a,b])
end
```

类似的，图2.9展示的是符合二元正态分布的随机数。当随机数的数量较少时，比如说20，如图2.9（a），随机数的边缘分布并不明显；当随机数的数量提高到2000时，随机数的边缘分布呈现出明显的正态分布趋势，如图2.9（b）。请读者自行绘制图2.9。

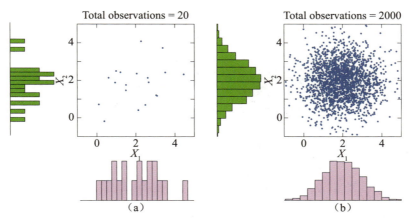

图2.9　正态分布二元随机数（数据量分别为20和2000）

图2.10给出的是一个二元分布的数组，其中X_1服从标准正态分布，X_2和X_1的关系如式（2.5）：

$$X_2 = \begin{cases} X_1 & |X_1| \geq 1 \\ -X_1 & |X_1| < 1 \end{cases} \tag{2.5}$$

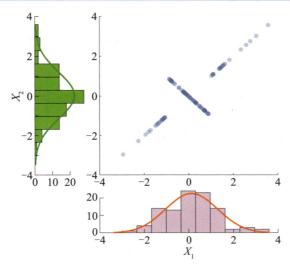

图2.10　边缘分布均为正态分布的特殊二元随机数组

可以看到，X_1和X_2的边缘分布都是正态分布；当X_1在 [-1, 1] 区间时，X_1和X_2之间是线性负相关；

当X_1在 [-1, 1] 以外的区间时，X_1和X_2是正相关。

以下代码可以生成图2.10。

```
B2_Ch2_4.m
clc; clear all; close all
num_points = 100;
z = randn(num_points,1);

X1 = z; X2 = z;
X2 (abs(X2) <= 1) = -X2(abs(X2) <= 1);

figure(1)
num_bins = 10;
subplot(4,4,[2:4 6:8 10:12]); % Top right square
s_handle = scatter(X1,X2,40,'b','filled')
s_handle.MarkerFaceAlpha = 0.1;
s_handle.MarkerEdgeColor = 'none';
xlim([-4,4]); ylim([-4,4])
y_lim=get(gca,'ylim'); X_lim=get(gca,'xlim');


subplot(4,4,[1 5 9]); % Top left
histfit(X2,num_bins);
xlim(y_lim); xlabel('X_2');
view(90,-90); box off; ylabel('Frequency')

subplot(4,4,[14:16]); % Btm right
histfit(X1,num_bins)
xlabel('X_1'); ylabel('Frequency')
xlim(X_lim); box off
```

讲完二元分布，不得不稍提一个重要的MATLAB函数：copula()。边缘分布描述的是变量自身的分布，copula()函数描述的是变量之间的关联，将边缘分布联系到联合分布上，因此copula()也被人称作"连接函数"。copula()函数常用来描述金融资产收益率之间的关系。最常用的两个copula()函数是高斯copula和学生*t*-copula。MATLAB和copula相关的常见命令为copularnd()、copulacdf()、copulapdf()等。图2.11展示的是不同线性系数条件下，二维高斯copula PDF的三维网格图。图2.12给出的是服从二维高斯copula的随机数。本书第12章会给出copula在信用风险方面的应用；另外，丛书第三本书会继续深入探讨copula()及其应用。

在不同空间区域产生均匀分布随机点叫作**随机点生成**（random point picking）。比如经过简单的数学转换，正方形区域的均匀分布的随机点，如图2.13（a），可以变成四边形范围内均匀分布的随机点，如图2.13（b）右图所示。

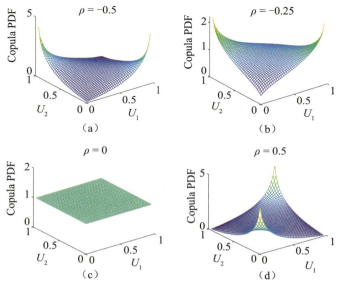

图2.11 二元高斯copula PDF三维网格（不同线性相关系数）

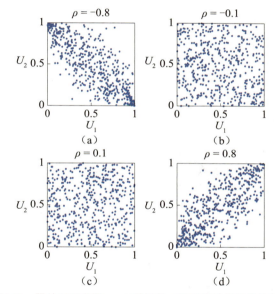

图2.12 服从二元高斯copula随机数（不同线性相关系数条件）

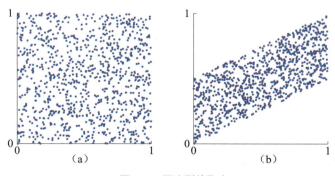

图2.13 四边形拾取点

以下代码可以获得图2.13。

```
B2_Ch2_5.m

num_points = 1000;

U = rand(num_points,2);
u1 = U(:,1); u2 = U(:,2);

figure(1)
subplot(1,2,1)
plot(u1,u2,'.')
daspect([1,1,1]); box off
xticks([0,1]); yticks([0,1]);

subplot(1,2,2)
plot(u1,u1/2+u2/2,'.')
daspect([1,1,1]); box off
xticks([0,1]); yticks([0,1]);
```

图2.14展示的是**圆面生成随机点**（disk point picking）的两个例子。图2.14（a）是错误的例子，图2.14（b）是正确的例子。可以明显发现，图2.14（a）中圆盘中心附近的随机点的密度最高，而且随机点单位面积数量沿着圆盘半径增大方向，不断下降。图2.14（b）展示的圆面随机点的密度几乎均匀分布。产生图2.14（b）的算法其实很简单，在极坐标系中沿半径和角度方向产生随机数。用sqrt()函数解决圆盘密度分布不均匀的问题。

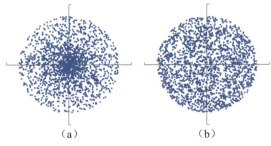

（a）　　　　　　（b）

图2.14　圆面拾取点

更多有关随机点拾取探讨，请读者参考如下页面：

http://mathworld.wolfram.com/topics/RandomPointPicking.html

请读者挑选自己感兴趣的话题，MATLAB建模在特定空间区域产生符合要求的随机点。

以下代码可以获得图2.14。

```
B2_Ch2_6.m

num_points = 2000;
radius = 4;

r1 = radius*rand(num_points,1);
theta1 = 2*pi*rand(num_points,1);
```

```
x1 = r1.*cos(theta1);
y1 = r1.*sin(theta1);

r2 = radius*sqrt(rand(num_points,1));
theta2 = 2*pi*rand(num_points,1);

x2 = r2.*cos(theta2);
y2 = r2.*sin(theta2);

figure(1)
subplot(1,2,1)
plot(x1,y1,'.')
daspect([1,1,1]); box off
set(gca, 'XAxisLocation', 'origin')
set(gca, 'YAxisLocation', 'origin')
xlim([-5,5]); ylim([-5,5]);

subplot(1,2,2)
plot(x2,y2,'.')
daspect([1,1,1]); box off
set(gca, 'XAxisLocation', 'origin')
set(gca, 'YAxisLocation', 'origin')
xlim([-5,5]); ylim([-5,5]);
```

两个分布之间是否有某种关联呢？图2.15展示了一个很有趣的例子。首先用rand()函数在 (0, 1) 区间内生成10000个随机数，通过图2.15（a）的子图直方图，可以看到这些随机数基本符合均匀分布。把这些随机数看作是CDF值，然后用norminv()函数将这些随机数进行ICDF运算。经过这个运算后，新产生的随机数服从正态分布，如图2.15（c）所示。而两个随机数集合经过拟合产生的曲线，是标准正态分布的CDF曲线，如图2.15（b）所示。换一个角度来看这个问题，会发现这是将一个连续均匀的随机数组转化成符合正态分布的随机数。

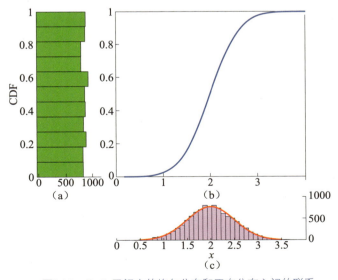

图2.15　(0, 1) 区间内的均匀分布和正态分布之间的联系

以下代码可以用来获得图2.15。

```
B2_Ch2_7.m
clear all;
close all;
clc

num_sim=10^4; mu=2; sigma=0.5;
val_cdf = rand(1,num_sim);
% X = rand returns a single uniformly distributed
% random number in the interval (0,1).
X_norm_rand = norminv(val_cdf,mu,sigma);
% x = norminv(p,mu,sigma) returns the inverse of the normal cdf
% with mean mu and standard deviation sigma,
% evaluated at the probability values in p.
num_bins = 11;
% bins_cdf_edges = linspace(0,1,num_bins);
x=linspace((round(min(X_norm_rand)*100)-1)/100,...
    (round(max(X_norm_rand)*100)-1)/100,100);

subplot(4,4,[2:4 6:8 10:12]);
smoothed_cdf = ksdensity(X_norm_rand,x,'function','cdf');
% Kernel smoothing function estimate for univariate and bivariate data
plot(x,smoothed_cdf);
hold on
plot(X_norm_rand, val_cdf, 'x')

y1=get(gca,'ylim'); x1=get(gca,'xlim')

subplot(4,4,[1 5 9]);
% hist(val_cdf,bins_cdf_edges);
hist(val_cdf,num_bins);
view(90,-90); xlim(y1); xlabel('CDF')

subplot(4,4,[14:16]);
histfit(X_norm_rand,40)
xlim(x1); xlabel('x')
```

2.2 线性相关

丛书第一本书中有关概率的章节，用过mvnrnd()函数产生服从一定相关性的二元正态分布随机数组。也用过另外一个方法产生类似的随机数。如果X和Y是服从标准正态分布的随机数，而且两者线性无关。式（2.6）能产生和X线性相关性为ρ的随机数：

$$Z = \rho X + \sqrt{1-\rho^2}Y \qquad (2.6)$$

图2.16给出了两个例子，相关系数分别为0.75和-0.75的两组相关随机数。下面就仔细讨论一下，为什么这种方法能够产生符合一定线性相关的数组。

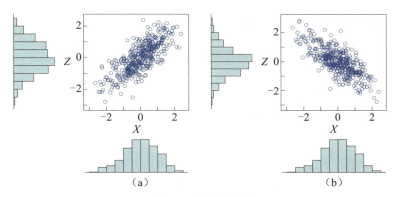

图2.16　协同随机数

以下代码可以产生图2.16。

```matlab
B2_Ch2_8.m

clc; clear all; close all
N = 400;
% number of particles
particle_disp = struct();
% x-y plane
particle_disp.x = randn(N, 1);
particle_disp.y = randn(N, 1);

% possible, (X,Y) one-step location, zero correlation

correl_series = [0.75, -0.75];
index = length(correl_series);

for i = 1:index

    correl = correl_series(i);

    figure(i)
    particle_disp.z = correl*particle_disp.x +...
        sqrt(1-correl^2)*particle_disp.y;

    scatterhist(particle_disp.x, particle_disp.z);
    xlabel('X'); ylabel('Z');
    set(gcf,'color','w');
```

产生服从一定相关性的二元正态分布随机数组，有其背后的数学原理。例如，X 是式（2.7）所示二元数组：

$$X = \begin{bmatrix} X_1 \\ X_2 \end{bmatrix} \sim \mathcal{N}\left(\begin{pmatrix} 0 \\ 0 \end{pmatrix}, \begin{pmatrix} \sigma_1^2 & \rho\sigma_1\sigma_2 \\ \rho\sigma_1\sigma_2 & \sigma_2^2 \end{pmatrix} \right) \tag{2.7}$$

其中，**方差-协方差矩阵**（variance-covariance matrix）的符号为 Σ，对于二元正态分布的协方差矩阵可以表达为式（2.8）：

$$\Sigma = \begin{bmatrix} \sigma_1^2 & \rho\sigma_1\sigma_2 \\ \rho\sigma_1\sigma_2 & \sigma_2^2 \end{bmatrix} \tag{2.8}$$

如果单独看 X_1 这个随机数组，它的期望值：

$$\mathrm{E}(X_1) = 0 \tag{2.9}$$

X_1 的方差为：

$$\mathrm{var}(X_1) = \sigma_1^2 \tag{2.10}$$

X_2 的期望值和方差为：

$$\begin{aligned} \mathrm{E}(X_2) &= 0 \\ \mathrm{var}(X_2) &= \sigma_2^2 \end{aligned} \tag{2.11}$$

X_1 和 X_2 之间的协方差为：

$$\mathrm{cov}(X_1, X_2) = \rho\sigma_1\sigma_2 \tag{2.12}$$

现在假设 Z 为服从标准正态分布的二元随机数组：

$$Z = \begin{bmatrix} Z_1 \\ Z_2 \end{bmatrix} \sim \mathcal{N}\left(\begin{bmatrix} 0 \\ 0 \end{bmatrix}, \begin{bmatrix} 1 & 0 \\ 0 & 1 \end{bmatrix} \right) \tag{2.13}$$

Z_1 和 Z_2 分别都服从标准正态分布，而且线性不相关。现在，用 Z_1 和 Z_2 来构造 X_1 和 X_2：

$$\begin{cases} X_1 = \sigma_1 Z_1 \\ X_2 = aZ_1 + bZ_2 \end{cases} \tag{2.14}$$

根据 X_1 和 X_2 的协方差关系：

$$\begin{aligned}
\text{cov}(X_1, X_2) &= \mathrm{E}\big((X_1 - \mathrm{E}(X_1))(X_2 - \mathrm{E}(X_2))\big) \\
&= \mathrm{E}(X_1 X_2 - X_1 \mathrm{E}(X_2) - \mathrm{E}(X_1) X_2 + \mathrm{E}(X_1) \mathrm{E}(X_2)) \\
&= \mathrm{E}(X_1 X_2) - \mathrm{E}(X_1)\mathrm{E}(X_2) - \mathrm{E}(X_1)\mathrm{E}(X_2) + \mathrm{E}(X_1)\mathrm{E}(X_2) \\
&= \mathrm{E}(X_1 X_2) - \mathrm{E}(X_1)\mathrm{E}(X_2)
\end{aligned} \tag{2.15}$$

可以得到：

$$\begin{aligned}
\text{cov}(X_1, X_2) &= \mathrm{E}(X_1 X_2) - \mathrm{E}(X_1)\mathrm{E}(X_2) \\
&\Rightarrow \\
\rho \sigma_1 \sigma_2 &= \mathrm{E}(\sigma_1 Z_1 (a Z_1 + b Z_2)) \\
&= \mathrm{E}(a \sigma_1 Z_1^2) + \mathrm{E}(b \sigma_1 Z_1 Z_2) \\
&= a \sigma_1
\end{aligned} \tag{2.16}$$

因此：

$$a = \rho \sigma_2 \tag{2.17}$$

此外，X_2 的方差可以构造式（2.18）所示两个关系：

$$\begin{cases} \text{var}(X_2) = \mathrm{E}(X_2^2) - \mathrm{E}(X_2)\mathrm{E}(X_2) = \sigma_2^2 \\ \text{var}(X_2) = \text{var}(a Z_1 + b Z_2) \end{cases} \tag{2.18}$$

对于 X 和 Y 两组随机变量存在式（2.19）所示关系：

$$\begin{cases} \text{var}(aX + bY) = a^2 \text{var}(X) + b^2 \text{var}(Y) + 2ab \, \text{cov}(X, Y) \\ \text{var}(aX - bY) = a^2 \text{var}(X) + b^2 \text{var}(Y) - 2ab \, \text{cov}(X, Y) \end{cases} \tag{2.19}$$

可以得到式（2.20）：

$$a^2 + b^2 = \sigma_2^2 \tag{2.20}$$

从而求得 b 的值：

$$b = \pm \sqrt{\sigma_2^2 (1 - \rho^2)} \tag{2.21}$$

对于 b，选取正值：

$$b = \sigma_2 \sqrt{1 - \rho^2} \tag{2.22}$$

因此：

$$\begin{bmatrix} X_1 \\ X_2 \end{bmatrix} = \begin{bmatrix} \sigma_1 & 0 \\ \rho \sigma_2 & \sigma_2 \sqrt{1 - \rho^2} \end{bmatrix} \begin{bmatrix} Z_1 \\ Z_2 \end{bmatrix} \tag{2.23}$$

对于一般情况，X_1和X_2的期望值不为0，式（2.23）可以修正为：

$$\begin{bmatrix} X_1 \\ X_2 \end{bmatrix} = \begin{bmatrix} \mu_1 \\ \mu_2 \end{bmatrix} + L \begin{bmatrix} Z_1 \\ Z_2 \end{bmatrix} \quad (2.24)$$

其中：

$$L = \begin{bmatrix} \sigma_1 & 0 \\ \rho\sigma_2 & \sigma_2\sqrt{1-\rho^2} \end{bmatrix} \quad (2.25)$$

特别地，当式（2.25）两个标准差都为1时，L可以写作：

$$L = \begin{bmatrix} 1 & 0 \\ \rho & \sqrt{1-\rho^2} \end{bmatrix} \quad (2.26)$$

因此：

$$X = \mu + LZ \quad (2.27)$$

请读者注意，X和Z均为行方向数据矩阵，即每一行代表一个维度，每一列代表一个数据点。若X和Z均为列方向数据矩阵时，需要对式（2.27）进行转置运算。对于三元正态分布，L可以表达为式（2.28）：

$$L = \begin{bmatrix} \sigma_1 & 0 & 0 \\ \rho_{12}\sigma_2 & \sigma_2\sqrt{1-\rho_{12}^2} & 0 \\ \rho_{13}\sigma_3 & \sigma_3\dfrac{\rho_{23}-\rho_{13}\rho_{12}}{\sqrt{1-\rho_{12}^2}} & \sigma_3\sqrt{1-\rho_{13}^2-\dfrac{(\rho_{23}-\rho_{13}\rho_{12})^2}{1-\rho_{12}^2}} \end{bmatrix} \quad (2.28)$$

L可以通过Cholesky分解协方差矩阵Σ获得。Cholesky分解把矩阵分解为一个下三角矩阵以及它的转置矩阵的乘积。图2.17给出就是用Cholesky分解将线性无关的二元随机数变成满足特定线性相关关系的二元随机变量。更多有关矩阵分解计算，会在丛书的第三本书中探讨。

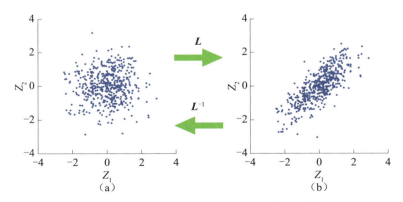

图2.17　Cholesky分解获得满足特定相关关系的随机变量

以下代码可以获得图2.17。

```
B2_Ch2_9.m
clc; clear all; close all
num_points = 500;
MUs = [0,0];
std1 = 1; std2 = 1;
rho12 = 0.75;
cov12 = std1*std2*rho12;
SIGMA = [std1^2, cov12
        cov12, std2^2];

L = chol(SIGMA);
Z = randn(num_points,2);
X = repmat(MUs,num_points,1) + Z*L;

figure(1)
subplot(1,2,1)
plot(Z(:,1),Z(:,2),'.')
xlabel('Z_1'); ylabel('Z_2');
daspect([1,1,1]); box off
xlim([-4, 4]); ylim([-4, 4]);

subplot(1,2,2)
plot(X(:,1),X(:,2),'.')
xlabel('X_1'); ylabel('X_2');
daspect([1,1,1]); box off
xlim([-4, 4]); ylim([-4, 4]);
```

2.3 维纳过程

维纳过程（Wiener process）是一种**连续时间随机过程**（continuous-time stochastic process），得名于**诺伯特·维纳**（Norbert Wiener，1894—1964）。维纳过程常被称作**标准布朗运动过程**（standard Brownian motion process），通常用大写字母W表示。

Robert Brown, (1773—1858), Scottish botanist
Best known for his descriptions of cell nuclei and of the continuous motion of minute particles in solution, which came to be called Brownian motion.
(Source: https://www.britannica.com/)

当悬浮微粒受到水分子碰撞时，会一直不规则地运动。因为在每一瞬间，微粒都会受到冲撞，而且冲撞力的大小和方向都不相同。这些不同的冲撞相互没有任何关系，因此悬浮粒子不同时间段内的位移也相互不受影响。从**一维随机漫步**（random walk）开始。假设$t=0$时，$W(0)=0$，微粒位置在原点处，如图2.18所示。$W(t)$可以理解为t时刻微粒位置。微粒随机沿纵轴左右移动，因此t时刻，微粒可以在纵轴的任意位置。

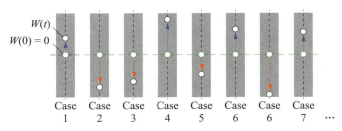

图2.18 一维随机过程，微粒位移几种随机情况

在t时刻，如果x为微粒所在位置，此事件对应的概率为：

$$f_{W(t)}(x)=\frac{1}{\sqrt{2\pi t}}e^{-x^2/(2t)} \qquad (2.29)$$

也可以描述为：

$$W(t)=(W(t)-W(0))\sim N(0,t) \qquad (2.30)$$

$W(t)$服从均值为0、方差为t（标准差为sqrt(t)）的正态分布，如图2.19所示。可以这样理解，随着时间不断推移，微粒的运动范围不断扩大，如图2.20所示。图2.20的纵轴是概率密度，随着时间t增大概率密度的峰值不断下降。另外，图2.19的趋势，将会在讨论**风险价值**（value at risk，VaR）时反复出现。维纳过程概率密度分布曲面如图2.21所示。

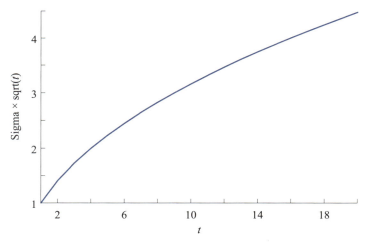

图2.19 $W(t)$服从均值为0、方差为t的正态分布

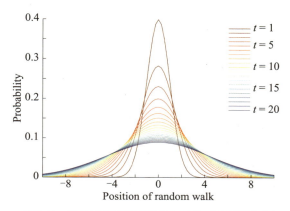

图2.20 维纳过程概率密度分布函数（随时间变化）

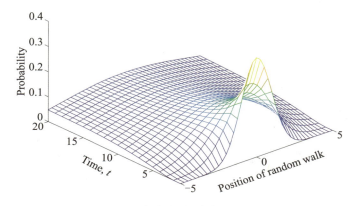

图2.21 维纳过程概率密度分布曲面

还可以看到该随机过程期望值为零：

$$\mathrm{E}(W(t)) = 0 \quad (2.31)$$

随机过程的方差为t：

$$\begin{aligned}\mathrm{var}(W(t)) &= \mathrm{E}(W(t)^2) - \mathrm{E}^2(W(t)) \\ &= \mathrm{E}(W(t)^2) - 0 \\ &= \mathrm{E}(W(t)^2) = t\end{aligned} \quad (2.32)$$

对于任意时刻t，从0到t的时间漫步的均值都为0；随着t增大，漫步分布的范围不断变大，这一点可以通过随机过程的方差值看出来。

下面MATLAB代码可以用来绘制图2.19、图2.20和图2.21。

`B2_Ch2_10.m`

```
clc; close all; clear all
x = [-10:.25:10];
% Distance of random walk at t
mu = 0;
```

```matlab
% W(0) = 0, which is the starting point of random walk
t = 1:20;
sigma = 1; % standard normal distribution
sigma_series = sqrt(t)*sigma;

[X,SIGMA] = meshgrid(x,sigma_series);

figure(1)
plot(t,sigma_series)
xlabel('t'); ylabel('Sigma*sqrt(t)')
grid off; box off
xlim ([min(t),max(t)])

n_sigma = length (sigma_series);
my_col = brewermap(n_sigma,'RdYlBu');
pdf_matrix = [];

figure(2)
for i = 1:n_sigma
    sigma = sigma_series(i);
    pdf = normpdf(x,mu,sigma);
    pdf_matrix = [pdf_matrix;pdf];
    plot(x,pdf,'color',my_col(i,:))
    legendCell{i} = num2str(t(i),'t = %.0f');
    hold on
end

legend(legendCell,'location','best')
xlabel ('Position of random walk')
ylabel ('Probability'); grid off; box off
ylim ([0, 0.4]); set(gcf,'color','w');

figure(3)

mesh(x,t,pdf_matrix)
xlabel ('Position of random walk')
xlim ([-5, 5]); ylim ([min(t),max(t)])
ylabel ('Time, t'); zlabel ('Probability')
zlim ([0, 0.4]); set(gcf,'color','w');
grid off; box off
```

2.4 布朗运动

假设微粒在 S(0) 的位置进行一维布朗运动，比如上下振荡，向上移动时步长为正，向下移动时步长为负。将符号考虑在内，这一步的大小有很多的可能性。图2.22展示了5000种可能的步长。可以清楚地看到，步长越小可能性越大，说明微粒最有可能在原地不动；相反，步长越大可能性反而越小。正如前文提到的，随机漫步每一步位移的长度服从正态分布。如果检查一下这些步长出现的频率，就不难发现如图2.23所示的分布。注意图2.22中纵轴为事件出现的次数。比如，在落在范围A内的事件出现了将近800次（事件的总数为5000），因此概率约为0.16 (= 800/5000)。如果把图2.23的纵轴换算成概率的话，就可以得到概率分布图，即图2.24。

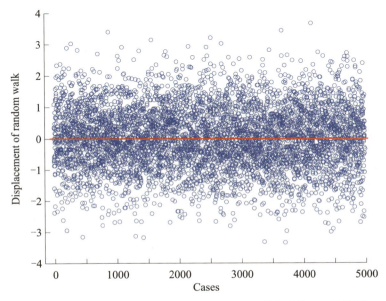

图2.22　一维随机漫步（$S(0) = 0$，$t = 1$，$S(t)$ 可能出现的5000种情况）

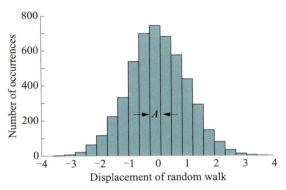

图2.23　一维随机漫步 $S(t)$ 位移的统计分布（$S(0) = 0$，$t = 1$，$N = 5000$，纵轴为事件的次数）

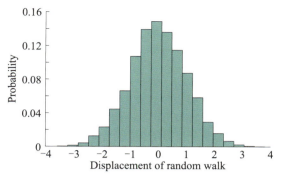

图2.24 一维随机漫步$S(t)$位移的概率分布（$S(0)=0$，$t=1$，$N=5000$，纵轴为事件的概率）

变量ΔS在一小段时间区间Δt内变化的离散化的形式为：

$$\Delta S = \varepsilon\sqrt{\Delta t} \tag{2.33}$$

ε服从标准正态分布。在0时刻，微粒的位移$S(0)$为0；t时刻，微粒的位移为$S(t)$；

$$\begin{aligned}
S(t) &= S(t-1) + \Delta S(t) \\
&= S(t-1) + \varepsilon_t\sqrt{\Delta t} \\
&= S(t-2) + \varepsilon_{t-1}\sqrt{\Delta t} + \varepsilon_t\sqrt{\Delta t} \\
&\cdots\cdots \\
&= S(0) + \varepsilon_1\sqrt{\Delta t} + \varepsilon_2\sqrt{\Delta t} + \ldots + \varepsilon_{t-1}\sqrt{\Delta t} + \varepsilon_t\sqrt{\Delta t} \\
&= S(0) + \sqrt{\Delta t}\sum_{i=1}^{i=t}\varepsilon_i
\end{aligned} \tag{2.34}$$

同样，一个微粒零时刻从$W(0)=0$出发，经历5000步之后，它的一维随机运动沿时间轴的轨迹，类似于图2.25。

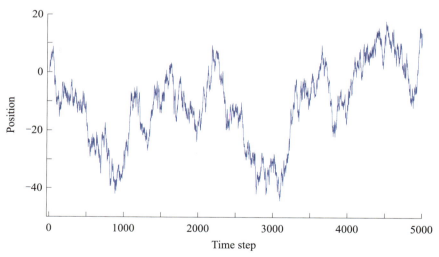

图2.25 单个微粒，一维随机连续离散漫步（5000步，步长=1）

图2.26给出的是100个微粒的200步运动轨迹。同时图2.26也绘制出$\pm\sigma\cdot\mathrm{sqrt}(t)$和$\pm 2\sigma\cdot\mathrm{sqrt}(t)$这两个运动范围。

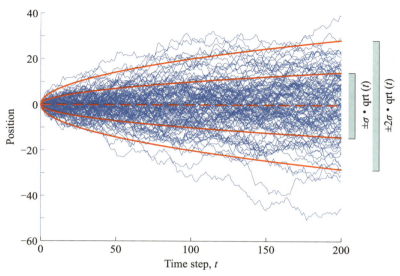

图2.26 多个微粒，一维随机连续离散漫步轨迹和运动范围

以下代码可以用来得到图2.22、图2.23、图2.24和图2.25。

```matlab
B2_Ch2_11.m

N = 5000;
% number of steps
displacement = randn(1,N);
% randn returns a random scalar drawn from
% the standard normal distribution.
% Brownian motion in one dimension is composed of
% a sequence of normally distributed random displacements
% randn function returns a matrix of a normally distributed
% random numbers with standard deviation 1

figure(1)
% to simulate the motion of a single particle in one dimension
plot(displacement,'o');
xlabel ('Cases')
ylabel ('Displacement of random walk')
set(gcf,'color','w');

figure(2)
histogram(displacement, 20);
% histogram(X,nbins) uses a number of bins
% specified by the scalar, nbins.
xlabel('Displacement of random walk')
ylabel('Number of occurrences')
set(gcf,'color','w');

figure(3)
```

```
histogram(displacement, 20, 'Normalization','probability');
ytix = get(gca, 'YTick')
set(gca, 'YTick',ytix, 'YTickLabel',ytix)
xlabel('Displacement of random walk')
ylabel('Probability, normalized')
set(gcf,'color','w');

figure (4)
cumu_disp = cumsum(displacement);
plot(cumu_disp);
ylabel('Position');
xlabel('Time step');
set(gcf,'color','w');
```

如果碰巧一共有10个相互独立的微粒，0时刻的位置都在同一处，比如原点。与图2.25类似，这些微粒都要分别经历5000个时间步长的振荡。模拟这个过程，可以多次运行图2.25的MATLAB程序，每次都对应其中的一个微粒。会发现，每次运行的结果，或者说每一个微粒漫步的路径，都是不同的。任意两次运行结果相同是极小概率事件，概率几乎为0。并且，这种完全不可预测的漫步，充满了随机性，很容易让人联想到股票市场的波动；两者似乎如出一辙。

在二维平面里，微粒的随机漫步更像布朗运动中炸裂的花粉颗粒一样。这种随机运动模式也可以延伸至三维空间。X为微粒的横坐标值，Y为微粒的纵坐标值。微粒在X-Y平面上完全随机运动，X和Y离散化的步长：

$$\begin{cases} \Delta X(t) = \varepsilon_X \sqrt{\Delta t} \\ \Delta Y(t) = \varepsilon_Y \sqrt{\Delta t} \end{cases} \quad (2.35)$$

类似的，微粒在X-Y-Z空间上完全随机运动时，除了X和Y轴离散化的步长外，在加上一个Z轴的离散化步长。图2.27模拟微粒从原点在X-Y平面完全随机地、漫无目的地、毫无方向地移动。这个模拟的时间步数是1000步。每一步通过随机数发生器randn()产生两个随机数，作为X轴和Y轴上行走的步长。然后，用MATLAB函数cumsum()累积这些离散化单位时间的行走距离。任何两次的模拟结果完全相同的可能性几乎为0。

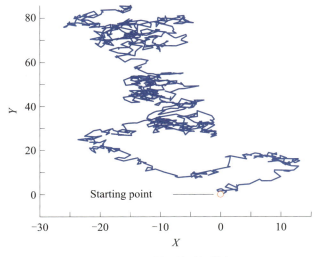

图2.27　X-Y平面二维随机漫步

以下代码可以用来产生图2.27。

```
B2_Ch2_12.m
clc; clear all; close all
N = 1000;
% number of steps
particle_disp = struct();
particle_path = struct();
% x-y plane
particle_disp.x = randn(N, 1);
particle_disp.y = randn(N, 1);
particle_path.x = cumsum(particle_disp.x);
particle_path.y = cumsum(particle_disp.y);

figure(1)
% movement of a particle on a X-Y plane, zero correlation
plot(particle_path.x, particle_path.y);
xlabel('X');
ylabel('Y');
set(gcf,'color','w');
```

图2.28展示的是某个微粒在三维空间的随机漫步。模拟仿真的时间步数也是1000步。现在，回顾丛书第一本书中关于二叉树的内容。读者可能会发现二叉树某种意义上也是"随机漫步"，只不过二叉树将这种随机漫步限定在了一个非上即下、非升即降的网格中，微粒只能在限定的不同路径上选择"随机漫步"的下一步。

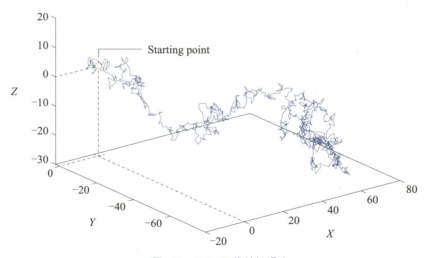

图2.28　*X-Y-Z*三维随机漫步

图2.29（a）给出的是两步二叉树的网格。微粒从 (0, 0) 点出发，下一步可能到达 (1, −1) 或 (1, 1) 两点的任意一点；第二步可能到达 (2, 2)、(2, 0) 或 (2, −2) 三点中的任意一点。如果微粒向上、向下运动的概率相等 (1/2)。在二叉树网格，可以产生如图2.30所示的四个路径，微粒沿着四个路径任意一个移动的概率相同，都为1/4。经过两步运动后，微粒到达(2, 0) 点的概率为0.5，是到达 (2, 2) 或 (2, −2) 点概率的两倍。这符合杨辉三角中的二项式系数分布。当然，微粒向上或向下移动的概率可以不相同。

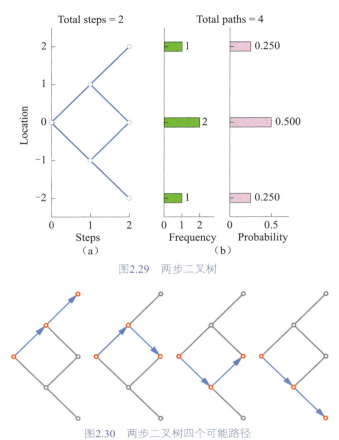

图2.29 两步二叉树

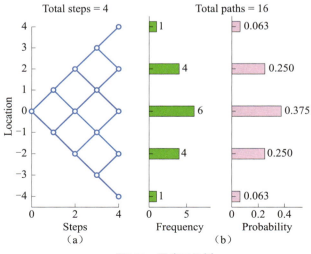

图2.30 两步二叉树四个可能路径

如图2.31所示,当二叉树的步数增大到4时,二叉树的尾端有5个节点。到达这5个尾端节点的可能路径分别为 $1(=C_4^0)$、$4(=C_4^1)$、$6(=C_4^2)$、$4(=C_4^3)$ 和 $1(=C_4^4)$。当二叉树的步数增大到8时,图2.32(b)展示的概率分布已经呈现出明显的正态分布趋势。读者应该还有印象,丛书第一本书第8章讲到二项分布和伯努利分布时,二项分布就是将伯努利实验重复 n 次后的概率分布;特别当 n 不断增大时,二项分布不断接近正态分布。

图2.31 四步二叉树

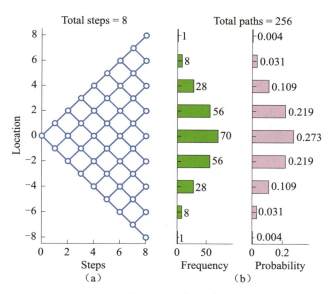

图2.32 八步二叉树

以下代码可以获得图2.29、图2.31和图2.32。

```
B2_Ch2_13.m
clc; close all; clear all
NUM_steps = [2,4,6,8];
node_start = 0;

for m = 1:length(NUM_steps)

    num_steps = NUM_steps(m);
    T = 0:num_steps;

    nodes_current = node_start;

    figure(m)
    subplot(1,4,[1,2])
    hold all

    for i = 1:num_steps
        t = T(i);
        nodes_next = [];

        n = i;
        num_paths = [];

        for j = 1:length(nodes_current)

            node_up = nodes_current(j) + 1;
            plot([t,t+1],[nodes_current(j),node_up],'-o',...
```

```matlab
                'MarkerFaceColor','w','LineWidth',1 ...
                ,'color',[0, 0.4470, 0.7410])

            node_down = nodes_current(j) - 1;
            plot([t,t+1],[nodes_current(j),node_down],'-o',...
                'MarkerFaceColor','w','LineWidth',1 ...
                ,'color',[0, 0.4470, 0.7410])

            nodes_next = [nodes_next; node_up; node_down;];

        end
        nodes_current = sort(unique(nodes_next));
    end

    num_paths = [];
    for k = 0:num_steps
        num_paths = [num_paths; nchoosek(num_steps,k)];
    end
    ylim([[-num_steps-0.5,num_steps+.5]])
    xlabel('Steps'); ylabel('Location')
    daspect([1, 1, 1]); title(['Total steps = ',num2str(num_steps)])

    subplot(1,4,3)
    locations = -num_steps:2:num_steps';
    bar(locations,num_paths,0.5/max(NUM_steps)*num_steps);
    text(locations, num_paths*1.2, num2str(num_paths,'%0.0f'),...
    'HorizontalAlignment','center','VerticalAlignment','middle')
    box off; xlim([-num_steps-0.5,num_steps+.5]); xlabel('Number of paths');
    view(90,-90); box off; ylabel('Frequency')
    ylim([0, max(num_paths)*1.4]); set(gca,'XTickLabel',[]);
    title(['Total paths = ',num2str(sum(num_paths))])


    subplot(1,4,4)
    probabilities = num_paths/sum(num_paths);
    bar(locations,probabilities,0.5/max(NUM_steps)*num_steps);
    text(locations, probabilities+0.1, num2str(probabilities,'%0.3f'),...
    'HorizontalAlignment','center','VerticalAlignment','middle')
    box off; xlim([-num_steps-0.5,num_steps+.5]); xlabel('Number of paths');
    view(90,-90); box off; ylabel('Probability')
    ylim([0, max(probabilities)+0.1]); set(gca,'XTickLabel',[]);

end
```

现在，在八步二叉树网格中分别产生2、5和200条随机路径。微粒每步行走向上或者向下的概率相同，都为1/2。图2.33（a）展示的是在八步二叉树网格中随机产生的两个行走路径。图2.33（b）给出的是这两个路径对应的频率直方图。如图2.34所示，当随机路径的数目提高到5条时，路径终点的分布情况也不是很明朗。当随机路径的数目提高到200条时，如图2.35所示，会发现路径终点的分布显现了类似正态分布的特点。

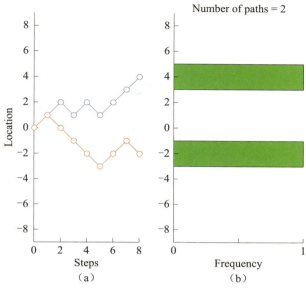

图2.33　八步二叉树的2个随机路径

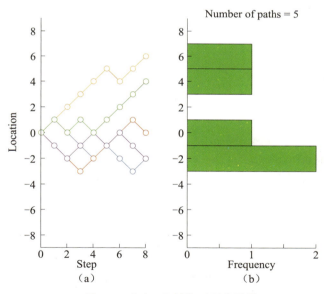

图2.34　八步二叉树的5个随机路径

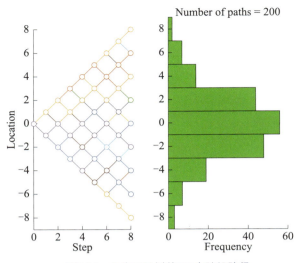

图2.35 八步二叉树的200个随机路径

如下代码可以用来获得图2.33、图2.34和图2.35。

请读者修改如下代码，让微粒每一步向上运动一单位步长的概率为3/4、向下运动一单位步长的概率为1/4。这时，再次绘制微粒经过八步二叉树运动终点的分布的情况。

`B2_Ch2_14.m`

```matlab
clc; close all; clear all
num_steps = 8;

NUM_paths = [2,5,10,200];

for i = 1:length(NUM_paths)
    
    num_paths = NUM_paths(i);
    
    t = 0:num_steps;
    delta_x = randi([0,1],num_paths,num_steps)*2 - 1;
    % randsrc
    realized_x_paths = [zeros(num_paths,1),cumsum(delta_x,2)];
    destinations = realized_x_paths(:,end);
    
    figure(i)
    subplot(1,2,1)
    plot(t,realized_x_paths,'-o','MarkerFaceColor','w','LineWidth',2)
    daspect([1, 1, 1]);box off; grid off
    xlabel('Step'); ylabel('Location')
    ylim([-num_steps-1,num_steps+1])
    xlim([0,num_steps]); y1=get(gca,'ylim');
    
    subplot(1,2,2)
    edges = -num_steps-1:2:num_steps+1;
```

```
        histogram(destinations,edges);
        xlim(y1); view(90,-90); box off;
        ylabel('Number of points')
        title(['Number of paths = ',num2str(num_paths)])
end
```

随机运动也可以是相互影响的，正如本章开篇讨论的如何产生服从特定相关性的二元随机数一样。用同样的方法就能产生服从特定相关系数的协同随机运动。如图2.36所示，假设有两个线性相关系数为0的一维随机漫步。这两个随机运动没有展现持续并且明显的线性相关性。当线性相关系数变为0.9时，两条随机过程的轨迹展示出了极高的相似度，如图2.37所示。虽然涨跌的具体幅度不完全相同，但是涨跌的整体趋势几乎一致。当线性相关系数为-0.9时，两条曲线随时间变化的趋势就几乎完全相反。正如图2.38所示，与图2.37形成了鲜明的对比。这里提出一个问题，如何计算图2.36、图2.37和图2.38这三种情况实际线性相关系数？本书第1章和丛书第一本书的统计部分都有线性相关性的计算。

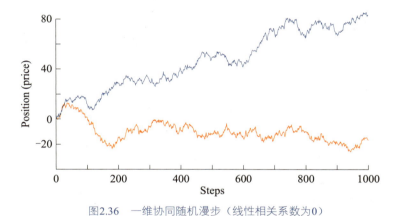

图2.36　一维协同随机漫步（线性相关系数为0）

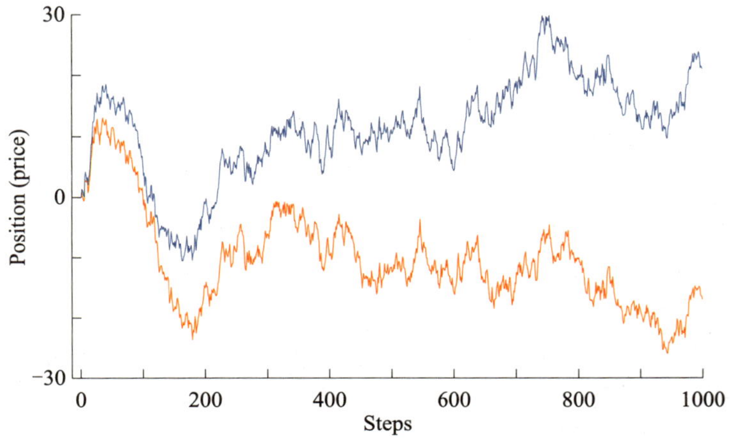

图2.37　一维协同随机漫步（线性相关系数为0.9）

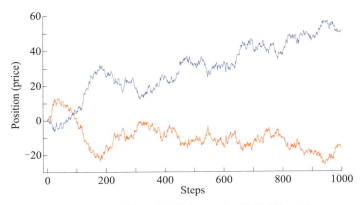

图2.38 一维协同随机漫步（线性相关系数为-0.9）

以下代码可以获得图2.36、图2.37和图2.38。

```matlab
clc; clear all; close all
N = 1000;
% number of steps
particle_disp = struct();
particle_path = struct();
% x-y plane
particle_disp.x = randn(N, 1);
particle_disp.y = randn(N, 1);
particle_path.x = cumsum(particle_disp.x);
particle_path.y = cumsum(particle_disp.y);

correl = -0.9;
% to be updated, .0.5, 0.9, -0.5, -0.9, 0 (uncorrelated)
particle_disp.z = correl*particle_disp.x +...
    sqrt(1-correl^2)*particle_disp.y;
particle_path.z = cumsum(particle_disp.z);

figure(1)
% co-movement of X and Y, zero correlation
plot(particle_path.x); hold on;
plot(particle_path.z); hold off
xlabel('Steps');
ylabel('Displacement');
set(gcf,'color','w');
```

二维平面内的随机漫步，可以看成是在两个不同维度上的一维随机漫步的合成。如果这两个一维随机漫步是线性相关的话，会对二维平面上的运动轨迹产生特定的影响。图2.39展示的是线性相关系数为0.9的平面随机漫步。因为横纵两个方向高度正相关，可以观察到，这种一维上的协同使得微粒有沿水平方向大约45°倾角运动的趋势。当相关系数取相反值，因为横纵两个方向反相关，微粒有沿水平方向-45°倾角运动的趋势，如图2.40所示。

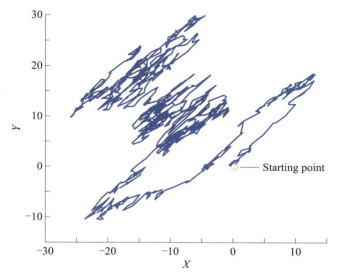

图2.39 X-Y平面二维随机漫步（线性相关系数为0.9）

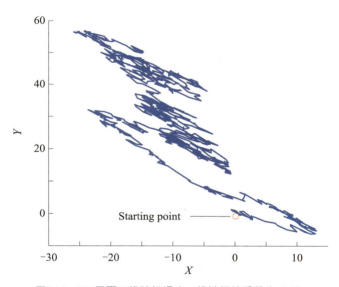

图2.40 X-Y平面二维随机漫步（线性相关系数为-0.9）

前面介绍了零漂移标准布朗运动，微粒的行进只具有随机不确定性，而没有确定性。如果在此基础上，引入确定性的项，定向漂移布朗运动可以表达为：

$$dS(t) = \mu dt + \sigma dW(t) \tag{2.36}$$

式中：μ (mu) 为漂移率；σ (sigma) 为波动率，即标准差。

如果把式（2.36）看作是物体直线运动的话，μdt相当于是匀速运动部分，即确定的部分；$\sigma dW(t)$相当于随机漫步，也就是漂移，可以理解为噪声，即不确定的部分。这个漂移率可以为正，可以为负，也可以为0，如图2.41所示。

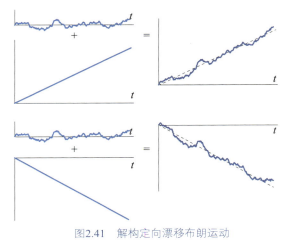

图2.41 解构定向漂移布朗运动

解析式离散化后,可以得到:

$$\Delta S(t) = \mu \Delta t + \sigma \varepsilon \sqrt{\Delta t} \tag{2.37}$$

式(2.37)的期望值为:

$$E(\Delta S(t)) = \mu \Delta t \tag{2.38}$$

标准差为:

$$\text{std}(\Delta S(t)) = \sigma \sqrt{\Delta t} \tag{2.39}$$

方差为:

$$\text{var}(\Delta S(t)) = \sigma^2 \Delta t \tag{2.40}$$

定向布朗运动解析式直接积分可以得到:

$$S(t) = S(0) + \mu t + \sigma W(t) \tag{2.41}$$

式(2.41)的离散化形式可以表达为:

$$\begin{aligned} S(t) &= S(t-1) + \left(\mu \Delta t + \sigma \varepsilon_t \sqrt{\Delta t}\right) \\ &= S(0) + t\mu \Delta t + \sigma \sqrt{\Delta t} \sum_{i=1}^{i=t} \varepsilon_i \end{aligned} \tag{2.42}$$

图2.42给出了某个定向漂移随机过程,概率密度函数随时间的变化规律。和图2.20相比,不难发现,图2.42中每条函数的均值(对称轴)随着时间不断变化。图2.43将这个过程展示的更明显一些。

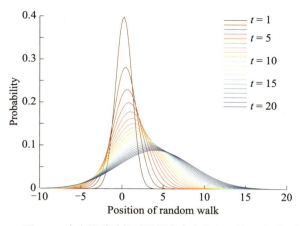

图2.42 定向漂移随机过程概率密度分布函数（随时间变化）

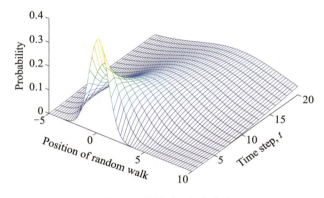

图2.43 维纳过程概率密度分布面

对比零漂移标准随机过程和定向漂移随机过程，会发现单位时间内，标准随机过程的位移最可能在0附近，而定向漂移随机过程最可能在$\mu\Delta t$附近波动，如图2.44所示。

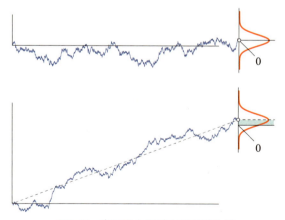

图2.44 有无定向漂移布朗运动比较

下面用一组图来比较定向漂移部分对仿真结果的影响。图2.45给出的结果是10个微粒完全在随机漫步影响下运动，不存在定向漂移项。10颗微粒0～5000步的运动轨迹并未呈现出某种共同的趋势。当设定定向漂移为0.05时，同样10个微粒，5000步的定向漂移随机漫步就展现出共同的上升趋势，如图2.46所示。此时，定向漂移率并未充分主导随机漫步的走势，随机成分的影响不可以忽略。

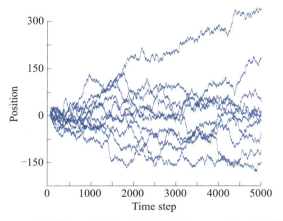

图2.45　10个微粒，一维随机连续离散漫步（5000步，定向漂移为0）

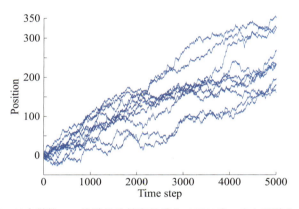

图2.46　10个微粒，一维随机连续离散漫步（5000步，定向漂移为0.05）

然而，当定向漂移率提高到0.2时，会发现10个微粒几乎朝着同一个方向近乎整齐地移动，随机部分对趋势的影响微乎其微，如图2.47所示。随机部分的影响可以类比做微弱的背景噪声。此时，定向漂移项成为主导项，决定了运动的大致基本方向。

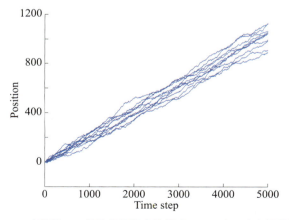

图2.47　10个微粒，一维随机连续离散漫步（5000步，定向漂移为0.2）

图2.48给出了模拟的100条轨迹（蓝色），红色线对应不同概率统计水平的包络线。本节解决了模拟股票走势的第一个问题。需要注意的是，如果用以上模型去模拟股价的变动，会很容易发现模型

的缺点：模拟值可以为负值；但是，股价不能为负值。因此需要找到另外一个可以克服这个缺点的模型。而在此之前，我们需要了解一个金融建模中常用的重要分布——对数正态分布。

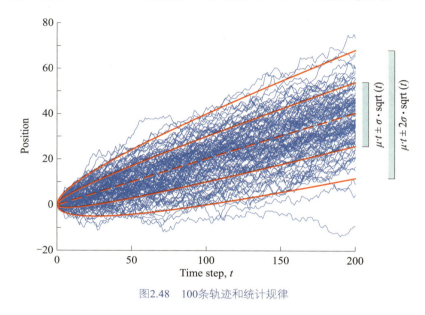

图2.48　100条轨迹和统计规律

2.5 几何布朗运动

股票价格建模两个基本问题是，股票的回报率基本服从正态分布，并且股票价格不能为负值。几何布朗运动可以满足这两个要求，它可以用式（2.43）进行描述：

$$dS(t) = S(t)\left[\mu dt + \sigma dW(t)\right] \quad (2.43)$$

等式（2.43）两边同时除以$S(t)$后，可以发现$dS(t)/S(t)$是服从正态分布的定向漂移布朗运动：

$$\frac{dS(t)}{S(t)} = \mu dt + \sigma dW(t) \quad (2.44)$$

如果$S(t)$相当于股价，$dS(t)/S(t)$则是股票的回报率；也就是股票的回报率呈现出正态分布的特点。而股价本身呈现出对数正态分布的特点。几何正态分布和正态分布必然存在一定关系。几何布朗运动的解析式离散化后可以约等于式（2.45）：

$$\begin{cases} \Delta S(t) \approx S(t-1)\left(\mu \Delta t + \sigma \varepsilon \sqrt{\Delta t}\right) \\ \varepsilon \sim N(0,1) \end{cases} \quad (2.45)$$

在股票世界里，这个持续不断的推动力（μ漂移 (drift)），就是长期利率。请注意，这个离散式有自己的局限性。它只适合Δt极小的情况，也就是Δt趋向于0的时候。下一章将讨论几何布朗运动精确离散式。假设x_0等于1，在不同时间长度条件下，微粒运动位置的概率密度函数如图2.49所示。同样将这些曲线连接起来，就可以获得概率曲面，如图2.50所示。下一章，将以股票价格建模作为例子，继续详细讨论几何布朗运动。

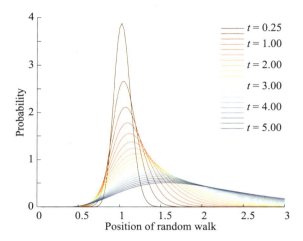

图2.49　几何布朗运动位置概率密度分布函数，随时间变化

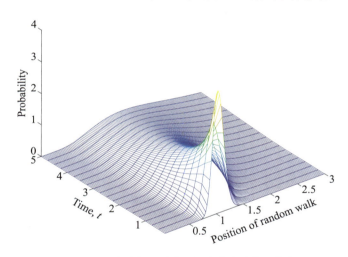

图2.50　几何布朗运动位置概率密度分布函数曲面

以下代码可以生成图2.49和图2.50。股价非负，因此用几何布朗运动来模拟股票股价是没有问题的。但是利率可以为负，而且利率数据特点展现出一些不同于股价的特性，几何布朗运动模拟利率就不切实际了。下一章会讨论其他随机模型来模拟利率。

```
B2_Ch2_16.m
```

```matlab
clear all; close all; clc
x0 = 1;
% initial position
mu = 0.15;
sigma = 0.2;
t_series = [0.25:0.25:5];
```

```matlab
x = [0.05:0.025:3];

length_t = length(t_series);
log_pdf_series = [];

my_col = brewermap(length_t,'RdYlBu');
figure(1)

for i = 1:length_t
    
    t = t_series(i);
    sigma_logn = sigma*sqrt(t);
    mu_logn = log(x0) + (mu - 0.5*sigma^2)*t;
    log_pdf = lognpdf(x,mu_logn,sigma_logn);
    
    plot(x,log_pdf,'color',my_col(i,:)); hold on
    legendCell{i} = num2str(t_series(i),'t = %.2f');
    log_pdf_series = [log_pdf_series; log_pdf];
    
end

legend(legendCell,'location','best')
xlabel ('Position of random walk')
ylabel ('Probability')
ylim ([0, 4]); xlim ([0, 3])
box off; grid off
set(gcf,'color','w');

figure(2)

mesh(x,t_series,log_pdf_series)
xlabel ('Position of random walk')
xlim ([0.05, 3]); ylim ([0.25, 5])
ylabel ('Time, t'); zlabel ('Probability')
zlim ([0, 4]); box off; grid off
set(gcf,'color','w');
```

2.6 随机试验

蒙特卡洛模拟（Monte Carlo simulation）以摩纳哥的赌城蒙特卡洛命名，是一种使用随机数，并以概率理论为指导的数值计算方法。该方法可以用来估算圆周率。这个思想来源于18世纪提出的**布丰投针问题**（Buffon's needle problem）。简单地说，向面积为 A 的正方形随机地投掷 n 个点，然后确定落入正方形内切圆内的点的数量为 n_Ω，则该圆形的面积近似为 $n_\Omega \times A/n$。然后再反向求解圆周率。具体过程如下：

正方形面积：

$$A_{\text{square}} = (2r)^2 = 4r^2 \quad (2.46)$$

圆形面积：

$$A_{\text{circle}} = \pi r^2 \quad (2.47)$$

圆形面积可以用式（2.48）估算：

$$A_{\text{circle}} \approx \frac{n_\Omega}{n} A_{\text{square}} \quad (2.48)$$

将式（2.48）左右用面积公式替换后得到：

$$\pi r^2 \approx \frac{n_\Omega}{n} 4r^2 \quad (2.49)$$

π可以估算为：

$$\pi \approx \frac{4 n_\Omega}{n} \quad (2.50)$$

图2.51是用3000个点来估算圆周率的一种仿真结果。在圆形内部的点我们用的是"·"来表示。在圆形外切正方形内、圆形外的点用"×"来表示。这次试验，3000个点中，共有2374个点落在圆形内部。此次试验估算的圆周率为3.165333。同样，随机数的数量越多，估算的精度越高。图2.52展示的就是不断提高随机数N的数量，圆周率的结果精度不断提高，结果逐渐收敛的过程。

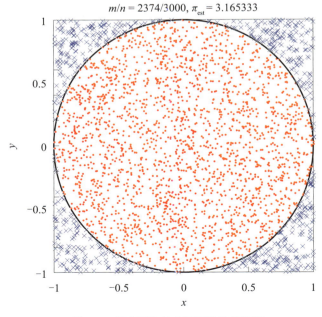

图2.51　正方形和其内切圆随机点估算π

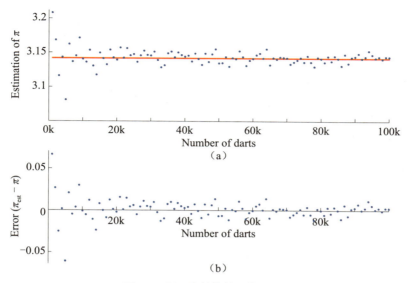

图2.52 圆周率估算结果的收敛过程

以下代码可以用来获得图2.51和图2.52。

```matlab
B2_Ch2_17.m
clc; close all; clear all;
n = 3000; % Number of darts
r = 1; % radius of the circle
% In general, you can generate N random numbers in the interval (a,b)
% with the formula r = a + (b-a).*rand(N,1).
[pi_est,n_area,x,y] = estimate_PI (n, r);

figure(1)
rectangle('Position',[-1,-1,2,2]);
hold on;
theta=linspace(0,2*pi,1000);
rho=ones(1,1000);
[xc,yc] = pol2cart(theta,rho);
plot(xc,yc,'k-','linewidth',2);
axis square;
inside=find(x.^2+y.^2<1);
outside=find(x.^2+y.^2>=1);
plot(x(inside),y(inside),'r.');
plot(x(outside),y(outside),'bx');
title(['m/n = ',num2str(n_area),'/',num2str(n),...
    ', \pi_e_s_t = ',num2str(pi_est,'%8.6f')]);
xlabel('x coordinate')
ylabel('y coordinate')


n_series = 1e3:1e3:1e5;
```

```matlab
for i = 1:length(n_series)
    
    n = n_series(i);
    [pi_est,~,~,~] = estimate_PI (n, r);
    PI_EST (i) = pi_est;
    
end

figure(2)
hAx = subplot(2,1,1)
PI = pi*ones(1,length(n_series));
plot(n_series/1000, PI_EST,'.'); hold on
plot(n_series/1000, PI)
hAx.XAxis.TickLabelFormat='%.fk';
xlabel('Number of darts')
ylabel('Estimation of \pi')
box off; grid off;

hAx = subplot(2,1,2)
error = PI_EST - PI;
plot(n_series/1000, error,'.')
hAx.XAxis.TickLabelFormat='%.fk';
xlabel('Number of darts')
ylabel('Error (\pi_e_s_t - \pi)')
set(gca, 'XAxisLocation', 'origin')
box off; grid off;
%%
function [pi_est,n_area,x,y] = estimate_PI (n, r)

b = 1;
a = -1;
x = a + (b-a)*rand(n,1);      % x coordinates of the darts
y = a + (b-a)*rand(n,1);      % y coordinates of the darts
n_area =sum(x.^2+y.^2<r^2);   % number of darts in the circle
pi_est=4*n_area/n;            % Estimate of pi

end
```

  在丛书第一本书的第6章中，讨论过用几种数值方法估算积分的方法。现在讨论用蒙特卡洛模拟的方法估算积分。同样研究下列函数在 [2，10] 区间的积分：

$$y = \frac{x}{2}\sin(x) + 8 \tag{2.51}$$

  这个函数在区间内的积分值为67.0526，面积形状如图2.53所示。

  图2.54展示的是某次估算积分的试验。500个随机点服从均匀分布，投掷在矩形范围内，其中有344个点落入积分范围内。由此估计积分值为66.048。

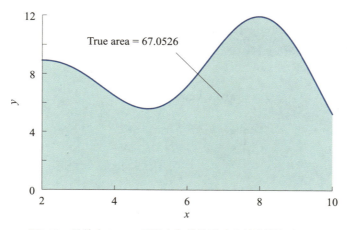

图2.53 函数在 [2, 10] 区间上和横轴形成区域的面积为67.0526

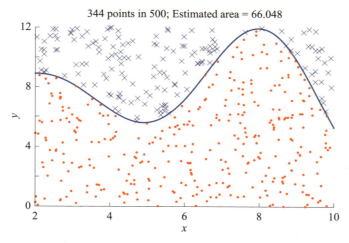

图2.54 某次试验500个随机点，有344落入估算区间内，估算面积为66.048

以下代码可以用来获得图2.53和图2.54。

请读者参考估算圆周率的例子，改写代码研究积分估算的误差及其收敛过程，将此过程可视化。

B2_Ch2_18.m

```
clc; clear all; close all

x = 2:0.05:10;
fcn = x.*sin(x)/2 + 8;
fun = @(x) x.*sin(x)/2 + 8;
area_true = integral(fun,min(x),max(x));
% Original function

figure(1)
plot(x,fcn); hold on
x2 = [x, fliplr(x)];
curve1 = zeros(1,length(x));
```

```matlab
curve2 = fcn;
inBetween = [curve1, fliplr(curve2)];
fill(x2, inBetween, 'g');

xlabel('x'); ylabel('y')
line3 = ['True area = ',num2str(area_true)];
title({line3})
%% Area approximation using Monte Carlo simulation
num_points = 500;

figure(2)
y_max = round(max(fcn));
p_x = min(x) + (max(x) - min(x))*rand(1,num_points);
p_y = 0 + (y_max - 0)*rand(1,num_points);
plot(x,fcn); hold on
x2 = [x, fliplr(x)];
curve1 = zeros(1,length(x));
curve2 = fcn;
inBetween = [curve1, fliplr(curve2)];
fill(x2, inBetween, 'g'); hold on
p_accepted = 0; % Counter of accepted points
for i = 1:num_points
    xx = p_x(i);
    yy = p_y(i);
    if yy < xx.*sin(xx)/2 + 8
        p_accepted = p_accepted + 1;
        plot(xx,yy,'.r'); hold on
    else
        plot(xx,yy,'xb'); hold on
    end
end
area_total = (y_max-0)*(max(x) - min(x));
area_est = area_total*p_accepted/num_points;
line1 = [num2str(p_accepted),' points in ', num2str(num_points)];
line2 = ['Estimated area = ',num2str(area_est)];
line3 = ['Analytical solution = ',num2str(area_true)];
title({line1;line2;line3})

xlabel('x'); ylabel('y')
```

　　有了本章的随机过程的讨论作为铺垫,下一章将开始研究如何用随机过程搭建股票价格模型和利率模型。

第 3 章 Stochastic Simulations 随机模拟

预测，可能揭出预测专家的老底；预测不会告诉你真实的未来。
Forecasts may tell you a great deal about the forecaster; they tell you nothing about the future.

——沃伦·巴菲特（Warren Buffett）

Core Functions and Syntaxes
本章核心命令代码

- `A(any(isnan(B),2),:) = []` 移除B中含有NaN元素位置的A中元素
- `chol()` 进行Cholesky分解
- `corrcoef(A)` 计算矩阵A的相关系数矩阵
- `cumprod(A)` 计算累乘
- `diag()` 创建对角矩阵或获取矩阵的对角元素
- `fetch(c,series,startdate,enddate)` 可以用来从各种数据库获得数据，比如FRED等。FRED数据的URL为 `'https://fred.stlouisfed.org/'`
- `heatmap()` 创建热图
- `hist_stock_data('01012015','31052019','GM','F','MCD','IBM');` hist_stock_data() 这是Matlab论坛网友分享的函数，可以用于下载Yahoo! Finance提供的历史股票价格数据。`'01012015'`和`'31052019'`分别定义查询的起始和结束日期。`'GM'`、`'F'`、`'MCD'` 和 `'IBM'` 为待查询股票的公司的名称，分别为通用汽车公司、福特汽车公司、麦当劳和IBM。此外，公司的缩写可通过Yahoo! Finance官网 https://ca.finance.yahoo.com/ 查询获取
- `histfit(St_all_path(end,:),num_bins,'lognormal')` 根据数据St_all_path(end,:)绘制直方图，直方条的数量由num_bins指定。此外，根据函数参数"lognormal"绘制一条拟合曲线，拟合函数为对数正态分布。其他可供选用的常见函数参数还有 `'normal'` 指定拟合曲线函数为正态分布，"kernel" 指定采用核密度分布来拟合
- `HullWhite1F(RateSpec,HW_alpha,HW_sigma)` 构建Hull-White利率模型
- `intenvset('Rates',origianl_ZeroRates,'EndDates',CurveDates,'StartDate',analysis_date)` 创建利率期限结构
- `mesh()` 绘制网格图
- `plot3()` 绘制三维线图
- `plotmatrix(A)` 创建的散点图矩阵。矩阵的第 *i* 行、第 *j* 列中的子图是 A 的第 *i* 列相对于 X 的第 *j* 列的散点图。沿对角线方向是 X 的每一列的直方图
- `price2ret()` 价格水平换算成利率
- `rate2disc()` 利率换算成折算因子
- `repmat(nu*dt,steps,1)` 返回一个数组，该数组在其行维度和列维度包含 nu*dt 的 steps × 1 个副本

- rmmissing(A) 从数组或表中删除缺失的条目
- s_handle = scatter(num_steps*ones(1,num_sims),St_all_path(end,:),40,'b','filled') 除了绘制散点图之外，还保存了该绘图的句柄
- s_handle.MarkerEdgeColor = 'none' 清除标记符号边缘
- s_handle.MarkerFaceAlpha = 0.1 将标记符号的透明度设置为0.1；s_handle 为 scatter() 句柄
- scatter(x,y) 在向量 x 和 y 指定的位置创建一个包含圆形的散点图。该类型的图形也称为气泡图
- set(gcf,'color','white') 指定当前图窗的背景为白色
- squeeze(A) 返回元素与A相同但删除了所有单一维度的数组B。单一维度是指 size(A,dim) = 1 的任意维度
- sum(A,2) 计算矩阵A中每行元素的总和
- xticklabels() 设置或查询 x 轴刻度标签
- yticklabels() 设置或查询 y 轴刻度标签

3.1 伊藤引理

现在不得不来说一说**伊藤引理**（Ito's Lemma）。简单地说，伊藤引理是把泰勒展开应用在随机过程。而泰勒展开应用在伊藤引理的核心就是表3.1所示乘法表。简单来说，$dt \to 0$，dt的平方和$dtdW(t)$都忽略不计。$dW(t)$的平方为dt。请读者记住以下三式：

$$\begin{cases} (dW(t))^2 = dt \\ dW(t)dt = 0 \\ (dt)^2 = 0 \end{cases} \tag{3.1}$$

表 3.1　伊藤引理乘法表

×	dt	$dW(t)$
dt	0	0
$dW(t)$	0	dt

Kiyoshi Ito (1915—2008), Japanese mathematician
A major contributor to the theory of probability. Ito was able to apply the techniques of differential and integral calculus to stochastic processes, such as Brownian motion. This work became known as the Ito stochastic calculus. The Ito calculus was applied in a number of fields, including engineering, population genetics, and mathematical finance.

对于$f(t, x)$，泰勒二阶展开式为：

$$df = \frac{\partial f}{\partial t}dt + \frac{\partial f}{\partial x}dx + \frac{1}{2}\left(\frac{\partial^2 f}{\partial x^2}dx^2 + 2\frac{\partial^2 f}{\partial x \partial t}dxdt + \frac{\partial^2 f}{\partial t^2}dt^2\right) \tag{3.2}$$

忽略式（3.2）中的对于dt的高阶项：

$$df = \frac{\partial f}{\partial t}dt + \frac{\partial f}{\partial x}dx + \frac{1}{2}\frac{\partial^2 f}{\partial x^2}dx^2 \tag{3.3}$$

如果$dS(t)$可以表达为式（3.4）：

$$dS(t) = \mu dt + \sigma dW_t \tag{3.4}$$

即$S(t)$是一个布朗运动。对于$df(t, S(t))$，使用泰勒展开：

$$df(t,S(t)) = \frac{\partial f}{\partial t}dt + \frac{\partial f}{\partial S}dS(t) + \frac{1}{2}\frac{\partial^2 f}{\partial S^2}(dS(t))^2$$
$$= \frac{\partial f}{\partial t}dt + \frac{\partial f}{\partial S}dS(t) + \frac{1}{2}\frac{\partial^2 f}{\partial S^2}(\mu dt + \sigma dW(t))^2 \quad (3.5)$$
$$= \frac{\partial f}{\partial t}dt + \frac{\partial f}{\partial S}dS + \frac{1}{2}\frac{\partial^2 f}{\partial S^2}\left(\mu^2(dt)^2 + \sigma^2(dW(t))^2 + 2\mu\sigma dt dW(t)\right)$$

使用刚才讲到的乘法表，可以获得式（3.6）：

$$df(t,S(t)) = \frac{\partial f}{\partial t}dt + \frac{\partial f}{\partial S}dS(t) + \frac{1}{2}\frac{\partial^2 f}{\partial S^2}(dS(t))^2$$
$$= \frac{\partial f}{\partial t}dt + \frac{\partial f}{\partial S}dS(t) + \frac{1}{2}\frac{\partial^2 f}{\partial S^2}(\mu dt + \sigma dW(t))^2 \quad (3.6)$$
$$= \frac{\partial f}{\partial t}dt + \frac{\partial f}{\partial S}dS(t) + \frac{1}{2}\frac{\partial^2 f}{\partial S^2}\sigma^2 dt$$

下面把伊藤引理应用在几何布朗运动上。$f(t, S(t))$ 被定义为式（3.7）：

$$f(S) = \ln(S) \quad (3.7)$$

由此可得：

$$\begin{cases} \dfrac{\partial f}{\partial t} = 0 \\ \dfrac{\partial f}{\partial S} = \dfrac{1}{S} \\ \dfrac{\partial^2 f}{\partial S^2} = -\dfrac{1}{S^2} \end{cases} \quad (3.8)$$

在前文反复讨论过，股票价格的连续复利收益率近似服从正态分布：

$$dS(t) = S(t)[\mu dt + \sigma dW(t)] \quad (3.9)$$

将以上各项代入式（3.10）：

$$df(t,S(t)) = \frac{\partial f}{\partial t}dt + \frac{\partial f}{\partial S}dS(t) + \frac{1}{2}\frac{\partial^2 f}{\partial S^2}\left(S(\mu dt + \sigma dW(t))\right)^2 \quad (3.10)$$

由此得到：

$$df(t,S(t)) = 0dt + \frac{1}{S}S(\mu dt + \sigma dW(t)) + \frac{1}{2}\left(-\frac{1}{S^2}\right)\left(S(\mu dt + \sigma dW(t))\right)^2$$
$$= 0dt + \mu dt + \sigma dW(t) - \frac{\sigma^2}{2}dt \quad (3.11)$$
$$= \sigma dW(t) + \left(\mu - \frac{\sigma^2}{2}\right)dt$$

对式（3.12）从0到t积分得到：

$$\ln(S(t)) - \ln(S(0)) = \left(\mu - \frac{\sigma^2}{2}\right)t + \sigma W(t) \tag{3.12}$$

$S(0)$为$S(t)$在$t=0$时刻的初始值。因此$S(t)$可以求解为：

$$S(t) = S(0)\exp\left(\left(\mu - \frac{\sigma^2}{2}\right)t + \sigma W(t)\right). \tag{3.13}$$

进一步可以求解$S(t)$的期望和方差：

$$\begin{cases} E(S(t)) = S(0)e^{\mu t} \\ \mathrm{var}(S(0)) = S(0)^2 e^{2\mu t}\left(e^{\sigma^2 t} - 1\right) \end{cases} \tag{3.14}$$

$S(t)$的离散式可以表达为：

$$\ln(S(t+\Delta t)) - \ln(S(t)) = \left(\mu - \frac{\sigma^2}{2}\right)\Delta t + \sigma\varepsilon\sqrt{\Delta t} \tag{3.15}$$

同样式（3.15）可以写为：

$$S(t+\Delta t) = S(t)\exp\left[\left(\mu - \frac{\sigma^2}{2}\right)\Delta t + \sigma\varepsilon\sqrt{\Delta t}\right] \tag{3.16}$$

式（3.15）所示离散式和在上一章中讲解的离散式不同。上一章用的离散式是：

$$S(t+\Delta t) = S(t)\left(1 + \mu\Delta t + \sigma\varepsilon_t\sqrt{\Delta t}\right) \tag{3.17}$$

讲式（3.17）时就已经提到过，求（3.17）所示离散式只适用于Δt趋向无穷小时。这里再次强调如果S服从某种形式的布朗运动，则式（3.18）不成立：

$$d\ln S = \frac{dS}{S} \tag{3.18}$$

图3.1展示的是股价在一年252天时间内的随机行走的5个轨迹。当随机行走轨迹的数目不断提高时，会发现一些有趣的规律。如图3.2所示，当模拟轨迹的数量为50时，轨迹的集中度呈现出类似正态分布的规律。

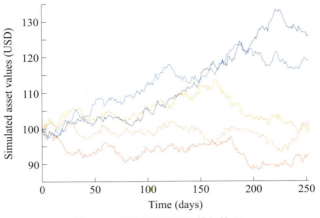

图3.1 5个股价随机行走模拟轨迹

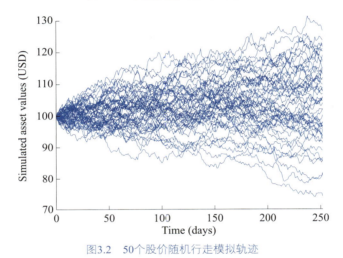

图3.2 50个股价随机行走模拟轨迹

如图3.3所示,当行走轨迹增大到250时,模拟轨迹终点位置呈现出类似正态分布。更准确地说是类似对数正态分布。这一点和之前的模型假设是一致的。

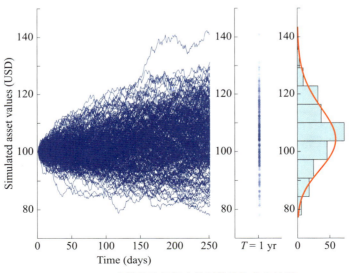

图3.3 250个股价随机行走模拟轨迹和分布情况

以下代码可以绘制图3.1、图3.2、图3.3。

`B2_Ch3_1.m`

```matlab
clear all; clc; close all
year_total = 1;
% unit: year
mu=0.05;
% mu: drift term, risk-free interest rate
sigma=0.1;
num_sims=250;
% K: number of simulations
S0=100;
% S0: initial position ($)
num_steps=252*year_total;
% N: number of time steps (trading days)
dt=1/252;
% dt: step size, one business day, 1/252 year

St_all_path = [];
index = 1;
figure(index)
index = index + 1;

nu = mu - sigma*sigma/2;

St_all_path = S0*[ones(1,num_sims); ...

cumprod(exp(nu*dt+sigma*sqrt(dt)*randn(num_steps,num_sims)),1)];

plot([0:num_steps],St_all_path,'b')
xlim([0 num_steps]); box off
xlabel('Time [days]'); ylabel('Simulated asset value [USD]');
set(gcf,'color','w');

%%
figure(index)
index = index + 1;
num_bins = 10;
subplot(1,5,[1:3])
plot([0:num_steps],St_all_path,'b'); hold on
xlim([0 num_steps]); box off
xlabel('Time [days]'); ylabel('Simulated asset value [USD]');
set(gcf,'color','w');
y1=get(gca,'ylim');


subplot(1,5,4)
```

```matlab
s_handle = 
scatter(num_steps*ones(1,num_sims),St_all_path(end,:),40,'b','filled')
s_handle.MarkerFaceAlpha = 0.1;
s_handle.MarkerEdgeColor = 'none';
ylim(y1); box off; xlim([num_steps-0.5 num_steps+0.5]);
xticks([num_steps])
x_tick = ['T = ',num2str(num_steps/252),' yr'];
xticklabels({x_tick})

subplot(1,5,5)
histfit(St_all_path(end,:),num_bins,'lognormal');
xlim(y1); view(90,-90); box off;


%%
figure(index)
index = index + 1;

step_num = 10;

histfit(St_all_path(step_num, :),num_bins,'lognormal');
% 20 bins
set(gcf,'color','w');
xlabel(['Simulated asset values at the ',...
    num2str(step_num),'th time step [USD]'])
ylabel('Probability')
title(['Snapshot: ',num2str(step_num),' days'])
xlim([(round(min(min(St_all_path))/10) - 1)*10,...
    round(max(max(St_all_path))/10 + 1)*10])

%%
figure(index)
index = index + 1;
step_num = num_steps;
% can be updated in between 1 ~ 252

histogram(St_all_path(step_num, :) - S0, 15,...
    'Normalization','probability');
% 20 bins
set(gcf,'color','w');
xlabel(['P/L at the ',...
    num2str(step_num),' day [USD]'])
ylabel('Probability')
xlim([(round(min(min(St_all_path))/10) - 1)*10 - S0, ...
    round(max(max(St_all_path))/10 + 1)*10 - S0])
title(['Snapshot: ',num2str(step_num),' days'])
```

3.2 股价相关性

在进行任何模拟之前，都要先分析数据。对于时间序列数据，要分析数据本身的统计学规律，不同时间序列之间的统计学规律等等。本书第1章一支股票（股指）作为一个时间序列的统计学规律，这一节要用真实的股票价格数据分析一些不同股价之间的相关性。

图3.4展示的是2015—2019年四支股票（GM、Ford、McDonalds和IBM）股价走势。为了更好地研究这四支股票股价的关系，先获得它们的对数收益率，如图3.5所示。

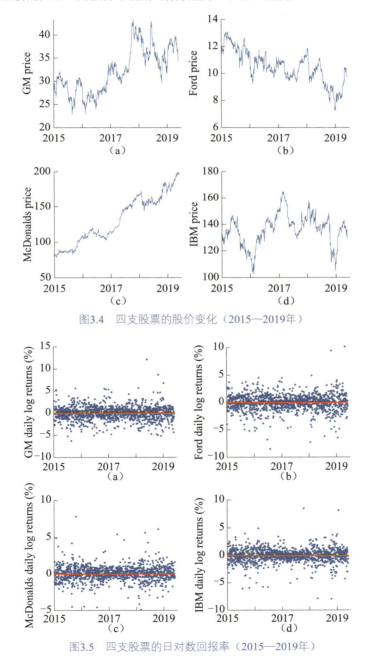

图3.4　四支股票的股价变化（2015—2019年）

图3.5　四支股票的日对数回报率（2015—2019年）

四支股票的走势和对数日收益率展现出随机性。但是，从图3.6可以看出收益率展现出类似正态分布的形态，这一点很有助于建立模型。另外，**移动窗口**（moving window）和**指数加权移动方法**（exponentially-weighted moving method）在数据分析中更重要，因为数据展现出的规律不断随时间变化，且和窗口长度和新旧数据权重有关。关于数据处理和分析，会在丛书第三本书做详细讨论。

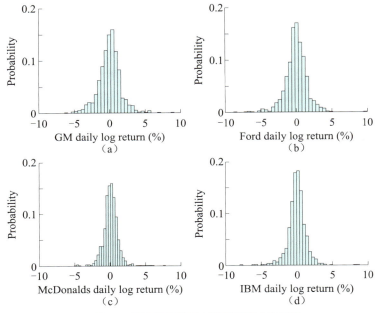

图3.6 四支股票的日对数回报率分布情况

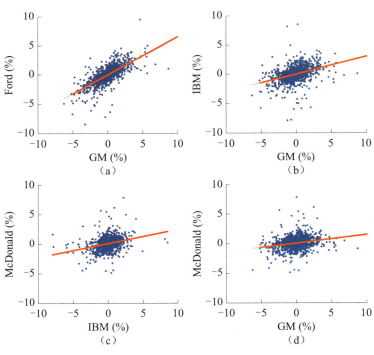

图3.7 四支股票对数回报率相关关系

上一章详细讨论了随机过程的线性相关性，现在用同样的思路分析一下GM、Ford、McDonalds和IBM这四支股票收益率的线性相关性。如图3.7所示，Ford和GM同属汽车产业，因此这两支股票收益率的线性相关性很高。IBM和GM线性相关性没有Ford和GM的线性相关性高，但是比起McDonalds和IBM及GM的线性相关性还是要高很多。GM和McDonald完全属于不同的行业，一个是工业，一个是食品，因此这两支股票的收益率几乎没有任何线性相关关系。如果两两一对计算相关性，就能得到**相关性矩阵**（correlation matrix）如式（3.19）所示：

$$\boldsymbol{\rho} = \begin{bmatrix} \rho_{1,1} & \rho_{1,2} & \cdots & \rho_{1,n} \\ \rho_{2,1} & \rho_{2,2} & \cdots & \rho_{2,n} \\ \vdots & \vdots & \ddots & \vdots \\ \rho_{n,1} & \rho_{n,2} & \cdots & \rho_{n,n} \end{bmatrix} = \begin{bmatrix} 1 & \rho_{1,2} & \cdots & \rho_{1,n} \\ \rho_{2,1} & 1 & \cdots & \rho_{2,n} \\ \vdots & \vdots & \ddots & \vdots \\ \rho_{n,1} & \rho_{n,2} & \cdots & 1 \end{bmatrix} \tag{3.19}$$

协方差矩阵$\boldsymbol{\Sigma}$，相关性矩阵和协方差矩阵的关系如式（3.20）：

$$\begin{aligned} \boldsymbol{\Sigma} &= \begin{bmatrix} \sigma_1 & 0 & \cdots & 0 \\ 0 & \sigma_2 & \cdots & 0 \\ \vdots & \vdots & \ddots & \vdots \\ 0 & 0 & \cdots & \sigma_n \end{bmatrix} \begin{bmatrix} 1 & \rho_{1,2} & \cdots & \rho_{1,n} \\ \rho_{2,1} & 1 & \cdots & \rho_{2,n} \\ \vdots & \vdots & \ddots & \vdots \\ \rho_{n,1} & \rho_{n,2} & \cdots & 1 \end{bmatrix} \begin{bmatrix} \sigma_1 & 0 & \cdots & 0 \\ 0 & \sigma_2 & \cdots & 0 \\ \vdots & \vdots & \ddots & \vdots \\ 0 & 0 & \cdots & \sigma_n \end{bmatrix} \\ &= \begin{bmatrix} \sigma_1^2 & \mathrm{cov}_{1,2} & \cdots & \mathrm{cov}_{1,n} \\ \mathrm{cov}_{2,1} & \sigma_2^2 & \cdots & \mathrm{cov}_{2,n} \\ \vdots & \vdots & \ddots & \vdots \\ \mathrm{cov}_{n,1} & \mathrm{cov}_{n,2} & \cdots & \sigma_n^2 \end{bmatrix} \end{aligned} \tag{3.20}$$

协方差矩阵中既有协方差，又有方差，因此这个矩阵又叫作**方差-协方差矩阵**（variance-covariance matrix），这个协方差矩阵描述的就是数据随时间的**协同运动**（co-movement）。这个矩阵又常记作：

$$\boldsymbol{\Sigma} = \begin{bmatrix} \sigma_{1,1} & \sigma_{1,2} & \cdots & \sigma_{1,n} \\ \sigma_{2,1} & \sigma_{2,2} & \cdots & \sigma_{2,n} \\ \vdots & \vdots & \ddots & \vdots \\ \sigma_{n,1} & \sigma_{n,2} & \cdots & \sigma_{n,n} \end{bmatrix} \tag{3.21}$$

相关性矩阵的热图如图3.8所示。

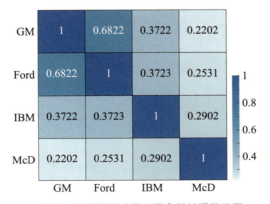

图3.8　四支股票对数回报率相关系数热图

以下代码可以获得本节的图像所需数据。

请读者自行绘制图像，另外请读者试用移动窗口方法，用250天数据作为窗口长度，获得相关性系数随时间变化。丛书第三本书会继续探讨更多有关方差-协方差相关内容。

```matlab
B2_Ch3_2.m

% tickers list: https://en.wikipedia.org/wiki/List_of_S%26P_500_companies
% GM: General Motors
% F: Ford Motor
% MCD: McDonald's Corp.
% IBM: International Business Machines

clc; close all; clear all

price = hist_stock_data('01012015','31052019','GM','F','MCD','IBM');
% the function can be downloaded from:
% https://www.mathworks.com/matlabcentral/fileexchange/
% 18458-hist_stock_data-start_date-end_date-varargin

%%
dates_cells = price(1).Date;
dates = datetime(dates_cells, 'InputFormat', 'yyyy-MM-dd');
GM_price = price(1).AdjClose;
Ford_price = price(2).AdjClose;
McDon_price = price(3).AdjClose;
IBM_price = price(4).AdjClose;

GM_daily_log_return=diff(log(GM_price))*100;
% also price2ret can be used
Ford_daily_log_return=diff(log(Ford_price))*100;
McDon_daily_log_return=diff(log(McDon_price))*100;
IBM_daily_log_return=diff(log(IBM_price))*100;


%% Correlations

figure(4)

subplot(2,2,1)
x = GM_daily_log_return;
y = Ford_daily_log_return;
scatter(x,y,'.'); hold on
format long; X = [ones(length(x),1) x];
b = X\y; yCalc2 = X*b;
plot(x,yCalc2,'r')
xlim([-10,10]); ylim([-10,10])
xlabel('GM (%)'); ylabel('Ford (%)')
```

```matlab
subplot(2,2,2)
x = GM_daily_log_return;
y = IBM_daily_log_return;
scatter(x,y,'.'); hold on
format long; X = [ones(length(x),1) x];
b = X\y; yCalc2 = X*b;
plot(x,yCalc2,'r')
xlim([-10,10]); ylim([-10,10])
xlabel('GM (%)'); ylabel('IBM (%)')

subplot(2,2,3)
x = IBM_daily_log_return;
y = McDon_daily_log_return;
scatter(x,y,'.'); hold on
format long; X = [ones(length(x),1) x];
b = X\y; yCalc2 = X*b;
plot(x,yCalc2,'r')
xlim([-10,10]); ylim([-10,10])
xlabel('IBM (%)'); ylabel('McDonald (%)')
set(gcf,'color','white')

subplot(2,2,4)
x = GM_daily_log_return;
y = McDon_daily_log_return;
scatter(x,y,'.'); hold on
format long; X = [ones(length(x),1) x];
b = X\y; yCalc2 = X*b;
plot(x,yCalc2,'r')
xlim([-10,10]); ylim([-10,10])
xlabel('GM (%)'); ylabel('McDonald (%)')
set(gcf,'color','white')
%% Matrix of correlations

A = [GM_daily_log_return Ford_daily_log_return ...
    IBM_daily_log_return McDon_daily_log_return];
R = corrcoef(A)

figure(5)

xvalues = {'GM','Ford','IBM','McD'};
yvalues = {'GM','Ford','IBM','McD'};
h = heatmap(xvalues,yvalues,R);

h.Title = 'Correlations of log returns';
set(gcf,'color','white')

% plotmatrix(A)
```

下面模拟两支具有一定相关性的股价走势。设定Z为服从标准正态分布的二元随机数组：

$$Z = \begin{bmatrix} Z_1 \\ Z_2 \end{bmatrix} \sim \mathcal{N}\left(\begin{bmatrix} 0 \\ 0 \end{bmatrix}, \begin{bmatrix} 1 & 0 \\ 0 & 1 \end{bmatrix} \right) \tag{3.22}$$

Z和L的乘积得到的是具有满足标准差以及相关性的随机数组：

$$\begin{aligned} LZ &= \begin{bmatrix} \sigma_1 & 0 \\ \rho\sigma_2 & \sigma_2\sqrt{1-\rho^2} \end{bmatrix} \begin{bmatrix} Z_1 \\ Z_2 \end{bmatrix} \\ &= \begin{bmatrix} 1 & 0 \\ \rho & \sqrt{1-\rho^2} \end{bmatrix} \begin{bmatrix} \sigma_1 & 0 \\ 0 & \sigma_2 \end{bmatrix} \begin{bmatrix} Z_1 \\ Z_2 \end{bmatrix} \end{aligned} \tag{3.23}$$

L可以通过Cholesky分解协方差矩阵Σ获得。另外，L也可以通过Cholesky分解相关性矩阵，然后在乘以标准差对角阵得到。式（3.23）实际上是旋转和缩放这两个矩阵转化操作，这是丛书第三本讨论的重点内容。然后，套用上一节讨论的几何布朗过程离散式：

$$\ln(S(t+\Delta t)) - \ln(S(t)) = \left(\mu - \frac{1}{2} \begin{bmatrix} \sigma_1 & 0 \\ 0 & \sigma_2 \end{bmatrix} \begin{bmatrix} \sigma_1 \\ \sigma_2 \end{bmatrix} \right) \Delta t + \begin{bmatrix} \sigma_1 & 0 \\ \rho\sigma_2 & \sigma_2\sqrt{1-\rho^2} \end{bmatrix} \begin{bmatrix} Z_1 \\ Z_2 \end{bmatrix} \sqrt{\Delta t} \tag{3.24}$$

其中：

$$\begin{cases} \mu = \begin{bmatrix} \mu_1 \\ \mu_2 \end{bmatrix} \\ S(0) = \begin{bmatrix} S_1(0) \\ S_2(0) \end{bmatrix} \end{cases} \tag{3.25}$$

如果转置以上两个矩阵，可得到：

$$\begin{cases} \mu = \begin{bmatrix} \mu_1 & \mu_2 \end{bmatrix} \\ S(0) = \begin{bmatrix} S_1(0) & S_2(0) \end{bmatrix} \end{cases} \tag{3.26}$$

矩阵式的几何布朗过程离散式可以写作：

$$\ln(S(t+\Delta t)) - \ln(S(t)) = \left(\mu - \frac{1}{2} \begin{bmatrix} \sigma_1 & \sigma_2 \end{bmatrix} \begin{bmatrix} \sigma_1 & 0 \\ 0 & \sigma_2 \end{bmatrix} \right) \Delta t + \begin{bmatrix} Z_1 & Z_2 \end{bmatrix} \begin{bmatrix} \sigma_1 & \rho\sigma_2 \\ 0 & \sigma_2\sqrt{1-\rho^2} \end{bmatrix} \sqrt{\Delta t} \tag{3.27}$$

其中Z可以通过式（3.28）得到：

$$Z = \begin{bmatrix} Z_1 & Z_2 \end{bmatrix} \sim \mathcal{N}\left(\begin{bmatrix} 0 & 0 \end{bmatrix}, \begin{bmatrix} 1 & 0 \\ 0 & 1 \end{bmatrix} \right) \tag{3.28}$$

图3.9展示的是两支股票股价多轨迹模拟结果。两支股票的初始值分别为50和100。两者的线性相关性系数为0.5。图3.10展示的其中任意四对相关轨迹。

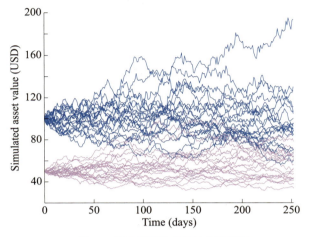

图3.9　两支股票的多轨迹相关模拟

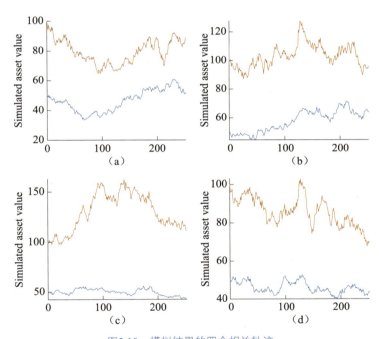

图3.10　模拟结果的四个相关轨迹

MATLAB可以用portsim()函数完成相关股价模拟：

```
RetSeries = portsim(ExpReturn,ExpCovariance,NumObs)
```

用以下代码完成图3.9和图3.10。

B2_Ch3_3.m

```
% Simulate correlated stock paths
clc; close all; clear all
```

```matlab
num_days_per_yr = 252;
S0 = [50,   100];
mu = [0.1, 0.12];
% mu: drift term, risk-free interest rate
sigma= [0.3, 0.35];
% sigma: std dev over total interval

corr = [1    0.5;
        0.5 1 ];
% correlation matrix

total_yr = 1;
% S0: initial position (USD)
N=num_days_per_yr*total_yr;
% N: number of time steps (trading days)
dt = 1/num_days_per_yr;
nsims = 20;

date_series = [0:N];
price_series = multi_correl_stocks_paths_sim...
    (S0,mu,sigma,corr,dt,N,nsims);

index = 1;
figure(index)
index = index + 1;

for i = 1:nsims

    plot(date_series, squeeze(price_series(:,i,:))); hold on

end

xlabel('Time [days]'); ylabel('Simulated asset value [USD]');
set(gcf,'color','w'); xlim([0,N]); box off

% plot two paths of each asset

figure(index)
index = index + 1;
selected_indices = [1, 5, 10, 15];

for i = 1:length(selected_indices)

    path_i = selected_indices(i);
    subplot(2,2,i)
    plot(date_series, squeeze(price_series(:,path_i,:))); hold on
    xlabel('Time [days]'); ylabel('Simulated asset value [USD]');
```

```matlab
        set(gcf,'color','w'); xlim([0,N]); box off

end


function S = multi_correl_stocks_paths_sim(S0,mu,sig,corr,dt,steps,nsims)

nAssets = length(S0);

% calculate the drift
nu = mu - sig.*sig/2;

% do a Cholesky factorization on the correlation matrix
L = chol(corr);
% pre-allocate the output
S = nan(steps+1,nsims,nAssets);

% generate correlated random sequences and paths
for idx = 1:nsims
    % generate uncorrelated random sequence
    Z = randn(steps,size(corr,2));
    % correlate the sequences
    correlated_random = Z*L;

    % Generate potential paths
    S(:,idx,:) = [ones(1,nAssets); ...
cumprod(exp(repmat(nu*dt,steps,1)+correlated_random*diag(sig)*sqrt(dt)))]*
diag(S0);
end

% If only one simulation then remove the unitary dimension
if nsims==1
    S = squeeze(S);
end

end
```

3.3 利率特点

在丛书第一本书中强调过，利率要从曲面来理解。如图3.11所示，这个利率曲面在平面上有两个重要元素：时间点和**期限**（tenor）。时间点就是所谓的时间维度，昨天、今天、明天等。期限就是经常说的，一年期利率、两年期利率中的"一年""两年"等等这些期限。

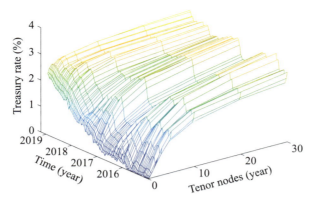

图3.11 利率平面（复利频率：2次/年）

如图3.12所示是不同期限利率随时间的变化规律。在这个维度上，利率数据展现出一个重要的规律——**均值回归**（mean reversion）。研究股票数据时，股票数据长期是不断上升的趋势；但是利率数据则不是，利率很高的时候，均值回归会把它拉向低位；利率很低的时候，均值回归会把它拉向高位。从经济学规律来解释，简单地说，利率很高时，经济放缓，经济体一般会降低利率刺激借贷、提高经济活力。而利率过低时，经济体货币供应量过大，经济体一般会提高利率、提高融资成本，抑制通货膨胀。请读者注意，从FRED下载的利率数据的**复利频率**（compound frequency）是每年2次。

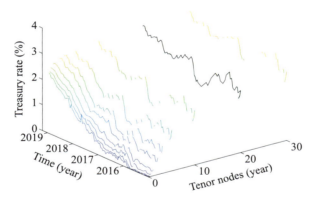

图3.12 利率平面（复利频率：2次/年），时间维度

丛书第一本书中，探讨过每年 m 次复利利率和连续复利之间的关系：

$$\left(1+\frac{y}{m}\right)^{-m\times T}=e^{-rT} \qquad (3.29)$$

式中：y 为每年 m 次复利利率；m 为**每年复利频率**（annual compounding frequency）；T 为**期限长度**（number of years）（单位：年）；r 为**连续复利**（continuously compounded returns，log returns）。

当 $m=2$ 时，连续复利和每年2次复利利率 z 的关系：

$$r=2\times\ln\left(1+\frac{z}{2}\right) \qquad (3.30)$$

折算因子（discount factor，DF）这个概念，在丛书第一本也讨论过。图3.13给出的是不同时间节点的折算因子和现金流的关系。利用折算因子，图3.13中 n 个现金流可以通过式（3.31）折算得到现值：

$$PV = CF_1 \cdot DF_1 + CF_2 \cdot DF_2 + ... + CF_{n-1} \cdot DF_{n-1} + CF_n \cdot DF_n \tag{3.31}$$

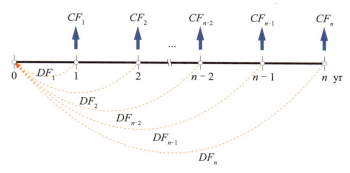

图3.13 折算因子和现金流的关系

折算因子和现金流这种直接相乘的关系，让现值和折算因子呈现出线性关系，这有利于简化一些计算。折算因子可以通过各种形式的利率计算得出。折算因子和连续复利的关系如式（3.32）：

$$DF_T = e^{-rT} \tag{3.32}$$

折算因子和每年 m 次复利利率 y 的关系：

$$DF_T = \left(1 + \frac{y}{m}\right)^{-m \times T} \tag{3.33}$$

特别地，当 $m = 2$ 时：

$$DF_T = \left(1 + \frac{z}{2}\right)^{-2T} \tag{3.34}$$

单利（simple interest）可能是最简单的利率方法。单利，不需要任何复利计算。折算因子和单利的关系如式（3.35）：

$$DF_T = \frac{1}{1 + yT} \tag{3.35}$$

需要注意折算因子是自带期限 T，也就是一个折算因子一定对应一个期限。另外，折算因子从数值上来看，相当于在未来1美元的现值，如图3.14所示。

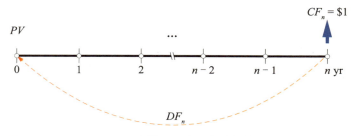

图3.14 折算因子和零息债券的关系

下面用一年、两年和三年期利率来观察利率均值回归这个重要特性。如图3.15（a）所示为一年期利率在近十年的变化。股票的日变量用的是对数收益率。而利率的日变量用的是差值：

$$d_t = r_t - r_{t-1} \tag{3.36}$$

式中：d_t为t时刻利率日变量，$d_t > 0$，利率上升，$d_t < 0$，利率下降；r_t为t时刻的利率水平；r_{t-1}为$t-1$时刻利率水平。

折算因子的日变量可以用对数收益率表示。如图3.15（b）所示为美国国债一年期收益率日变量。如图3.16所示为收益率日变量数据的分布情况。如图3.17和图3.18所示为一年期折算因子DF_1随时间变化和折算因子日变量分布情况。如图3.19和图3.20所示为美国国债两年和三年收益率的数据分布情况。

请读者自行绘制并分析折算因子DF_1和DF_2随时间变化和它们日变量分布情况。

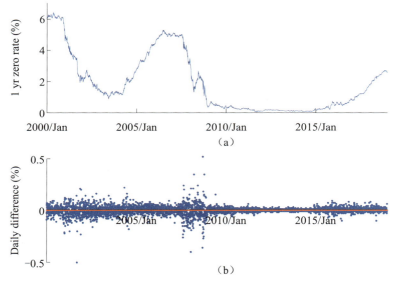

图3.15 美国国债一年期收益率和日变量

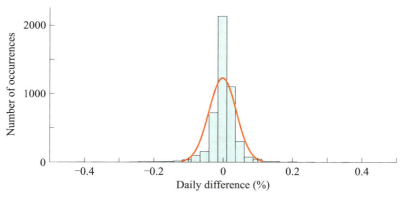

图3.16 美国国债一年期收益率日变量分布

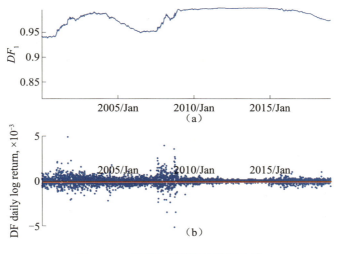

图3.17 一年期折算因子DF_1和日变量

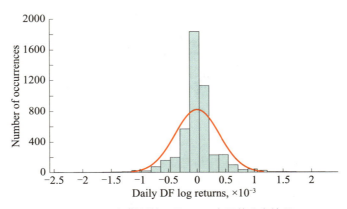

图3.18 一年期折算因子DF_1日变量的分布情况

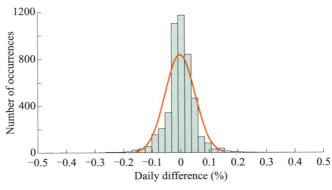

图3.19 美国国债两年期收益率日变量分布

第 3 章 随机模拟 | Stochastic Simulations

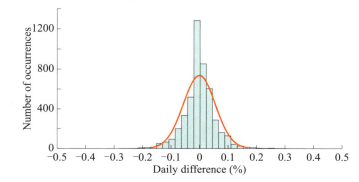

图3.20 美国国债三年期收益率日变量分布

一个有趣的现象是，不同期限美国国债收益率运动的协同性很强。如图3.21所示为对应的相关性系数热图，体现了这三组日变量数据的相关程度。

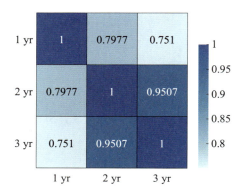

图3.21 美国国债收益率日变量相关性系数热图

借用上一本书的定义，某个时间点上，利率随着期限（比如，1年期，2年期，5年期……30年期）的变化叫作**利率期限结构**（term structure of interest rate）。如图3.22所示，就是利率期限结构随时间变化。从这张图可以得出一般情况，利率期限结构都是上扬的形状。解释利率期限结构这种形状常用的利率是**流动性偏好理论**（liquidity preference theory）。这个利率指出，投资者喜欢保持资本的流动性，倾向于将资本投资于短期的资产。债券到期时间越长，流动性越差，风险越高。为了补偿这种风险，长期债券的收益率自然比短期债券高。

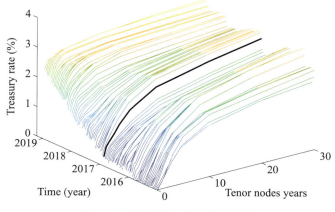

图3.22 利率平面，利率期限结构变化

但是在现实生活中，收益率期限结构常常展现出各种有意思的形状，如图3.23所示。其中让投资者担忧的就是收益率倒挂，也就是短期国债收益率高于长期国债收益率。这种收益率倒挂，会引发投资者担忧经济可能衰退。短期国债收益率高于长期国债收益率，意味着投资者对短期经济的信心减弱、把更多的资金投入长期国债。也就是说，当投资者认为有迹象表明近期经济减速、甚至衰退，为了确保资金安全，投资者会把资金从股市、短期国债，转移到长期国债。这样短期国债价格下降，收益率上升；长期国债价格上升，收益率下降。两者利差不断缩窄，甚至出现倒挂。

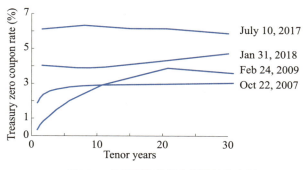

图3.23　美国国债收益率期限结构实例

请读者自行下载美国国债收益率数据，绘制本节图像。

3.4 均值回归模型

为了研究均值回归现象，首先讨论一下**奥恩斯坦−乌伦贝克过程**（Ornstein–Uhlenbeck process），简称OU模型：

$$dx(t) = \theta(\mu - x(t))dt + \sigma dW(t) \tag{3.37}$$

大家可能更熟悉它的另外一个名称，**瓦西塞克模型**（Vasicek model）。它是一个常用的**短期利率**（short rate）模型：

$$dr(t) = a(b - r(t))dt + \sigma dW(t) \tag{3.38}$$

式中：b为**长期均衡水平**（long term mean level）；a为**回归速度**（speed of reversion）；σ为**瞬时波动率**（instantaneous volatility）；$W(t)$为**维纳过程**（Wiener process）。

OU模型的长期均衡水平μ就像是一个风暴的暴风眼，吸引处在不同初始值的随机过程在暴风眼附近波动。如图3.24所示，就是三个随时间变化的OU过程。它们的始发点分别高于 ($x_0 = 4$)、等于 ($x_0 = 2$) 和低于 ($x_0 = 0$) 长期均值$\mu = 2$。经过一段时间，这三个轨迹都回归到长期均值附近，围绕其波动。如图3.25所示为一个更快的回归速度，可以看到两个初始点偏离长期均值的轨迹更快地回到长期均值 $\mu = 2$。需注意金融数据的长期回归速度实际上很慢。

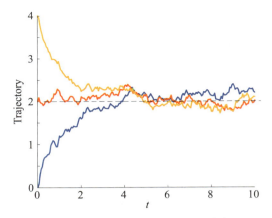

图3.24　随时间变化的OU过程（回归速度$a=1$）

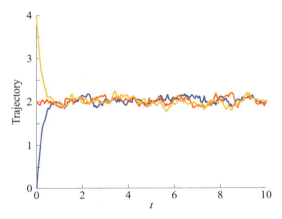

图3.25　随时间变化的OU过程（回归速度$a=4$）

如图3.26所示为同时模拟的100条OU轨迹（浅蓝色），红色线是这些模拟轨迹每个时刻的平均值。这条红色线随着模拟不断进行，不断接近长期均衡水平。

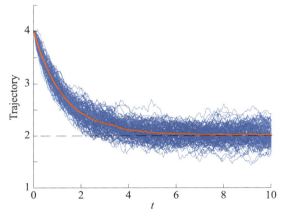

图3.26　100条OU轨迹及其每个时刻平均值

以下代码可以产生图3.24和图3.25。请读者注意代码中使用的Vasicek离散式并非其精确式。本章最后一节会介绍Vasicek离散式的精确解。

```
B2_Ch3_4.m
clc; clear all; close all
theta = 4; mu = 2;
sigma = 0.2;
dt = 0.05; t = 0:dt:10;
x = []; X = [0, 2, 4];
figure(1)

% please eliminate the for loops using cumsum()
for j = 1:length(X)
    x(1) = X(j);

    for i = 1:length(t)-1
        dx = theta*(mu-x(i))*dt+sigma*sqrt(dt)*randn;
        x(i+1) = x(i) + dx;
    end

    plot(t,x); hold on
end

xlabel('t'); ylabel('Trajectory')
```

平面中的OU过程，如图3.27所示，四个不同的始发点 (0, 0)、(0, 4)、(4, 0) 和 (4, 4)，最终都来到长期均值点 (2，2) 附近波动。通过观察OU过程的解析式，可以很清楚地看到，当$x(t)$ 大于长期均值μ时，式（3.37）中 $(\mu - x(t))$ 一项为负值，为当前$x(t)$ 值提供纠正。$x(t)$ 偏离μ越大，$(\mu - x(t))$ 一项的绝对值越大，对$x(t)$ 的影响越大。反之，当$x(t)$ 小于μ时，$(\mu - x(t))$ 提供相反方向纠正。当然，对回归速度θ影响更大，因为θ提供的是整体的纠正速度；θ越大纠正就越快。

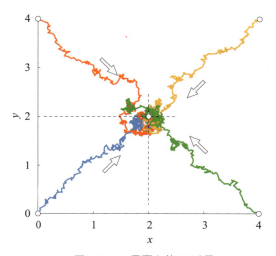

图3.27　x-y平面上的OU过程

以下代码可以用来估算图3.27。

请读者根据以下代码完成三维空间的OU过程可视化。

```
B2_Ch3_5.m
clc; clear all; close all
theta = 0.5; x_end = 2; y_end = 2;
sigma = 0.2;
dt = 0.02; t = 0:dt:10;
x = []; y = []; X = [0, 0, 4, 4]; Y = [0, 4, 4, 0];
figure(1)

% please eliminate the for loops using cumsum()
for j = 1:length(X)
    x(1) = X(j);
    y(1) = Y(j);
    
    for i = 1:length(t)-1
        dx = theta*(x_end-x(i))*dt+sigma*sqrt(dt)*randn;
        x(i+1) = x(i) + dx;
        dy = theta*(y_end-y(i))*dt+sigma*sqrt(dt)*randn;
        y(i+1) = y(i) + dy;
    end
    
    plot(x,y); hold on
end

xlabel('x'); ylabel('y')
xlim([0, 4]); ylim([0, 4]);
```

下面用MATLAB函数arima()来仿真产生滞后系数分别为-0.8 (k = 1) 和0.5 (k = 2) 的自相关随机序列。这个序列的表达式为：

$$r(t) = \varepsilon(t) - 0.8\varepsilon(t-1) + 0.5\varepsilon(t-2) \tag{3.39}$$

式中：$\varepsilon(t)$ 为服从标准正态分布的随机数。

如图3.28（b）所示为用arima()函数生成的2000个满足自相关要求的回报率（绝对差值）数据点。图3.28（a）是根据这些回报率差值计算出来的价格走势。图3.29给出的是回报率差值的自相关运算结果。读者可以尝试提高仿真步数。随着仿真步数提高，可以发现通过结果计算出来的自相关系数会更接近仿真设定的系数值。

图3.30展示的是k = 1、2、3和4时，数据对 (u_{t+k}, u_t) 的线性关系。通过图3.30（a）可以看出来，滞后系数k = 1时，线性负相关明显。通过图3.30（b）可以看出，滞后系数k = 2时，线性正相关明显。丛书第三本将会深入介绍更多时间序列内容。

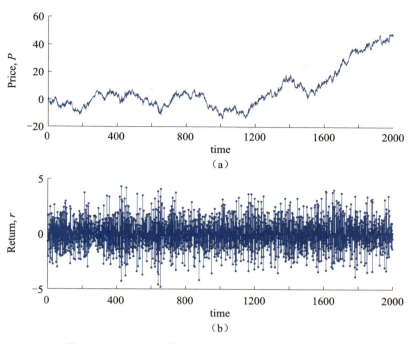

图3.28 MATLAB函数arima()生成的回报数据和价格数据

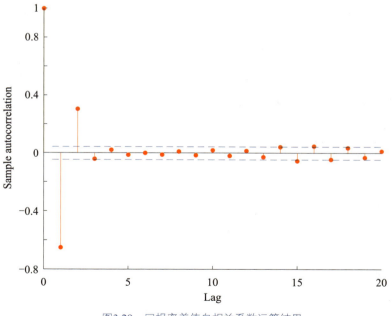

图3.29 回报率差值自相关系数运算结果

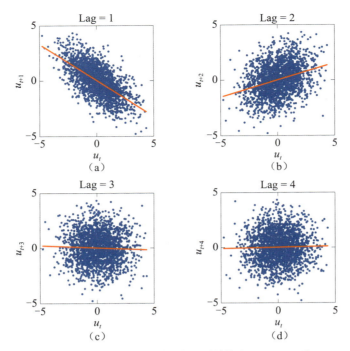

图3.30 u_t和u_{t+k}的关系,设定的自相关系数约为-0.8 (k = 1) 和0.5 (k = 2)

以下代码可以用来获得图3.28、图3.29和图3.30。

`B2_Ch3_6.m`

```matlab
clc; close all; clear all

num = 1:2000;
rng(1); % For reproducibility
Mdl = arima('MA',{-0.8 0.5},'Constant',0,'Variance',1);
return_r = simulate(Mdl,length(num));

price = cumsum(return_r);

figure(1)
subplot (2,1,1)
plot(num, price)
ylabel('Price, P')
xlabel('Time')

subplot (2,1,2)
stem(num,return_r,'.')
ylabel('Return, r')
xlabel('Time')

figure(2)
autocorr(return_r)
```

```
figure(3)

LAGs = [1,2,3,4];

for i = 1:length(LAGs)
    lag = LAGs(i);
    u_t_lag = return_r(1:end - lag);
    u_t = return_r(1+lag:end);
    
    subplot(2,2,i)
    plot(u_t_lag, u_t, '.'); hold on
%   plotregression(u_t_lag,u_t,'Regression')
    
    F1 = [ones(size(u_t_lag)),u_t_lag];
    b1 = regress(u_t,F1);
    x_fine = [min(u_t_lag):0.01:max(u_t_lag)];
    y_regressed1 = b1(1) + b1(2)*x_fine;
    plot(x_fine,y_regressed1,'LineWidth',2)
    
    xlabel(['u_t_-_',num2str(lag)])
    ylabel(['u_t'])
    line = ['Lag = ',num2str(lag)];
    title(line)
    daspect([1 1 1])
end
```

3.5 利率模型

如图3.31所示，未来T时刻支付1美元的无风险零息债券，在t时刻的价格为$P(t, T)$：

$$P(t,T) = \exp(-R(t,T)(T-t)) \quad (3.40)$$

式中：$R(t, T)$ 为在t时刻，期限为$T-t$的连续复利利率。

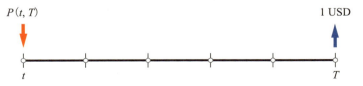

图3.31 t时刻和T时刻现金流关系

$R(t, T)$ 可以反求为：

$$R(t,T) = \frac{-1}{(T-t)} \ln P(t,T) \tag{3.41}$$

利率建模要解决两个方向问题。第一个方向是某个期限利率沿时间方向的变化规律，这个方向的关键是均值回归。第二个方向是利率期限结构。常用的利率模型是这样协调两个方向关系的：首先用**短期利率模型**（short-rate models）获得短期利率随时间的变化的曲线$r(t)$；然后，在t时刻，再将短期利率$r(t)$延展成一条利率期限结构曲线。利率建模中的短期利率的利率期限长度几乎为0，是一种数学模型的理想情况；现实世界中的**隔夜利率**（overnight rate）类似短期利率。

上一节讲到的Vasicek模型，就是重要的短利模型之一：

$$dr(t) = a(b - r(t))dt + \sigma dW(t) \tag{3.42}$$

式中：b为**短利长期均衡水平**（long term mean level）；a为**回归速度**（speed of reversion）；σ为短利$r(t)$**瞬时波动率**（instantaneous volatility）。

在Vasicek模型下零息债券价格$P(t, T)$为：

$$P(t,T) = A(t,T)\exp[-B(t,T)r(t)] \tag{3.43}$$

式中：$A(t, T)$和$B(t, T)$为两个重要参数。

连续复利期限结构$R(t, T)$可以通过式（3.44）求得：

$$R(t,T) = \frac{-1}{(T-t)} \ln A(t,T) + \frac{B(t,T)r(t)}{(T-t)} \tag{3.44}$$

$B(t, T)$可以通过式（3.45）求解：

$$B(t,T) = \frac{1 - \exp(-a \cdot (T-t))}{a} \tag{3.45}$$

$A(t, T)$可以求解为：

$$A(t,T) = \exp\left\{[B(t,T) - (T-t)]\left(b - \frac{\sigma^2}{2a^2}\right) - \frac{\sigma^2 B(t,T)^2}{4a}\right\} \tag{3.46}$$

$A(t,T)$和$B(t,T)$的求解本书不做介绍。Vasicek模型模拟的是短利走势，可以通过该模型得到不同的期限结构。如图3.32和图3.33所示两种情况：利率期限结构上扬和下倾。

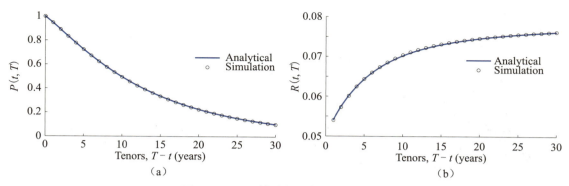

图3.32 Vasicek模型出现的上扬$R(t,T)$结构

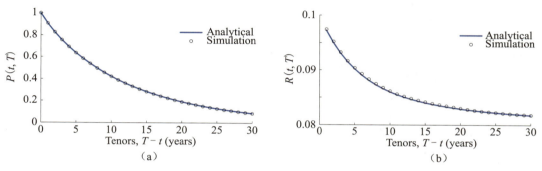

图3.33 Vasicek模型出现的下倾$R(t,T)$结构

以下代码可以用来获得图3.32和图3.33。

`B2_Ch3_7.m`

```
clc; clear all; close all

r0 =.1;
% r0: current short rate at time t
a =.3;
% a: the speed of mean reversion
b =.08;
% b: long-term mean of the short rate
sigma =.01;
% sigma: the volatility of the short rate

tenor_step=1; % Yearly frequency
tenors=[0:tenor_step:30]'; % Maturity matrix

B=(1-exp(-a*tenors))/a;
A=(B-tenors)*(b-sigma^2/(2*a^2))-(sigma^2*B.^2)/(4*a);
P=exp(A-B*r0);
R=-log(P)./tenors;

delta_t=tenor_step/50;
```

```
num_sims=1000;
num_paths=max(tenors)/delta_t;
rsim=zeros(num_sims,num_paths);
drsim=zeros(num_sims,num_paths);
rsim(:,1)=r0;

for j=2:num_paths
    dW=randn(num_sims,1);
    drsim(:,j)=a*(b-rsim(:,j-1))*delta_t+sigma*sqrt(delta_t)*dW;
    rsim(:,j)=rsim(:,j-1)+drsim(:,j);
end

P_sim=ones(length(tenors),1);
for i=2:length(tenors)
    P_sim(i)=mean(exp(-delta_t*sum(rsim(:,1:tenors(i)/delta_t),2)));
end

R_sim=-log(P_sim)./tenors;

figure(1)
subplot(2,1,1)
plot(tenors,P,'b',tenors,P_sim,'ok')
legend('Analytical','Simulation','location','best')
xlabel('Tenors, T-t [years]'); ylabel('P(t,T)')
box off; set(gcf,'color','white')

subplot(2,1,2)
plot(tenors,R,'b',tenors,R_sim,'ok')
legend('Analytical','Simulation','location','best')
xlabel('Tenors, T-t [years]'); ylabel('R(t,T)')
box off; set(gcf,'color','white')
ylim([(round(min(R_sim)/0.01)-1)*0.01,...
    (round(max(R_sim)/0.01)+1)*0.01])
```

CIR模型（Cox-Ingersoll-Ross）是在Vasicek模型基础之上修订而成：

$$dr(t) = a(b-r(t))dt + \sigma\sqrt{r(t)}dW(t) \tag{3.47}$$

CIR模型在标准差上乘$\sqrt{r(t)}$。也就是即时短利值$r(t)$对回归曲线的波动有直接影响。如图3.34所示为CIR和Vasicek的比较。可以明显看到Vasicek轨迹比CIR要更波动。Vasicek和CIR另外一个重要的区别是，Vasicek模拟的利率轨迹可以为负值（如图3.35所示），而CIR的轨迹每一个点都大于0。

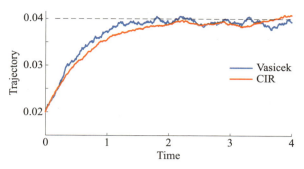

图3.34 Vasicek和CIR模型均值回归比较

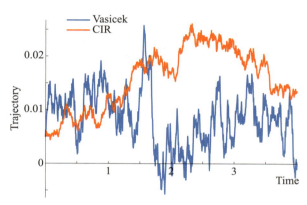

图3.35 Vasicek模拟产生负利率

在CIR模型下零息债券价格$P(t, T)$同样为：

$$P(t,T) = A(t,T)\exp[-B(t,T)r(t)] \quad (3.48)$$

其中$A(t, T)$和$B(t, T)$通过式（3.49）求解：

$$\begin{cases} A(t,T) = \left(\dfrac{2h\exp((a+h)(T-t)/2)}{2h+(a+h)(\exp((T-t)h)-1)}\right)^{2ab/\sigma^2} \\ B(t,T) = \dfrac{2(\exp((T-t)h)-1)}{2h+(a+h)(\exp((T-t)h)-1)} \end{cases} \quad (3.49)$$

h为参数，用式（3.50）求解：

$$h = \sqrt{a^2 + 2\sigma^2} \quad (3.50)$$

最后介绍一下Hull-White**单因子模型**（Hull-White one-factor model），其数学形式为：

$$\mathrm{d}r(t) = a\left(\dfrac{\theta(t)}{a} - r(t)\right)\mathrm{d}t + \sigma\mathrm{d}W(t) \quad (3.51)$$

式中：$\theta(t)$为短利长期均衡水平，随时间变化；a为回归速度；σ为短利$r(t)$瞬时波动率。
MATLAB有专门用来构建Hull-White利率模型的函数HullWhite1F()。simTermStructs()可以用来做

利率模型模拟。如图3.36所示为0时刻的真实输入利率期限结构，intenvset()函数用来构建利率期限结构。这是HullWhite1F()输入的一部分。

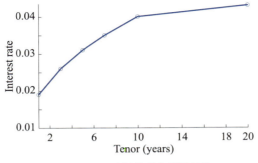

图3.36　0时刻的利率期限结构

如图3.37所示为经过模拟得到的某个利率平面。和之前讨论过的图3.11所示利率平面类似，在时间维度上，如图3.38所示，某个期限利率随时间波动是均值回归现象；在期限维度上，如图3.39所示，可以看到利率期限结构。如图3.39所示为利率期限结构随时间不断变化。把这些利率期限结构的形状投影到同一个竖直平面上，可以得到图3.40。在图3.40上能看到各种形状的利率期限结构。

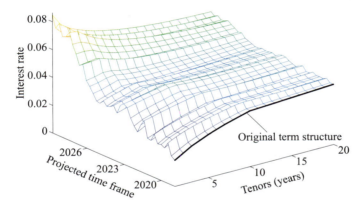

图3.37　模拟得到的某个可能利率平面

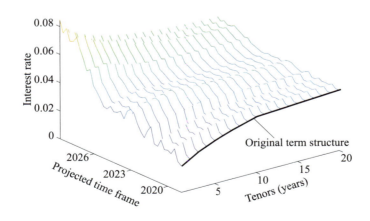

图3.38　模拟得到的某个可能利率平面（时间维度）

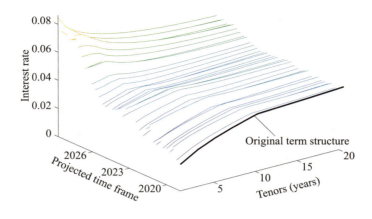

图3.39 模拟得到的某个可能利率平面（期限结构维度）

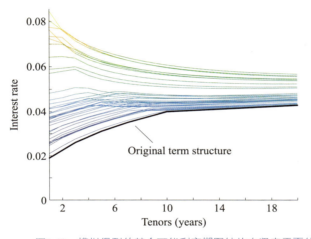

图3.40 模拟得到的某个可能利率期限结构在竖直平面的投影

本节之前讨论的利率曲面是无限多种模拟结果中的一种。如果把模拟结果数量增大到10，把这些利率曲面画在一张图上，就可以得到图3.41。

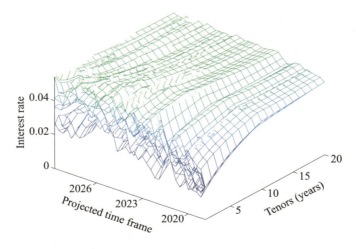

图3.41 模拟得到10个可能利率曲面

在这10个可能利率平面构成的结构上，在期限5年处切一刀，就可以得到五年期利率10种不同模拟走势，如图3.42所示。这10个走势的始发点完全相同。

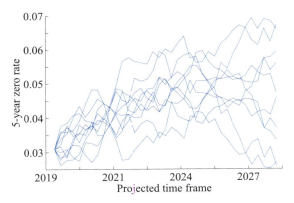

图3.42　模拟得到五年期利率10个可能走势

类似的，可以在一张图上得到两个不同期限利率的走势。如图3.43所示为两年期和十年期的10种走势可能性。

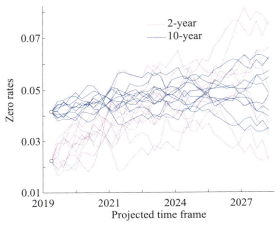

图3.43　模拟得到两年期和十年期利率10个可能走势

以下代码可以获得本节部分图像，请读者自己完成剩余图像绘制。丛书第五本将会深入介绍利率和波动率模型建模，以及利率模型在衍生品定价上应用案例。

```matlab
B2_Ch3_8.m

clc; close all; clear all
analysis_date = datenum('21-Jul-2019');
nPeriods = 36;
DeltaTime = 1/4; % unit: year
nTrials = 10;   % possible paths or surfaces

SimDates = daysadd(analysis_date,360*DeltaTime*(0:nPeriods),1);
SimTimes = diff(yearfrac(SimDates(1),SimDates));

Tenor = (1:20)'; % unit: year
```

```matlab
HW_alpha = 0.2;
HW_sigma = 0.01;

analysis_date = datenum('21-Jul-2019');

% Zero Curve
original_tenors = [1 3 5 7 10 20];
CurveDates = daysadd(analysis_date,360*(original_tenors),1);
origianl_ZeroRates = [1.9 2.6 3.1 3.5 4 4.3]'/100; % Observed data

index = 1;
figure(index)
index = index + 1;
plot(original_tenors,origianl_ZeroRates,'-o')
title(['Term structure on the analysis date of ' datestr(analysis_date)]);
xlabel('Tenor [years]'); ylabel('Interest rate')
set(gcf,'color','white'); box off
xlim ([min(original_tenors) max(original_tenors)])
ylim ([0 max(origianl_ZeroRates)])

%% Hull-White one factor simulation

RateSpec = intenvset('Rates',origianl_ZeroRates,'EndDates',CurveDates,'StartDate',analysis_date);

% Construct the HullWhite1F model using the HullWhite1F
% constructor.
HW1F = HullWhite1F(RateSpec,HW_alpha,HW_sigma);

% Use Monte Carlo simulation to generate the interest-rate paths with
% HullWhite1F.simTermStructs.
HW1FSimPaths = HW1F.simTermStructs(nPeriods,'NTRIALS',nTrials,...
    'DeltaTime',DeltaTime,'Tenor',Tenor,'antithetic',true);

%%
trialIdx = 1;

figure(index)
index = index + 1;
mesh(Tenor,SimDates,HW1FSimPaths(:,:,trialIdx)); hold on

plot3(original_tenors, SimDates(1)*ones(size(original_tenors))...
    , origianl_ZeroRates,'k','LineWidth',2)

datetick y keepticks keeplimits
title(['Evolution of the Zero Curve for Trial: '
```

```
num2str(trialIdx) ' of Hull White Model'])
xlabel('Tenors [years]')
ylabel('Projected time frame')
zlabel('Interest rate')
xlim ([min(Tenor) max(Tenor)])
ylim ([min(SimDates) max(SimDates)])
zlim ([0 max(max(HW1FSimPaths(:,:,trialIdx)))])
set(gcf,'color','white'); box off; grid off

%%
figure(index)
index = index + 1;
mesh(Tenor,SimDates,HW1FSimPaths(:,:,trialIdx),'MeshStyle','column'); hold on
plot3(original_tenors, SimDates(1)*ones(size(original_tenors))...
    , origianl_ZeroRates,'k','LineWidth',2)
datetick y keepticks keeplimits
title(['Evolution of the Zero Curve for Trial:' num2str(trialIdx) ' of Hull White Model'])
xlabel('Tenors [years]')
ylabel('Projected time frame')
zlabel('Interest rate')
xlim ([min(Tenor) max(Tenor)])
ylim ([min(SimDates) max(SimDates)])
zlim ([0 max(max(HW1FSimPaths(:,:,trialIdx)))])
set(gcf,'color','white'); box off; grid off
```

3.6 模型校准

简单地说，**模型校准**（model calibration）就是对模型参数进行更新，选取合适模型参数，多基于回望窗口历史数据修正模型参数。比如前文讲到的Vasicek模型中重要的参数有短利长期均衡水平μ、回归速度θ和短利瞬时波动率σ。本节以Vasicek为例给大家简单介绍一下如何校准模型。为了校准Vasicek模型，首先构建如下一元回归算式：

$$y = \alpha + \beta x + error \tag{3.52}$$

式中：$error$为残差项。

式（3.52）和式（3.53）比较：

$$\begin{aligned} dr(t) &= \theta(\mu - r(t))dt + \sigma dW(t) \\ &= \theta\mu dt + (-\theta dt)r(t) + \sigma dW(t) \end{aligned} \tag{3.53}$$

可以得到：

$$\begin{cases} y = \mathrm{d}r(t) \\ x = r(t) \\ \alpha = \theta\mu\mathrm{d}t \\ \beta = -\theta\mathrm{d}t \end{cases} \tag{3.54}$$

其中α和β可以利用MATLAB函数regress()得到。然后，Vasicek模型参数可以很容易计算得到：

$$\begin{cases} \mu = -\dfrac{\alpha}{\beta} \\ \theta = -\dfrac{\beta}{\mathrm{d}t} \\ \sigma = \sqrt{\dfrac{\mathrm{var}(error)}{\mathrm{d}t}} \end{cases} \tag{3.55}$$

下面介绍另外一种更精准的校准方法。如果用自回归模型作为回归模型：

$$r_{i+1} = \alpha + \beta r_i + error \tag{3.56}$$

Vasicek模型精确迭代离散式如下：

$$r_{i+1} = \mu\left(1 - e^{-\theta\Delta t}\right) + e^{-\theta\Delta t}r_i + \sigma\varepsilon\sqrt{\dfrac{1 - e^{-2\theta\Delta t}}{2\theta}} \tag{3.57}$$

式中：Δt为离散步长；ε为服从标准正态分布的随机数。
比较式（3.56）、式（3.57），可以得到：

$$\begin{cases} \alpha = \mu\left(1 - e^{-\theta\Delta t}\right) \\ \beta = e^{-\theta\Delta t} \\ \mathrm{std}(error) = \sigma\sqrt{\dfrac{1 - e^{-2\theta\Delta t}}{2\theta}} \end{cases} \tag{3.58}$$

通过式（3.56）、式（3.57）、式（3.58），可以求得模型参数：

$$\begin{cases} \mu = \dfrac{\alpha}{1 - \beta} \\ \theta = -\dfrac{\ln\beta}{\Delta t} \\ \sigma = \mathrm{std}(error)\sqrt{\dfrac{-2\ln\beta}{\Delta t\left(1 - \beta^2\right)}} \end{cases} \tag{3.59}$$

下面用fred()下载真实利率数据，对Vasicek模型进行校准。先用下载到的数据中最新的252个点，研究这些数据r_i和r_{i+1}的关系，如图3.44所示。

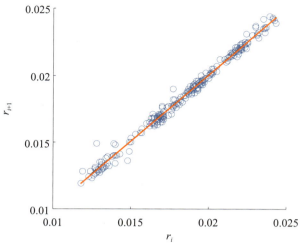

图3.44 利率 r_i 和 r_{i+1} 的关系

经过计算，可以得到Vasicek模型参数如下：

$$\begin{cases} \theta = 1.5391 \\ \mu = 0.026576 \\ \sigma = 0.0049575 \end{cases} \quad (3.60)$$

读者可以利用式（3.60）所示Vasicek参数和当前利率情况，模拟20条接下来一年（252营业日）利率走势。如图3.45所示为每天校准一次情况下模型参数随时间变化。如图3.46所示为每周校准一次的情况。

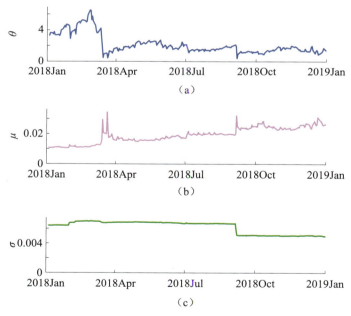

图3.45 Vasicek模型参数变化（每天校准一次）

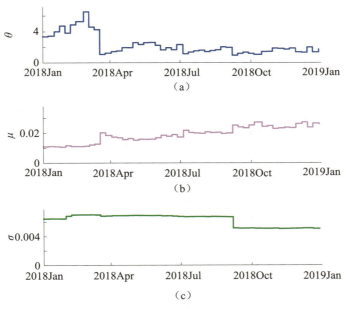

图3.46 Vasicek模型参数变化（每周校准一次）

以下代码可以获得图3.44、图3.45和图3.46。最大似然，还有其他优化方法都可以用来校准模型，本书不做更多介绍。丛书后续将更深入介绍利率建模和模型校准。

```matlab
B2_Ch3_9.m
% download three-year interest rate data
clc; clear all; close all
url = 'https://fred.stlouisfed.org/';
c = fred(url);
startdate = '01/01/2017';
% beginning of date range for historical data
enddate = '12/31/2018'; % to be updated
% ending of date range for historical data

series = 'DGS1MO';
treasury_1_month_data = fetch(c,series,startdate,enddate)
% display description of data structure
treasury_1_month = treasury_1_month_data.Data(:,2);
date_series = treasury_1_month_data.Data(:,1);

treasury_1_month_nan_removed = treasury_1_month/100;
treasury_1_month_nan_removed(any(isnan(treasury_1_month),2),:) = [];

date_series_nan_removed = date_series;
date_series_nan_removed(any(isnan(treasury_1_month),2)) = [];

daily_diff_1_month = diff (treasury_1_month_nan_removed(:,1));
daily_diff_1_month = [NaN; daily_diff_1_month];
```

```matlab
%%
r_past_252 = treasury_1_month_nan_removed(end-251:end);

figure(1)
x2 = r_past_252(1:end-1);
y2 = r_past_252(2:end);
F2 = [ones(size(x2)),x2];
[b2,~,errors] = regress(y2,F2);
x_fine = linspace(min(x2),max(x2));
alpha2 = b2(1);
beta2  = b2(2);
y_regressed2 = alpha2 + beta2*x_fine;
plot(x2,y2,'o'); hold on
plot(x_fine,y_regressed2,'r')
% plot(r(i), r(i+1))
xlabel('r(i)'); ylabel('r(i+1)');

dt      = 1/252;
speed_2 = -log(beta2)/dt;
level_2 = alpha2/(1 - beta2);
sigma_2 =  std(errors)*sqrt(-2*log(beta2)/dt/(1-beta2^2));
title_text = ['theta = ',num2str(speed_2),...
    '; mu = ',num2str(level_2),...
    '; sigma = ',num2str(sigma_2)];
title(title_text); box off; grid off

%%

dt = 1/252;
total_data = treasury_1_month_nan_removed;
dates_array = date_series_nan_removed(252+1:end);
theta_array = nan(size(dates_array));
mu_array = nan(size(dates_array));
sigma_array = nan(size(dates_array));

for i = 1:(length(treasury_1_month_nan_removed) - 252)
    window_data = total_data(i:i+252 - 1);
    [theta, mu, sigma] = calib_vasicek(dt,window_data);
    theta_array(i) = theta;
    mu_array(i) = mu;
    sigma_array(i) = sigma;
end


%%
figure(2)
```

```matlab
subplot(3,1,1)
ax = gca;
plot(dates_array,theta_array)
datetick('x','yyyy mmm')
ylabel('\theta');
box off; set(gca, 'XAxisLocation', 'origin');
ylim([0, max(theta_array)*1.1])
ax.YAxis.Exponent = 0;

subplot(3,1,2)
ax = gca;
plot(dates_array,mu_array)
datetick('x','yyyy mmm')
ylabel('\mu');
box off; set(gca, 'XAxisLocation', 'origin');
ylim([0, max(mu_array)*1.1])
ax.YAxis.Exponent = 0;

subplot(3,1,3)
ax = gca;
plot(dates_array,sigma_array)
datetick('x','yyyy mmm')
ylabel('\sigma');
box off; set(gca, 'XAxisLocation', 'origin');
ylim([0, max(sigma_array)*1.1])
ax.YAxis.Exponent = 0;


figure(3)
subplot(3,1,1)
ax = gca;
stairs(dates_array(1:5:end),theta_array(1:5:end))
datetick('x','yyyy mmm')
ylabel('\theta'); xlim([min(dates_array),max(dates_array)])
box off; set(gca, 'XAxisLocation', 'origin');
ylim([0, max(theta_array)*1.1])
ax.YAxis.Exponent = 0;

subplot(3,1,2)
ax = gca;
stairs(dates_array(1:5:end),mu_array(1:5:end))
datetick('x','yyyy mmm');
ylabel('\mu'); xlim([min(dates_array),max(dates_array)])
box off; set(gca, 'XAxisLocation', 'origin');
ylim([0, max(mu_array)*1.1])
ax.YAxis.Exponent = 0;
```

```
subplot(3,1,3)
ax = gca;
stairs(dates_array(1:5:end),sigma_array(1:5:end))
datetick('x','yyyy mmm')
ylabel('\sigma'); xlim([min(dates_array),max(dates_array)])
box off; set(gca, 'XAxisLocation', 'origin');
ylim([0, max(sigma_array)*1.1])
ax.YAxis.Exponent = 0;
%% utilities


function [theta, mu, sigma] = calib_vasicek(dt,data)

x2 = data(1:end-1);
y2 = data(2:end);
F2 = [ones(size(x2)),x2];
[b2,~,errors] = regress(y2,F2);
alpha2 = b2(1);
beta2  = b2(2);

theta = -log(beta2)/dt;
mu = alpha2/(1 - beta2);
sigma =  std(errors)*sqrt(-2*log(beta2)/dt/(1-beta2^2));
end
```

MATLAB有两个不错的例子，讨论主要是模型校准和模拟过程，请有兴趣的读者参考学习：

https://www.mathworks.com/help/finance/example-simulating-interest-rates.html
https://www.mathworks.com/help/finance/example-simulating-equity-prices.html

本章首先分析了股价和利率的一些特点然后用对应的模型对它们进行模拟。最后又用利率模型作为例子探讨模型校准。

第4章 Option Pricing 期权定价

金融领域的重心已向期权转移……
The shift toward options as the center of gravity of finance ...

——默顿·米勒（Merton H. Miller）

华尔街的权力已经从大男子主义交易员转移到擅用公式的书呆子手中。
the transfer of power on Wall Street from cursing, alpha-male traders to nerds with formulas.

——迈克尔·刘易斯（Michael Lewis）

对这段历史感兴趣的读者可以参考以下两篇文章：

https://priceonomics.com/the-history-of-the-black-scholes-formula/
https://www.nytimes.com/1999/01/24/magazine/how-the-eggheads-cracked.html

Core Functions and Syntaxes
本章核心命令代码

- `binprice()` CRR二叉树计算美式期权价值
- `blsimpv()` 用于计算隐含波动率
- `blsprice()` BSM模型计算欧式期权价格
- `box off` 绘图时，不绘制图的边框
- `daspect([1,1,1])` 指定坐标轴方向上采用相同的数据单位长度
- `grid off` 绘图时关闭网格
- `impvbybls()` 用于计算隐含波动率
- `intenvset()` 建立利率期限结构
- `legend boxoff` 在图中生成图例时，不绘制图例的边框

4.1 再谈期权

BSM模型（Black Scholes model, or Black Scholes Merton model）在金融界的地位毋庸置疑。BSM模型在1973年被Fisher Black和Myron Scholes发表之后，经Robert Merton进一步修正完善。BSM模型大大完善了衍生品定价，一手促进了该市场蓬勃发展。1997年，Robert Merton和Myron Scholes二人获得诺贝尔经济学奖，很遗憾当时Fischer Black已经去世，没能获此殊荣。

Fischer Black is best known to the world at large for his role in developing the celebrated Black-Scholes option pricing model. Those in the finance profession are familiar with many more of his numerous professional contributions, including classic papers on portfolio theory, testing the Capital Asset Pricing Model, commodity options and other derivatives, portfolio insurance, interest rate movements, business cycle and monetary theory, financial markets and institutions, among others.
(Source: https://www.stern.nyu.edu/)

Myron S. Scholes developed a method of determining the value of derivatives, the Black-Scholes formula (together with Fischer Black, who died two years before the Prize award). This methodology paved the way for economic valuations in many areas. It also generated new financial instruments and facilitated more effective risk management in society. The work generated new financial instruments and has facilitated more effective risk management in society.
(Source: https://www.nobelprize.org/prizes/economic-sciences/1997/scholes/biographical/)

Robert C. Merton had a direct influence on the development of the Black-Scholes formula and generalized it in important ways. By devising another way of deriving the formula, he applied it to other financial instruments, such as mortgages and student loans. The work generated new financial instruments and has facilitated more effective risk management in society.
(Source: https://www.nobelprize.org/prizes/economic-sciences/1997/merton/biographical/)

丛书第一本书中讲过期权的相关内容，先回顾总结一下与期权相关常见术语：

- ◂ 看涨期权（call option），注意看涨期权是一种权利，并不是义务，这种权利在有效时具有一定价值；
- ◂ 看跌期权（put option）；
- ◂ 买入（long），买入一方为投资方，被称作持有者，比如long call和long put；
- ◂ 卖出（short），比如short call和short put；
- ◂ 单位合同标的物数量（contract size）；
- ◂ 定价日期、分析日期（settlement date，analysis date），常记作t；
- ◂ 标的物（underlying asset），注意标的物也可以是衍生品；

- 到期时间（maturity, expiration date），常记作T；
- 期权金、权利金（premium），投资者购买期权时，需要支付的金额；
- 执行价格（strike price, exercise price），常记作X或K，可以是一个定值也可以变量，比如平均值，等等；
- 行权方式（exercise method），比如欧式（European）、美式（American）、亚式（Asian）、百慕大（Bermudan），等等；
- 距离到期时间（time to maturity），常记作$T-t$，或τ；
- 标的物价格回报率波动率（volatility of the return for underlying asset price），注意这个波动率不是标的价格波动率，一定要强调价格回报率；对于股票一类的标的物，这个回报率是对数回报率；对于利率一类的标的物，这个回报率是差值；
- 实值期权、价内（in-the-money, ITM），对于看涨期权来说，是指标的物即时价格（spot price）大于执行价格时；对于看跌期权来说，是指标的物即时价格小于执行价格时；
- 虚值期权、价外（out-of-the-money, OTM），对于看涨期权来说，是指标的物即时价格小于执行价格时；对于看跌期权来说，是指标的物即时价格大于执行价格时；
- 两平期权、价平（at-the-money, ATM），当执行价格和即时价格相等时；
- 内在价值、内涵价值、实质价值（intrinsic value），内在价值一般可以通过执行价格和标的物价格之间的关系确定；
- 时间价值（time value），时间价值除了考虑执行价格和标的物价格，还需要考虑距离到期时间；
- 收益方程（payoff function），注意区分到期时刻和未到期时刻的曲线形状；
- 损益方程（PnL function），从图像上来看，损益方程是收益方程向下平移权利金对应的高度。

如图4.1所示是期权的收益方程的曲线形状。如图4.2所示是损益方程的曲线形状。请注意区分到期和未到期曲线的形状。

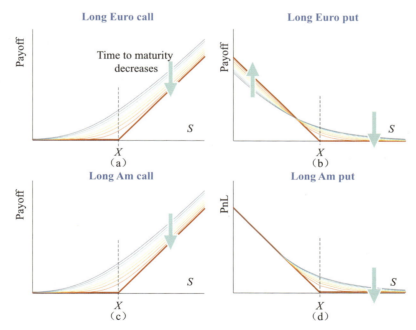

图4.1 损益收益payoff曲线随到期时间变化

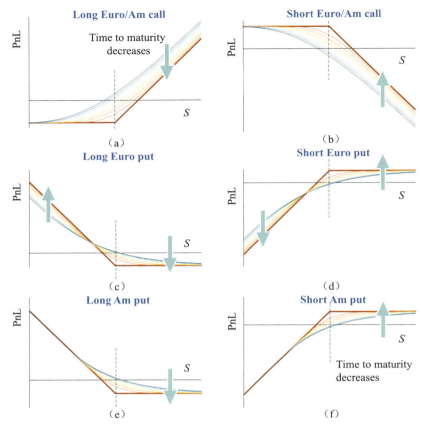

图4.2 损益PnL曲线随到期时间变化（本图来自丛书第一本书第12章）

二叉树方法是丛书第一本书中介绍的一种基本期权定价的方法。该方法使用了"两棵"树：标的物价格走势是第一个树；期权价格走势是第二棵树。两棵树之间的关系是期权收益折线。回顾第一本书第11章的一幅图，即图4.3，展示了这两棵树的关系。欧式期权只能到期时刻执行；美式期权在未到期前也可以执行。欧式期权需要注意第一棵树在到期节点处标的物的价格；而美式期权，第一棵树在各个节点上的标的物价格都需要考虑，因为美式期权执行时间点的灵活性，存在**提前执行**（early exercise）的可能性。

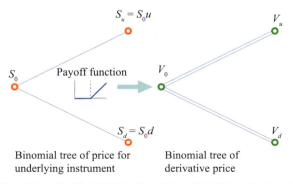

图4.3 股票价格树（第一棵树）和期权价格树（第二棵树）的关系（本图来自丛书第一本书第11章）

4.2 BSM模型

世界上没有完美的模型,因为任何数学模型都是建立在一系列模型假设基础之上的,BSM模型也不例外。该模型主要基于以下几个前提假设:

- 标的物的价格服从**对数正态分布**(lognormal distribution),标的物对数收益率服从**正态分布**(normal distribution);
- **无风险利率**(continuous risk-free rate)已知且恒定(期权有效期内);
- 资产价格波动率已知且恒定(期权有效期内);
- 不存在无风险套利;
- 市场**无摩擦**(frictionless),不存在税务与交易成本;
- 期权交易方式为**欧式期权**(European option),只能到期执行;因此,BSM不适合直接用于美式期权或其他常见奇异期权定价;
- 标的物无限可分;
- 标的物**不派发红利**(non-dividend paying),比如股票不支付股息(Merton后修正BSM模型,该假设为被删除)。

在实际中,标的物(比如股票)对数收益率并非绝对服从正态分布,收益率的肥尾现象就是一个显著的问题。与此同时,现实中的无风险利率也随着时间不断变化,无风险利率期限结构也并非一成不变。并且,标的物价格回报率的波动率也随着时间复杂多变。使用BSM模型计算未来期权价格时,往往使用的是通过各种方法估算的未来波动率,比如用历史法估算波动率或者隐含波动率等,但是这个数值的可靠性却值得怀疑。另外,交易费用、税费和流动性风险也是实际中不能忽略的因素,而这些都不满足BSM的相关假设。再考虑到,期权产品的多样性和其交易方式的灵活性,比如美式和亚式期权等,也都不像欧式期权那样受到BSM的青睐。此外模型要求的连续性,在实际交易和数据采集里都不可能完全实现。何况,标的物也不是无限可分,股息红利派发也是常有的情况,派发的时间点和金额对期权价格也有影响。这些都导致了BSM的局限性,但并不能阻碍BSM的广泛应用。

BSM可以用偏微分方程的形式来描述,对于欧式期权(看涨或看跌),BSM方程可以写成:

$$\frac{\partial V}{\partial t} + \frac{1}{2}\sigma^2 S^2 \frac{\partial^2 V}{\partial S^2} + rS\frac{\partial V}{\partial S} = rV \qquad (4.1)$$

式中,V为**期权的价格**(price of the option);S为**标的物价格**(underlying price);t为时间;r为**无风险利率**(risk-free interest rate);σ为资产回报率波动率。

下面一起来推导BSM的偏微分方程。首先构造一个如下的投资组合:一份价值为V的期权,δ份价格为S的标的物。那么这个投资组合当前价格P可由式(4.2)计算:

$$P = V + \delta S \qquad (4.2)$$

注意,这里对于标的物而言,并未规定明确的**买卖关系**(long or short)。从数学的角度而言,这取决于δ的符号,如果为正即为买入,否则为售出。考虑到标的物的价格变化$\mathrm{d}S$,会引起期权价格的变化$\mathrm{d}V$以及资产价格相应的变化$\mathrm{d}P$,我们有:

$$\mathrm{d}P = \mathrm{d}V + \delta \mathrm{d}S \qquad (4.3)$$

由于标的物价格S服从几何布朗运动,因此dS满足:

$$dS = \mu S dt + \sigma S dW_t \tag{4.4}$$

丛书前文讲过,$dW(t)$服从均值为0、方差为dt的正态分布。关于μ和σ含义,请参考股票几何布朗运动的相关章节。期权价值V实际上又是关于标的物价格S和时间t的函数,即有:

$$V = V(S, t) \tag{4.5}$$

运用**伊藤引理**(Ito's Lemma),可以得到:

$$dV = \left(\frac{\partial V}{\partial t} + \mu S \frac{\partial V}{\partial S} + \frac{1}{2}\sigma^2 S^2 \frac{\partial^2 V}{\partial S^2}\right)dt + \sigma S \frac{\partial V}{\partial S} dW_t \tag{4.6}$$

再将式(4.4)和式(4.6)代入到式(4.3)中:

$$dP = \left(\frac{\partial V}{\partial t} + \mu S \frac{\partial V}{\partial S} + \frac{1}{2}\sigma^2 S^2 \frac{\partial^2 V}{\partial S^2}\right)dt + \sigma S \frac{\partial V}{\partial S} dW_t - \delta(\mu S dt + \sigma S dW_t) \tag{4.7}$$

整理后,可以获得式(4.8)的关系:

$$dP = \left(\frac{\partial V}{\partial t} + \mu S \frac{\partial V}{\partial S} + \frac{1}{2}\sigma^2 S^2 \frac{\partial^2 V}{\partial S^2} + \delta \mu S\right)dt + \left(\sigma S \frac{\partial V}{\partial S} + \delta \sigma S\right)dW_t \tag{4.8}$$

注意观察式(4.8)中代表随机性的项dW_t和它的系数$\left(\sigma S \frac{\partial V}{\partial S} + \delta \sigma S\right)$。如果令标的物份数$\delta$满足:

$$\delta = -\frac{\partial V}{\partial S} \tag{4.9}$$

就能消除组合价值变化的随机性,也就是组合的价值变化一定。这时,δ就是期权价值V关于标的物价格S的偏导数的相反数,反映了期权价值随标的物价格变化而变化的关系。同时,δ自带的负号也暗示了标的物的买卖状况与组合中的期权恰好相反。这个特意构造的投资组合,实际上也叫作**Delta对冲组合**(Delta-hedge portfolio)。Delta是衡量期权价格敏感性的重要指标之一,本书第9章会详细讨论。将δ代入,关于P表达式就变成了:

$$dP = \left(\frac{\partial V}{\partial t} + \frac{1}{2}\sigma^2 S^2 \frac{\partial^2 V}{\partial S^2}\right)dt \tag{4.10}$$

对δ如此的处理有一个直接好处,能够进一步引入**无套利**(no arbitrage)原理。根据无套利的思想,经过一段时间t后,投资组合的价格变动dP必须满足:

$$dP = rPdt \tag{4.11}$$

式(4.11)r是无风险利率。将P和dP的表达式一起代入到刚刚得到的式(4.10)中可以得到:

$$r(V+\delta S)\mathrm{d}t = \left(\frac{\partial V}{\partial t}+\frac{1}{2}\sigma^2 S^2\frac{\partial^2 V}{\partial S^2}\right)\mathrm{d}t \tag{4.12}$$

进一步整理后有：

$$\frac{\partial V}{\partial t}+\frac{1}{2}\sigma^2 S^2\frac{\partial^2 V}{\partial S^2}+rS\frac{\partial V}{\partial S}-rV=0 \tag{4.13}$$

这个就是BSM的偏微分方程。在连续红利为q存在的情况下，BSM方程的修正形式为：

$$\frac{\partial V}{\partial t}+\frac{1}{2}\sigma^2 S^2\frac{\partial^2 V}{\partial S^2}+(r-q)S\frac{\partial V}{\partial S}-rV=0 \tag{4.14}$$

20世纪，很多金融学者都得到了类似的偏微分公式。但是，如何求解这个偏微分公式难倒了这些学者。最后，在物理学的**热方程**（heat equation）的解析解中找到答案。对于这一部分内容本书不做展开讲解。

> He (Black) got the equation (in 1969) but then was unable to solve it. Had he been a better physicist he would have recognized it as a form of the familiar heat exchange equation, and applied the known solution.
>
> ——Perry Mehrling

欧式看涨期权的定价公式可以求解为：

$$C(S,\tau)=N(d_1)S-N(d_2)Xe^{-r\tau} \tag{4.15}$$

式中：S为当前时刻标的物的价格，常记作S_t（t为当前时间点）；τ为当前时刻距离到期时间长度（单位通常为年），也常常表达为$T-t$（其中T为到期时间点，t为当前时刻时间点；两者之差为时间距离τ）；N为标准正态分布的CDF；X为执行价格，也常记作K；r为无风险利率。

其中d_1和d_2可以通过式（4.16）求得：

$$\begin{cases}d_1=\dfrac{1}{\sigma\sqrt{\tau}}\left[\ln\left(\dfrac{S}{X}\right)+\left(r+\dfrac{\sigma^2}{2}\right)\tau\right]\\ d_2=\dfrac{1}{\sigma\sqrt{\tau}}\left[\ln\left(\dfrac{S}{X}\right)+\left(r-\dfrac{\sigma^2}{2}\right)\tau\right]=d_1-\sigma\sqrt{\tau}\end{cases} \tag{4.16}$$

$N(d_2)$是风险中性条件下，期权被行使的概率。根据丛书第一本书中讲到的欧式买卖权平价关系：

$$P+S=Xe^{-r\tau}+C \tag{4.17}$$

可以求得欧式看跌期权的公式：

$$P(S,\tau)=-N(-d_1)S+N(-d_2)Xe^{-r\tau} \tag{4.18}$$

4.3 期权理论价格走势

丛书的第一本书中讨论过欧式/美式看涨和看跌期权价值随时间变化的趋势，本章开篇亦提到了时间价值和内在价值这两个概念。对于欧式/美式看涨期权，到期时间越长，看涨期权的价格越高，时间价值越高。如图4.4所示，蓝色曲线对应的是到期时间较长的期权价值，红色曲线是更靠近到期的期权价格。

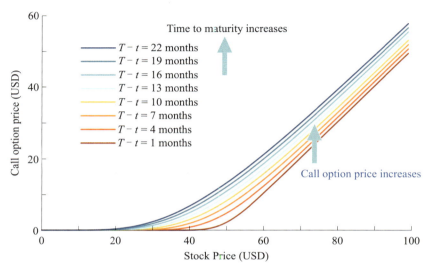

图4.4 欧式/美式看涨期权随到期时间变化规律

对于欧式看跌期权，在ITM价格区间，期权的价格随着到期时间不断临近，欧式看跌期权价格不断提高，不断靠近到期收益折线；在OTM价格区间，这个趋势正好相反，如图4.5所示。

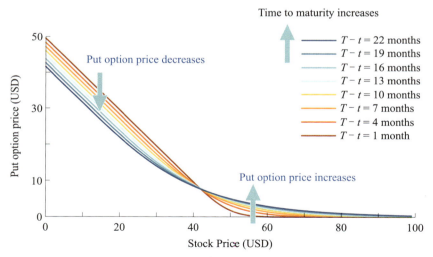

图4.5 欧式看跌期权随到期时间变化规律

下一章会从希腊字母Theta角度继续讨论这一问题。而对于美式期权，随着期权不断临近到期，美式看跌期权的价值不断减小，如图4.6所示。

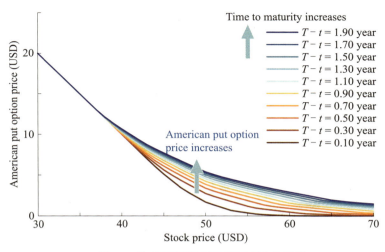

图4.6 美式看跌期权随到期时间变化规律

这里用GBM模型模拟一段时间内某支股票价格的走势。假设欧式看涨期权和看跌期权的执行价格为50美元，其他参数随时间不变。如图4.7所示的就是股价走势和对应欧式看涨期权价格走势的比较。假设，$t = 1$年时，投资者购买这个看涨期权，此时股价为50美元，看涨期权的执行价格K也为50美元。看涨期权的价格超过10美元。随着股价走势的不断变化，期权的价值也不断变化。如图4.7（b）所示，当股价上涨时，看涨期权也倾向上涨；在期权到期时刻，$t = 0$，股价行走到约40美元。看涨期权的执行价格$K = 50$美元，因此投资者选择不执行期权，最后期权价格回落为0。

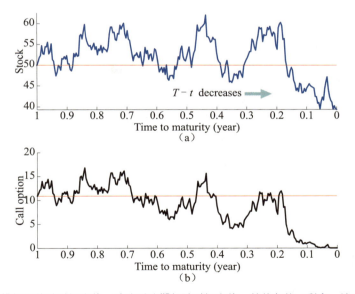

图4.7 模拟股价随时间走势，欧式看涨期权随时间走势，其他条件（利率，波动率）不变

如图4.8所示为标的物价格和欧式看跌期权的走势关系。此时，股价的涨落趋势和欧式看跌期权价值的涨落几乎完全相反，这一点符合欧式看跌期权的收益曲线趋势。在$t = 0$时刻，欧式看跌期权执行价格高于标的物价格，因此欧式看跌期权价值大于0。

欧式期权的价格走势可以看作是标的物价格走势图在欧式期权价格曲面的投影。如图4.9所示的是一些看跌期权的价格散点在期权价值曲面的投影点，投影方向平行于z轴。如果将标的物走势曲线上更为密集的散点用同样的方式投影在期权的曲面上，就可以得到如图4.10所示的期权价格走势和标的物走势的关系。

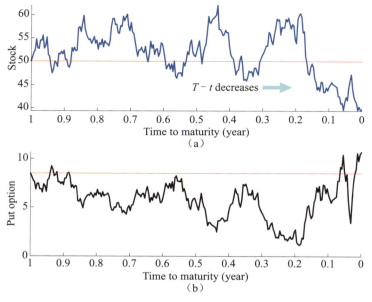

图4.8 模拟股价随时间走势,欧式看跌期权随时间走势,其他条件(利率,波动率)不变

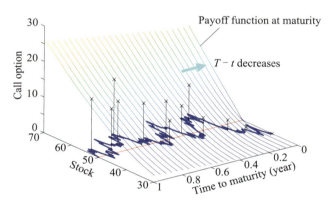

图4.9 股价走势投射到欧式看涨期权价格平面

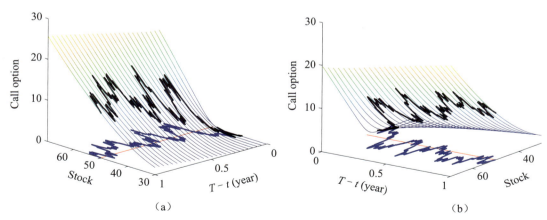

图4.10 股价走势和看涨期权价格关系

以下代码可以获得图4.7至图4.10。

```matlab
B2_Ch4_1.m
% stock and option paths
% Please copy and paste in the M-file window, then run the code
clc; clear all; close all
K = 50;
S0 = K;
stock_ticks = linspace(30,70,100);
N_steps = 252;
mu = 0.05;
sigma = 0.5;
T_t = [N_steps:-1:0]/N_steps; % unit year
stock_path = GBM_stock(1, N_steps,1, mu, sigma,S0);
T_t_grid = repmat(T_t,length(stock_ticks),1);
stock_grid = repmat(stock_ticks',1,length(T_t));

[Call_path,Put_path] = blsprice(stock_path,K,mu,T_t,sigma);
[Call_surf,Put_surf] = blsprice(stock_grid,K,mu,T_t_grid,sigma);

figure(1)
subplot(2,1,1)
plot(T_t, stock_path,'b'); hold on
plot([T_t(1),T_t(end)],[K,K],'r')
set (gca, 'xdir', 'reverse')
xlabel('Time to maturity [year]'); ylabel('Stock')
box off; grid off;

subplot(2,1,2)
plot(T_t, Call_path,'k'); hold on
plot([T_t(1),T_t(end)],[Call_path(1),Call_path(1)],'r')
set (gca, 'xdir', 'reverse')
xlabel('Time to maturity [year]'); ylabel('Call option')
box off; grid off;

figure(2)
subplot(2,1,1)
plot(T_t, stock_path,'b'); hold on
plot([T_t(1),T_t(end)],[K,K],'r')
set (gca, 'xdir', 'reverse')
xlabel('Time to maturity [year]'); ylabel('Stock')
box off; grid off;

subplot(2,1,2)
plot(T_t, Put_path,'k'); hold on
plot([T_t(1),T_t(end)],[Put_path(1),Put_path(1)],'r')
set (gca, 'xdir', 'reverse')
xlabel('Time to maturity [year]'); ylabel('Put option')
```

```
box off; grid off;


figure(3)
mesh(T_t_grid(1:2:end,end:-10:1), stock_grid(1:2:end,end:-10:1),...
      Call_surf(1:2:end,end:-10:1),'MeshStyle','column','FaceColor','none')
hold all
plot3([T_t(1),T_t(end)],[K,K],[0,0],'r')
plot3(T_t, stock_path, zeros(size(T_t)),'b','LineWidth',1.5)
stem3(T_t(end:-20:1), stock_path(end:-20:1), Call_path(end:-20:1),'xk')
set (gca, 'xdir', 'reverse')
xlabel('Time to maturity [year]'); ylabel('Stock'); zlabel('Call option')
box off; grid off
% you can also use downsample if you have the license

figure(4)
mesh(T_t_grid(1:2:end,1:10:end), stock_grid(1:2:end,1:10:end),...
      Call_surf(1:2:end,1:10:end),'MeshStyle','column','FaceColor','none')
hold all
plot3(T_t, stock_path, zeros(size(T_t)),'b','LineWidth',1.5)
plot3(T_t, stock_path, Call_path,'k','LineWidth',1.5)
plot3([T_t(1),T_t(end)],[K,K],[0,0],'r')
set (gca, 'xdir', 'reverse')
xlabel('Time to maturity [year]');
ylabel('Stock'); zlabel('Call option')
box off; grid off

function S = GBM_stock(N_paths, N_steps, T_sim, mu, sigma, S0)
dt = T_sim/N_steps;
drift = (mu - 0.5*sigma^2)*dt;
S = S0*ones(N_paths, N_steps+1);
brownian = sigma*sqrt(dt)*normrnd(0,1,N_paths, N_steps);
S(:, 2:end) = S0*exp(cumsum(drift + brownian, 2));
end
```

如丛书第一本书第11章中提及的一样，**实质价值、内生价值、内在价值**（intrinsic value），是指标资产的现价、即时价格和履约价格之前的差。**时间价值**（time value），指的是在持有的时间内因为各种风险因素变化而使得期权价值变动的那部分价值。下面一组有意思的图像，讨论了时间价值和内在价值随到期时间变化过程。

如图4.11所示为股价整体呈现下跌趋势，欧式看涨期权价值不断下降。欧式看涨期权到期时，股价低于执行价格 $K = 50$，因此期权价格为0。注意图4.11（c）中的内在价值（蓝色区域）和时间价值（粉色区域）随到期时间的变化。到期之前，欧式看涨期权大多数时间处于OTM区域，因此期权内在价值多数在0附近。同样的股价走势下，欧式看跌期权的时间价值和内在价值则呈现完全不同的趋势。如图4.12所示，欧式看跌期权大部分时间处于ITM区域，代表期权内在价值的蓝色区域占比很高。

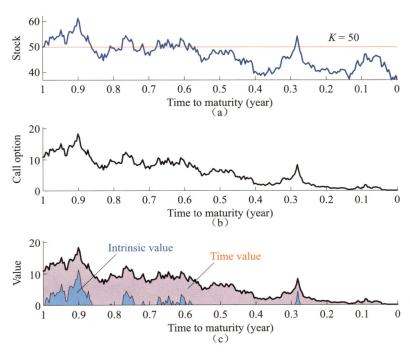

图4.11　股价走跌，欧式看涨期权OTM，时间价值和内在价值变化

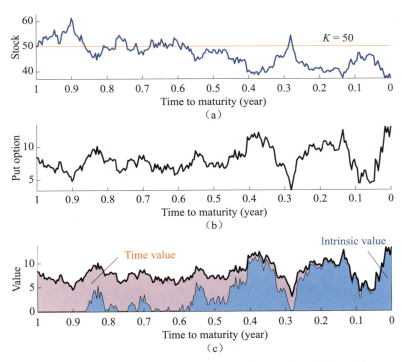

图4.12　股价走跌，欧式看跌期权ITM，时间价值和内在价值变化

如图4.13和图4.14所示的是另外一种股价走势的可能性，在期权接近到期时，股价高于期权执行价格 $K = 50$。如图4.13所示的情况下，欧式看涨期权在接近到期时内在价值远大于0。图4.14中欧式看跌期权最后位于OTM，期权内在价值为0。不管任何情况，期权的时间价值随着到期时间的缩短不断

靠近0。请读者修改前文代码绘制时间价值和内在价值。

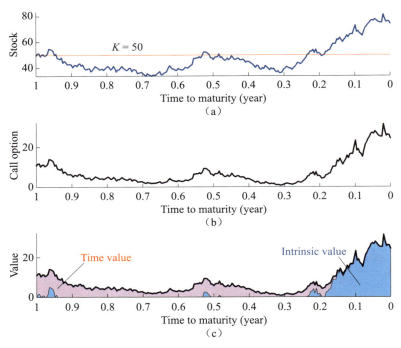

图4.13 股价走高，欧式看涨期权ITM，时间价值和内在价值变化

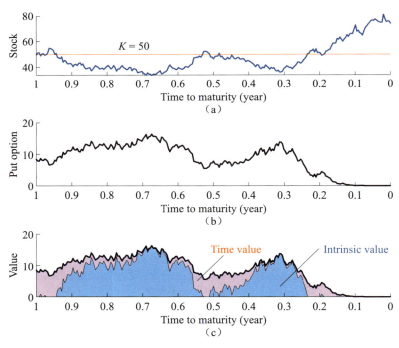

图4.14 股价走高，欧式看跌期权OTM，时间价值和内在价值变化

4.4 风险因子

观察期权定价公式,在BSM模型中,影响期权定价的因素有:标的物价格、执行价格、距离到期时间、波动率、无风险利率和期权红利。这些因素对期权价格的影响,可以见表4.1。请读者注意表中给出的是影响欧式期权的因子,但是并非所有的影响价格的因子都是风险因子。执行价格、距离到期时间、甚至红利这些条件基本上是确定的,在BSM计算中并不是期权价格的风险因子。尽管距离到期时间会不断缩短,绝对是一个变量,但是,到期时间不存在"波动",不受任何市场因素影响。因此,欧式期权的主要风险因子为标的物价格、利率和波动率。

表 4.1 影响期权价值的因子

因子	欧式看涨	欧式看跌	美式看涨	美式看跌
$S \uparrow$	+	−	+	−
$X \uparrow$	−	+	−	+
$\tau \uparrow$	−	?	+	+
$\sigma \uparrow$	+	+	+	+
$r \uparrow$	+	−	+	−
$D(q) \uparrow$	−	+	−	+

如图4.15所示是欧式看涨和看跌期权价值随到期时间的变化。欧式看涨期权价值随着到期时间缩短而降低;但是正如前文讲到的,欧式看跌期权处在不同的价值状态,它的价值随到期时间变化趋势不同,用同样的颜色标记。如图4.16所示为更多条在不同价值状态期权价值随到期时间变化曲线。

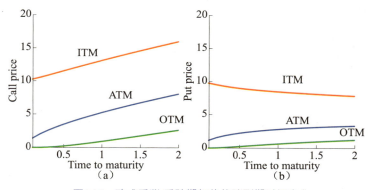

图4.15 欧式看涨/看跌期权价值随到期时间变化

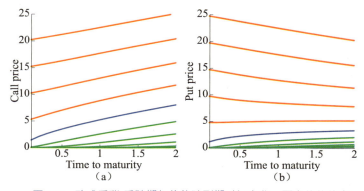

图4.16 欧式看涨/看跌期权价值随到期时间变化,更多价值状态

以下代码可以获得图4.15。

```
B2_Ch4_2.m

clc; clear all; close all
vol = 0.2; % Volatility
r = 0.05; % Risk-free interest rate
tau_array = 0:0.1:2; % Time to maturity (year(s))
Price_array = [40,50,60];
Strike = 50;  % Strike price
[tau_matrix,Price_matrix] = meshgrid(tau_array,Price_array);
[Call_matrix,Put_matrix] = 
blsprice(Price_matrix,Strike,r,tau_matrix,vol);

figure(1)
subplot(1,2,1)
plot(tau_array,Call_matrix)
xlabel('Time to maturity');ylabel('Call price')
box off; xlim([min(tau_array) max(tau_array)]);
ylim([0 max(Call_matrix(:))])
legend('OTM','ATM','ITM')

subplot(1,2,2)
plot(tau_array,Put_matrix)
box off; xlim([min(tau_array) max(tau_array)]);
ylim([0 max(Call_matrix(:))])
xlabel('Time to maturity');ylabel('Put price')
legend('ITM','ATM','OTM')
```

如图4.17所示，在其他条件不变的情况下，执行价格越高，欧式看涨期权的价值越小。这点理解起来很容易，买入看涨期权拥有在未来到期时刻以规定价格X买入规定份额的标的物，当然X越低，这个期权的吸引力越强。如图4.18所示是执行价格和标的物价格这两个维度上对应的期权价格的趋势曲面。

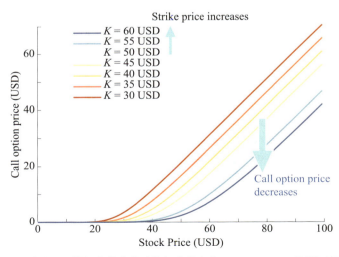

图4.17　欧式看涨期权价格曲线随执行价格变化（$K = 30 \sim 60$，到期时间1/2年）

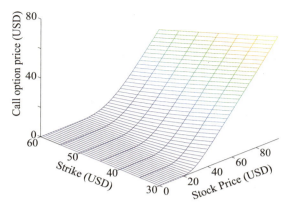

图4.18 欧式看涨期权价格曲面，随执行价格和标的物价格变化（到期时间1/2年）

相比欧式看涨期权，欧式看跌期权的趋势正好相反。如图4.19所示，当执行价格较高时，在同样标的物价格情况下，欧式看跌期权的价格相对较高。类似的，执行价格越低，欧式看跌期权价格相对较低。买入欧式看跌期权，给予持有者在规定的到期时间，以执行价格卖出对应标的物的权利（并非义务）；因此，售价越高，即执行价越高，这个欧式看跌期权的吸引力越高，售价也应该更高。如图4.20所示是欧式看跌期权的价格趋势曲面。

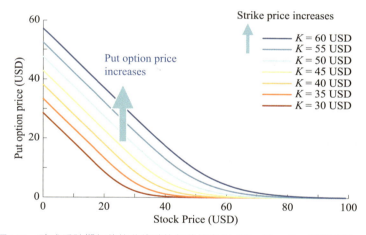

图4.19 欧式看跌期权价格曲线随执行价格变化（$K=30\sim 60$，到期时间1/2年）

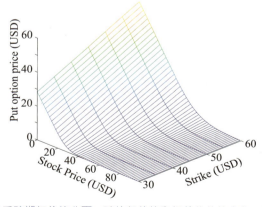

图4.20 欧式看跌期权价格曲面，随执行价格和标的物价格变化（到期时间1/2年）

以下代码可以获得图4.17、图4.18、图4.19和图4.20。

`B2_Ch4_3.m`

```matlab
clc; clear all; close all

spot_price_range = 0.01:1:100;
interest_rate = 0.1;
volatility = 0.35;
spot_price_length = length(spot_price_range);
k_range = [30:5:60]; % USD
k_length = length(k_range);
time_to_m = 6/12; % year

k_matrix = k_range(ones(spot_price_length,1),:)';
k_range_holder = ones(length(k_range),1);
spot_price_matrix = spot_price_range(k_range_holder,:);
all_one_matrix = ones(size(k_matrix));
maturity_matrix = time_to_m*all_one_matrix;
% Plot Call option price versus maturity
my_col = brewermap(k_length,'RdYlBu');

% This function, brewermap, can be easily downloaded
% from MATLAB support and used for free

figure (1)

[call_option_price_matrix,put_option_price_matrix] ...
    = blsprice(spot_price_matrix, ...
    k_matrix, interest_rate*all_one_matrix,...
    maturity_matrix, volatility*all_one_matrix);

mesh(spot_price_range(1:2:end), k_range,...
    call_option_price_matrix(:,1:2:end));
xlabel('Stock Price [USD]');
ylabel('Strike [USD]');
zlabel('Call option price [USD]');
title('Call option price versus maturity');
colorbar; grid off; box off
xlim([0 max(spot_price_range)])
ylim([min(k_range) max(k_range)])
set(gcf,'color','white'); view(-45,30)

figure (2)

for i = 1:k_length
    
    plot(spot_price_range, call_option_price_matrix(i,:),...
```

```matlab
        'color',my_col(i,:));
    hold on
    legendCell{i} = num2str(k_range(i),'K = %-d USD');
end

legend(legendCell,'Location', 'Best'); legend boxoff
xlim ([0,100]);   daspect([1,1,1])
xlabel('Stock Price [USD]');
ylabel('Call option price [USD]');
title('Call option price versus strike price');
set(gcf,'color','white'); box off; grid off

% Plot Put option price versus maturity

figure (3)
mesh(spot_price_range(1:2:end), k_range,...
    put_option_price_matrix(:,1:2:end));
xlabel('Stock Price [USD]');
ylabel('Strike [USD]');
zlabel('Put option price [USD]');
title('Put option price versus strike price');
colorbar; colorbar; grid off; box off
xlim([0 max(spot_price_range)])
ylim([min(k_range) max(k_range)])
set(gcf,'color','white'); view(45,30)

figure (4)

for i = 1:k_length
    
    plot(spot_price_range, put_option_price_matrix(i,:),'color',my_col(i,:));
    hold on
    legendCell{i} = num2str(k_range(i),'K = %-d USD');
end

legend(legendCell); legend boxoff
xlim ([0,100]); daspect([1,1,1])
xlabel('Stock Price [USD]');
ylabel('Put option price [USD]');
title('Put option price versus maturity');
set(gcf,'color','white'); box off; grid off
```

从另外一个角度来看，在其他因素完全一样的情况下，欧式看涨期权的执行价格越低，这个衍生品到期时刻损益PnL折线越偏向坐标系左下方。也就是说，执行价格越低，最大可能损失越大；在标的物价格相同的情况下，执行价格越高，可能的收益越大。如图4.21所示为欧式看涨期权到期时刻损益PnL折线。类似的，如图4.22所示，在不同执行价格条件下，欧式看跌期权到期时刻损益PnL折线变化趋势。请读者修改前文代码自行绘制这两幅图像。

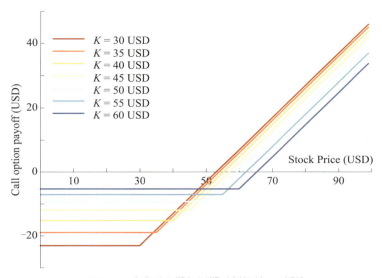

图4.21 欧式看涨期权到期时刻损益PnL折线

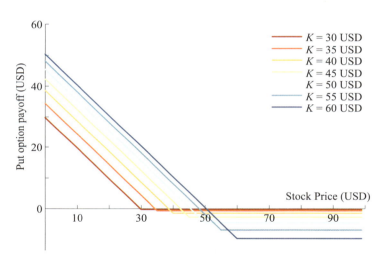

图4.22 欧式看跌期权到期时刻损益PnL折线

如图4.23、图4.24所示为未到期欧式看涨期权价格及看跌期权价格随执行价格变化关系。

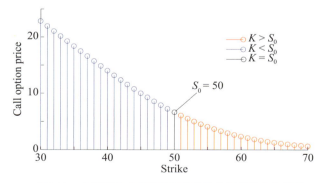

图4.23 未到期欧式看涨期权价格随执行价格变化关系

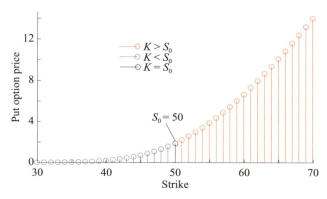

图4.24 未到期欧式看跌期权价格随执行价格变化关系

如图4.25所示是另外一个期权价格随执行价格变化的展示方案。在不同的标的物价格条件下，欧式看涨期权的价格随着执行价格不断下降。标的物价格越高，欧式看涨期权价值越大。相反，欧式看跌期权价值随着执行价格上升而增大。标的物价格越高，欧式看跌期权价值越小。

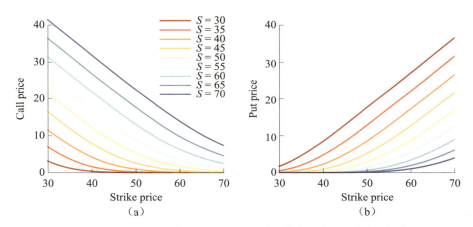

图4.25 在不同标的物价格条件下，欧式期权随执行价格变化规律

以下代码可以获得图4.23和图4.24。

```
clc; clear all; close all
Price = 50;      % spot exchange rate
Strike = 30:1:70;    % strike
Time = 1;
Rate = 0.1;
sigma = 0.2;

[call,put] = blsprice(Price,Strike,Rate,Time,sigma);
[call_ATM,put_ATM] = blsprice(Price,Price,Rate,Time,sigma);

figure(1)
aboveLine = (Strike <= Price);
belowLine = (Strike >= Price);
```

```
atLine    = (call == call_ATM);

call_ITM = call;
call_OTM = call;
call_ATM = call;

call_ITM(aboveLine) = NaN;
call_OTM(belowLine) = NaN;
call_ATM(~atLine) = NaN;

stem(Strike,call_ITM,'r'); hold on
stem(Strike,call_OTM,'b'); hold on
stem(Strike,call_ATM,'k'); hold on
legend('K > S0','K < S0','K = S0','location','best')
box off; grid off
ylabel('Call option price'); xlabel('Strike')


figure(2)
aboveLine = (Strike <= Price);
belowLine = (Strike >= Price);
atLine    = (put == put_ATM);

put_ITM = put;
put_OTM = put;
put_ATM = put;

put_ITM(aboveLine) = NaN;
put_OTM(belowLine) = NaN;
put_ATM(~atLine) = NaN;

stem(Strike,put_ITM,'r'); hold on
stem(Strike,put_OTM,'b'); hold on
stem(Strike,put_ATM,'k'); hold on
legend('K > S0','K < S0','K = S0','location','best')
box off; grid off
ylabel('Put option price'); xlabel('Strike')
```

如图4.26所示为对于未到期欧式看涨期权，在其他因素不变的条件下，无风险利率越高，欧式看涨期权的价格越高。这一点也很好理解，无风险利率很大程度上表征标的物价格上涨的整体趋势。也就是说，无风险利率越高，期权销售者预计未来标的物价格越高，因此销售看涨期权时，售价也相应越高。如图4.27所示为未到期欧式看跌期权相应的趋势：利率越高，欧式看跌期权的售价越低。如图4.28所示是ITM、ATM和OTM欧式看涨期权和看跌期权随利率变化曲线。

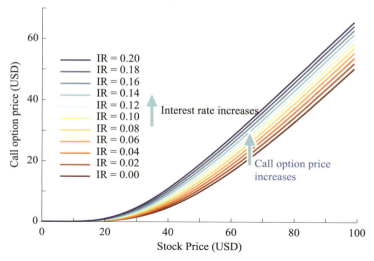

图4.26　未到期欧式看涨期权价格随利率变化关系

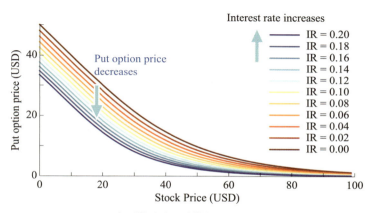

图4.27　未到期欧式看跌期权价格随利率变化关系

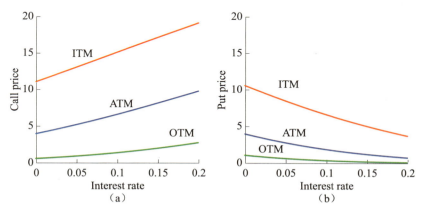

图4.28　未到期欧式看涨/看跌期权随利率变化关系

本章再次给出获得图4.26和图4.27的代码。下文类似的分析，请读者修改给出的这两段代码绘制图像。

`B2_Ch4_5.m`

```matlab
clc; clear all; close all

spot_price_range = 0.01:1:100;
IR_range = 0:0.02:0.2;
volatility = 0.35;
spot_price_length = length(spot_price_range);
k = 50;
IR_length = length(IR_range);
time_to_m = 2; % year, to be updated 2, 1, 1/12

IR_matrix = IR_range(ones(spot_price_length,1),:)';
IR_range_holder = ones(length(IR_range),1);
spot_price_matrix = spot_price_range(IR_range_holder,:);
all_one_matrix = ones(size(IR_matrix));
maturity_matrix = time_to_m*all_one_matrix;
% Plot Call option price versus maturity
my_col = brewermap(IR_length,'RdYlBu');
% This function, brewermap, can be easily downloaded
% from MATLAB support and used for free

figure (1)

[call_option_price_matrix,put_option_price_matrix] ...
    = blsprice(spot_price_matrix, ...
    k*all_one_matrix, IR_matrix,...
    maturity_matrix, volatility*all_one_matrix);

mesh(spot_price_range, IR_range, call_option_price_matrix);
xlabel('Stock Price [USD]');
ylabel('Interest rate');
zlabel('Call option price [USD]');
title('Call option price versus interest rate');
colorbar;
xlim([0 max(spot_price_range)])
ylim([min(IR_range) max(IR_range)])
set(gcf,'color','white')

figure (2)

for i = 1:IR_length
    
    plot(spot_price_range, call_option_price_matrix(i,:),...
        'color',my_col(i,:));
    hold on
    legendCell{i} = num2str(IR_range(i),'IR = %0.2f');
```

```
end

legend(legendCell,'Location','Best')
xlim ([0,100]); daspect([1,1,1])
xlabel('Stock Price [USD]');
ylabel('Call option price [USD]');
title('Call option price versus interest rate');
set(gcf,'color','white')
box off; grid off
% Plot Put option price versus maturity

figure (3)
mesh(spot_price_range, IR_range, put_option_price_matrix);
xlabel('Stock Price [USD]');
ylabel('Interest rate');
zlabel('Put option price [USD]');
title('Put option price versus interest rate');
colorbar;
xlim([0 max(spot_price_range)])
ylim([min(IR_range) max(IR_range)])
set(gcf,'color','white')

figure (4)

for i = 1:IR_length

    plot(spot_price_range, put_option_price_matrix(i,:),'color',my_col(i,:));
    hold on
    legendCell{i} = num2str(IR_range(i),'IR = %0.2f');
end

legend(legendCell,'Location','Best')
xlim ([0,100]); daspect([1,1,1])
xlabel('Stock Price [USD]');
ylabel('Put option price [USD]');
title('Put option price versus interest rate');
set(gcf,'color','white')
box off; grid off
```

如果假设无风险利率为0，会如何影响未到期欧式期权价值？当无风险利率为0时，服从几何布朗运动的标的物价格变化（对数回报率）的期望可以看作为0。而期权价格曲线没有随时间的蜕化过程，曲线的变化只受波动率和到期时间的影响。请读者注意，BSM模型的前提假设之一是，无风险利率在期权到期前保持不变。实际情况却并非如此，比如美国国债收益率常被用来近似无风险利率，会随时间不断变化。这一点违背了BSM模型利率恒定的前提。

如图4.29所示，当标的物回报率的波动率上升时，未到期的欧式看涨期权的价格会不断提高。如图4.30所示，当标的物回报率的波动率上升时，未到期的欧式看跌期权的价格也不断提高。这两点都很好理解，因为波动率代表价格变动幅度的可能性。因此，波动率越大，获利的可能性越大，因此期权的价格越高。从而可以知道，当波动率接近0时，也就是标的物价格不断接近稳定，其他条件不变的情况下，期权价格不确定因素几乎为0，如图4.29和图4.30红色折线所示。如图4.31所示是在ITM、ATM和OTM欧式看涨期权和看跌期权随着波动率变化的曲线。

图4.29　未到期欧式看涨期权价格随标的物价格波动率变化关系

图4.30　未到期欧式看跌期权价格随标的物价格波动率变化关系

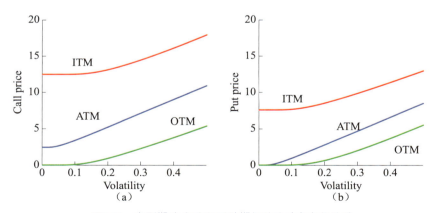

图4.31　未到期欧式看涨/看跌期权随波动率变化关系

当标的物价格波动率为0，但是无风险利率不为0时，可以发现，期权价格随标的物价格变动的关系为折线。欧式看涨期权的定价公式可以求解为：

$$C(S,\tau) = \max\left(S - Xe^{-r\tau}, 0\right) \tag{4.19}$$

类似的，当波动率为0时，欧式看跌期权的价值计算公式为：

$$P(S,\tau) = \max\left(Xe^{-r\tau} - S, 0\right) \tag{4.20}$$

在丛书第一本书二叉树这一章中，探讨过的欧式期权和美式期权（看涨或看跌）的上下界。可以看到，当波动率为0时，这两个期权的价值公式就是两者价格的上下界。标的物的价格回报率波动率为0，标的物价格只有增长，没有波动；因此标的物的价格在利率已知且不变的时候完全可以预测。所以，期权的价格曲线以折线的形式不断随时间逼近收益到期折线。

4.5 波动率

资产价格的不确定性，可以用资产收益的波动率来描述。这里所说的资产，可以是股票、大宗商品等。资产的收益率既可以是对数收益率，也可以是资产连续差值。通俗来说，这种不确定性指的是，一定时期内资产价格变动的幅度。波动率越大，资产的价格波动可能越剧烈，因此资产价格走势和收益的不确定性越大；而波动率越小，资产的价格波动可能越小，因此资产价格走势和确定性越强。波动率越大，标的物的价格偏离执行价格的可能性越大，因此可能收益越大，投资者则愿意支付更贵的期权金；而对于期权销售一方，标的物的价格波动率越大，风险越大，因此需要收取更高的期权费。

最常计算的是历史波动率。本书第1章讨论过几种计算历史波动率的方法。历史波动率是基于历史数据计算出来的，为了让波动率的计算更加准确地跟踪最新数据的趋势，这一章推荐EWMA方法。比如说资产在过去一年的日收益率，计算出日波动率，然后用平方根法估算出年化波动率。

另外一种常见的波动率是**隐含波动率**（implied volatility），它的计算方法很有意思。如大家所知，BSM模型可以从理论上计算出期权的价格。但是，真实期权在资本市场的真实价格和理论价格会有一定的偏差。如果在某一个时间点，已知标的物的价格、无风险利率、期权执行价格、股息（如果存在红利）、期权到期时间等数据，那么可以用BSM模型反求得到波动率。这个反求出来的波动率就是隐含波动率。

MATLAB用来计算隐含波动率的函数为blsimpv()，具体输入值如下：

```
implied_vol = blsimpv(S, K, r, T2t,V, Class = true or Class = {'call'})
```

MATLAB还要另外一个计算隐含波动率的函数impvbybls()。下面引用MATLAB的例子来说明如何使用impvbybls()：

```
B2_Ch4_6.m

Asset_price = 45;
Analysis_date = 'Jan-01-2008';
Maturity_date = 'June-01-2008';
Strike = 40;
Risk_free_rate = 0.05;
OptionPrice = [7.10; 2.85];
```

```
OptSpec = {'call';'put'};

% define the RateSpec and StockSpec
RateSpec = intenvset('ValuationDate', Analysis_date, ...
    'StartDates', Analysis_date,'EndDates', Maturity_date,...
    'Rates', Risk_free_rate, 'Compounding', -1, 'Basis', 1);

StockSpec = stockspec(NaN, Asset_price);

ImpvVol =   impvbybls(RateSpec, StockSpec, Analysis_date, ...
    Maturity_date, OptSpec,Strike,...
    OptionPrice,'Method','jackel2016')
```

波动率微笑是隐含波动率随执行价格变化而呈现出类似微笑形状的曲线。对于标的物相同、到期时间相同，但是执行价格不同的期权，根据在市场上观察到的它们的价格，用BSM模型可以反求出这些期权在这一特定时刻的隐含波动率。这样就会获得一组与执行价格一一对应的隐含波动率。若执行价格为横轴，隐含波动率为纵轴，就能绘制出一条曲线。常见的波动率微笑曲线如图4.32所示。

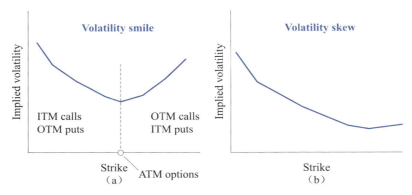

图4.32　隐含波动率微笑曲线形状

如果再考虑到期时间的不同，在这一特定时刻，可以计算出一系列的隐含波动率曲线对应着不一样的到期时间。如果将执行价格和到期时间作为两个维度，就能绘制出此时的隐含波动率曲面，如图4.33所示。

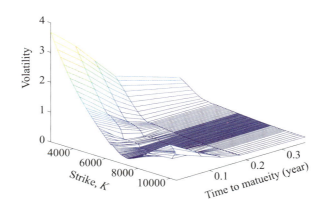

图4.33　隐含波动率微笑曲面

为了更方便地显示ITM、ATM和OTM的情况，还可以把执行价格K关于标的物价格S标准化（即

K/S），如图4.34所示。

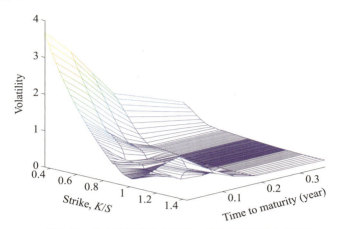

图4.34　隐含波动率微笑曲面，将执行价格转化为K/S

现在反过来定义一个变量M，对应**价值状态**（moneyness），它是标的物价格和执行价格的比值：

$$M = \frac{S}{K} \tag{4.21}$$

当$M = 1$时，对于看涨期权和看跌期权，这种情况为两平期权，也就是价平ATM。对于$M < 1$，也就是$S < K$，看涨期权是虚值期权，也就是看涨期权处于价外OTM；而看跌期权是实值期权，也就是看跌期权处于价内ITM。对于$M > 1$，对应$S > K$，看涨期权处于ITM，而看跌期权处于OTM。可以把隐含波动率微笑曲面的执行价格转化为对应价值状态M。经过该转化，能得到一个新的曲面，如图4.35所示。这样做的好处是可以把从某一标的物期权推导得到的归一化隐含波动率曲面应用到其他标的物的期权上。因为标的物价格和期权Delta值也存在一一对应关系，因此Delta值（0.25、0.5和0.75）也是常用来构造波动率曲面。丛书后续会深入介绍波动率计算和建模。

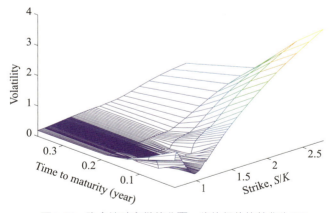

图4.35　隐含波动率微笑曲面，将执行价格转化为S/K

给读者推荐以下两个有关隐含波动率的MATLAB网页：

https://www.mathworks.com/matlabcentral/fileexchange/46253-arbitrage-free-smoothing-of-the-implied-volatility-surface

https://www.mathworks.com/matlabcentral/fileexchange/23316-volatility-surface

4.6 定价方法比较

如图4.36所示，使用二叉树（红色圆圈）和GBM（蓝色实线）分别模拟估价在大体上保持着类似的趋势。根据二叉树得到的未来股价分布，可以计算对应期权在到期时的价格分布，最后将该价格分别折算汇总到当前时刻，得到期权定价。

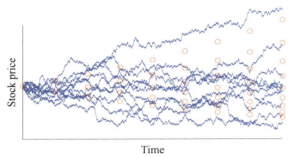

图4.36 二叉树和GBM模拟股票轨迹

GBM也可以模拟股价走势，同样能得到未来的股价分布，然后计算对应的期权价格分布，这个分布的平均值折算到当前时刻就是期权当前价值。假设当前股价为50，用GBM模拟1000个股票一年走势轨迹，如图4.37所示。如图4.38所示分别给出了一年后欧式看涨期权和看跌期权价值分布，分别包含1000个可能值。如图4.39所示为将这些期权值映射到了期权收益折线上。

图4.37 预测一年后股价分布

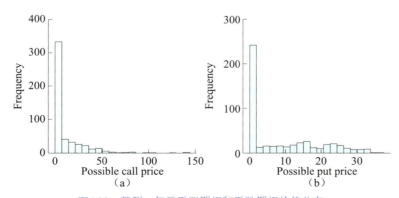

图4.38 预测一年后看涨期权和看跌期权价值分布

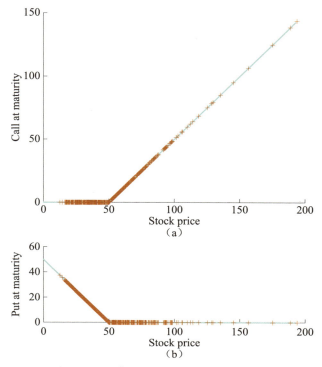

图4.39 预测一年后看涨期权和看跌期权价值在到期收益折线上的位置

通过GBM计算出来的欧式看涨期权价值为10.0866，欧式看跌期权价值为8.4578。如果直接使用BSM计算，得到的看涨期权价值为10.8963，看跌期权价值为8.3126。如图4.40所示，不断提高股价走势轨迹的数量，通过GBM方法计算的结果不断接近于一条直线。

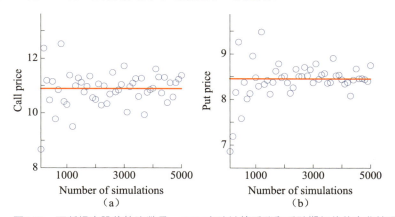

图4.40 不断提高股价轨迹数量，GBM方法计算看涨和看跌期权价值变化情况

以下代码可以得到图4.37、图4.38和图4.39。

`B2_Ch4_7.m`

```
clc; clear all; close all
K = 50;
S0 = K;


N_steps = 252;
```

第 4 章 期权定价 | Option Pricing

```matlab
mu = 0.05;
sigma = 0.5;
N_paths = 500;
T_sim = 1;

stock_path = GBM_stock(N_paths, N_steps, T_sim, mu, sigma, S0);
S_T = stock_path(:,end);

possible_call = max(0,S_T-K);
possible_put  = max(0,K-S_T);

Call = exp(-mu*T_sim)*mean(possible_call);
Put = exp(-mu*T_sim)*mean(possible_put);

[Call_BSM,Put_BSM] = blsprice(S0,K,mu,T_sim,sigma);

figure(1)
histfit(S_T,20,'lognormal'); box off
ylabel('Frequency'); xlabel('Possible stock price in a year');

figure(2)
subplot(1,2,1)
histogram(possible_call,20); box off
xlabel('Possible call price'); ylabel('Frequency')

subplot(1,2,2)
histogram(possible_put,20); box off
xlabel('Possible put price'); ylable('Frequency')

figure(3)
S_range = [0:1:max(S_T)];
plot(S_range,max(S_range - K,0)); hold on
plot(S_T,possible_call,'+'); box off
daspect([1 1 1]); xlabel('Stock price')
ylabel('Call price at maturity')

figure(4)
S_range = [0:1:max(S_T)];
plot(S_range,max(K - S_range,0)); hold on
plot(S_T,possible_put,'+'); box off
daspect([1 1 1]); xlabel('Stock price')
ylabel('Put price at maturity')

function S = GBM_stock(N_paths, N_steps, T_sim, mu, sigma, S0)
dt = T_sim/N_steps;
drift = (mu - 0.5*sigma^2)*dt;
S = S0*ones(N_paths, N_steps+1);
brownian = sigma*sqrt(dt)*normrnd(0,1,N_paths, N_steps);
```

```
S(:, 2:end) = S0*exp(cumsum(drift + brownian, 2));
end
```

再来比较一下二叉树和BSM计算得到的期权价格。二叉树的具体计算可以参考丛书第一本书中的相关章节。假设期权的执行价格$K = 50$，标的物价格分别为40、50和60。BSM模型可以求解出一个确定的看涨期权的价值解，但是二叉树的解随着二叉树的结构而变化，当标的物价格为40时，如图4.41所示为随着二叉树步数不断增大，二叉树结果不断从下方靠近BSM结果。如图4.42所示为欧式期权处于ATM时，二叉树结果和BSM结果关系，会出现有趣的振荡收敛过程。如图4.43所示的是期权处于ITM的时，二叉树结果和BSM结果关系。

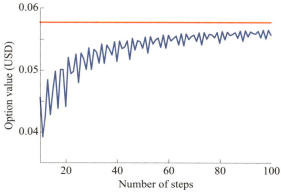

图4.41　BSM和二叉树结果比较（欧式看涨期权OTM）

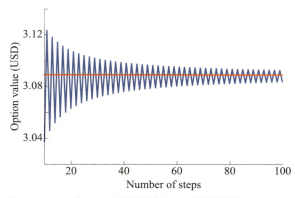

图4.42　BSM和二叉树结果比较（欧式看涨期权ATM）

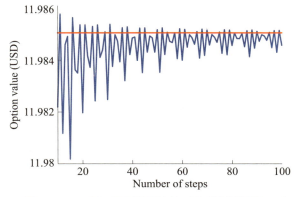

图4.43　BSM和二叉树结果比较（欧式看涨期权ITM）

以下代码可以获得图4.41、图4.42和图4.43。

`B2_Ch4_8.m`

```matlab
clc; close all; clear all
S0_series = [40,50,60];
K = 50; % strike price
r = 0.04; % risk-free interest rate
T = 1;    % time to maturity, in year(s)
sigma = 0.1; % volatility of underlying asset log returns
Num_steps = 10:1:100; % Number of simulation steps
option_price = zeros(size(Num_steps));
earlyExercise = false;
% false: European; true: American
Flag = 1;
% Flag = 1: a call option,
% or Flag = 0: a put option.
for j = 1:length(S0_series)
    
    S0 = S0_series(j);
    
    [Call,Put] = blsprice(S0,K,r,T,sigma);
    % BSM prices of European options
    
    if Flag == 1
        bls_price = Call;
    else
        bls_price = Put;
    end
    
    for i = 1:length(Num_steps)
        
        steps = Num_steps(i);
        dt = T/steps;
        %      [StockPrice, OptionPrice] = binprice(S0, K, r, T, dt, sigma, Flag);
        
        option_V = binPriceCRR(K,S0,r,sigma,dt,steps,Flag,earlyExercise);
        % binprice: Binomial put and call American option
        % pricing using Cox-Ross-Rubinstein model
        
        option_price(i) = option_V;
        
    end
    figure(j)
    plot(Num_steps, option_price,'b'); hold on
    plot(Num_steps, repmat(bls_price, size(Num_steps)),'r');
    xlabel('Number of steps');
    ylabel('Option value [USD]');
```

```matlab
        title({['Convergence of binomial-tree pricing of European option'];...
            ['S0 = ' num2str(S0) ' USD; K = ' num2str(K) ' USD']});
    set(gcf,'color','white')
    xlim([min(Num_steps) max(Num_steps)])
    
end


%%
function option_price = binPriceCRR(K,S0,r,sigma,dt,steps,Flag,earlyExercise)

a = exp(r*dt);
u = exp(sigma*sqrt(dt));
d = 1/u;
p = (a-d)/(u-d);

First_Tree = nan(steps+1,steps+1);
First_Tree(1,1) = S0;

for idx = 2:steps+1
    First_Tree(1:idx-1,idx) = First_Tree(1:idx-1,idx-1)*u;
    First_Tree(idx,idx) = First_Tree(idx-1,idx-1)*d;
end

Second_Tree = nan(size(First_Tree));
switch Flag
    case 0
        Second_Tree(:,end) = max(K-First_Tree(:,end),0);
    case 1
        Second_Tree(:,end) = max(First_Tree(:,end)-K,0);
end

steps = size(First_Tree,2)-1;
for idx = steps:-1:1
    Second_Tree(1:idx,idx) = ...
        exp(-r*dt)*(p*Second_Tree(1:idx,idx+1) ...
        + (1-p)*Second_Tree(2:idx+1,idx+1));
    if earlyExercise
        switch Flag
            case 0
                Second_Tree(1:idx,idx) = ...
                    max(K-First_Tree(1:idx,idx),Second_Tree(1:idx,idx));
            case 1
                Second_Tree(1:idx,idx) = ...
                    max(First_Tree(1:idx,idx)-K,Second_Tree(1:idx,idx));
        end
```

```
        end
    end

    option_price = Second_Tree(1);
end
```

对于美式期权的价值计算，可以使用MATLAB的binprice()函数，该函数使用的是二叉树方法。如图4.44和图4.45所示为美式看跌期权价值解随着二叉树步数变化趋于收敛的过程。

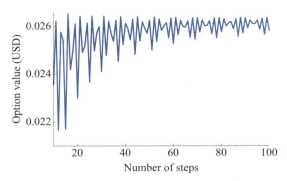

图4.44　二叉树结果随模拟步数变化（美式看跌期权OTM）

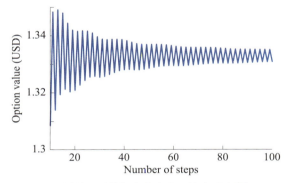

图4.45　二叉树结果随模拟步数变化（美式看跌期权ATM）

以下代码可以用来获得图4.44、图4.45。

B2_Ch4_9.m

```
S0_series = [40, 50, 60];
K = 50;
r = 0.04;
T = 1;
sigma = 0.1;
Num_step = 10:1:100; % Number of interations
option_price = zeros(size(Num_step));
Flag = 0;
% Flag indicating whether option is a call or put,
% specified as a scalar Flag = 1 for a call option,
% or Flag = 0 for a put option.
for j = 1:length(S0_series)
```

```matlab
    S0 = S0_series(j);

    for i = 1:length(Num_step)

        delta = T/Num_step(i);
        [StockPrice, OptionPrice] = binprice(S0, K, r, T, delta, sigma, Flag);
        % binprice: Binomial put and call American option
pricing using Cox-Ross-Rubinstein model

        option_price(i) = OptionPrice(1,1);

    end
    figure(j)
    plot(Num_step, option_price);
    xlabel('Number of steps');
    ylabel('Option value [USD]');
    title({['Convergence of binomial-tree pricing of American option'];...
        ['S0 = ' num2str(S0) ' USD; K = ' num2str(K) ' USD']});
    set(gcf,'color','white')
    xlim([min(Num_step) max(Num_step)])

end
```

本章讨论了 **BSM** 模型对期权进行定价、期权价格走势、期权风险因子,比较了期权定价方法。基于本章内容,下一章中会讨论期权的希腊字母。

第5章 希腊字母 Greeks

哪怕基于至少10个不现实的假设，布莱克－舒尔兹模型还依然被广泛使用。太真实的假设前提不能得出一个广普的公式。

The Black-Scholes formula is still around, even though it depends on at least 10 unrealistic assumptions. Making the assumptions more realistic hasn't produced a formula that works better across a wide range of circumstances.

——费希尔·布莱克（Fischer Black）

Core Functions and Syntaxes 本章核心命令代码

- blsdelta() 用BSM模型计算Delta值
- blsgamma() 用BSM模型计算Gamma值
- blsprice() 通过Black-Scholes期权模型计算欧式期权价格
- blsprice(S, strike, rate, tau, vol) 采用Black-Scholes模型计算欧式期权
- blsrho() 用BSM模型计算Rho值
- blstheta() 用BSM模型计算Theta值
- blsvega() 用BSM模型计算Vega值
- contour(XX, YY, ZZ,levels,'ShowText','on') 绘制等高线，x值为XX，y值为YY，高度值z为ZZ，levels为一单调递增的向量时，指定在特定高度上绘制等高线，若levels为标量值时，将在levels 个自动选择的层级(高度)上显示等高线，通过将 ShowText 属性设置为 'on' 来显示标签
- legend(legendCell,'location','best') 绘图时定义图例的位置，参数'location'和'best'定义图例的位置为坐标区内与绘图数据冲突最少的地方，除了'best'还有'bestoutside','none','north','south'等，具体含义请读者参阅MATLAB帮助手册
- max(call_option_Gamma_matrix,[],2) 对于矩阵call_option_Gamma_matrix而言，此函数可返回一个包含矩阵每一行的最大值的列向量
- mesh(..., 'FaceColor', 'none') 不显示网格图网面，也就是将其设置为全透明
- repmat(S_array, length(tau_array),1) 返回一个数组，该数组在行维度上包含length(tau_array)个S_array副本，在列维度上包含一个S_array的副本
- set (gca, 'xdir', 'reverse') 调转横轴方向
- set(gca, 'XAxisLocation', 'origin') 将横轴在纵轴截距设在原点处

5.1 希腊字母介绍

根据BSM模型，欧式期权理论价值的影响因素有以下几个：

◂ 标的物价格S；
◂ 行权价格X；
◂ 标的物回报率的波动率；
◂ 到期时间$T-t$；
◂ 无风险利率r。

对于欧式看涨期权，保持其他因素不变：

◂ 标的物价格S上涨，期权理论价值V上涨；
◂ 执行价格K增加，期权理论价值V下降；
◂ 波动率越大，期权理论价值V越高；
◂ 到期时间越长，期权理论价值V越高；
◂ 无风险利率提高，期权理论价值V升高。

对于欧式看跌期权，其他因素保持不变：

◂ 标的物价格S上涨，期权理论价值V下跌；
◂ 执行价格K增加，期权理论价值V上升；
◂ 波动率越大，期权理论价值V越高；
◂ 到期时间越长，期权理论价值越高（除非深度ITM）；
◂ 无风险利率提高，期权理论价值V升高。

在现实世界中，这些因素不会独立影响期权理论价值，它们会协同影响期权理论价值。有了BSM模型，这些因素对期权理论价值的影响就可以很容易量化。这里介绍常见的五个希腊字母：

◂ Delta衡量期权理论价值V对标的物价格S变化的一阶敏感度；
◂ Gamma衡量期权理论价值V对标的物价格S平方值变化的二阶敏感度；
◂ Vega衡量V对于资产价格回报率波动率变化的敏感度；
◂ Theta衡量V对到期时间变化的敏感度；
◂ Rho衡量V对无风险利率变化的敏感度。

MATLAB计算欧式期权这5个希腊字母的函数分别为blsdelta()、blsgamma()、blsvega()、blstheta()和blsrho()。希腊字母经常在各种学科使用，表1给出希腊字母表和读音。

表5.1 希腊字母表和读音

小写 (lowercase)	大写 (uppercase)	英文拼写 (English spelling)	英文发音 (English pronunciation)
α	A	alpha	/ˈælfə/
β	B	beta	/ˈbeɪtə/
γ	Γ	gamma	/ˈgæmə/
δ	Δ	delta	/ˈdeltə/
ε	E	epsilon	/ˈepsɪlaːn/
ζ	Z	zeta	/ˈziːtə/
η	H	eta	/ˈiːtə/

续表

小写 (lowercase)	大写 (uppercase)	英文拼写 (English spelling)	英文发音 (English pronunciation)
θ	Θ	theta	/ˈθiːtə/
ι	I	iota	/aɪˈoʊtə/
κ	K	kappa	/ˈkæpə/
λ	Λ	lambda	/ˈlæmdə/
μ	M	mu	/mjuː/
ν	N	nu	/njuː/
ξ	Ξ	xi	/ksaɪ/ 或 /zaɪ/ 或 /gzaɪ/
o	O	omicron	/ˈaːməkraːn/
π	Π	pi	/paɪ/
ρ	P	rho	/roʊ/
$\sigma\ \varsigma$	Σ	sigma	/ˈsɪgmə/
τ	T	tau	/taʊ/
υ	Υ	upsilon	/ˈʊpsɪlaːn/
φ	Φ	phi	/faɪ/
χ	X	chi	/kaɪ/
ψ	Ψ	psi	/saɪ/
ω	Ω	omega	/oʊˈmegə/

5.2 Delta

Delta指的是期权理论价值变动和标的物价格变动的关系：

$$\text{Delta} = \frac{\partial V}{\partial S} \tag{5.1}$$

式中：∂V相当于期权无限微小的价格变动；∂S相当于标的物无限微小的价格变动。

Delta是V对于S的一阶偏导数。Delta常用希腊字母Δ来表示。本书用Δ表达微小变动，为避免歧义，直接用Delta描述期权理论价值变动和标的物价格变动的关系。标的物的价格直接影响期权的价格，因此标的物的价格是期权理论价值的风险因子或敏感因子。Delta用来度量期权理论价值对标的物价格变化的敏感度。风险因子和敏感度这一对概念，在丛书第一本书数学部分已经做了简单介绍。本书会继续深入探讨常见金融产品的风险因子以及敏感度量。

如图5.1所示，Delta相当于在V-S图像某一点处的切线的斜率。在量化讨论Delta之前，先用切线斜率这一直观的视角感受一下。如图5.2（a）所示，随着标的物的价格从0开始增大，曲线切线的斜率也从0开始不断增大。对于标的物无红利看涨期权理论价值曲线来说，它的切线斜率最大值为1。随着标的物价格不断增大，看涨期权Delta不断靠近1。与之相反，对于欧式看跌期权，标的物价格靠近0时，期权理论价值曲线切线斜率靠近-1；随着标的物价格上升，切线斜率不断升高到0。

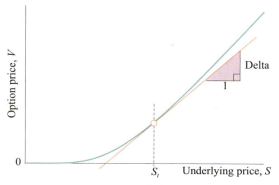

图5.1 看涨期权的Delta

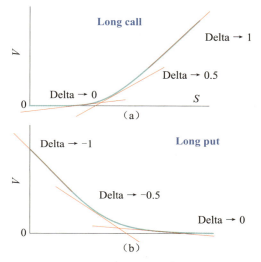

图5.2 欧式看涨期权和看跌期权的切线变化

对于标的物不分发红利的情况，欧式看涨期权多头的价格为：

$$C = N(d_1)S - N(d_2)Ke^{-r(T-t)} \\ = N(d_1)S - N(d_2)Ke^{-r\tau} \tag{5.2}$$

式中：S为当前时刻标的物的价格；$T-t$为当前时刻距离到期时间长度（其中T为到期时间点，t为当前时刻时间点），也用τ来表达；N为标准正态分布的CDF；X为执行价格，也常记作K；r为无风险利率。

d_1和d_2的解析式，请参考上一章内容。式（5.2）对S求偏导可以得到：

$$\text{Delta}_C = \frac{\partial C}{\partial S} = N(d_1) \tag{5.3}$$

有分发红利的情况时，看涨期权的Delta为：

$$\text{Delta}_C = \frac{\partial C}{\partial S} = N(d_1)e^{-q\tau} \tag{5.4}$$

请读者注意，式（5.3）和式（5.4）对S求偏导需要经过复杂的推导过程，这是因为$N(d_1)$和$N(d_2)$中都含有S表达。

标的物不分发红利的欧式看跌期权的Delta可以通过式（5.5）求得：

$$\text{Delta}_P = N(d_1) - 1 \tag{5.5}$$

当其他条件相同的情况下，欧式看涨期权和看跌期权的Delta相差1。如图5.3（a）、（c）所示，买入无收益（红利）资产欧式看涨期权，随着标的物价格升高，Delta不断上升，Delta的变化范围为0到1。对于卖出欧式看涨期权，随着标的物价格上升，Delta值不断下降，Delta变化范围为0到-1。对于欧式期权，在ATM附近，Delta值接近0.5；在ITM附近，Delta接近1；在OTM附近，Delta接近0。

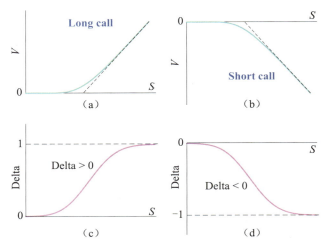

图5.3　欧式看涨期权理论价值和Delta随股价变化（左侧为多头，右侧为空头）

图5.4（a）给出的是多头欧式看涨期权理论价值随到期时间变化。这幅图在上一章已经讨论过。图中每一条曲线的切线斜率变化就是期权Delta的变化规律。如图5.4（b）所示的就是Delta曲线随着到期时间变化的趋势。蓝色曲线距离到期时间较远；红色曲线距离到期时间较近。随着标的物价格升高，在ITM区间，蓝色曲线很快从0跃升；而红色曲线在这一区间变化缓慢。很容易发现，蓝色曲线在执行价格$K = 50$处，Delta曲线变化较为平缓；距离到期时间越近，在执行价格处，Delta曲线变化更加陡峭。三维曲面可以更好地展示这种趋势，如图5.5所示。

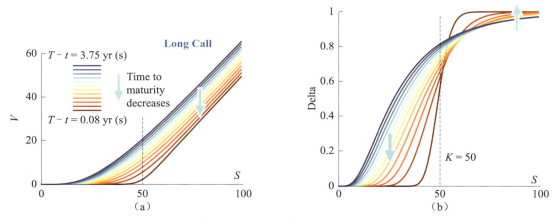

图5.4　欧式看涨期权多头Delta（到期时间变化范围为1/12年到4年）

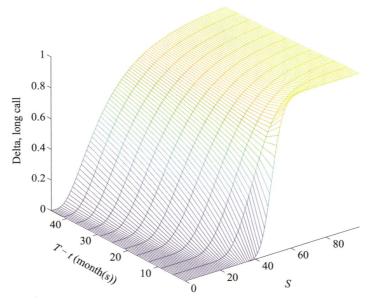

图5.5 欧式看涨期权Delta随到期时间和股价变化的曲面

另外，平面等高线图也可以很好地展示这个趋势。如图5.6所示，当欧式看涨期权距离到期时间较远的时候，Delta随着标的物价格S变化较为平缓，等高线之间的距离较远。当期权距离到期时间较近的时候，Delta变化剧烈，表现为等高线变得密集。需要特别注意的是Delta值等于0.5这条等高线，期权距离到期时间较远的时候，Delta等于0.5时，期权理论价值距离执行价格K较远，如图5.7所示。随着到期时间不断缩短，这个价格不断靠近执行价格K。所以准确地说，在期权未到期时，欧式看涨期权Delta在执行价格K附近为0.5。

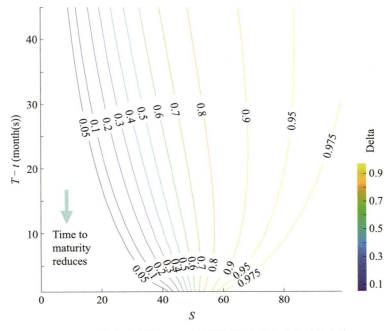

图5.6 欧式看涨期权Delta随到期时间和股价变化的等高线

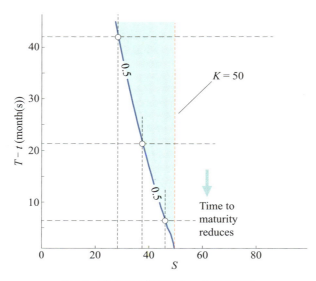

图5.7　欧式看涨期权Delta = 0.5 等高线

如图5.8所示是看涨期权Delta随到期时间变化。两条绿色曲线给出的是期权处于OTM区间，随着到期时间 $(T-t)$ 不断缩短，Delta不断减小，并接近于0。蓝色曲线给出的是期权处于ATM情况，随着到期时间 $(T-t)$ 不断缩短，看涨期权Delta不断接近0.5。红色曲线给出的是期权在ITM，随着到期时间 $(T-t)$ 减小，看涨期权Delta不断增大，并接近1。

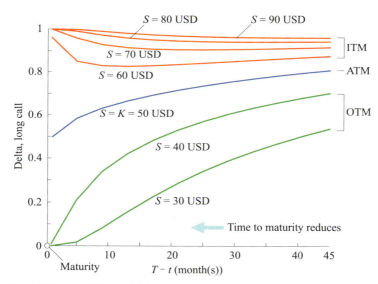

图5.8　欧式看涨期权Delta随到期时间变化，ITM、ATM和OTM三个区间（执行价格 K = 50 USD）

如下代码可以获得图5.4、图5.5、图5.6、图5.7和图5.8。

`B2_Ch5_1.m`

```
clc; clear all; close all

spot_price_range = 0.01:1:100;
% variation of underlying price
```

```matlab
strike_price = 50;
interest_rate = 0.1;
% risk-free interest rate
volatility = 0.35;
% volatility of log return for underlying price
spot_price_length = length(spot_price_range);
maturity_range = [1:4:48];
% time to maturity. Unit: month(s)
maturity_length = length(maturity_range);
maturity_matrix = maturity_range(ones(spot_price_length,1),:)'/12;

maturity_range_holder = ones(length(maturity_range),1);
spot_price_matrix = spot_price_range(maturity_range_holder,:);
all_one_matrix = ones(size(maturity_matrix));
% long call price
call_option_price_matrix  = blsprice(spot_price_matrix,...
    strike_price*all_one_matrix, interest_rate*all_one_matrix,...
    maturity_matrix, volatility*all_one_matrix);
% long call delta
call_option_delta_matrix  = blsdelta(spot_price_matrix,...
    strike_price*all_one_matrix, interest_rate*all_one_matrix,...
    maturity_matrix, volatility*all_one_matrix);

my_col = brewermap(maturity_length,'RdYlBu');
%%
figure (1)
subplot(2,1,1)
for i = 1:maturity_length

    plot(spot_price_range, call_option_price_matrix(i,:),...
        'color',my_col(i,:));
    hold on
    legendCell{i} = num2str(maturity_range(i)/12,'T = %.2f yr(s)');
end
legend(legendCell,'location','best')
xlabel('S [USD]'); ylabel('V, long call [USD]');
title('Long call'); set(gcf,'color','white'); box off

subplot(2,1,2)

for i = 1:maturity_length

    plot(spot_price_range, call_option_delta_matrix(i,:),'color',my_col(i,:));
    hold on

end
```

```matlab
xlabel('S [USD]'); ylabel('\Delta, long call');
set(gcf,'color','white'); box off

%% Plot Delta, long European call versus maturity

figure (2)

mesh(spot_price_range, maturity_range, call_option_delta_matrix);
xlabel('S [USD]'); ylabel('T-t [month(s)]');
zlabel('\Delta, long call'); colorbar; box off
xlim([0 max(spot_price_range)])
ylim([min(maturity_range) max(maturity_range)])
set(gcf,'color','white')

%% Plot contours of delta

figure (3)

levels = [0.05,0.1:0.1:0.9,0.95,0.975];
contour(spot_price_range, maturity_range,
call_option_delta_matrix,levels,'ShowText','on');
xlabel('S [USD]'); ylabel('T-t [month(s)]');
colorbar; box off; xlim([0 max(spot_price_range)])
ylim([min(maturity_range) max(maturity_range)])
set(gcf,'color','white')

%% Plot the contour of delta 0.5

figure (4)
levels = [0.5,0.5];
[C,h] = contour(spot_price_range, maturity_range,...
    call_option_delta_matrix,levels,'ShowText','on');
% plot(C(2,2:end),C(1,2:end))
xlabel('S [USD]'); ylabel('T-t [month(s)]');
set(gcf,'color','white'); box off

%% Delta versus time to maturity, stock prices fixed

figure (5)

interested_stock_price = 30:10:90;

stock_p_length=length(interested_stock_price);

for i = 1:stock_p_length

    stock_p = interested_stock_price (i);
```

```
    plot(maturity_range,call_option_delta_matrix(:,stock_p));
hold on
    legendCell{i} = num2str(stock_p,'S = %-d USD');
end

legend(legendCell)

xlabel('T-t [month(s)]'); ylabel('\Delta, long call');
set(gcf,'color','white'); box off
```

下面仔细研究一下欧式看跌期权的Delta变化趋势。如图5.9（a）、（b）分别展示的是多头和空头两种情况。如图5.9（a）所示，对于欧式看跌期权多头，Delta小于0，随着标的物的价格不断提高，Delta不断增加，变化范围从-1到0。如图5.9（b）所示的是欧式看跌期权空头，Delta大于0，随着标的物价格增大，Delta从1减小到0。读者可以这样记忆，"long call, short put" Delta为正。

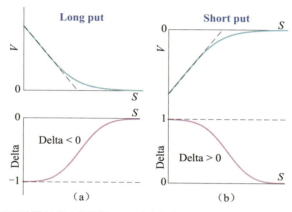

图5.9 欧式看跌期权理论价值和Delta随股价变化（（a）为多头，（b）为空头）

对于其他条件一致的情况下，欧式看涨期权和欧式看跌期权Delta有特定的数值关系。从欧式看涨期权和看跌期权Delta计算公式可以看出，两者之差为1。从图像角度，如图5.10所示，欧式看涨期权Delta图像向下平移一个单位就可以得到欧式看跌期权的Delta图像。

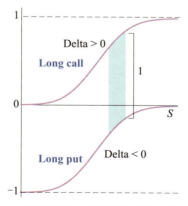

图5.10 欧式看涨期权多头和看跌期权多头Delta关系

如图5.11所示，随着到期时间不断缩短，Delta曲线不断变得更加陡峭。Delta的变化率将会通过Gamma来体现。下一节，将讨论期权的Gamma。如图5.12所示是欧式看跌期权多头Delta随到期时间和标的物变化过程形成的曲面。

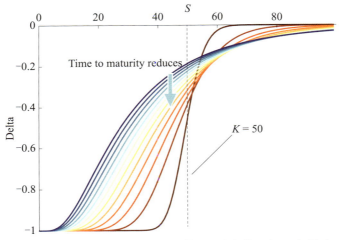

图5.11 欧式看跌期权多头Delta,到期时间变化范围为1/12年到4年

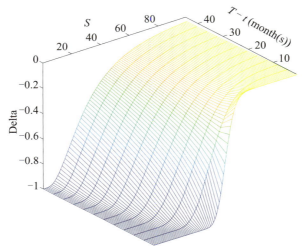

图5.12 欧式看跌期权多头Delta随到期时间和股价变化的曲面

如图5.13所示是欧式看跌期权多头Delta = -0.5对应的等高线。可以看到和欧式看涨期权多头Delta = -0.5类似的趋势,随着时间不断接近到期,期权Delta = -0.5等高线不断靠近执行价格$K = 50$。

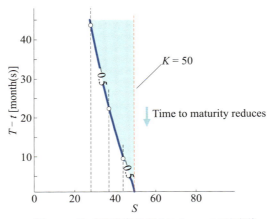

图5.13 欧式看跌期权多头Delta = -0.5等高线

如图5.14所示的趋势类似于图5.8。当期权处于OTM时，如绿色线所示，欧式看跌期权多头Delta不断接近0。当期权处于ATM时（$K=50$），欧式看跌期权多头Delta不断接近-0.5。在ITM区间时，期权多头Delta不断接近-1。欧式看跌期权的这几幅图，请读者修改上文代码自行绘制。

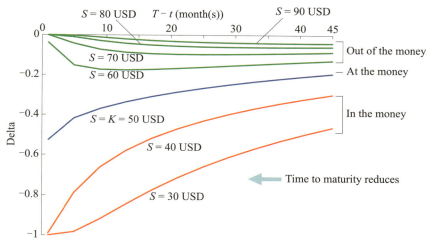

图5.14　欧式看跌期权多头Delta随到期时间变化，OTM、ATM和ITM三个区间（执行价格$K=50$ USD）

波动率对期权Delta值有直接的影响。之前，提及波动率增大会导致期权理论价值增大。如图5.15（a）所示，期权理论值增大意味着期权理论值随标的物价格变动曲线变得更平缓，因此Delta曲线也会相应变得更平缓，如图5.15（b）所示。如图5.16所示为用空间网格和等高线图来展示这一个过程。这个等高线图更明显地告诉我们，波动率较高时，Delta值差异较小；波动率较低时，Delta值差异较大。

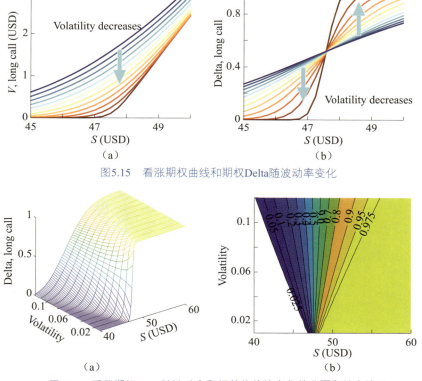

图5.15　看涨期权曲线和期权Delta随波动率变化

图5.16　看涨期权Delta随波动率和标的物价格变化的曲面和等高线图

下面讨论欧式看涨期权Delta随执行价格变化关系。如图5.17所示是欧式看涨期权Delta、标的物价格S和执行价格K变化形成的曲面。如图5.18（a）所示，在S一定的前提下，欧式看涨期权Delta随K增大而减小。如图5.18（b）所示，K保持不变，欧式看涨期权Delta随S增大而增大，这一点在前文已经讨论过。

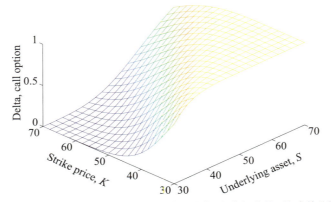

图5.17 欧式看涨期权Delta、标的物价格S和执行价格K构成的曲面

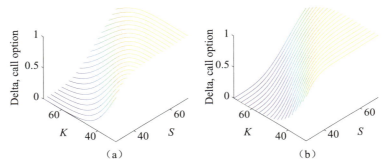

图5.18 欧式看涨期权Delta、标的物价格S和执行价格K构成的曲面（K维度和S维度）

如图5.19所示的是一组非常重要的一一映射关系：在S一定时，欧式看涨期权Delta和执行价格的关系，可以很容易发现两者呈现递减函数关系。本章后文会讨论隐含波动率和执行价格之间存在量化关系，而执行价格K和Delta又存在一一映射关系，因此可以建立隐含波动率和Delta之间的关系。

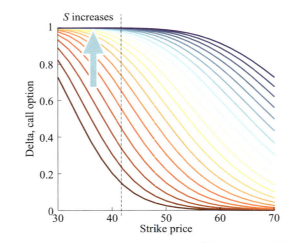

图5.19 不同标的物价格条件下，欧式看涨期权Delta和K的关系曲线簇

如果期权理论价值没有解析式的话，期权的Delta可以用数值方法计算：

$$\begin{aligned}\text{Delta} &= \frac{\partial V}{\partial S} \\ &\approx \frac{\Delta V}{\Delta S} \\ &= \frac{C(S+\Delta S,\tau,\sigma,r)-C(S-\Delta S,\tau,\sigma,r)}{2\Delta S}\end{aligned} \quad (5.6)$$

式（5.6）采用的是丛书第一本书第6章中介绍的中心差分估算函数一阶导数的方法，可以整理为：

$$\Delta V \approx \text{Delta} \cdot \Delta S \quad (5.7)$$

因此Delta可以用来衡量标的资产变动单位，期权理论价值变化多少。用Delta和标的物价格变动ΔS乘积来估算期权理论价值变动ΔV，只适合ΔS较小的时候；当ΔS较大时，产生的误差会很大。

另外，请注意标的物资产多头价格的Delta为1，也称为**线性资产**（linear product）。相对应，标的物资产空头价格Delta为-1。远期合约的Delta也为1。无收益资产的期货多头Delta值为：

$$\text{Delta} = e^{r\tau} \quad (5.8)$$

支付连续红利率q资产的期货多头Delta值为：

$$\text{Delta} = e^{(r-q)\tau} \quad (5.9)$$

如图5.20（a）所示为用BSM方法和数值方法计算出来的看涨期权Delta值。数值方法采取的$\Delta S = 2$。如图5.20（b）所示是两者之间的差值。类似地，如图5.21（a）所示为用BSM方法和数值方法计算出来的看跌期权Delta值，如图5.21（b）所示是两者差值。

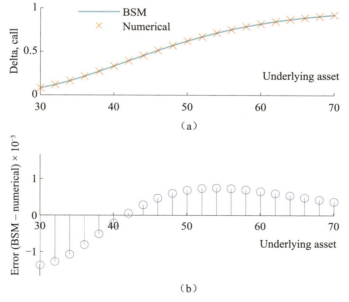

图5.20　数值方法估算欧式看涨期权Delta

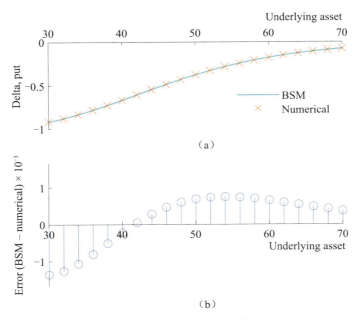

(a)

(b)

图5.21 数值方法估算欧式看跌期权Delta

以下代码可以获得图5.20和图5.21。

`B2_Ch5_2.m`

```matlab
clc; close all; clear all
S_array = 30:2:70;
% array of stock price
K = 50;
% strike price
tau = 1;
% time to maturity
vol = 0.3;
% volatility of log return of underlying asset
r = 0.05;
% risk-free rate

[CallDelta_BSM,PutDelta_BSM] = blsdelta(S_array,K,r,tau,vol);
CallDelta_Numerical = nan(size(CallDelta_BSM));
PutDelta_Numerical  = nan(size(CallDelta_BSM));

delta_S = 2;
for i = 1:length(S_array)
    S = S_array(i);
    % calculate Delta for call and put numerically
    [Call_plus,Put_plus] = blsprice(S + delta_S,K,r,tau,vol);
    [Call_minus,Put_minus] = blsprice(S - delta_S,K,r,tau,vol);
    CallDelta_Numerical(i) = (Call_plus - Call_minus)/2/delta_S;
    PutDelta_Numerical(i) = (Put_plus - Put_minus)/2/delta_S;
```

```
end

figure(1)
subplot(2,1,1)
plot(S_array,CallDelta_BSM); hold on
plot(S_array,CallDelta_Numerical,'x')
xlabel('Underlying asset'); ylabel('Delta, call')
legend('BSM','Numerical'); box off
set(gca, 'XAxisLocation', 'origin')

subplot(2,1,2)
stem(S_array,CallDelta_BSM - CallDelta_Numerical); box off
xlabel('Underlying asset'); ylabel('Error (BSM - Numerical)')

figure(2)
subplot(2,1,1)
plot(S_array,PutDelta_BSM); hold on
plot(S_array,PutDelta_Numerical,'x')
xlabel('Underlying asset'); ylabel('Delta, put')
legend('BSM','Numerical')
set(gca, 'XAxisLocation', 'origin'); box off

subplot(2,1,2)
stem(S_array,PutDelta_BSM - PutDelta_Numerical)
xlabel('Underlying asset'); ylabel('Error (BSM - Numerical)')
set(gca, 'XAxisLocation', 'origin'); box off
```

如图5.22（a）所示是用GBM模拟的标的物价格在一年内的走势情况。假设无风险利率为定值，标的物价格回报率波动率为定值。标的物价格始于50美元，欧式看涨期权的执行价格K也是50美元。看涨期权的价格始于10美元左右。看涨期权理论价值随着标的物价格涨跌，不断变化。期权到期时，标的物的价格下降到40美元，低于看涨期权执行价格，因此投资者选择不执行欧式看涨期权，期权理论价值下降为0美元。如图5.22（c）给出的是期权从距离到期时间为一年不断减小过程中，欧式看涨期权Delta的变化过程。开始时，看涨期权的Delta在0.5上下不断波动；靠近到期时间时，由于标的物的价格在执行价格K上下大幅波动，看涨期权Delta在0.5上下大幅波动。看涨期权处于ITM时，Delta大于0.5；Delta期权处于OTM时，Delta小于0.5。看涨期权到期时，看涨期权处于OTM，因此Delta接近于0。

如图5.23所示水平面蓝色曲线展示的是标的物行走的轨迹，空间曲面是看涨期权理论价值、标的物价格S和到期时间$T-t$三者构成的曲面。将蓝色曲线投影在空间曲面得到的红色曲线就是看涨期权理论价值行走轨迹。在上一章已经讨论过这个投影过程，现在把类似的投影方法用在看涨期权Delta、S和$T-t$三者构成的曲面上。如图5.24所示，蓝色曲线是标的物价格的随机行走轨迹，空间曲面是看涨期权Delta的曲面。红色曲线是蓝色曲线在这个空间曲面的投影。

如图5.25（a）所示是标的物价格走势，图5.25（c）所示是欧式看跌期权的价格走势，欧式看涨期权和看跌期权的走势几乎完全相反。在临近到期时间时，标的物价格低于看跌期权执行价格K，看跌期权处于ITM，因此投资者可以考虑选择执行欧式看跌期权。看跌期权多头的Delta值小于0。如图5.25（c）所示，欧式看跌期权Delta在-0.5上下波动。最后看跌期权处于ITM，因此Delta接近-1。

如图5.26所示是标的物价格走势曲线（蓝色线）和看跌期权理论价值（红色线）的投影关系。如图5.27所示是标的物价格走势和看跌期权Delta（绿色线）的投影关系。

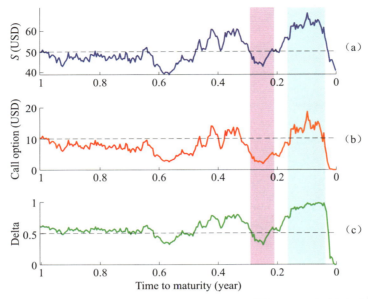

图5.22 标的物价格、看涨期权理论价值和看涨期权Delta三者随机行走

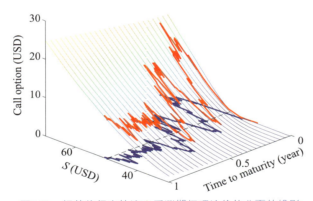

图5.23 标的物行走轨迹在看涨期权理论价值曲面的投影

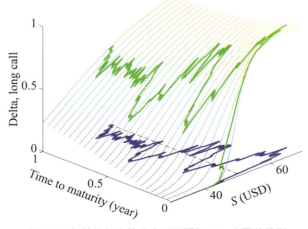

图5.24 标的物行走轨迹在看涨期权Delta曲面的投影

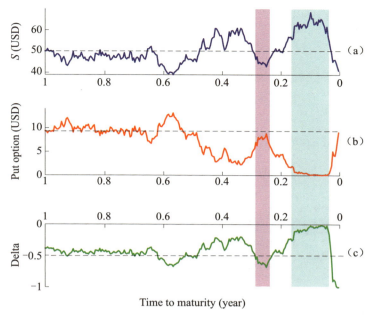

图5.25 标的物价格、欧式看跌期权理论价值和期权Delta三者随机行走

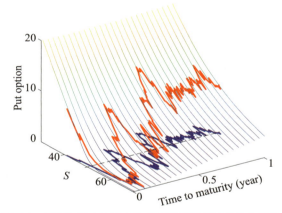

图5.26 标的物行走轨迹在欧式看跌期权理论价值曲面的投影

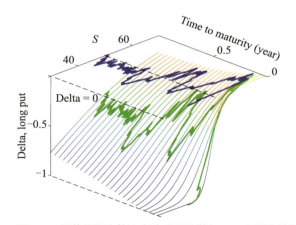

图5.27 标的物行走轨迹在欧式看跌期权Delta曲面的投影

图5.22～图5.27这6张图可以用以下代码获得。

```matlab
B2_Ch5_3.m

% stock and option paths
clc; clear all; close all
K = 50;
S0 = K;
stock_ticks = linspace(30,70,100);
N_steps = 252;
IR = 0.02;
sigma = 0.5;
T_t = [N_steps+1:-1:1]/N_steps; % unit year
stock_path = GBM_stock(1, N_steps,1, IR, sigma,S0);
T_t_grid = repmat(T_t,length(stock_ticks),1);
stock_grid = repmat(stock_ticks',1,length(T_t));

[Call_path,Put_path] = blsprice(stock_path,K,IR,T_t,sigma);
[Delta_Call_path,Delta_Put_path] = 
blsdelta(stock_path,K,IR,T_t,sigma);

[Call_surf,Put_surf] = blsprice(stock_grid,K,IR,T_t_grid,sigma);
[Delta_Call_surf,Delta_Put_surf] = 
blsdelta(stock_grid,K,IR,T_t_grid,sigma);

%%
figure(1)
subplot(3,1,1)
plot(T_t, stock_path,'b','LineWidth',1); hold on
plot([T_t(1),T_t(end)],[K,K],'k--')
set (gca, 'xdir', 'reverse'); xlim([0, max(T_t)])
ylabel('Stock'); box off; grid off;

subplot(3,1,2)
plot(T_t, Call_path,'r','LineWidth',1); hold on
plot([T_t(1),T_t(end)],[Call_path(1),Call_path(1)],'k--')
set (gca, 'xdir', 'reverse'); xlim([0, max(T_t)])
ylabel('Call option'); box off; grid off;

subplot(3,1,3)
plot(T_t, Delta_Call_path,'g','LineWidth',1); hold on
plot([T_t(1),T_t(end)],[0.5,0.5],'k--')
set (gca, 'xdir', 'reverse'); xlim([0, max(T_t)])
xlabel('Time to maturity [year]'); ylabel('Delta')
box off; grid off; set(gca, 'XAxisLocation', 'origin')

%%
```

```matlab
figure(2)
mesh(T_t_grid(1:2:end,1:10:end), stock_grid(1:2:end,1:10:end),...
    Call_surf(1:2:end,1:10:end),'MeshStyle','column',...
    'FaceColor','none')
hold all
plot3(T_t, stock_path, zeros(size(T_t)),'b','LineWidth',1)
plot3(T_t, stock_path, Call_path,'r','LineWidth',1)
plot3([T_t(1),T_t(end)],[K,K],[0,0],'k--')
set (gca, 'xdir', 'reverse')
xlabel('Time to maturity [year]'); ylabel('Stock'); zlabel('Call option')
box off; grid off; view([-45, 30]); xlim([0, max(T_t)])


%%
figure(3)
mesh(T_t_grid(1:2:end,1:10:end), stock_grid(1:2:end,1:10:end),...
Delta_Call_surf(1:2:end,1:10:end),'MeshStyle','column','FaceColor','none')
hold all
plot3(T_t, stock_path, zeros(size(T_t)),'b','LineWidth',1)
plot3(T_t, stock_path, Delta_Call_path,'g','LineWidth',1)
plot3([T_t(1),T_t(end)],[K,K],[0,0],'k--')
set (gca, 'xdir', 'reverse')
xlabel('Time to maturity [year]'); ylabel('Stock'); zlabel('Delta, long call')
box off; grid off; view ([45, 30])

%%
figure(4)
subplot(3,1,1)
plot(T_t, stock_path,'b','LineWidth',1); hold on
plot([T_t(1),T_t(end)],[K,K],'k--')
set (gca, 'xdir', 'reverse'); xlim([0, max(T_t)])
ylabel('Stock'); box off; grid off;

subplot(3,1,2)
plot(T_t, Put_path,'r','LineWidth',1); hold on
plot([T_t(1),T_t(end)],[Put_path(1),Put_path(1)],'k--')
set (gca, 'xdir', 'reverse'); xlim([0, max(T_t)])
ylabel('Put option')
box off; grid off;

subplot(3,1,3)
plot(T_t, Delta_Put_path,'g','LineWidth',1); hold on
plot([T_t(1),T_t(end)],[-0.5, -0.5],'k--')
set (gca, 'xdir', 'reverse'); xlim([0, max(T_t)])
xlabel('Time to maturity [year]'); ylabel('Delta')
box off; grid off; set(gca, 'XAxisLocation', 'origin')
%%
```

```matlab
figure(5)
mesh(T_t_grid(1:2:end,1:10:end), stock_grid(1:2:end,1:10:end),...
Put_surf(1:2:end,1:10:end),'MeshStyle','column','FaceColor','none')
hold all
plot3(T_t, stock_path, zeros(size(T_t)),'b','LineWidth',1)
plot3(T_t, stock_path, Put_path,'r','LineWidth',1)
plot3([T_t(1),T_t(end)],[K,K],[0,0],'k--')
set (gca, 'xdir', 'reverse')
xlabel('Time to maturity [year]'); ylabel('Stock'); zlabel('Put option')
box off; grid off; view([-215, 30]); xlim([0, max(T_t)])


%%
figure(6)
mesh(T_t_grid(1:2:end,1:10:end), stock_grid(1:2:end,1:10:end),...
Delta_Put_surf(1:2:end,1:10:end),'MeshStyle','column','FaceColor','none')
hold all
plot3(T_t, stock_path, zeros(size(T_t)),'b','LineWidth',1)
plot3(T_t, stock_path, Delta_Put_path,'g','LineWidth',1)
plot3([T_t(1),T_t(end)],[K,K],[0,0],'k--')
set (gca, 'xdir', 'reverse')
xlabel('Time to maturity [year]'); ylabel('Stock'); zlabel('Delta, long put')
box off; grid off; view ([45, 30])
hAxis = gca;
hAxis.XRuler.FirstCrossoverValue  = 0;
hAxis.YRuler.FirstCrossoverValue  = 1;
hAxis.ZRuler.FirstCrossoverValue  = 1;
hAxis.ZRuler.SecondCrossoverValue = 1;
hAxis.XRuler.SecondCrossoverValue = 0;
hAxis.YRuler.SecondCrossoverValue = 1;

%%

Gamma_Call_path = blsgamma(stock_path,K,IR,T_t,sigma);

Gamma_Call_surf = blsgamma(stock_grid,K,IR,T_t_grid,sigma);

%%
function S = GBM_stock(N_paths, N_steps, T_sim, mu, sigma, S0)
dt = T_sim/N_steps;
drift = (mu - 0.5*sigma^2)*dt;
S = S0*ones(N_paths, N_steps+1);
brownian = sigma*sqrt(dt)*normrnd(0,1,N_paths, N_steps);
S(:, 2:end) = S0*exp(cumsum(drift + brownian, 2));
end
```

5.3 Gamma

Gamma表示的是期权理论价值V关于标的物价格S的二阶偏导数。另外,Gamma也可以看作是Delta关于标的物价格S的一阶偏导数。Gamma表示Delta随标的物价格S的变动率。

$$\text{Gamma} = \Gamma = \frac{\partial^2 V}{\partial S^2} = \frac{\partial \text{Delta}}{\partial S} \tag{5.10}$$

Gamma大小代表着Delta变化的快慢。Gamma的绝对值越小,Delta的变化越缓慢;Gamma的绝对值越大,Delta的变化越剧烈。简单地说,Gamma代表着标的物资产价格变动1单位,期权Delta变化量值。如果某个期权当前的Delta为0.5,Gamma值为0.04,当标的物价格上升1元Delta此时的增量约为0.04,Delta将从0.5增加到约0.54。

标的物相同、到期时间相同以及执行价格相同的看涨期权和看跌期权的Gamma值相同。看涨期权和看跌期权多头 (long) Gamma大于0;看涨期权和看跌期权空头Gamma小于0。

其他因素一致,欧式期权看涨和看跌的多头(long)解析式相同:

$$\text{Gamma}_{\text{long}} = \Gamma_{\text{long}} = e^{-q\tau} \frac{N'(d_1)}{S\sigma\sqrt{\tau}} \tag{5.11}$$

欧式期权的空头(short)是多头的相反数:

$$\text{Gamma}_{\text{short}} = \Gamma_{\text{short}} = -e^{-q\tau} \frac{N'(d_1)}{S\sigma\sqrt{\tau}} \tag{5.12}$$

ATM时,Gamma绝对值达到最大值,当期权深入ITM和OTM时,Gamma趋向于0。从图像的角度,Gamma代表着期权理论价值V和标的物价格S曲线的曲率;或者,Gamma代表着期权Delta随着标的物价格S曲线的切下斜率,如图5.28所示。

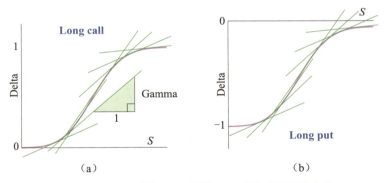

图5.28 欧式看涨期权和看跌期权Delta的切线随股价变化

图5.28可更明显地看出来,看涨和看跌多头Delta曲线的切线斜率都为正数,因此Gamma值为正。另外从切线的陡峭程度也可以估测出Gamma曲线的形状。对于欧式看涨期权Delta曲线,它的斜率在$S = 0$附近几乎为0,随着S不断增大,切线斜率不断变大,切线斜率大概在执行价格K附近达到最大,然后不断变小趋向于0。

如图5.29所示是欧式看涨期权多头和空头期权理论价值V、Delta和Gamma曲线的关系。如图5.30

所示是欧式看跌期权多头和空头期权理论价值V、Delta和Gamma曲线的关系。

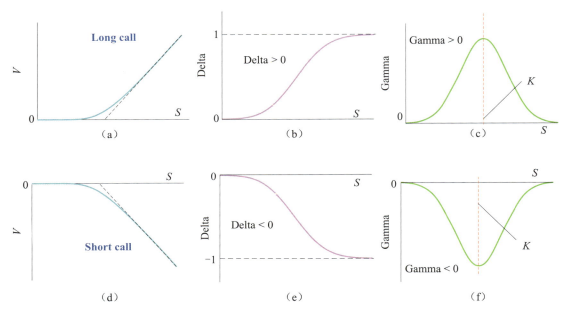

图5.29 欧式看涨期权理论价值、Delta和Gamma随股价变化（（a）（b）（c）为多头，（d）（e）（f）为空头）

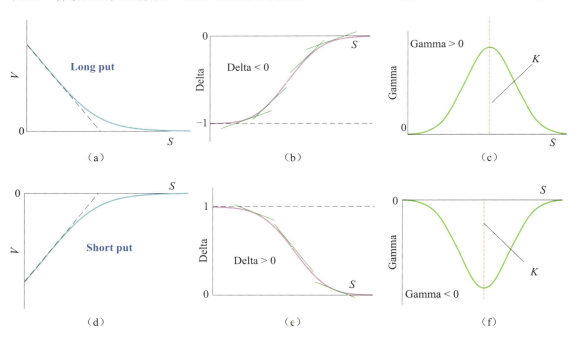

图5.30 欧式看跌期权理论价值、Delta和Gamma随股价变化（（a）（b）（c）为多头，（d）（e）（f）为空头）

如图5.31所示为不同到期时间Gamma曲线的变化趋势。图中的蓝色曲线距离到期时间最远，红色曲线距离到期时间最近。可以清楚看到，对于欧式看涨期权多头，在期权靠近到期时间，并且标的物价格在执行价格K附近时，Gamma达到最大值。相反，对于期权多头，Gamma在期权靠近到期时间、标的物价格在K附近时达到最小值，也就是绝对值最大。请读者注意，Gamma并非在执行价格K处取得极值其他因素保持不变，随着期权不断临近到期，Gamma曲线绝对值的最大值并非不断增大。这一点在图5.32展示得很清楚，这个最大值随着$T-t$增加，先大幅下降，再小幅上升。

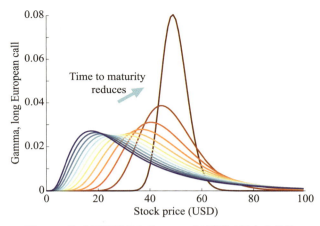

图5.31 欧式看涨期权多头Gamma随到期时间变化规律

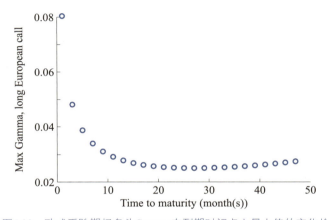

图5.32 欧式看跌期权多头Gamma在到期时间点上最大值的变化趋势

如图5.33、图5.34和图5.35所示为三个不同的可视化方案。图5.33给出的是欧式看涨期权多头随S和$T-t$变化的曲面。图5.34和图5.35给出的是两组沿着不同维度变化的线簇,这两幅图可以很好地辅助图5.33研究曲面变化趋势,特别是图5.35通过两个角度研究曲面线簇的变化规律。当标的物价格不同时,Gamma随着$T-t$减小可能增大也可能减小。图5.36用等高线图展示了Gamma曲面变化趋势。这幅图可以很好地研究Gamma变化的规律,可以清楚知道不同Gamma值的位置。

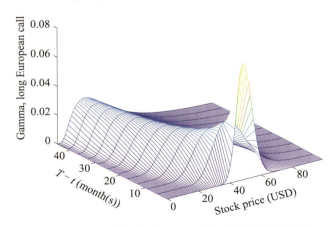

图5.33 欧式看涨期权多头Gamma随到期时间变化规律曲面

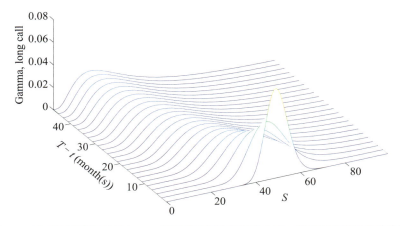

图5.34 欧式看涨期权多头Gamma随到期时间变化规律曲面,随股价变化维度的线簇

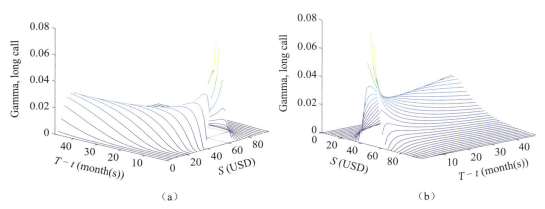

图5.35 欧式看涨期权多头Gamma随到期时间变化规律,随到期时间变化维度的线簇

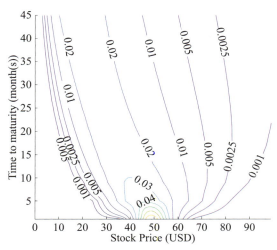

图5.36 欧式看涨期权多头Gamma随到期时间和股价变化的等高线

图5.37中的红色、蓝色和绿色曲线分别对应期权在ITM、ATM（$K = 50$）和OTM时，Gamma随 $T - t$ 变化的三种情形。当期权处于ITM深处时，随着 $T - t$ 减小，Gamma减小，如图中的 $S = 10$。当 $S = 40$，如图所示，Gamma随着 $T - t$ 减小，先缓慢增大后突然降低。值得注意的是，在ATM处，期权的Gamma不断增大，但是在执行价格处，期权的Gamma未必都是最大值。绿色两条线对应的是期权在OTM处，可以看到随着不断临近到期时间，期权Gamma缓慢增大，后减小到趋向于0。期货和现货为线性产品，因此它们的Gamma值都为0。和Delta类似，如果期权理论价值没有解析解，期权的Gamma可以用数值方法计算：

$$
\begin{aligned}
\text{Gamma} &= \frac{\partial^2 V}{\partial S^2} = \frac{\partial \text{Delta}}{\partial S} \\
&\approx \frac{\frac{V(S+\Delta S, \tau, \sigma, r) - V(S, \tau, \sigma, r)}{\Delta S} - \frac{V(S, \tau, \sigma, r) - V(S-\Delta S, \tau, \sigma, r)}{\Delta S}}{\Delta S} \\
&\approx \frac{V(S+\Delta S, \tau, \sigma, r) - 2V(S, \tau, \sigma, r) + V(S-\Delta S, \tau, \sigma, r)}{\Delta S^2}
\end{aligned}
\tag{5.13}
$$

式（5.13）采用的数学方法是在丛书第一本书第6章中提过的中心差分估算函数二阶导数的方法。Gamma可以用来估算Delta变化。当股价从300上涨到310时，该股票的看涨期权Delta从0.5上升至0.6，期权的Gamma值可以估算为：$(0.6 - 0.5)/(310 - 300) = 0.01$。图5.38比较的是数值方法计算出的Gamma和BSM方法结果。

请读者参考前文数值方法估算Delta代码，编写代码并绘制图5.38。

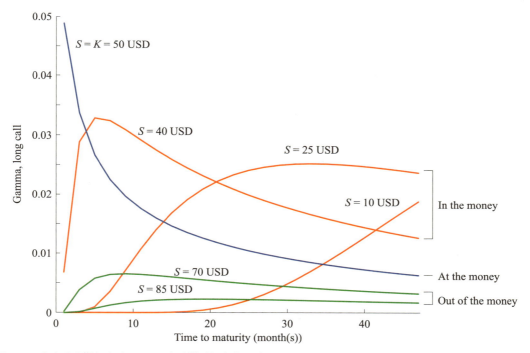

图5.37　欧式看涨期权多头Gamma随到期时间变化（在ATM、OTM和ITM三个不同区间，执行价格 $K = 50$ USD）

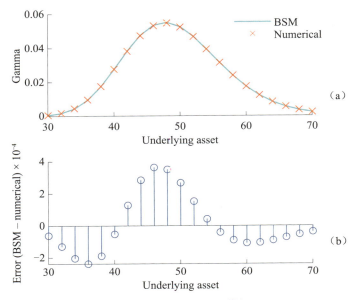

图5.38 数值方法估算欧式看涨期权Gamma

现在把看上期权多头Gamma的变化过程也加入图中。如图5.39（d）所示为Gamma行走过程。当期权距离到期时间较远的时候，Gamma值变化很平缓。当期权靠近到期时间的时候，标的物价格在执行价格K附近大幅波动，Gamma的变化也变得剧烈。Gamma值较大的时候，反映的是Delta变化剧烈。这一点在图5.40上反映得更明显。黑色曲线展示的Gamma值的行走过程。前文讲到，Gamma在期权靠近到期时间并处在ATM时，达到极值。黑色线在期权临近到期时间在Gamma曲面上先是迅速爬升，然后急速下降。

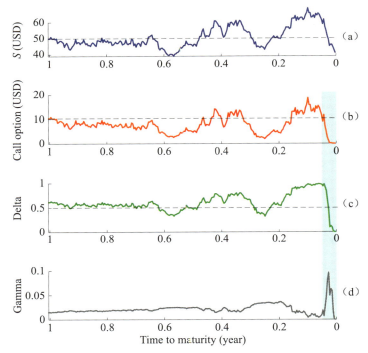

图5.39 标的物价格、看涨期权理论价值、看涨期权Delta和Gamma四者随机行走

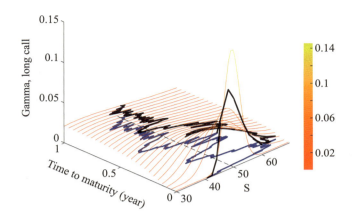

图5.40　标的物行走轨迹在看涨期权多头Gamma曲面的投影

5.4 Theta

Theta度量期权理论价值对于到期时间的敏感性，代表着期权理论价值随时间的衰减情况：

$$\text{Theta} = \theta = \frac{\partial V}{\partial t} = -\frac{\partial V}{\partial \tau} \tag{5.14}$$

请格外注意式（5.15）的负号。这是因为到期时间τ和时间t的方向相反，如图5.41所示。

图5.41　到期时间和时间

标的物无红利欧式看涨看跌期权的Theta解析式为：

$$\begin{cases} \theta(call) = -\dfrac{S_0 N'(d_1)\sigma}{2\sqrt{\tau}} - rKe^{-r\tau}N(d_2) \\ \theta(put) = -\dfrac{S_0 N'(d_1)\sigma}{2\sqrt{\tau}} + rKe^{-r\tau}N(-d_2) \\ N'(x) = \dfrac{1}{\sqrt{2\pi}} e^{-x^2/2} \end{cases} \tag{5.15}$$

用欧式看跌期权Theta减去看涨期权Theta，可以得到：

$$\begin{aligned}\theta(put)-\theta(call)&=rKe^{-rt}N(-d_2)+rKe^{-rt}N(d_2)\\&=rKe^{-rt}(1-N(d_2))+rKe^{-rt}N(d_2)\\&=rKe^{-rt}\end{aligned} \quad (5.16)$$

请注意，虽然到期时间影响着期权的价格，但是到期时间并不是期权理论价值的风险因子。原因很简单，因为到期时间的变化不存在不确定因素。期权的风险因子，比如标的物价格、无风险利率和标的物价格波动率，这些都会不断变化，存在大量不确定因素。如图5.42（a）所示是看涨期权和看跌期权Theta随标的物价格变化趋势，如图5.42（b）所示是两者之差 [Theta(put) – Theta(call)] 随标的物变化趋势。可以看出Theta之差不随标的物价格变化。

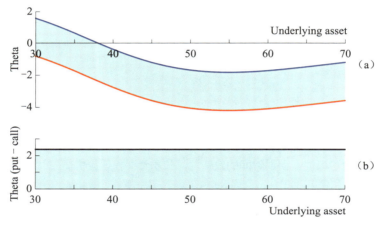

图5.42　欧式看涨期权和看跌期权Theta随标的资产变化

如图5.43（a）所示是看涨期权和看跌期权Theta随着到期时间τ变化趋势，如图5.43（b）所示是两者之差随着τ变化趋势。Theta之差随到期时间缩短不断增大。

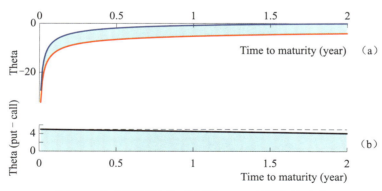

图5.43　欧式看涨期权和看跌期权Theta随到期时间变化

随着到期时间的不断缩短，看涨和看跌期权的价值都会下降，也就是说大多数情况Theta为负；当期权处于ATM，特别是在接近到期时间时，期权理论价值随时间衰减更为明显。如图5.44所示是欧式看涨期权多头Theta和S的曲线随到期时间变化的规律。对于欧式看涨期权多头Theta为负值。也就是说，在其他因素不变的情况下，随着到期时间缩短，欧式看涨期权的价格会降低。红色曲线代表着期权临近到期的情况，可以清楚看到在ATM附近，Theta的绝对值达到最大。

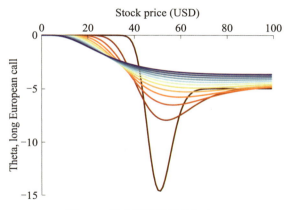

图5.44 欧式看涨期权多头Theta

如图5.45所示是Theta和S和$T-t$构成的曲面。观察这个曲面，Theta最小值的位置更加明显。如图5.46和图5.47所示为另外两个Theta展示方案。

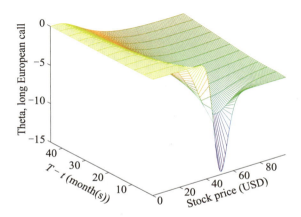

图5.45 欧式看涨期权多头Theta随到期时间和股价变化的曲面

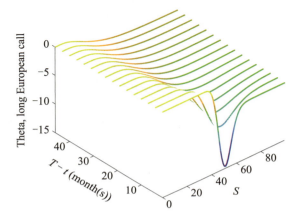

图5.46 欧式看涨期权多头Theta随到期时间和股价变化的曲面（随股价变化维度的线簇）

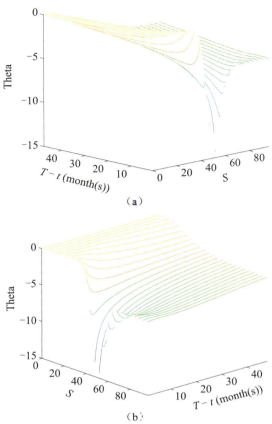

图5.47 欧式看涨期权多头Theta随到期时间和股价变化的曲面（随到期时间$T-t$变化维度的线簇）

如图5.48所示是在ATM、OTM和ITM三个不同区间，欧式看涨期权多头Theta随到期时间变化曲线。这张图相当于图5.47中几根曲线在竖直平面的投影。当欧式看涨期权处于ITM，特别是ATM时，随着到期时间缩短，Theta绝对值增大，也就是说期权理论价值衰减的越快。当欧式看涨期权处于OTM深处时，随着期权临近到期时间，Theta绝对值变小，期权理论价值衰减越慢。

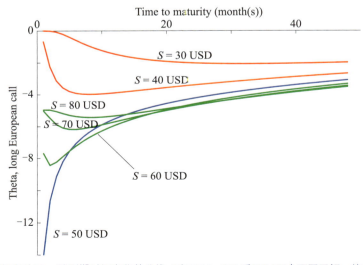

图5.48 欧式看涨期权多头Theta随到期时间变化的曲线（在ATM、OTM和ITM三个不同区间，执行价格$K=50$ USD）

之前讨论时间价值时提过，处于ITM的欧式看跌期权，随着到期时间缩短，期权理论价值不断提高，因此其Theta值为正。如图5.49所示是欧式看跌期权Theta曲线随到期时间变化。图中阴影部分曲线展示的是Theta为正的情况。另外，也请注意处于ATM状态的标的资产红利q很高的欧式看涨期权的Theta也可能为正。同样，Theta也可以通过数值方法计算得到：

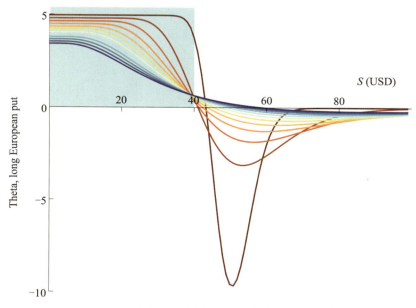

图5.49　欧式看跌期权多头Theta随到期时间变化规律

$$\begin{aligned}\theta &= \frac{\partial V}{\partial t} \approx \frac{\Delta V}{\Delta t} \\ &= \frac{V(S, t+\Delta t, \sigma, r) - V(S, t, \sigma, r)}{\Delta t} \\ &= -\frac{\Delta V}{\Delta \tau} \\ &= -\frac{V(S, \tau+\Delta \tau, \sigma, r) - V(S, \tau, \sigma, r)}{\Delta \tau}\end{aligned} \quad (5.17)$$

生成本节前文有关Theta图像的代码，请读者参考本章前文代码自行完成。

Theta和期权时间价值存在一定的关系。通过丛书第一本书的学习，**内在价值**（intrinsic value）可以理解为：期权立刻执行的价值。如果标的物价格S固定，期权内在价值不随时间变化。而**时间价值**（time value），指的是在持有的时间内因为各种风险因素变化而使得期权价值变动的那部分价值（期权价值 = 期权内在价值 + 期权时间价值）。根据前文所讲，Theta相当于在其他条件不变的情况下，期权价值随到期时间变化的关系；而如果标的物价格不变，期权内在价值不变，Theta相当于期权时间价值随到期时间变化。先看看欧式看涨期权的时间价值和Theta关系。

图5.50所示的蓝色箭头给出的是某个未到期时刻欧式看涨期权时间价值。可以看到，箭头的高度随着标的资产价格S变化而变化；箭头的方向代表时间价值的正负，箭头向上，时间价值为正。在其他条件不变的前提下，欧式看涨期权的时间价值随着到期时间τ减小不断减小。这个趋势和标的物资产的位置无关。如图5.51所示是欧式看涨期权时间价值随到期时间和标的物价格变化曲面。如图5.52（a）所示是欧式看涨期权时间价值曲面随着到期时间τ变化线簇。在图5.52（a）上，很容易看出随着τ减小，期权时间价值都不断减小。如图5.52（b）所示为在τ一定时，时间价值在ATM取得最大。

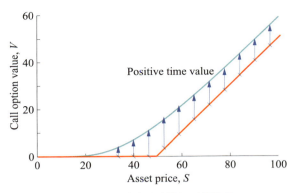

图5.50 欧式看涨期权时间价值

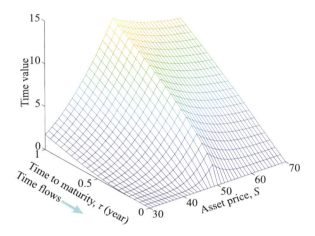

图5.51 欧式看涨期权时间价值随到期时间和标的物价格变化曲面

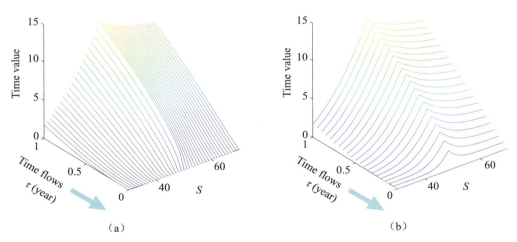

图5.52 欧式看涨期权时间价值曲面的两个方向趋势

如图5.53所示是时间价值随到期时间和时间变化的曲线。主要讨论了ATM、ITM和OTM三个位置。请大家再次注意时间流动方向。图5.53（a）中时间流动方向向左，曲线代表随着到期时间变化，看涨期权时间价值变化曲线。注意，对于图5.53（a），Theta相当于曲线某点处切线斜率的相反数。对于图5.53（b），Theta就是曲线某点处切线斜率。图5.53（b）$t=1$，期权靠近到期时间，处于ATM位置的切线最陡峭，因此Theta负值显著。

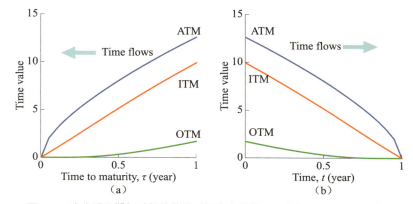

图5.53 欧式看涨期权时间价值随时间变化趋势，三个位置ATM、ITM和OTM

如图5.54所示是欧式看涨期权Theta解析解和数值解随τ变化的关系。阶梯线是数值解。如图5.55所示是Theta的两个解随时间t变化的趋势。

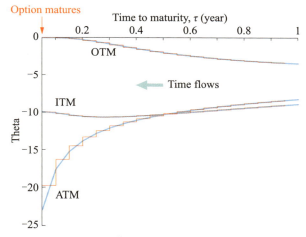

图5.54 欧式看涨期权Theta解析解和数值解的随τ关系

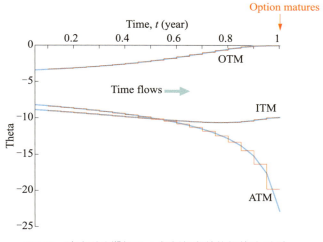

图5.55 欧式看涨期权Theta解析解和数值解的随t关系

请读者在图5.53曲线上徒手绘制切线，比较切线斜率变化和图5.54和图5.55两图曲线趋势关系。

如图5.56所示是欧式看跌期权时间价值。当期权深入ITM区间时，期权时间价值为负（箭头向下），也就是说，随着期权不断临近到期时间，这个标的资产值域区间的欧式看跌期权价值不断升高。据此推断，当欧式看跌期权深度处于ITM时，Theta为正。当期权位于ATM和OTM时，欧式看跌期权时间价值为正，并且随着期权不断靠近到期时间，时间价值不断贴近0，如图5.57所示。如图5.58所示是欧式看跌期权时间价值曲面在时间和标的物价格两个方向的线簇。

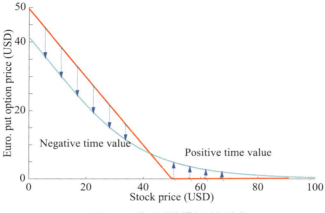

图5.56　欧式看跌期权时间价值

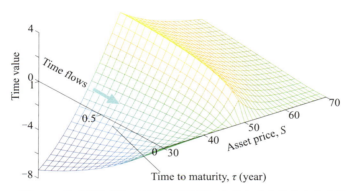

图5.57　欧式看跌期权时间价值随到期时间和标的物价值变化曲面

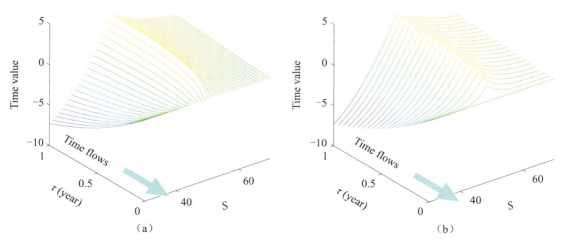

图5.58　欧式看跌期权时间价值曲面的两个方向趋势

如图5.59所示是前文所述欧式看跌期权时间价值在三个不同区间随着到期时间和时间变化的曲线。同样，图5.59（a）所示曲线任意一点切线的斜率相反数就是Theta值，Theta随到期时间变化的趋势如图5.60所示。图5.59（b）所示曲线任意一点切线斜率便是Theta值，对应的Theta随时间变化如图5.61所示。请读者编写代码自行绘制本节图像。

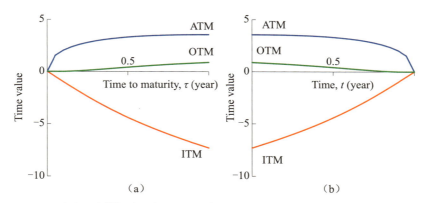

图5.59 欧式看跌期权时间价值随时间变化趋势（三个位置ATM、ITM和OTM）

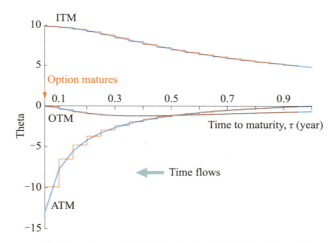

图5.60 欧式看跌期权Theta解析解和数值解的随τ关系

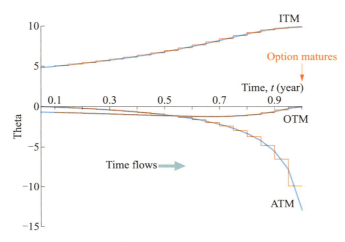

图5.61 欧式看跌期权Theta解析解和数值解的随时间t关系

5.5 Vega

标的物价格波动率也是期权理论价值的重要风险因子之一。Vega度量期权理论价值对标的物价格波动率变化的敏感性。Vega是期权理论价值V对标的物价格波动率的偏导数：

$$\text{Vega} = \Lambda = \frac{\partial V}{\partial \sigma} \qquad (5.18)$$

Vega可以简单理解为，波动率变化1单位时，期权理论价值变化的量值。实际情况，波动率常用百分数来表示，因此1个单位波动率的变化，常常指的是1%的变化。欧式看涨看跌期权的解析式：

$$\text{Vega} = Se^{-q\tau}N'(d_1)\sqrt{\tau} \qquad (5.19)$$

如图5.62所示，Vega的特性比较简单，当期权处于ATM附近时，Vega最大；当期权处于深度ITM或者OTM时，Vega接近于0。随着到期时间$T-t$缩小，波动率对期权理论价值的影响不断减小。到期时间越长Vega值越大。如图5.63所示是这个变化趋势的曲面。如图5.64所示是这个曲面在到期时间维度和价格维度的线簇。请读者根据前文代码自行绘制图5.62～图5.64。

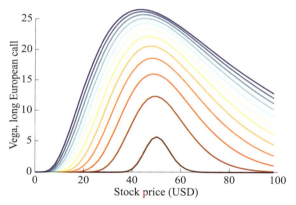

图5.62 看涨期权多头Vega曲线随到期时间变化

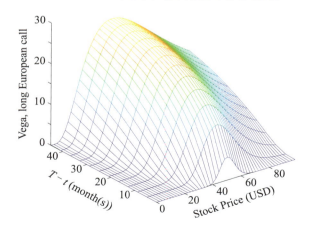

图5.63 看涨期权多头Vega随到期时间和标的物价格变化曲面

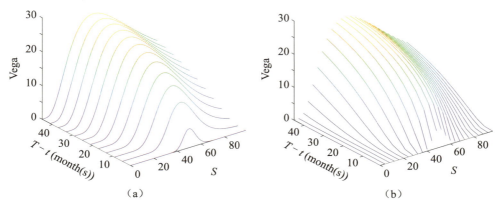

图5.64 看涨期权多头Vega随到期时间和标的物价格变化曲面/随股价变化维度和随到期时间变化维度的线簇

Vega也可以用数值方法计算出来：

$$\begin{aligned}\text{Vega} &= \frac{\partial V}{\partial \sigma} \approx \frac{\Delta V}{\Delta \sigma} \\ &= \frac{V(S,\tau,\sigma+\Delta\sigma,r)-V(S,\tau,\sigma,r)}{\Delta \sigma}\end{aligned} \quad (5.20)$$

5.6 Rho

无风险利率也是期权的风险因子。Rho度量期权理论价值对无风险利率变化的敏感性。Rho是期权理论价值V对无风险利率r的偏导数：

$$\text{Rho} = \rho = \frac{\partial V}{\partial r} \quad (5.21)$$

简单地说，Rho代表着利率变化1单位，期权理论价值变化值。常用的利率单位也可以是百分数或者**基点**（basis points，bps）。期权的Rho类似于债券的久期。计算欧式看涨和看跌期权的Rho的解析式为：

$$\begin{cases} \rho(call) = K\tau e^{-r\tau} N(d_2) \\ \rho(put) = -K\tau e^{-r\tau} N(-d_2) \end{cases} \quad (5.22)$$

式（5.23）是求解Rho的数值方法：

$$\begin{aligned}\rho &= \frac{\partial V}{\partial r} \approx \frac{\Delta V}{\Delta r} \\ &= \frac{V(S,\tau,\sigma,r+\Delta r)-V(S,\tau,\sigma,r)}{\Delta r}\end{aligned} \quad (5.23)$$

如图5.65所示，在其他因素不变的前提下，距离到期时间越长，欧式看涨期权Rho值就越大；看涨期权越深入ITM，期权Rho越大。如图5.66所示是欧式看涨期权Rho随标的物价格和到期时间变化形成的曲面。

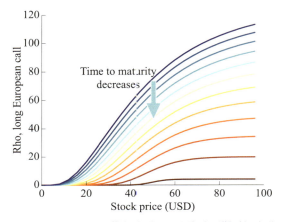

图5.65　欧式看涨期权多头Rho曲线随到期时间变化

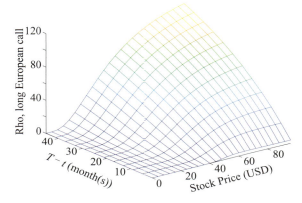

图5.66　看涨期权多头Rho随到期时间和标的物价格变化曲面

如图5.67所示，欧式看跌期权的Rho为负值。看跌期权不断深入ITM时，期权的Rho绝对值不断增大。期权距离到期时间越远，Rho绝对值越大。如图5.68所示是欧式看跌期权Rho随标的物价格和到期时间变化形成的曲面。

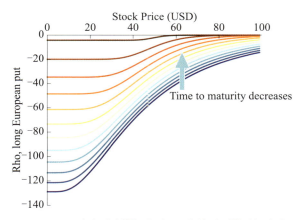

图5.67　欧式看跌期权多头Rho曲线随到期时间变化

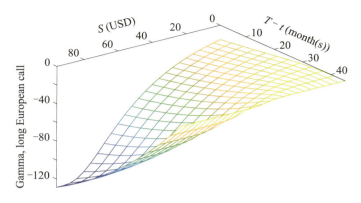

图5.68 看跌期权多头Rho随到期时间和标的物价格变化曲面

需要提醒读者注意的是，在推导BSM模型时，假设标的物价格波动率和无风险利率保持不变。然后，求解BSM偏微分方程得到的看涨或看跌期权理论价值的解析式。用这个解析式对波动率求偏导得到Vega。这个过程违背了BSM的波动率为常数的前提假设。类似的，通过这一方法计算出来的Rho也违背了BSM中无风险利率为常数的前提假设。

至此，常用的五个期权希腊字母已经介绍完毕。下面，用泰勒级数的概念回顾一下这些内容。期权理论价值是标的物价格S、到期时间τ、标的物价格回报率波动率σ和无风险利率r的函数。期权价格的微小变动ΔV可以被式（5.24）估算出来：

$$\Delta V = V\left(S+\Delta S, \sigma+\Delta\sigma, \tau+\Delta\tau, r+\Delta r\right) - V(S,\sigma,\tau,r)$$
$$\approx \text{Delta} \cdot \Delta S + \frac{1}{2}\text{Gamma} \cdot \Delta S^2 + \text{Vega} \cdot \Delta\sigma - \text{Theta} \cdot \Delta\tau + \text{Rho} \cdot \Delta r \quad (5.24)$$

式（5.24）中只有Gamma二阶系数，其他均为一阶。当然，V可以通过泰勒级数展开得到更多高阶项，但是一般情况只用本章讨论的这五个希腊字母，其中Delta和Gamma这两个希腊字母将会在后续内容中反复提及。另外，式（5.24）采用的是线性估算，没有考虑风险因子之间线性相关性；考虑线性相关则需要具备矩阵微积分相关知识，这是丛书第三本需要解决的话题之一。

第6章 Exotic Options 奇异期权

> 太多青年才俊，绞尽脑汁地在金融街琢磨怎么空手套白狼；而不是把自己的聪明才智投入在实体经济的创新中。
>
> *Too many potential physicists and engineers spend their careers shifting money around in the financial sector, instead of applying their talents to innovating in the real economy.*
>
> ——巴拉克·奥巴马（Barack Obama）

Core Functions and Syntaxes
本章核心命令代码

- `addtodate(CalWin, month_shift_array(j), 'month')` 按字段修改日期数字，将数量 `month_shift_array(j)` 添加到标量日期序列值 `CalWin` 的指定日期字段 `'month'`，并返回更新的日期数字。指定的日期字段还可以是 `'year'`、`'day'`、`'hour'`、`'minute'`、`'second'` 或 `'millisecond'`
- `asianbycrr()` 用CRR二叉树方法计算亚式期权价值
- `asianbystt()` 用标准三叉树计算亚式期权价值
- `assetbybls()` 用BSM方法计算资产或空手期权价值
- `assetsensbybls()` 用BSM方法计算资产或空手期权价值和敏感性
- `barrierbybls()` 用BSM方法计算障碍期权价值
- `barrierbycrr()` 用CRR二叉树方法计算障碍期权价值
- `barrierbyfd()` 用有限差分计算障碍期权价值
- `barrierbystt()` 用标准三叉树计算障碍期权价值
- `barriersensbybls()` 用BSM方法计算障碍期权希腊字母
- `barriersensbyfd()` 用有限差分方法计算障碍期权价值和敏感性
- `cashbybls()` 用BSM方法计算现金或空手期权价值
- `cashsensbybls()` 用BSM方法计算现金或空手期权价值和敏感性
- `cashsensbybls(RateSpec, StockSpec, New_Settle, Maturity, OptSpec, Strike, Payoff, 'OutSpec', OutSpec)` 计算现金或空手期权的价格和敏感性
- `datenum(Settle0)` 将日期和时间转换为日期序列值
- `datestr(New_settle)` 将日期和时间转换为字符串格式
- `dblbarrierbybls()` 用BSM方法计算双障碍期权价值
- `dblbarrierbyfd()` 用有限差分计算双障碍期权价值
- `dblbarriersensbybls()` 用BSM方法计算双障碍期权价值和敏感性
- `dblbarriersensbyfd` 用有限差分计算双障碍期权价值和敏感性
- `intenvset()` 创建利率期限结构
- `stockspec(Sigma, AssetPrice, DivType, DivAmount)` 创建股票结构对象
- `syms A(phi)` 定义符号函数A(phi)，其中phi是其符号变量

6.1 现金或空手期权

由于欧式和美式期权是最简单的期权,常被称作**香草期权**(vanilla option)。这是因为香草味在国外常被认为是最纯粹、最原始的味道,比如香草味冰激凌、香草味沐浴露。这些期权通常是**场内交易**(exchange traded)。在**场外交易**(over-the-counter,OTC)市场上,活跃着大量**奇异期权**(exotic option)。奇异期权是比香草期权更复杂的衍生证券,它有着各种各样独特的条款来满足特性化的对冲和投资需求而大受欢迎。常见的奇异期权的形式包括**障碍期权**(barrier option)、**亚式期权**(Asian option)、**回溯期权**(lookback option)等。其他有趣的期权还有**彩虹期权**(rainbow option)、**天气期权**(weather option)、**巨灾期权**(catastrophe option)等。这一章来介绍几个常见的奇异期权。

MATLAB支持的以股票为标的物的衍生品有很多,具体请参考如下页面:

https://www.mathworks.com/help/fininst/supported-equity-derivatives.html

两值期权(digital option)也叫**二元式期权**(binary option)或**数字期权**(digital option)。常见的两值期权有:

- ◂ **现金或空手看涨期权**(cash-or-nothing call option)
- ◂ **现金或空手看跌期权**(cash-or-nothing call option)
- ◂ **资产或空手看涨期权**(cash-or-nothing call option)
- ◂ **资产或空手看跌期权**(cash-or-nothing call option)

先来看看现金或空手期权。如图6.1(a)所示,当(欧式)现金或空手看涨期权到期时,如果标的物资产价格低于执行价格K,期权的收益为0;如果标的物资产价格高于(等于)执行价格K,期权的收益为Q,一些情况Q为1。(欧式)现金或空手看涨期权理论价值的解析式:

$$C(S,\tau) = Q \cdot N(d_2) e^{-r\tau} \tag{6.1}$$

d_2和欧式看涨期权的计算式一致:

$$\begin{cases} d_1 = \dfrac{1}{\sigma\sqrt{\tau}}\left[\ln\left(\dfrac{S}{K}\right) + \left(r + \dfrac{\sigma^2}{2}\right)\tau\right] \\ d_2 = \dfrac{1}{\sigma\sqrt{\tau}}\left[\ln\left(\dfrac{S}{K}\right) + \left(r - \dfrac{\sigma^2}{2}\right)\tau\right] = d_1 - \sigma\sqrt{\tau} \end{cases} \tag{6.2}$$

式中:S为当前时刻标的物的价格;τ为当前时刻距离到期时间(单位通常为年),也常常表达为$T-t$(其中T为到期时间点,t为当前时刻时间点;两者之差为时间距离τ);N为标准正态分布的CDF;K为执行价;r为无风险利率。

如图6.1(b)所示,(欧式)现金或空手看跌期权理论价值到期时,如果标的物价格高于执行价格K,该期权的收益为0;如果标的物价格低于执行价格K,期权收益为Q。现金或空手看跌期权理论价值的解析式:

$$P(S,\tau) = Q \cdot N(-d_2) e^{-r\tau} \tag{6.3}$$

考虑期权金的影响,现金或空手看涨/看跌期权的损益PnL折线如图6.2所示。

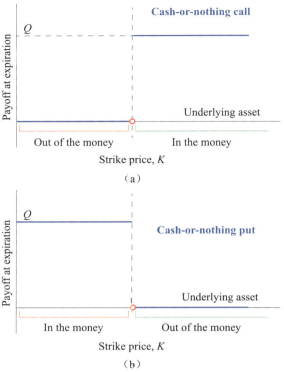

图6.1 现金或空手看涨/看跌期权到期收益线段

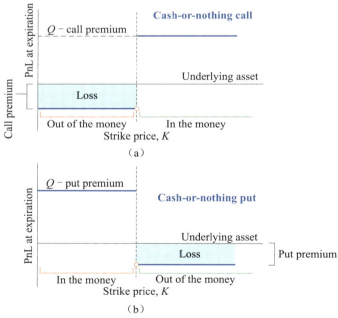

图6.2 现金或空手看涨/看跌期权到期损益PnL线段

MATLAB用于计算现金或空手期权的价格和敏感性函数为**cashsensbybls()**。如图6.3所示是现金或空手看涨期权理论价值曲线随到期时间变化。越靠近到期时间，这个价值曲线越陡峭。低于执行价格K部分的曲线（OTM），不断下降并靠近0；高于执行价格K部分的曲线（ITM），不断抬高并靠近Q。在本例中，$Q = 10$。如图6.4所示，看跌期权的价值随到期时间变化曲线和看涨期权相反。

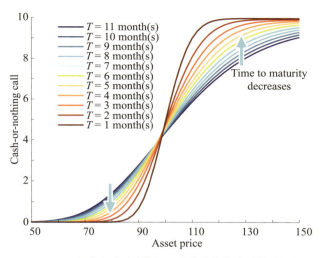

图6.3 现金或空手看涨期权理论价值曲线随到期时间变化

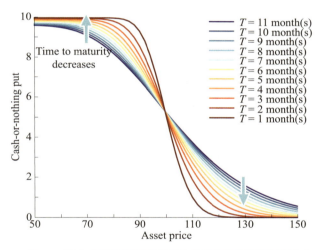

图6.4 现金或空手看跌期权理论价值曲线随到期时间变化

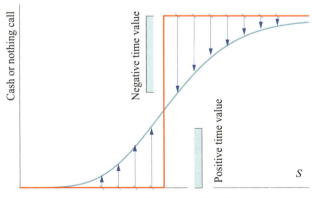

图6.5 现金或空手看涨期权的时间价值

下面特别研究一下这个期权的时间价值。通过第5章学习，知道Theta度量期权理论价值对于到期时间的敏感性，代表着时间价值随到期时间τ衰减情况。图6.5说明当$S < K$时，期权的时间价值为正（箭头方向朝上），而且在这个区间内，时间价值随着到期时间τ减小而不断减小，在这个区间，期权的Theta值为负；在$S > K$这个区间，时间价值为负（箭头方向朝下），而且随着τ减小而增大（从负值不断靠近0），$S > K$ 时Theta值为正。如图6.6所示是现金或空手看涨期权Theta曲线随到期时间变化趋势。看跌期权的Theta变化趋势和看涨正好相反，如图6.7所示。如图6.8所示是现金或空手看涨期权和看跌期权Theta曲面在τ方向上的曲线线簇。

图6.6　现金或空手看涨期权Theta曲线随到期时间变化

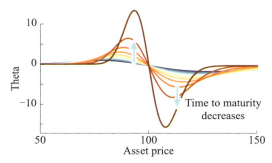

图6.7　现金或空手看跌期权Theta曲线随到期时间变化

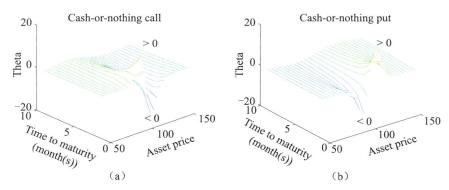

图6.8　现金或空手看涨/看跌期权Theta曲面，随到期时间变化维度

如图6.9所示是现金或空手看涨期权的Delta曲线随到期时间的变化。Delta衡量期权理论价值对标的物价格变化的一阶敏感度，是一阶偏导数或切线这样的概念。从看涨期权的公式上看，$N(d_2)$一项是正态分布的CDF，看涨期权的价值随S变化曲线形状类似正态分布CDF图像形状。$N(d_2)$对S求偏导，某种程度上可以得到类似正态分布的PDF，如图6.9所示图像形状也说明这一点。可以很清楚看到，现金或空手看涨期权的Delta随S变化曲线类似正态分布的PDF图像。随着期权不断靠近到期，Delta曲线的最大值不断抬升。如图6.10所示是现金或空手看跌期权Delta曲线随时间变化的线簇。看跌期权的线簇

相当于看涨期权线簇横轴镜像。

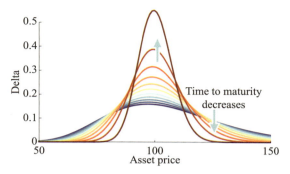

图6.9　现金或空手看涨期权Delta曲线随到期时间变化

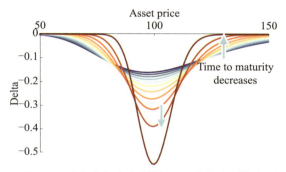

图6.10　现金或空手看跌期权Delta曲线随到期时间变化

　　Gamma衡量期权理论价值对标的物价格变化的二阶敏感度，也是期权Delta对标的物价格变化的一阶敏感度。如图6.11所示，在Delta曲线上某点作切线，切线的斜率就是这点Gamma值。如图6.12所示，随着标的物价格S上升，现金或空手看涨期权的Gamma从0首先正方向上升到最大，然后快速下降，在执行价格K附近下降到0。S超过K继续上升，Gamma值继续迅速负方向下降，下降到最小值之后，缓慢抬升最后从负方向靠近0。越靠近到期时间，Gamma曲线变化越剧烈。如图6.13所示，现金或空手看跌期权Gamma曲线趋势和看涨期权正好相反。

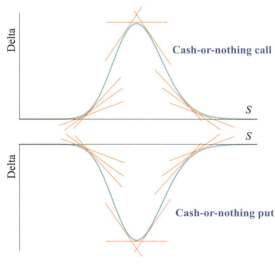

图6.11　Delta曲线的切线

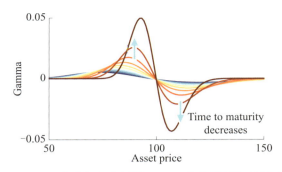

图6.12 现金或空手看涨期权Gamma曲线随到期时间变化

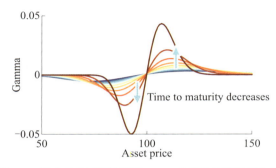

图6.13 现金或空手看跌期权Gamma曲线随到期时间变化

以下代码可以获得本节的主要图像。

```matlab
B2_Ch6_1.m
%% Compute Cash-or-Nothing Option Prices and Sensitivities
clc; clear all; close all

Settle0 = 'Jan-01-2018';
Maturity = 'Jan-01-2019';
month_shift_array = 1:11;
T2t_array = 12 - month_shift_array;
CalWin = datenum(Settle0);

AssetPrice_array = 50:1:150;
num_dates = length(month_shift_array);
num_prices = length(AssetPrice_array);
Call_Delta_array = zeros(num_dates,num_prices);
Call_Gamma_array = zeros(num_dates,num_prices);
Call_price_array = zeros(num_dates,num_prices);
Put_Delta_array = zeros(num_dates,num_prices);
Put_Gamma_array = zeros(num_dates,num_prices);
Put_price_array = zeros(num_dates,num_prices);
Call_Theta_array = zeros(num_dates,num_prices);
Put_Theta_array = zeros(num_dates,num_prices);

% Initialization
```

```matlab
Sigma = .25;
DivType = 'Continuous';
Rates = 0.045;
DivAmount = Rates;
Compounding = -1;
Basis = 1;

OptSpec = {'call'; 'put'};
Strike = 100;
Payoff = 10;

for j = 1:length(month_shift_array)

    New_settle = addtodate(CalWin, month_shift_array(j), 'month');
    New_Settle = datestr(New_settle);


    RateSpec = intenvset('ValuationDate', New_Settle,...
        'StartDates', New_Settle,...
        'EndDates', Maturity, 'Rates', Rates,...
        'Compounding', Compounding, 'Basis', Basis);

    for i = 1:length(AssetPrice_array)

        AssetPrice = AssetPrice_array(i);

        StockSpec = stockspec(Sigma, AssetPrice, DivType, DivAmount);

        % Compute the Delta, Gamma and Price

        OutSpec = { 'delta';'gamma';'theta';'price'};
        [Delta, Gamma, Theta, Price] = cashsensbybls(RateSpec, StockSpec,...
            New_Settle, Maturity, OptSpec, Strike, Payoff, 'OutSpec', OutSpec);

        Call_Delta_array (j,i) = Delta(1);
        Call_Gamma_array (j,i) = Gamma(1);
        Call_price_array (j,i) = Price(1);
        Call_Theta_array (j,i) = Theta(1);

        Put_Delta_array (j,i)  = Delta(2);
        Put_Gamma_array (j,i)  = Gamma(2);
        Put_price_array (j,i)  = Price(2);
        Put_Theta_array (j,i)  = Theta(2);
```

```matlab
        end
end

%% Value versus asset price and time to maturity

my_col = brewermap(num_dates,'RdYlBu');

index = 1;
figure(index)
index = index + 1;

for i = 1:num_dates
    plot(AssetPrice_array,Call_price_array(i,:),...
        'color',my_col(num_dates-i+1,:)); hold on
    legendCell{i} = num2str(T2t_array(i),'T = %.f month(s)');
end
legend(legendCell,'location','best')
xlabel('Asset price'); ylabel('Cash-or-nothing call')
box off; set(gcf,'color','white')

figure(index)
index = index + 1;

for i = 1:num_dates
    plot(AssetPrice_array,Put_price_array(i,:),...
        'color',my_col(num_dates-i+1,:)); hold on
    legendCell{i} = num2str(T2t_array(i),'T = %.f month(s)');
end
legend(legendCell,'location','best')
xlabel('Asset price'); ylabel('Cash-or-nothing put')
box off; set(gcf,'color','white')

%% Delta versus asset price and time to maturity

figure(index)
index = index + 1;

for i = 1:num_dates
    plot(AssetPrice_array,Call_Delta_array(i,:),...
        'color',my_col(num_dates-i+1,:)); hold on
    legendCell{i} = num2str(T2t_array(i),'T = %.f month(s)');
end
legend(legendCell,'location','best')
xlabel('Asset price'); ylabel('Delta, cash-or-nothing call')
box off; set(gcf,'color','white')
```

```matlab
figure(index)
index = index + 1;

for i = 1:num_dates
    plot(AssetPrice_array,Put_Delta_array(i,:),...
        'color',my_col(num_dates-i+1,:)); hold on
    legendCell{i} = num2str(T2t_array(i),'T = %.f month(s)');
end
legend(legendCell,'location','best')
xlabel('Asset price'); ylabel('Delta, cash-or-nothing put')
box off; set(gcf,'color','white')

%% Gamma versus asset price and time to maturity

figure(index)
index = index + 1;

for i = 1:num_dates
    plot(AssetPrice_array,Call_Gamma_array(i,:),...
        'color',my_col(num_dates-i+1,:)); hold on
    legendCell{i} = num2str(T2t_array(i),'T = %.f month(s)');
end
legend(legendCell,'location','best')
xlabel('Asset price'); ylabel('Gamma, cash-or-nothing call')
box off; set(gcf,'color','white')

figure(index)
index = index + 1;

for i = 1:num_dates
    plot(AssetPrice_array,Put_Gamma_array(i,:),...
        'color',my_col(num_dates-i+1,:)); hold on
    legendCell{i} = num2str(T2t_array(i),'T = %.f month(s)');
end
legend(legendCell,'location','best')
xlabel('Asset price'); ylabel('Gamma, cash-or-nothing put')
box off; set(gcf,'color','white')

%% Theta versus asset price and time to maturity

figure(index)
index = index + 1;

for i = 1:num_dates
    plot(AssetPrice_array,Call_Theta_array(i,:),...
        'color',my_col(num_dates-i+1,:)); hold on
    legendCell{i} = num2str(T2t_array(i),'T = %.f month(s)');
```

```
end
legend(legendCell,'location','best')
xlabel('Asset price'); ylabel('Theta, cash-or-nothing call')
box off; set(gcf,'color','white')

figure(index)
index = index + 1;

for i = 1:num_dates
    plot(AssetPrice_array,Put_Theta_array(i,:),...
        'color',my_col(num_dates-i+1,:)); hold on
    legendCell{i} = num2str(T2t_array(i),'T = %.f month(s)');
end
legend(legendCell,'location','best')
xlabel('Asset price'); ylabel('Theta, cash-or-nothing put')
box off; set(gcf,'color','white')

figure(index)
index = index + 1;

mesh(AssetPrice_array(1:2:end),T2t_array(3:end),...
    Call_Theta_array(3:end,1:2:end),'MeshStyle','column')
xlim([min(AssetPrice_array(1:2:end)) max(AssetPrice_array(1:2:end))])
xlabel('Asset price'); ylabel('Time to maturity [month(s)]')
zlabel('Theta, cash-or-nothing call'); box off; grid off

figure(index)
index = index + 1;

mesh(AssetPrice_array(1:2:end),T2t_array(3:end),...
    Put_Theta_array(3:end,1:2:end),'MeshStyle','column')
xlim([min(AssetPrice_array(1:2:end)) max(AssetPrice_array(1:2:end))])
xlabel('Asset price'); ylabel('Time to maturity [month(s)]')
zlabel('Theta, cash-or-nothing put'); box off; grid off
```

6.2 资产或空手期权

如图6.14（a）所示，资产或空手看涨期权到期时，如果标的物价格低于执行价格K，期权的收益为0；当标的物价格高于执行价格K，期权的收益就是资产价格本身。资产或空手看涨期权理论价值为：

$$C(S,\tau) = S \cdot N(d_1) e^{-q\tau} \tag{6.4}$$

对于标的物连续复利红利q等于0的情况，式（6.4）可以简化为：

$$C(S,\tau) = S \cdot N(d_1) \tag{6.5}$$

如图6.14（b）所示，资产或空手看跌期权到期时，如果标的物价格高于执行价格K，期权的收益为0；当标的物价格低于执行价格K，期权的收益就是资产价格本身。资产或空手看跌期权理论价值为：

$$P(S,\tau) = S \cdot N(-d_1) e^{-q\tau} \tag{6.6}$$

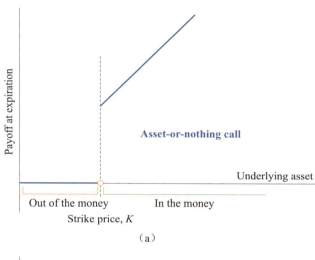

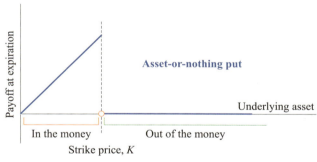

图6.14 资产或空手看涨/看跌期权到期收益线段

请读者自行绘制资金或空手看涨/看跌期权的损益PnL折线。

通过观察现金或空手期权和资产或空手期权的收益折线，细心的读者可能早就发现两者存在有趣的联系。这两种期权定价的公式再次印证了这个猜测：

$$\begin{aligned} C_{\text{vanilla}} &= C_{\text{asset-or-nothing}} - C_{\text{cash-or-nothing}} \\ &= S \cdot N(d_1) e^{-q\tau} - K \cdot N(d_2) e^{-r\tau} \end{aligned} \tag{6.7}$$

注意，这里将Q替换成K。如图6.15所示就是资产或空手看涨期权和现金或空手看涨期权构成欧式看涨期权。

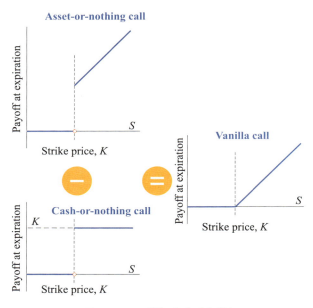

图6.15 二元期权构成看涨期权

类似的,欧式看跌期权可以由资产或空手看跌和现金或空手看跌两个期权构成:

$$P_{\text{vanilla}} = P_{\text{cash-or-nothing}} - P_{\text{asset-or-nothing}}$$
$$= K \cdot N(-d_2)e^{-r\tau} - S \cdot N(-d_1)e^{-q\tau}$$

(6.8)

如图6.16 所示就是资产或空手看跌期权和现金或空手看跌期权构成欧式看跌期权。如图6.17所示是资产或空手看涨期权价值随期权到期时间变化。如图6.18所示是资产或空手看跌期权价值随期权到期时间变化。资产或空手期权的Delta和Gamma曲线随到期时间变化如图6.19~图6.22所示。

这四幅图的趋势请读者自己分析。请读者参考前文自行编写代码,并自行研究资产或空手期权的Theta变化规律。

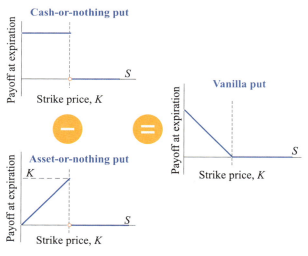

图6.16 二元期权构成看跌期权

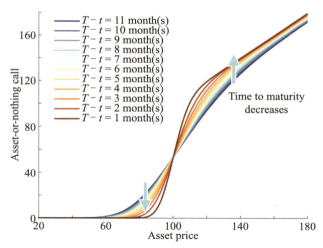

图6.17　资产或空手看涨期权理论价值曲线随到期时间变化

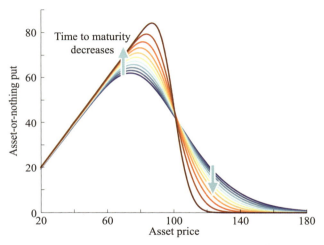

图6.18　资产或空手看跌期权理论价值曲线随到期时间变化

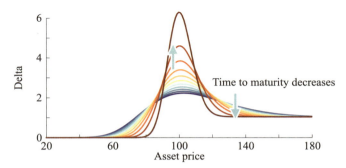

图6.19　资产或空手看涨期权Delta曲线随到期时间变化

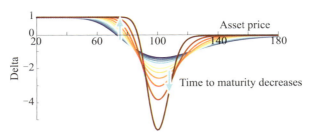

图6.20　资产或空手看跌期权Delta曲线随到期时间变化

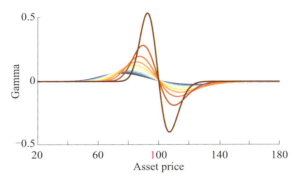

图6.21　资产或空手看涨期权Gamma曲线随到期时间变化

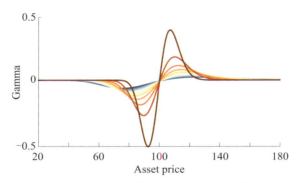

图6.22　资产或空手看跌期权Gamma曲线随到期时间变化

6.3 看涨障碍期权

障碍期权（barrier option）是一种路径依赖期权。障碍期权是指当标的资产价格路径穿越某一水平才会生效或者失效的期权。根据障碍的数量，障碍期权又分为：**单障碍期权**（single barrier option）、**双障碍期权**（double barrier option）。

障碍期权也有看涨和看跌期权之分，本节将集中讲解单障碍期权。根据触发之后，期权失效或者生效，障碍期权分为：**出局**（**敲入，失效**）（knock-in）、**入局**（**敲出，生效**）（knock-out）。

敲入障碍期权是指当标的物价格达到障碍价格时，期权自动生效；相反，敲出障碍期权是指当标的物价格达到障碍价格时，期权自动失效。根据障碍水平与当前价格大小关系，障碍期权又可以分为：**向上**（up）、**向下**（down）。

根据以上两个条件，可以得到四个组合：**向上敲出**（up knock-out，up-out，UO）、**向上敲入**（up knock-in，up-in，UI）、**向下敲出**（down knock-out，down-out，DO）、**向下敲入**（down knock-in，down-in，DI）。

在期权交易时刻，对于向上敲出障碍，标的物价格 S 小于障碍值 H，也就是 $S < H$。如图 6.23 所示是向上敲出障碍的两种情况。图 6.23（a）给出的是 S 在期权有效期内向上突破障碍 H，期权失效；图 6.23（b）给出的是 S 在期权有效期内没有向上突破障碍 H，因此期权到期时仍然有效。对于向上敲入障碍，障碍期权交易时刻，$S < H$。图 6.24（a）给出的是在期权有效期内，标的物价格 S 向上突破 H，因此期权有效；图 6.24（b）给出的是在期权有效期内，标的物价格 S 没有突破 H，因此期权无效。对于向上障碍，$S < H$。障碍突破之后，标的物价格是否突破 H 就不再重要。

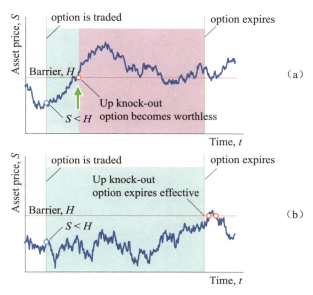

图6.23　向上敲出（up knock-out，UO）障碍

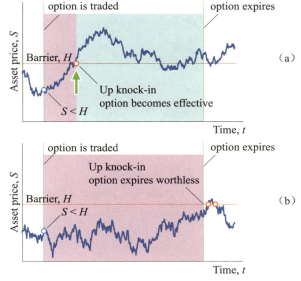

图6.24　向上敲入（up knock-in，UI）障碍

如图6.25和图6.26所示为两个向下障碍，期权交易时，标的物价格S都高于H，$S > H$；否则，对于向下敲出的期权交易时，$S < H$，期权刚交易就无效，这是不合理的。对于向上敲入期权，如果交易时刻，$S < H$，障碍期权的价值和欧式期权没有任何区别。图6.25（a）给出的是向下敲出障碍，在期权有效期内，障碍被向下突破，期权失效。图6.25（b）给出的是，在期权有效期内，障碍没有被突破，期权有效。图6.26给出的向下敲入障碍，和向下敲出障碍，在期权有效和失效方面正好相反。

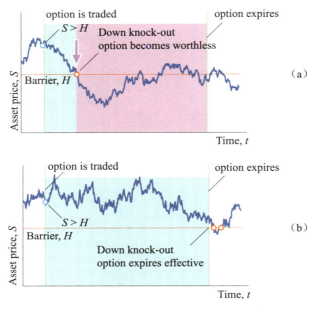

图6.25 向下敲出（down knock-out，DO）障碍

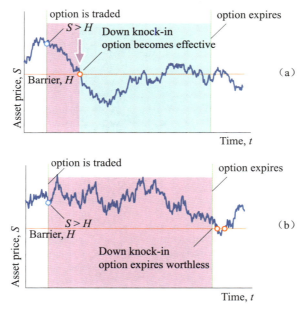

图6.26 向下敲入（down knock-in，DI）障碍

障碍期权的BSM解可以通过组合以下解析式得到：

$$\begin{cases} A = \phi\exp(-qT)N(\phi x_1) - \phi\exp(-rT)N(\phi x_1 - \phi\sigma\sqrt{T}) \\ B = \phi\exp(-qT)N(\phi x_2) - \phi\exp(-rT)N(\phi x_2 - \phi\sigma\sqrt{T}) \\ C = \phi\exp(-qT)\left(\dfrac{H}{S}\right)^{(2\mu+2)}N(\eta y_1) - \phi\exp(-rT)\left(\dfrac{H}{S}\right)^{2\mu}N(\eta y_1 - \eta\sigma\sqrt{T}) \\ D = \phi\exp(-qT)\left(\dfrac{H}{S}\right)^{(2\mu+2)}N(\eta y_2) - \phi\exp(-rT)\left(\dfrac{H}{S}\right)^{2\mu}N(\eta y_2 - \eta\sigma\sqrt{T}) \\ E = RB\cdot\exp(-rT)\left\{N(\eta x_2 - \eta\sigma\sqrt{T}) - \left(\dfrac{H}{S}\right)^{2\mu}N(\eta y_2 - \eta\sigma\sqrt{T})\right\} \\ F = RB\cdot\left\{\left(\dfrac{H}{S}\right)^{\mu+\lambda}N(\eta z) + \left(\dfrac{H}{S}\right)^{\mu-\lambda}N(\eta z - 2\eta\lambda\sigma\sqrt{T})\right\} \end{cases} \quad (6.9)$$

其中:

$$\begin{cases} x_1 = \dfrac{\ln\left(\dfrac{S}{X}\right)}{\sigma\sqrt{T}} + (1+\mu)\sigma\sqrt{T} \\ x_2 = \dfrac{\ln\left(\dfrac{S}{H}\right)}{\sigma\sqrt{T}} + (1+\mu)\sigma\sqrt{T} \\ y_1 = \dfrac{\ln\left(\dfrac{H^2}{SX}\right)}{\sigma\sqrt{T}} + (1+\mu)\sigma\sqrt{T} \\ y_2 = \dfrac{\ln\left(\dfrac{H}{S}\right)}{\sigma\sqrt{T}} + (1+\mu)\sigma\sqrt{T} \end{cases} \quad (6.10)$$

以上式子中的三个变量:

$$\begin{cases} \mu = \dfrac{r - q - \dfrac{\sigma^2}{2}}{\sigma^2} \\ \lambda = \sqrt{\mu^2 + \dfrac{2r}{\sigma^2}} \\ z = \dfrac{\ln\left(\dfrac{H}{S}\right)}{\sigma\sqrt{T}} + \lambda\sigma\sqrt{T} \end{cases} \quad (6.11)$$

障碍向上时，$\eta = -1$；障碍向下时，$\eta = 1$。看涨期权，$\Box = 1$；看跌期权，$\Box = -1$。RB是期权失效后的**返款**（rebate），也就是当失效返款金额为0，E和F为0。本节的模拟结果都是在返款为0的情况下得到的，即$RB = 0$。

本书采用的障碍期权BSM解和大多数记号来自Espen Gaarder Haug博士作品*The Complete Guide to Option Pricing Formulas*。本节后文的代码也是采用这套BSM解。还有另外一种常见的障碍期权BSM解的形式可以在*Paul Wilmott on Quantitative Finance*中找到。

向上敲出看涨期权，$H < K$没有意义。如图6.27所示是$H > K$情况下，到期时刻，向上敲出看涨障碍期权的收益折线。当 $S > H$，这个期权失效，也就是"敲出"。如图6.27所示是期权失效后，没有任何返款。如图6.28所示是在期权失效后，投资者仍然能得到返款的情况。下文只考虑无返款情况。另外，在签订向上敲出（up knock-out）看涨期权时，标的物价格小于障碍价格，$S < H$。敲出期权又常被称作鲨鱼鳍期权，和它的payoff形状有关。

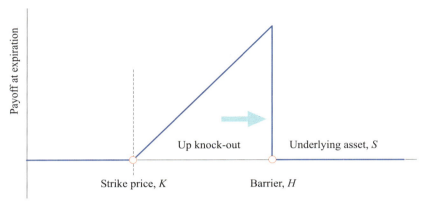

图6.27 向上敲出看涨（up knock-out，UO，call）障碍期权收益折线（$H > K$，到期时刻，无返款）

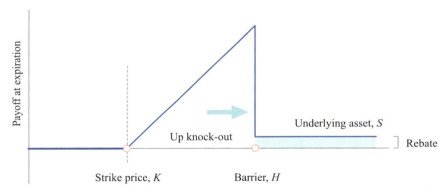

图6.28 向上敲出看涨（up knock-out，UO，call）障碍期权收益折线（$H > K$，到期时刻，超出障碍有返款）

当 $H < K$ 时，UO看涨和看跌障碍期权BSM理论价值为：

$$\begin{cases} C_{UO} = F \\ P_{UO} = B - D + F \end{cases} \quad (6.12)$$

当 $H > K$ 时，两者理论价值为：

$$\begin{cases} C_{UO} = A - B + C - D + F \\ P_{UO} = A - C + F \end{cases} \quad (6.13)$$

如图6.29所示为向上敲出看涨障碍期权未到期价值随标的物价格S变化关系。另外，在图中还可以看到其他条件一致的欧式看涨期权理论价值曲线。当 $S > H$ 时，障碍期权理论价值曲线有明显的截断。如图6.30所示是向上敲出看涨期权理论价值随到期时间变化。期权交易时，$S < H$；$S > H$时，期权价值为0。

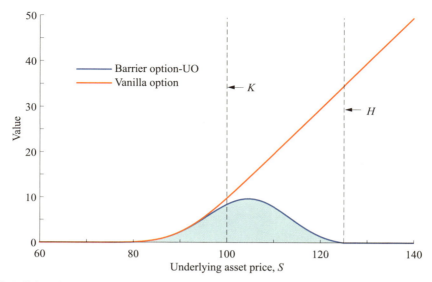

图6.29 向上敲出看涨（up knock-out，UO，call）障碍期权和欧式看涨期权比较（未到期，$H>K$，无返款）

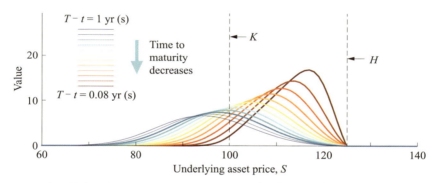

图6.30 向上敲出看涨（up knock-out，UO，call）障碍期权随到期时间变化曲线（$H>K$）

如图6.31所示为向上敲入看涨障碍期权到期时刻的收益折线。当标的物的价格向上突破障碍价格H后，期权生效。期权生效后，到期时刻，这个障碍期权的收益折线和欧式看涨期权完全一致。当$H<K$时，UI看涨和看跌障碍期权BSM理论价值为：

$$\begin{cases} C_{UI} = A+E \\ P_{UI} = A-B+D+E \end{cases} \quad (6.14)$$

当$H>K$时，两者理论价值为：

$$\begin{cases} C_{UI} = B-C+D+E \\ P_{UI} = C+E \end{cases} \quad (6.15)$$

如图6.32所示为比较这个障碍期权在未到期时刻价值曲线和欧式看涨期权理论价值曲线。如果期权没有生效，在(K, H)这个区间内，障碍期权损失一部分收益；因此，在这个区间，障碍期权的价值小于欧式看涨期权。在签订向上敲入（up knock-in）看涨期权时，标的物价格小于障碍价格，$S<H$。如图6.33所示为向上敲入看涨障碍期权理论价值曲线随时间变化。向上敲入看涨期权交易时，一般情况$S<H$；如果$S>H$，障碍期权自动生效，因此这种情况期权理论价值和欧式期权一致。

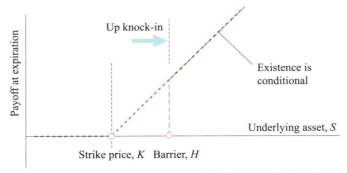

图6.31 向上敲入看涨（up knock-in，UI，call）障碍期权收益折线（到期时刻，$H > K$）

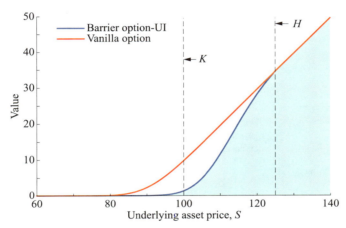

图6.32 向上敲入看涨（up knock-in，UI，call）障碍期权和欧式看涨期权比较（未到期，$H > K$）

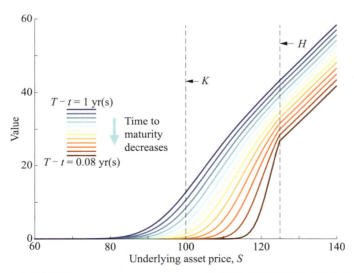

图6.33 向上敲入看涨（up knock-in，UI，call）障碍期权随到期时间变化曲线（$H > K$）

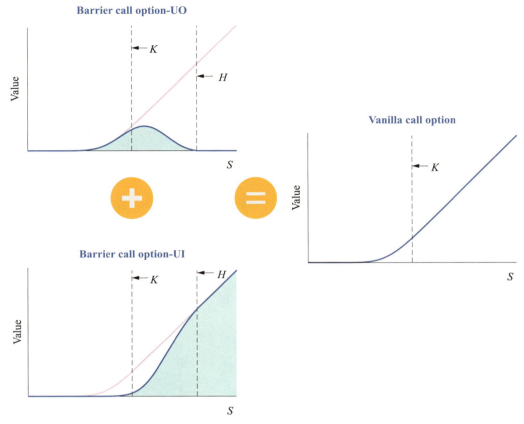

图6.34 UO看涨障碍期权和UI看涨障碍期权关系（$H > K$）

仔细观察图6.29和图6.32，当其他条件一致，向上敲出看涨期权和向上敲入看涨期权理论价值价值之和等于欧式看涨期权：

$$C_{\text{up knock-out}} + C_{\text{up knock-in}} = C_{\text{vanilla}} \tag{6.16}$$

图6.34展示的是式（6.16）关系。

如图6.35所示是在$H > K$的条件下，向下敲出障碍期权到期收益折线。当$S < H$时，期权失效。因此，未到期向下敲出障碍期权理论价值曲线在$S = H$处为0，如图6.36所示。当$H < K$时，DO看涨和看跌障碍期权BSM理论价值为：

$$\begin{cases} C_{DO} = A - C + F \\ P_{DO} = A - B + C - D + F \end{cases} \tag{6.17}$$

当$H > K$时，两者理论价值为：

$$\begin{cases} C_{DO} = B - D + F \\ P_{DO} = F \end{cases} \tag{6.18}$$

在签订向下敲出 (down knock-out) 看涨期权时，标的物价格大于障碍价格，$S > H$。如图6.37所示是向下敲出看涨障碍期权收益曲线随到期时间变化。

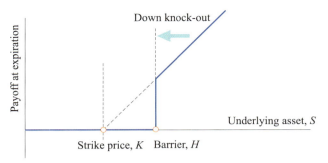

图6.35　向下敲出看涨（down knock-out，DO，call）障碍期权收益折线（$H>K$，到期时刻）

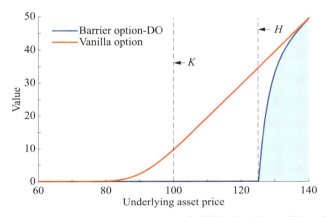

图6.36　向下敲出看涨（down knock-out，DO，call）障碍期权和欧式看涨期权比较（$H>K$，未到期）

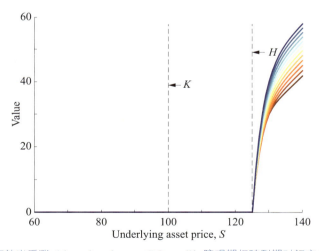

图6.37　向下敲出看涨（down knock-out，DO，call）障碍期权随到期时间变化曲线（$H>K$）

如图6.38所示是在$H<K$的条件下，向下敲出障碍期权到期收益折线。虽然障碍价格低于执行价格，这种障碍期权未到期价值也会在一定程度上低于欧式看涨期权。如图6.39所示的就是这种情况。如图6.40所示是向下敲出看涨障碍期权价值曲线随到期时间变化。

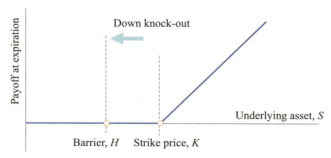

图6.38 向下敲出看涨（down knock-out，DO，call）障碍期权收益折线（$H<K$，到期时刻）

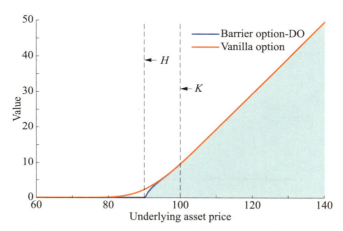

图6.39 向下敲出看涨（down knock-out，DO，call）障碍期权和欧式期权比较（$H<K$，到期时刻）

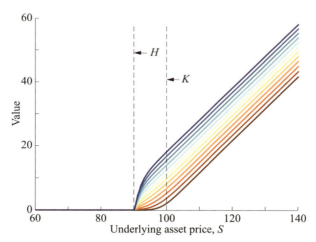

图6.40 向下敲出看涨（down knock-out，DO，call）障碍期权随到期时间变化曲线（$H<K$）

如图6.41所示，在签订向下敲入（down knock-in）看涨期权时，标的物价格大于障碍价格，$S>H$；否则，$S<H$，期权价值为欧式期权价值，如图6.42所示。当$H<K$时，DI看涨和看跌障碍期权BSM理论价值为：

$$\begin{cases} C_{DI} = C + E \\ P_{DI} = B - C + D + E \end{cases} \tag{6.19}$$

第 6 章 奇异期权 | Exotic Options

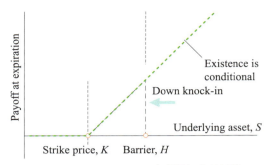

图6.41 向下敲入看涨（down knock-in，DI，call）障碍期权收益折线（$H>K$，无返款，到期时刻）

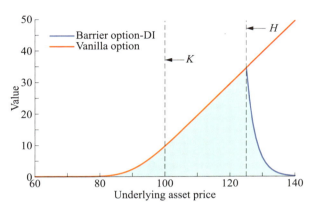

图6.42 向下敲入看涨（down knock-in，DI，call）障碍期权和欧式看涨期权比较（$H>K$，无返款，未到期）

当$H>K$时，两者理论价值为：

$$\begin{cases} C_{DI} = A - B + D + E \\ P_{DI} = A + E \end{cases} \tag{6.20}$$

如图6.43所示是向下敲入看涨障碍期权价值曲线随到期时间变化。

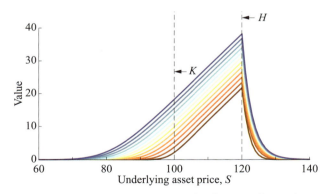

图6.43 向下敲入看涨（down knock-in，DI，call）障碍期权随到期时间变化曲线（$H>K$）

向下敲入看涨障碍期权的障碍价格H可以低于执行价格K，也就是$H<K$，如图6.44所示。如图6.45所示是向下敲入看涨障碍期权和欧式看涨期权价值曲线的比较。如图6.46所示为向下敲入看涨障碍期权随到期时间变化曲线。

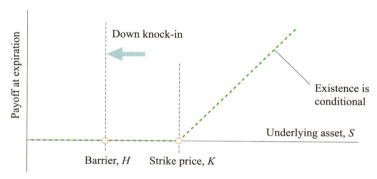

图6.44 向下敲入看涨（down knock-in，DI，call）障碍期权收益折线（$H<K$，无返款，到期时刻）

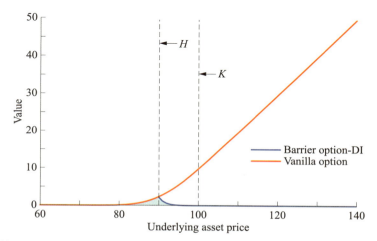

图6.45 向下敲入看涨（down knock-in，DI，call）障碍期权和欧式看涨期权比较（$H<K$，无返款，未到期）

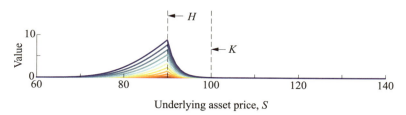

图6.46 向下敲入看涨（down knock-in，DI，call）障碍期权随到期时间变化曲线（$H<K$）

类似地，当其他条件一致，向下敲出看涨期权和向下敲入看涨期权理论价值价值之和等于欧式看涨期权：

$$C_{\text{down knock-out}} + C_{\text{down knock-in}} = C_{\text{vanilla}} \qquad (6.21)$$

如图6.47所示是式（6.21）所示关系。

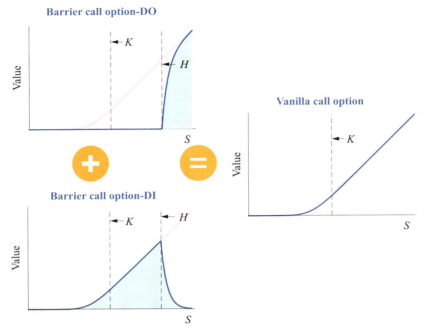

图6.47 DO看涨障碍期权和DI看涨障碍期权关系（$H>K$）

6.4 看跌障碍期权

本节将讨论看跌障碍期权。看跌期权价值的BSM解析解在上一节已经给出。如图6.48所示是向上敲出看跌障碍期权，在$H<K$时的到期收益折线。当标的物价格S大于障碍价格H时，即$S>H$，期权失效。期权发行时，$S<H$。如图6.49所示是未到期向上敲出看跌障碍期权理论价值曲线和欧式看跌期权理论价值曲线比较，该曲线在障碍价格H处有明显截断。如图6.50所示是向上敲出看跌障碍期权价值曲线随到期时间变化。另外，对于向上敲出看跌障碍期权，H可以大于K。如图6.51所示是当$H>K$时，向上敲入看跌障碍期权收益折线。请读者自己画出这种情况下期权理论价值曲线随到期时间变化。

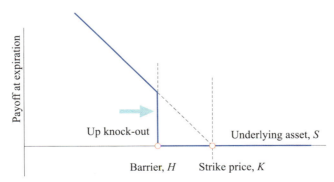

图6.48 向上敲出看跌（up knock-out，UO，put）障碍期权收益折线（$H<K$，到期时刻）

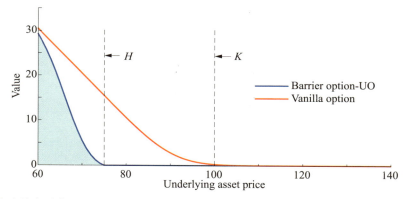

图6.49　向上敲出看跌（up knock-out，UO，put）障碍期权和欧式看涨期权比较（$H<K$，未到期）

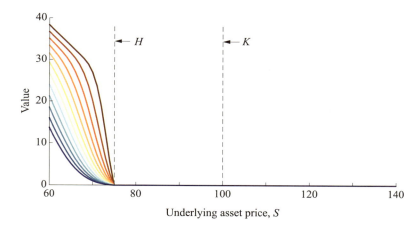

图6.50　向上敲出看跌（up knock-out，UO，put）障碍期权随到期时间变化曲线（$H<K$）

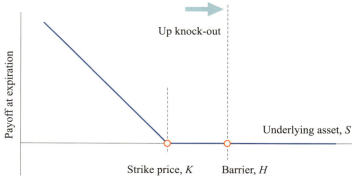

图6.51　向上敲出看跌（up knock-out，UO，put）障碍期权收益折线（$H>K$，到期时刻）

对于向上敲入看跌期权，当标的物价格S超越障碍价格H时，期权生效。期权生效后，到期收益折线和普通欧式期权一致，如图6.52所示。但是在到期之前，向上敲入看跌障碍期权的理论价值曲线如图6.53所示。如图6.54所示是向上敲入看跌期权理论价值曲线随到期时间变化。对于向上敲入看跌障碍期权，$H>K$情况如图6.55所示。请读者自己绘制$H>K$情况下，向上敲入看跌障碍期权理论价值随到期时间变化曲线。

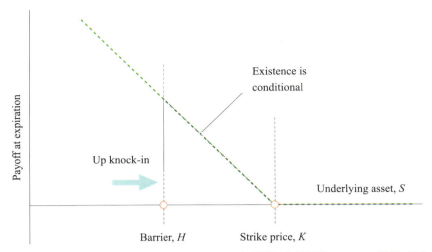

图6.52 向上敲入看跌（up knock-in，UI，put）障碍期权收益折线（$H<K$，到期时刻）

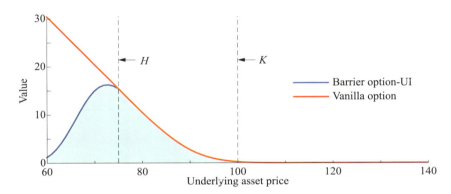

图6.53 向上敲入看跌（up knock-in，UI，put）障碍期权和欧式看跌期权比较（$H<K$，未到期）

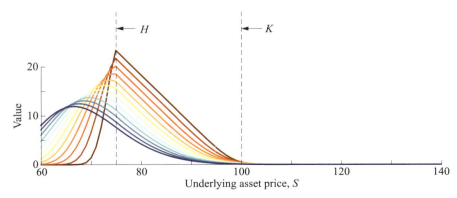

图6.54 向上敲入看跌（up knock-in，UI，put）障碍期权价值曲线随到期时间变化（$H<K$）

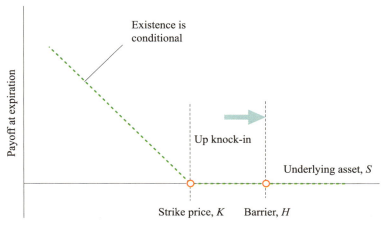

图6.55 向上敲入看跌（up knock-in，UI，put）障碍期权收益折线（$H > K$，到期时刻）

当其他条件一样，向上敲出看跌期权和向上敲入看跌期权理论价值价值之和等于欧式看跌期权：

$$P_{\text{up knock-out}} + P_{\text{up knock-in}} = P_{\text{vanilla}} \tag{6.22}$$

如图6.56所示是式（6.22）所示关系的图像。

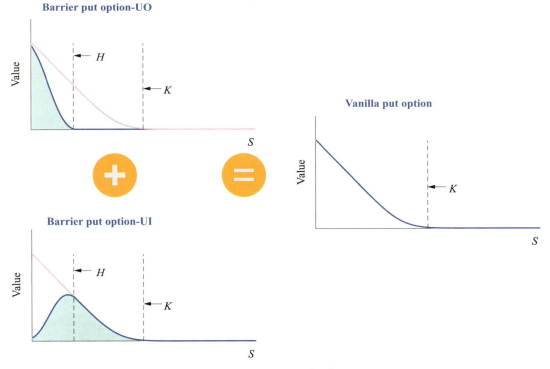

图6.56 UO看跌障碍期权和UI看跌障碍期权关系（$H < K$）

如图6.57所示是在$H < K$情况，向下敲出看跌障碍期权到期收益折线。如图6.58所示是未到期向下敲出看跌障碍期权理论价值和欧式看跌期权理论价值曲线的比较。如图6.59所示是向下敲出看跌障碍期权理论价值随到期时间曲线变化。

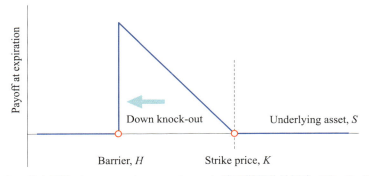

图6.57 向下敲出看跌（down knock-out，DO，put）障碍期权收益折线（$H<K$，到期时刻）

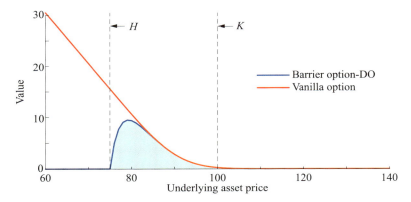

图6.58 向下敲出看跌（down knock-out，DO，put）障碍期权和欧式看跌期权比较（$H<K$，未到期）

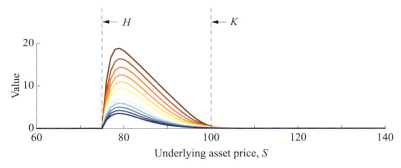

图6.59 向下敲出看跌（down knock-out，DO，put）障碍期权价值曲线随到期时间变化（$H<K$）

如图6.60所示是障碍价格低于执行价格的向下敲入看跌障碍期权情况，$H<K$。如图6.61所示是向下敲入看跌障碍期权的价值要低于欧式看跌期权价值。如图6.62所示是向下敲入看跌障碍期权价值曲线随到期时间变化。

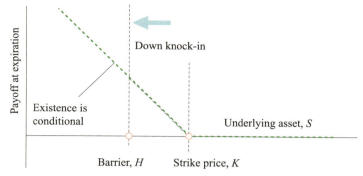

图6.60 向下敲入看跌（down knock-in，DI，put）障碍期权收益折线（$H<K$）

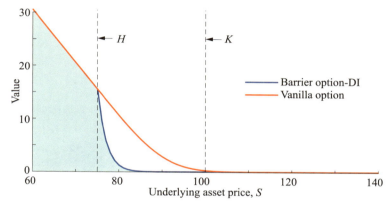

图6.61 向下敲入看跌（down knock-in，DI，put）障碍期权和欧式看跌期权对比（$H<K$，未到期）

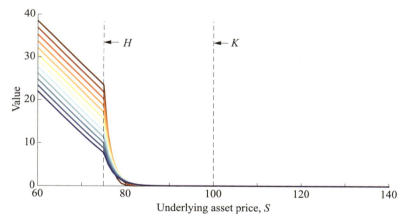

图6.62 向下敲入看跌（down knock-in，DI，put）障碍期权价值曲线随到期时间变化（$H<K$）

比较图6.58和图6.61，可以得出向下敲出看跌期权和向下敲入看跌期权理论价值价值之和等于欧式看跌期权：

$$P_{\text{down knock-out}} + P_{\text{down knock-in}} = P_{\text{vanilla}} \quad (6.23)$$

如图6.63所示是式（6.22）所示关系图像。

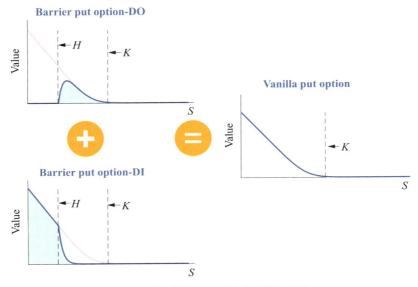

图6.63　DO看跌障碍期权和DI看跌障碍期权关系（$H < K$）

MATLAB有barrierbybls()和barriersensbybls()函数用BSM解析解计算障碍期权价值和希腊字母。MATLAB还有很多其他计算障碍期权价值和希腊字母的方法，请参考如下链接：

https://www.mathworks.com/help/fininst/supported-equity-derivatives.html

本节和上一节用的是自定义的方程计算障碍期权价值。代码具体如下。

`B2_Ch6_2.m`

```matlab
function [call,put] = blsprice_barrier(S,K,H,r,q,T,sigma,rebate,Barrier_type)

syms A(phi) B(phi) C(phi,eta) D(phi,eta) E(eta) F(eta)
% phi: call (phi = 1), put (phi = -1)
% eta: down (eta = 1), up (eta = -1)

mu     = (r - q - sigma^2/2)/sigma^2;
lambda = sqrt(mu^2 + 2*r/sigma^2);
z      = log(H/S)/sigma/sqrt(T) + lambda*sigma*sqrt(T);

x1 = log(S/K)/sigma/sqrt(T) + (1+mu)*sigma*sqrt(T);
x2 = log(S/H)/sigma/sqrt(T) + (1+mu)*sigma*sqrt(T);

y1 = log(H^2/S/K)/sigma/sqrt(T) + (1+mu)*sigma*sqrt(T);
y2 = log(H/S)/sigma/sqrt(T) + (1+mu)*sigma*sqrt(T);

A(phi) = phi*S*exp(-q*T)*normcdf(phi*x1) - ...
    phi*K*exp(-r*T)*normcdf(phi*x1 - phi*sigma*sqrt(T));

B(phi) = phi*S*exp(-q*T)*normcdf(phi*x2) - ...
```

```matlab
        phi*K*exp(-r*T)*normcdf(phi*x2 - phi*sigma*sqrt(T));

C(phi,eta) = phi*S*exp(-q*T)*(H/S)^(2*mu + 2)*normcdf(eta*y1) - ...
    phi*K*exp(-r*T)*(H/S)^(2*mu)*normcdf(eta*y1 - eta*sigma*sqrt(T));

D(phi,eta) = phi*S*exp(-q*T)*(H/S)^(2*mu + 2)*normcdf(eta*y2) - ...
    phi*K*exp(-r*T)*(H/S)^(2*mu)*normcdf(eta*y2 - eta*sigma*sqrt(T));

E(eta) = rebate*exp(-r*T)*(normcdf(eta*x2 - eta*sigma*sqrt(T)) - ...
    (H/S)^(2*mu)*normcdf(eta*y2 - eta*sigma*sqrt(T)));

F(eta) = rebate*((H/S)^(mu + lambda)*normcdf(eta*z) + ...
    (H/S)^(mu - lambda)*normcdf(eta*z - 2*eta*lambda*sigma*sqrt(T)));

switch Barrier_type

    case 'UO' %===================================
        eta = -1; type = 1;
        if H < K

            phi = 1; % call
            call = F(eta);
            phi = -1; % put
            put  = B(phi) - D(phi,eta) + F(eta);

        else % H > K
            phi = 1; % call
            call = A(phi) - B(phi) + C(phi,eta) - D(phi,eta) + F(eta);
            phi = -1; % put
            put  = A(phi) - C(phi,eta) + F(eta);

        end

    case 'UI' %===================================
        eta = -1; type = 2;
        if H < K
            phi = 1; % call
            call = A(phi) + E(eta);
            phi = -1; % put
            put  = A(phi) - B(phi) + D(phi,eta) + E(eta);

        else % H > K
            phi = 1; % call
            call = B(phi) - C(phi,eta) + D(phi,eta) + E(eta);

            phi = -1; % put
            put  = C(phi,eta) + E(eta);
```

```matlab
        end

    case 'DO'  %===================================
        eta = 1; type = 3;
        if H < K
            phi = 1;  % call
            call = A(phi) - C(phi,eta) + F(eta);

            phi = -1; % put
            put  = A(phi) - B(phi) + C(phi,eta) - D(phi,eta) + F(eta);

        else % H > K
            phi = 1;  % call
            call = B(phi) - D(phi,eta) + F(eta);

            phi = -1; % put
            put  = F(eta);

        end

    case 'DI'  %===================================
        % down knock-in
        eta = 1; type = 4;
        if H < K
            phi = 1;  % call
            call = C(phi,eta) + E(eta);

            phi = -1; % put
            put  = B(phi) - C(phi, eta) + D(phi, eta) + E(eta);

        else % H > K
            phi = 1;  % call
            call = A(phi) - B(phi) + D(phi,eta) + E(eta);
            phi = -1; % put
            put  = A(phi) + E(eta);
        end


    otherwise
        disp('Barrier type is not supported')

end

call = double(call);
put  = double(put);

% disp(double(A(phi)));
```

```
%    disp(double(B(phi)));
%    disp(double(C(phi,eta)));
%    disp(double(D(phi,eta)));
%    disp(double(E(eta)));
%    disp(double(F(eta)));

if type == 1 && S >= H   % UO
    call = 0; put = 0;
elseif type == 2 && S >= H   % UI
    [call,put] = blsprice(S,K,r,T,sigma);
elseif type == 3 && S <= H   % DO
    call = 0; put = 0;
elseif type == 4 && S <= H   % DI
    [call,put] = blsprice(S,K,r,T,sigma);
else
end
end
```

6.5 亚式期权

亚式期权（Asian option），又称平均价格期权。亚式期权属于**路径依赖期权**（path-dependent option）。与香草期权相比，亚式期权采用期权合同期内规定的某段时间的资产价格的平均值作为市场价格。计算平均价格的时间被称作平均期。根据期权的执行价格是否固定，亚式期权又可以分为**固定执行价格**（fixed-strike）和**浮动执行价格**（floating-strike）。

对于固定执行价格亚式看涨期权，**到期收益折线**（payoff function at maturity）为：

$$\max(0, \ S_{avg} - K) \tag{6.24}$$

式中：S_{avg} 为一段时间内标的资产的平均值；K 为执行价格。

固定执行价格亚式看跌期权为：

$$\max(0, \ K - S_{avg}) \tag{6.25}$$

执行价格为平均值的亚式看涨期权为：

$$\max\left(0, \ S_T - S_{\text{avg}}\right) \quad (6.26)$$

式中：S_T 为**标的资产在到期时刻的价格**（price at maturity of underlying asset），K 为固定执行价格。
执行价格为平均值的亚式看跌期权为：

$$\max\left(0, \ S_{\text{avg}} - S_T\right) \quad (6.27)$$

式中：S_{avg} 为一段时间内**标的资产的平均值**（average price of underlying asset）。
计算平均值的方法有算数平均和几何平均两种方法。由于资产价格是经过采样的结果，因此对于**算数平均值**（arithmetic average）：

$$S_{\text{avg}} = \frac{1}{n}\sum_{i=1}^{n} S(t_i) \quad (6.28)$$

式中：n 为计算价格平均值的资产价格采样数。
对于**几何平均值**（geometric average）：

$$S_{\text{avg}} = \left(\prod_{i=1}^{n} S(t_i)\right)^{\frac{1}{n}} \quad (6.29)$$

如图6.64所示是股价路径和**连续算数平均数**（continuous arithmetic average）和**连续几何算数平均数**（continuous geometric average）的比较。

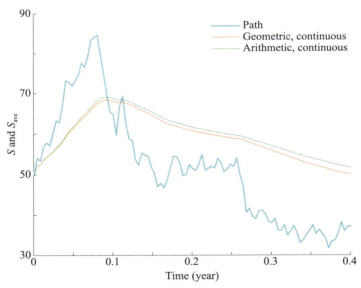

图6.64　股价模拟路径、连续算数平均数和连续几何平均数

另外资产价格可以看作是连续的，一些亚式期权在计算平均值时可以在一些固定的时间点进行采样，比如每周或每两周采样一次。如图6.65所示是股价路径和**离散几何平均数**（discrete geometric average）及**离散算数平均数**（discrete arithmetic average）的比较。

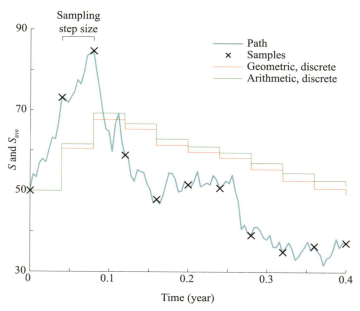

图6.65 股价模拟路径、离散算数平均数和离散几何平均数

以下代码可以获得图6.64和图6.65。

`B2_Ch6_3.m`

```
clc; clear all; close all

S0 = 50;
N_steps = 100;
mu = 0.05;
sigma = 0.5;
T = [0:N_steps]/250; % unit year
stock_path = GBM_stock(1, N_steps,1, mu, sigma,S0);
nums = 1:N_steps+1;
arithmetic_average = cumsum(stock_path)./nums;
geometric_average  = cumprod(stock_path).^(1./nums);
prodct = cumprod(stock_path);
sample_step = 10;
T_sampled = [0:sample_step:N_steps]/250; % unit year
index_sampled = 1:sample_step:N_steps+1;
nums_sampled = [1:length(T_sampled)];

arithmetic_average_sampled = cumsum(stock_path(index_sampled))./nums_sampled;

geometric_average_sampled  = cumprod(stock_path(index_sampled)).^(1./nums_sampled);

figure(1)
plot(T,stock_path); hold on
```

```
plot(T,geometric_average); hold on
plot(T,arithmetic_average); hold on
xlabel('Time [year]'); ylabel('Asset price and its average')
legend('Path','Geometric, continuous','Arithmetic, continuous','location','best')
box off; grid off

figure(2)
plot(T,stock_path); hold on
plot(T_sampled,stock_path(index_sampled),'xk'); hold on
stairs(T_sampled,geometric_average_sampled); hold on
stairs(T_sampled,arithmetic_average_sampled); hold on
xlabel('Time [year]'); ylabel('Asset price and its average')
legend('Path','Samples','Geometric, discrete','Arithmetic, discrete',
'location','best')
box off; grid off

function S = GBM_stock(N_paths, N_steps, T_sim, mu, sigma, S0)
dt = T_sim/N_steps;
drift = (mu - 0.5*sigma^2)*dt;
S = S0*ones(N_paths, N_steps+1);
brownian = sigma*sqrt(dt)*normrnd(0,1,N_paths, N_steps);
S(:, 2:end) = S0*exp(cumsum(drift + brownian, 2));
end
```

对于平均股价亚式期权而言，平均降低了波动率，该期权理论价值较普通期权低。对于平均协议价格亚式期权而言，平均时间越长，标的资产期末价格与协议价格的相关性越低，期权理论价值越高。亚式期权的好处之一是，能有效避免标的物价格在某个时刻被操纵的风险。

MATLAB给出很多亚式期权的计算函数，请参考以下资源：

https://www.mathworks.com/help/fininst/supported-equity-derivatives.html

6.6 其他奇异期权

MATLAB还支持很多其他奇异期权。**回溯期权**（lookback option）也是路径依赖。回溯期权的回报取决于一段时间中资产价格的最高点或最低点。**浮动看涨**（floating call）回溯期权到期回报是：

$$C = \max(S_T - S_{\min}, 0) \qquad (6.30)$$

这个期权的优势是最低价买入。**浮动看跌**（floating put）回溯期权回报是：

$$P = \max(S_{\max} - S_T, 0) \qquad (6.31)$$

浮动看跌期权的优势是最高价卖出。**固定看涨**（fixed call）回溯期权的回报是：

$$C = \max(S_{\max} - K, 0) \tag{6.32}$$

固定看涨期权的优势是最高价卖出。**固定看跌**（fixed put）回溯期权的回报是：

$$P = \max(K - S_{\min}, 0) \tag{6.33}$$

固定看跌回溯期权的优势最低价买入。

篮子期权（basket option）是一种多因子期权。多因子期权的价值则取决两种或多种目标资产的价格。模拟过程需要考虑多种目标资产的协同运动，也就是必须考虑它们之间的两两相关性。假设第 i 个资产的权重 w_i，资产组合的价格为：

$$S_{\text{basket}} = \sum_{i=1}^{n} w_i S_i \tag{6.34}$$

篮子看涨期权（basket call option）的回报为：

$$C = \max(S_{\text{basket}}(T) - K, 0) \tag{6.35}$$

篮子看跌期权（basket put option）的回报为：

$$P = \max(K - S_{\text{basket}}(T), 0) \tag{6.36}$$

MATLAB还支持其他奇异期权，有兴趣的读者可以继续学习。

第 7 章 Market Risk 市场风险 I

JP Morgan对于风险价值VaR的推广功不可没。起初,JP Morgan时任总裁Dennis Weatherstone要求手下每天下午四点十五分市场停止交易后,拿出一份有关银行整体交易组合在之后的一天之内可能面临的风险报告。这一份报告也被称作"415报告"。之后JP Morgan将这一功能从母公司剥离,成立著名的咨询公司RiskMetrics。RiskMetrics在2010年被MSCI正式收购。现在RiskMetrics是MSCI众多产品之一。

更多有关这段历史的细节,可参考下文:

https://www.nytimes.com/2009/01/04/magazine/04risk-t.html

Core Functions and Syntaxes
本章核心命令代码

- blsdelta() BSM模型计算欧式期权Delta
- blsgamma() BSM模型计算欧式期权Gamma
- blsprice() BSM模型计算欧式期权价格
- bndconvy() 给出收益率计算债券凸率
- bnddurp() 给出债券价值计算久期
- bndyield(Clean_Price, CouponRate, Settle, Maturity, Period, Basis) 将净价等转化为收益率
- bondbyzero(RateSpec,CouponRate,Settle,Maturity) 获得债券当前的全价、净价和现金流情况
- cfconv(CashFlow,Yield) 计算现金流的凸率
- cfdur(CashFlow,Yield) 根据输入的现金流和收益率计算久期和修正久期
- datenum() 将日期和时间转换为日期序列值
- fliplr(A) 将矩阵A左右翻转
- fred() 函数可以在线获取圣路易士联邦储备银行 [Federal Reserve Bank of St Louis] (官网:https://fred.stlouisfed.org) 提供的大量的经济数据。如'FEDFUNDS'是联邦基金利率,'MPRIME'是最优惠利率,'DGS1MO'是美国国债收益率1月期,等等
- hist_stock_data('01012015','31052019','GM','F','MCD','IBM'); hist_stock_data() 这是Matlab论坛网友分享的函数,可以用于下载Yahoo! Finance提供的历史股票价格数据。'01012015'和'31052019'分别定义查询的起始和结束日期。'GM','F','MCD' 和 'IBM'为待查询股票的公司的名称,分别为通用汽车公司、福特汽车公司、麦当劳和IBM。此外,公司的缩写可通过Yahoo! Finance官网https://finance.yahoo.com/ 查询获取
- histogram(X) 生成直方图
- intenvset() 构建利率期限结构体
- legend show 显示图例
- meshgrid (x, y) 生成网格坐标
- pvvar(CashFlow, Rate, CFDates) 用于计算非固定现金流。其中,"CashFlow"为现金流的金额,"Rate"为年化利率,"CFDates"为支付现金流的时间(可选)
- ret2tick() 将回报率序列变成价格序列
- tick2ret() 将价格序列变成回报率序列

7.1 市场风险

常见的金融风险主要有以下几种：

◀ **市场风险**（market risk）；
◀ **信用风险**（credit risk）；
◀ **操作风险**（operational risk）；
◀ **流动性风险**（liquidity）。

市场风险是指未来市场价格，比如商品、股票、利率、汇率等，不确定性对投资者和企业造成不利影响。信用风险是指借款人、背书人或交易对手等未能兑现其承诺的金融债券所导致的潜在损失。很多情况，信用风险是由借款人未能及时、足额偿还债务产生违约的风险。操作风险是指由于内部程序、人员和系统的不完备或失效，或由于外部事件造成损失的风险。本书下面首先用两章篇幅探讨市场风险，之后用三章内容探讨信用风险。

本章，首先探讨市场风险。市场风险主要包括：

◀ 股票及股指价格变化（图7.1所示的是道琼斯股指走势；图7.2所示的是日经指数的变化）
◀ 大宗商品价格变化（图7.3、图7.4、图7.5、图7.6所示的是石油、黄金、铁矿石和大豆价格变化）
◀ 利率及利差变化（图7.7所示的是之前已经讲过的利率曲面）
◀ 汇率变化（图7.8和图7.9所示的是USD/EUR和USD/RMB这两个汇率随时间的变化）等

市场风险还包括以上以上基于以上产品衍生品定价风险因子。

请读者根据前文所讲，从FRED下载数据并绘制图像。

根据金融产品的特点，上述这些风险因子变化会对产品的价值产生不同的影响。下两节，就要探讨上述这些风险因子如何影响一些金融产品价值。

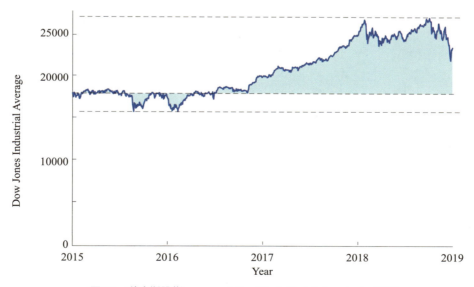

图7.1 道琼斯股指：source: https://fred.stlouisfed.org/series/DJIA

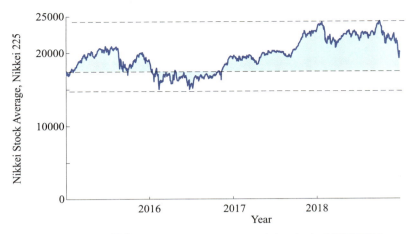

图7.2 日经股指：source: https://fred.stlouisfed.org/series/NIKKEI225

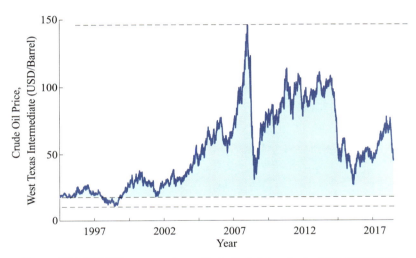

图7.3 石油价格变化：source: https://fred.stlouisfed.org/series/POILWTIUSDM

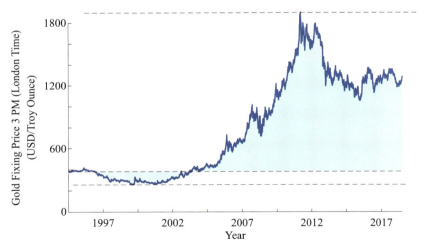

图7.4 黄金价格变化：source: https://fred.stlouisfed.org/series/GOLDPMGBD228NLBM

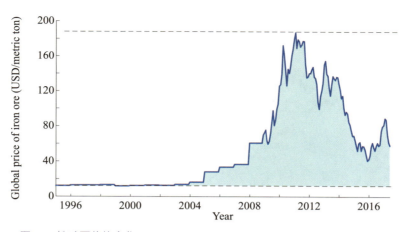

图7.5　铁矿石价格变化；source: https://fred.stlouisfed.org/series/PIORECRUSDM

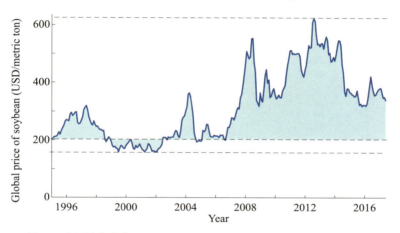

图7.6　大豆价格变化；source: https://fred.stlouisfed.org/series/PSOYBUSDM

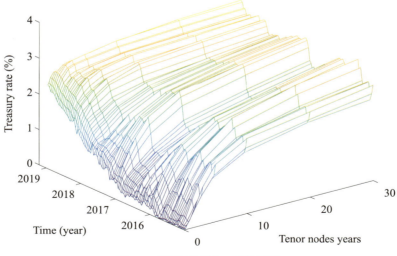

图7.7　美国国债利率及利差平面

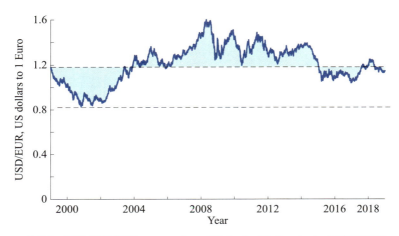

图7.8　USD/EUR汇率：source: https://fred.stlouisfed.org/series/DEXUSEU

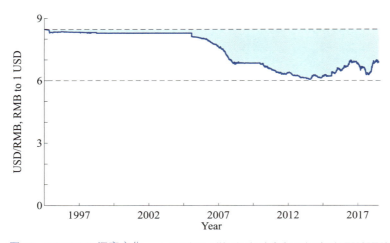

图7.9　USD/RMB汇率变化：source: https://fred.stlouisfed.org/series/AEXCHUS

7.2 风险因子和敏感度

风险因子（risk factors）通常是指直接导致损失的风险因素，包括具体的市场变化，比如**利率**（interest rate）、**信用评级**（credit rating）以及**信用利差**（credit spread）、股票以及**股指价格**（stock market index）、**大宗商品价格**（commodity price）、**汇率**（foreign exchange rates）、**流动性**（liquidity）（**买卖价差**（bid-ask spread）是衡量流动性重要的依据之一）等等。波动率（**历史波动率**（historical volatility，HV）、**隐含波动率**（implied volatility，IV））也是风险因子。

例如在美国持有苹果公司的股票，如图7.10所示，这笔投资主要风险因子就是美国市场上苹果公司的股价。如果投资者在英国，持有苹果公司在美国发售的股票，并且以英镑计算损益，如图7.11所示，它的主要风险因子就有美国股票市场苹果公司股价，以及美元兑英镑的汇率。

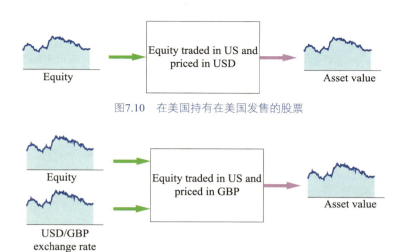

图7.10　在美国持有在美国发售的股票

图7.11　在英国持有在美国发售的股票

美国投资者持有距离到期9个月的短期债券（不考虑利差），因为债券到期前再无其他现金流，这笔投资的当前风险因子可看作是这段时间上的利率，而这9个月的利率由于在现实中并没有直接的来源，可利用6个月期限和1年期限两个节点利率，通过线性插值估算，如图7.12所示。因此，对于投资者来说，这个资产的风险因子实际上又是6个月期限和1年期限两个利率，如图7.13所示。随着时间推移，过了一段时间，这个债券距离到期时间恰好为6个月，那么这个资产的风险因子就是6个月期限的利率。

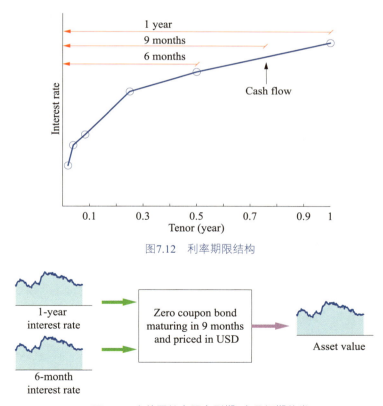

图7.12　利率期限结构

图7.13　在美国持有距离到期9个月短期债券

如果投资者持有一个在美国发行的不含权债券，每半年发息一次。当前距离到期正好是3年，下一次发息正好是半年之后；不考虑利差，对于投资者这笔资产的风险因子也是利率，分别对应半年、一年、一年半、两年、两年半这几个时刻。这里两年半这个时间节点的利率也可以通过2年期和3年期线性插值得到。实际情况是，对于债券，还有更复杂的情况，比如公司债，公司的信用评级、各种利差等等都会称为风险因子，影响公司债的价格；对于含权债券，债券的定价就更复杂了。

下面来聊一聊美国国债和国债收益率关系。最新发行的美国债券被称作**新券**（on-the-run treasuries）；已发行一段时间，没有过期的债券叫作**旧券**（off-the-run treasuries）。新券流动性好，交易频繁，因此和到期时间相同的旧券相比，新券要贵一些，收益一般稍低。**国债收益率曲线**（Treasury's yield curve）通常是根据新券**买方市场报价**（bid-side market quotations），在一些期限节点上也会用旧券的收益率数据。但是，也有很多投资者喜欢用旧券的收益率数据来构造收益率曲线。

对于期权，比如普通场内交易欧式期权，它的风险因子包括：标的物价格，利率，波动率。之所以把这三个量值称作风险因子，是因为它们随着市场行情不断波动。执行价格虽然影响期权定价，但是执行价值在期权发行时已经确定，因此它并不是风险因子。另外，到期时间虽然不断减小，但是它的变化并不存在不确定性，因子到期时间也不是风险因子。如图7.14所示，在美国持有某股票期权的风险因子有：股价、指数回报率波动率和利率。如果某个投资者在英国持有在美国发行的期权，那么对于这个投资者来说，这个资产的风险因子就得增加一个美元兑英镑汇率。对于交易量大、流动性好的期权来说，市场上观察到的期权价格常常用来估算波动率。

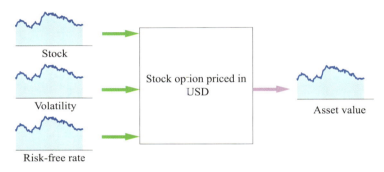

图7.14 欧式期权的风险因子

具有不确定性的风险因子影响了金融产品的价值，从而造成了损益（PnL），市场风险的管理从管理风险因子开始。丛书第一本书的数学部分，提到过这个概念——**敏感性**，或者称为**敏感度**（sensitivity）。敏感度分析则反映了风险因子和所属金融产品（或投资组合）的价值关系。债券中，久期衡量的是价格对收益率变化（ΔYTM）的敏感程度。凸性，衡量的是债券价格对收益率变化值的平方（ΔYTM^2）敏感程度。对于期权，Delta是衡量期权价格对于标的物价格变化（ΔS）的一阶敏感度。Gamma是衡量期权价格对于标的物价格变化（ΔS^2）的二阶敏感度。Vega衍生产品的价格相对于其波动率变化的敏感程度。Theta衍生产品的价格相对于距其到期日时间变化的敏感程度。Rho，衍生产品的价格对利率水平变化的敏感程度。下面将首先讨论如何用这些敏感度来估算债券和期权价值变化。

7.3 损益估算

这一节将讨论使用泰勒展开估算债券和期权损益。首先回顾一下丛书第一本书中讲解的久期和凸率这两个概念。久期是债券价格和YTM的一阶线性关系。久期越大，利率风险越大。债券凸率是表达债券价格和YTM之间的一种非线性关系，是债券价格对YTM的二阶导数。如图7.15所示是在不同息票率的条件下，债券现值和到期时间的关系。

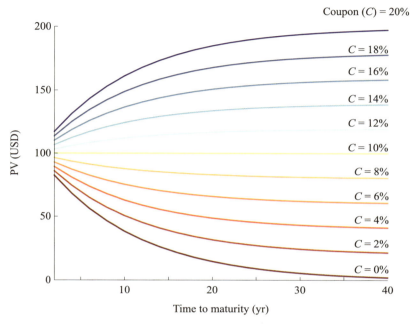

图7.15　在不同息票率条件下，现值和到期时间的关系

假设债券的YTM为0.1，即10%。以息票率为10%为分界点；当息票率小于YTM，债券价格随着到期时间减小；当息票率大于YTM，债券价格随着到期时间增大，如图7.15所示。随着到期时间不断缩短，修正久期一般情况下不断下降。如图7.16所示是久期随着到期时间和息票率变化的曲面。如图7.17所示是凸率随着到期时间和息票率变化形成的曲面。

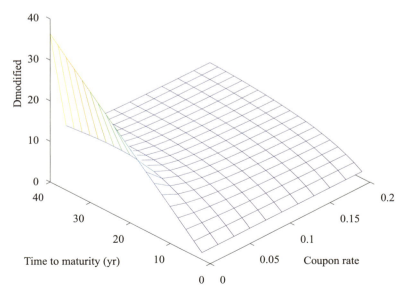

图7.16　久期、到期时间和息票率三者构成的曲面

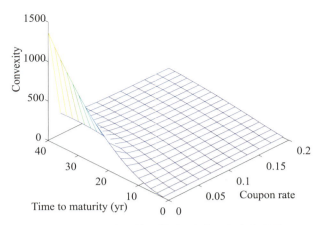

图7.17 凸率随着到期时间和息票率变化曲面

请读者参考丛书第一本书有关久期和凸率内容编写代码并绘制本节以上图像。

债券价格随收益率YTM变化，可用一阶泰勒展开来估算：

$$\frac{\text{PnL}}{P_{\text{baseline}}} \approx -D_{\text{eff}} \times \Delta YTM \tag{7.1}$$

式中：PnL为债券价格的变动；P_{baseline}为债券当前价格；D_{eff}为债券**有效久期**（effective duration）；ΔYTM为债券收益率变动。

式（7.1）也叫**久期估算**（duration approximation）。式（7.1）调整一下可获得：

$$\text{PnL} = P_{\text{projected}} - P_{\text{baseline}} \\ \approx -D_{\text{eff}} \times \Delta YTM \times P_{\text{baseline}} \tag{7.2}$$

假设债券YTM为0.2，图7.18中的蓝色曲线是债券价格随着YTM变化的曲线，红色线是久期估算的直线。随着YTM不断偏离0.2，也就是ΔYTM的绝对值不断增大，久期估算的误差不断增大。由于蓝色线为凸，红色线作为其切线，一直处于蓝色线之下；因此，久期估算的债券值一直低于真实值。请读者注意这种估算，一般不会考虑到期时间变化。

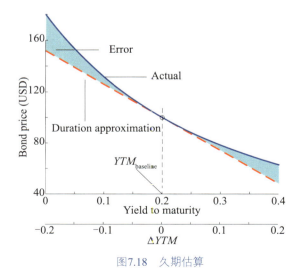

图7.18 久期估算

久期–凸率估算（duration-convexity approximation），用到了二阶泰勒展开来估算债券价格随收益率变化：

$$\frac{\text{PnL}}{P_{\text{baseline}}} \approx -D_{\text{eff}} \times \Delta YTM + \frac{1}{2}\Delta YTM^2 \times C_{\text{eff}} \tag{7.3}$$

债券价格变化也可以写作：

$$\begin{aligned}\text{PnL} &= P_{\text{projected}} - P_{\text{baseline}} \\ &\approx P_{\text{baseline}}\left(-D_{\text{eff}} \times \Delta YTM + \frac{1}{2}\Delta YTM^2 \times C_{\text{eff}}\right)\end{aligned} \tag{7.4}$$

如图7.19所示是久期-凸率估算债券价格变化。相比图7.18，图7.19中的红色线更加靠近蓝色线。如图7.20所示是久期估算和久期-凸率估算误差的关系。在丛书第一本书有关泰勒展开的部分提及过，泰勒一次展开式相当于曲线在某点的切线，离切点越远，误差通常越大。

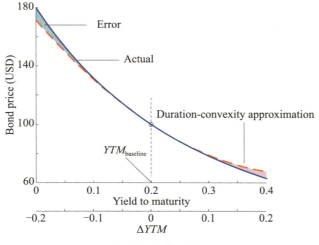

图7.19　久期-凸率估算

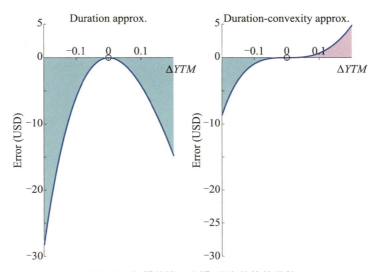

图7.20　久期估算、久期-凸率估算的误差

以下代码可以获得图7.18、图7.19和图7.20。

`B2_Ch7_1.m`

```matlab
%% Duration Approximation
%  Duration-Convexity Approximation

clc; clear all; close all

coupon_rate = 0.2;
par = 100;
coupon = par*coupon_rate;
CFs = [coupon coupon coupon coupon + par];

YTM = [0:0.01:0.4];
current_ytm = coupon_rate;
[D, D_mod] = cfdur(CFs, current_ytm);

C = cfconv(CFs, current_ytm);

PV_0 = pvvar([0 CFs], current_ytm);

delta_YTM = YTM - current_ytm;

for i = 1:length(YTM)
    
    ytm = YTM(i);
    
    PV(i) = pvvar([0 CFs], ytm);
    
end

PV_1_D_approx = PV_0.*(1 - D_mod.*delta_YTM);

figure(1)

x = YTM;
curve1 = PV;
curve2 = PV_1_D_approx;
x2 = [x, fliplr(x)];
inBetween = [curve1, fliplr(curve2)];
fill(x2, inBetween, 'g','LineStyle','none'); hold on

plot(YTM, PV,'LineWidth',2); hold on
xlabel('Yield to maturity')
ylabel('Bond price [USD]')
plot(coupon_rate, par, 'o')
```

```
plot(YTM, PV_1_D_approx,'--','LineWidth',2); hold on
legend('Error','Current','PV vs YTM','Duration approximation')

PV_1_D_C_approx = PV_0.*(1 - D_mod.*delta_YTM +
1/2*C.*delta_YTM.^2);

figure(2)

x = YTM;
curve1 = PV;
curve2 = PV_1_D_C_approx;
x2 = [x, fliplr(x)];
inBetween = [curve1, fliplr(curve2)];
fill(x2, inBetween, 'g','LineStyle','none'); hold on

plot(YTM, PV,'LineWidth',2); hold on
xlabel('Yield to maturity')
ylabel('Bond price [USD]')
plot(coupon_rate, par, 'o')

plot(YTM, PV_1_D_C_approx,'--','LineWidth',2); hold on
legend('Error','Current','PV vs YTM','Duration-Convexity approximation')


figure(3)
subplot(1,2,1)
error_D = PV_1_D_approx - PV;

delta_YTM = YTM - coupon_rate;
plot(delta_YTM, error_D,'LineWidth',2); hold on
ylim([-30,5])
plot(0, 0, 'o')
xlabel('\Delta y')
ylabel('Error [USD]')
title('Duration approx.')
set(gca, 'XAxisLocation', 'origin')

subplot(1,2,2)
error_D_C = PV_1_D_C_approx - PV;
plot(delta_YTM, error_D_C,'LineWidth',2); hold on
ylim([-30,5])
plot(0, 0, 'o')
xlabel('\Delta y')
ylabel('Error [USD]')
title('Duration-convexity approx.')
set(gca, 'XAxisLocation', 'origin')
```

标的物价格的波动会影响期权价格。Delta描述的是期权价格和标的物价格的一阶关系。Gamma描述的是两者的二阶关系。期权价格随标的物价格变动用泰勒一阶展开估算为：

$$\text{PnL} = P_{\text{projected}} - P_{\text{baseline}} \approx \text{Delta} \times \Delta S \tag{7.5}$$

式（7.5）也叫**Delta估算**（Delta approximation）。类似的，如果考虑泰勒二阶展开的话，期权价格变动的估算式为：

$$\text{PnL} = P_{\text{projected}} - P_{\text{baseline}} \approx \text{Delta} \times \Delta S + \frac{1}{2}\text{Gamma} \times \Delta S^2 \tag{7.6}$$

式（7.6）也叫作**Delta-Gamma估算**（Delta-Gamma approximation）。如图7.21中蓝色曲线是欧式看涨期权随标的物价格变化关系，从图上看是个凸函数。标的物的价格为$S_0 = 60$ USD，红色线是Delta估算，相当于在此处蓝色曲线的切线。随着ΔS绝对值增大，Delta估算的误差不断变大。由于蓝色线是凸函数，因此Delta估算红色直线位于其下方。如图7.22所示是Delta-Gamma估算的情况。在ΔS大于0时，Delta-Gamma估算的结果高于真实值。如图7.23所示为比较真实曲线、Delta估算和Delta-Gamma估算三者关系。如图7.24所示是这两种估算的误差情况。

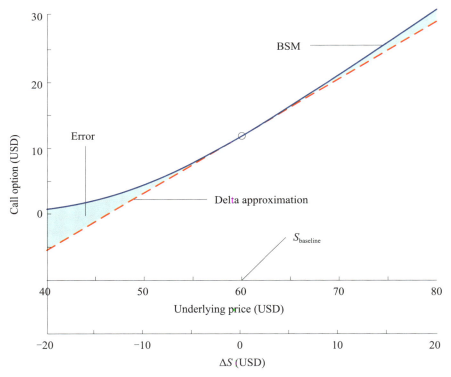

图7.21　BSM计算欧式看涨期权和Delta估算（$S_0 = 60$ USD，$K = 50$ USD）

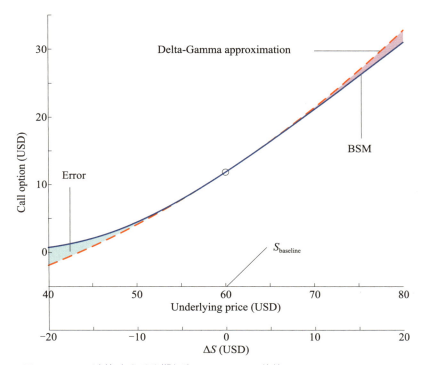

图7.22 BSM计算欧式看涨期权和Delta-Gamma估算（$S_0 = 60$ USD，$K = 50$ USD）

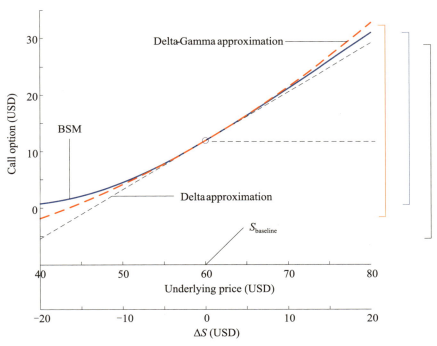

图7.23 BSM计算欧式看涨期权，Delta估算，Delta-Gamma估算（$K = 50$ USD，$S_0 = 60$ USD）

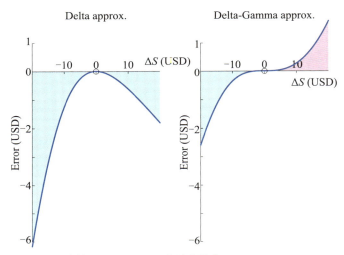

图7.24 Delta估算、Delta-Gamma估算的误差（$S_0 = 60$ USD，$K = 50$ USD）

请注意以上展示的两种估算和真实值之间的高低关系并不是一成不变的。这个高低关系某种程度上受到S_0和K的大小关系影响。如图7.25和图7.26所示是当S_0和K相等时真实值和两种估算值的关系。可以看到，Delta估算还是始终地低于真实值；但是Delta-Gamma估算在多数情况下高于真实值。如图7.27和图7.28所示是S_0小于K值的情况。

后文给出绘制这些图像的代码，有兴趣的读者可以绘制更多的图像，探讨S_0和K在不同取值情况下，真实值、Delta估算和Delta-Gamma估算三者的关系。

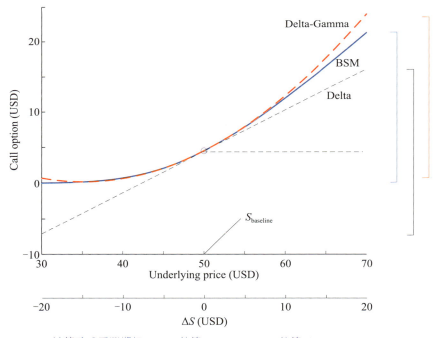

图7.25 BSM计算欧式看涨期权，Delta估算，Delta-Gamma估算（$S_0 = 50$ USD，$K = 50$ USD）

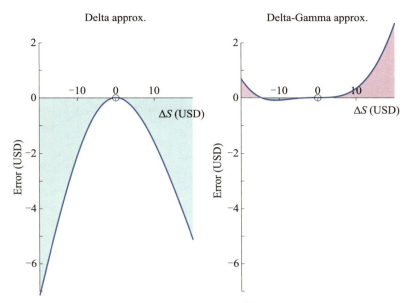

图7.26 Delta估算、Delta-Gamma估算的误差(S_0 = 50 USD,K = 50 USD)

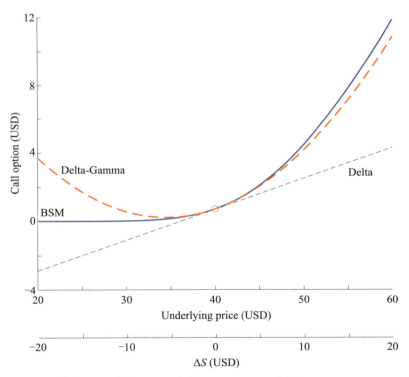

图7.27 BSM计算欧式看涨期权,Delta估算,Delta-Gamma估算(S_0 = 40 USD,K = 50 USD)

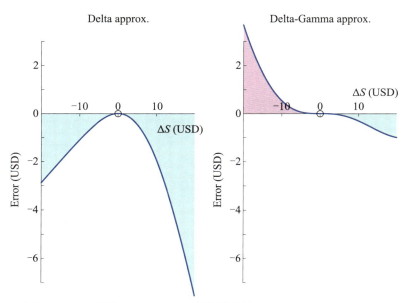

图7.28 Delta估算、Delta-Gamma估算的误差（S_0 = 40 USD，K = 50 USD）

本节最后来看一组欧式看跌期权的真实值、Delta估算和Delta-Gamma估算。如图7.29所示是用Delta估算方法计算欧式看跌期权价值。欧式看跌期权的图像（蓝色曲线）也是凸函数，红色线代表的Delta估算在蓝色线之下。如图7.30所示是Delta-Gamma估算和期权理论价值关系，注意这里是金额的变化，而不是百分比变化。如图7.31所示是这两种估算方法的误差。

请读者独立完成Delta和Delta-Gamma估算代码。

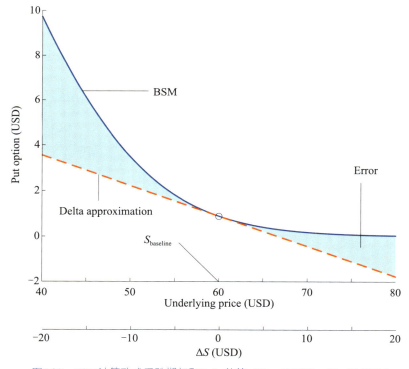

图7.29 BSM计算欧式看跌期权和Delta估算（S_0 = 60 USD，K = 50 USD）

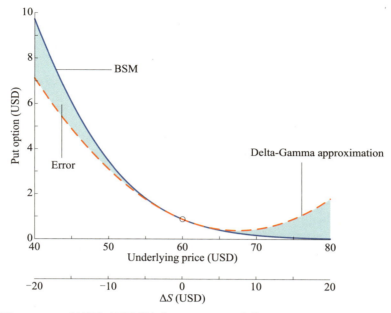

图7.30　BSM计算欧式看跌期权和Delta-Gamma估算（$S_0 = 60$ USD，$K = 50$ USD）

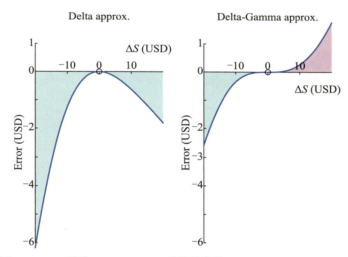

图7.31　Delta估算、Delta-Gamma估算的误差（$K = 50$ USD，$S_0 = 60$ USD）

7.4 风险价值

　　市场的风吹草动都会影响投资者资产的价值。从提防风险角度，投资者可能要问自己手中持有的产品未来一段时间内，比如 J 天内亏损的规模。以股票为例，如图7.32所示，蓝色曲线展示的是某只股票价格的历史走势，灰色线是未来 J 天的可能走势。

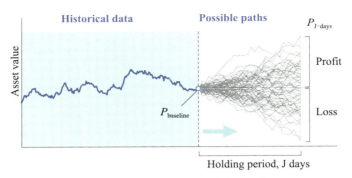

图7.32 历史价值轨迹和未来可能轨迹

这只股票当前的价格为P_{baseline}，未来J天的可能的价格为$P_{J\text{-days}}$。$P_{J\text{-days}}$是一个分布，如图7.33所示。这两者之差就是损益$\text{PnL}_{J\text{-days}}$可以通过式（7.7）求解：

$$\text{PnL}_{J\text{-days}} = P_{J\text{-days}} - P_{\text{baseline}} \qquad (7.7)$$

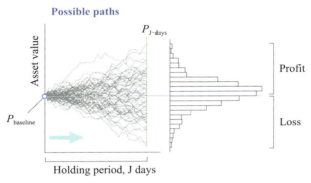

图7.33 J天后资产可能价值及分布

如图7.34所示，损益$\text{PnL}_{J\text{-days}}$可以形成一个分布。这个分布的左侧是可能的损失，右侧是可能的收益。看了这个分布，投资者可以这样发问，最坏的5%情况，这个资产会造成多少损失？这个问题就引出来一个重要的风险度量——风险价值。**风险价值**（value at risk，VaR）作为金融市场风险度量之一，在行业内被广泛使用。作为经典的市场风险度量，VaR可以帮助投资者评估所持资产的风险，这样投资者可以根据自身情况分散或者规避风险。

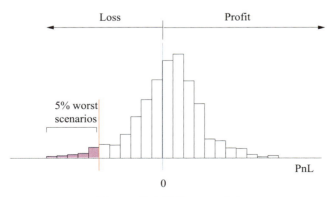

图7.34 资产损益$\text{PnL}_{J\text{-days}}$分布

从定义上来看，VaR(α)$_{J\text{-days}}$是指在一定的置信水平α下，某个投资组合在未来的**展期、持有期**（holding period）为J天时，能产生的**最大可能亏损**（maximum possible loss）。

例如，当置信水平为95%，展期为1天，对应的VaR$_{1\text{-day}}$值假设为100万美元。那就是说，在未来1天的时间里，有95%的把握，可能的损失不会超过100万美元。同样的意义还可以从显著性水平的角度来描述。即有5%的可能性，在未来1天内，可能的损失至少为100万美元。有人也喜欢用$1-\alpha$作为损失的可能性。95% VaR，可以记作VaR(95%)或VaR(5%)，或者用小数表示为VaR(0.05)或VaR(0.95)。99% VaR，可以记作VaR(99%)或VaR(1%)，或者用小数表示为VaR(0.01)或VaR(0.99)。虽然VaR代表损失，但是一般情况下，VaR都用正数来表达。实际上，置信水平为α的VaR(α)$_{J\text{-days}}$，也就是PnL(α)$_{J\text{-days}}$。从分位点的角度来看，VaR描述的是一定时间下资产组合损益分布的分位点。

图7.35总结了丛书第一本书中讨论的正态分布几个重要的分位点和区间范围。比如，$\pm\sigma$区间对应的是68%的概率；$\pm 2\sigma$区间对应的是95%的概率。$\pm 3\sigma$区间对应的是99.7%概率。这就是所谓的68–95–99.7法则。在标准正态分布中$\sigma=1$。$\pm 0.6745\sigma$对应的是四分位点左右两侧的分位数。

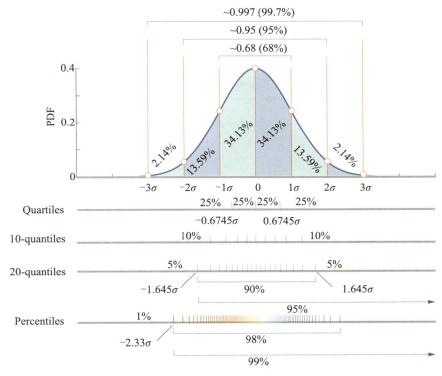

图7.35　标准正态分布几个重要的分位点

另外，请读者注意1.645和2.33这两个值，VaR计算部分会反复提及这两个值。

VaR的表达可以是用具体金额，也可以用百分比或者小数。如图7.36所示是横轴百分比VaR。图像横轴为收益率百分比，左侧为亏损，右侧为获利。该图说明，在未来特定的时间内，有95%的可能，这个投资组合亏损率不会超过0.8%。

收益率和当前投资组合的价值乘积，得到的就是损益PnL。如图7.37所示，一天VaR(95%)\$ = \$800,000 意味着有95%可能性，在一天之内的损失会小于80万美元；或者说，有5%的可能性，在一天之内的损失会大于80万美元。另外一种描述可以是，在100天营业日里，每天损失超过80万的天数不超过5天。

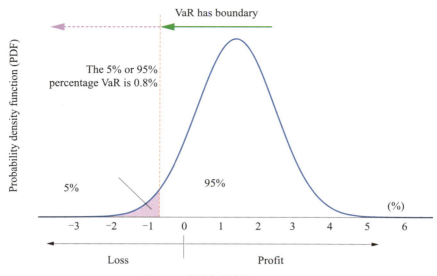

图7.36 收益率分布和VaR(95%)

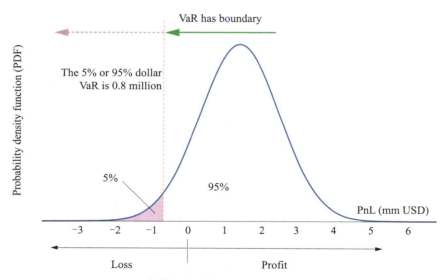

图7.37 可能的损益分布和VaR(95%)，以具体金额表示

上面这段描述暴露了VaR的一个重要的弱点，即对PnL分布尾部损失的描述不足。俗话说，不怕一万，就怕万一。当我们听到"有5%的可能性，在一天之内的损失会大于80万美元"，大家马上就会追问，在这个5%的可能性中损失到底会超过多少？VaR仅仅是某一个分位点对应的损失情况，它没有考察这一点之外尾部损失的具体分布形态，不能全面地描述尾部损失。下一章，将会介绍**预期亏空**（expected shortfall，ES）这个概念，它有效地解决VaR的这一缺点。

有读者会问，图7.33中J天后的可能的资产价值应该通过什么方式获得？本章后三节会给大家介绍三种方法来解决这个问题：

◀ **参数法**（parametric method）；
◀ **历史法**（historical method）；
◀ **蒙特卡洛模拟法**（Monte Carlo method）。

7.5 参数法VaR

参数法是计算VaR最简单的方法。参数法VaR的重要前提是假设资产收益率满足正态分布,比如股价日回报率满足正态分布。下面就以股价作为例子来讲解VaR计算,下一章会介绍期权和债券这两种重要的非线性资产的VaR计算。通过第3章的学习,知道J天后的对数收益率可以表达为:

$$r_{J\text{-days}} = \left(\mu_{1\text{-day}} - \frac{1}{2}\sigma_{1\text{-day}}^2\right)J + \sigma_{1\text{-day}}\varepsilon\sqrt{J} \tag{7.8}$$

式中:$\varepsilon \sim N(0,1)$;$\sigma_{1\text{-day}}$为资产日对数回报率波动率;$\mu_{1\text{-day}}$为资产日对数回报率期望值。

一般情况,$\frac{1}{2}\sigma_{1\text{-day}}^2$可以忽略,这样可以得到下式:

$$r_{1\text{-day}} \sim N\left(\mu_{1\text{-day}}, \sigma_{1\text{-day}}^2\right) \tag{7.9}$$

J天后的收益率可以近似为:

$$r_{J\text{-days}} = \mu_{1\text{-day}}J + \sigma_{1\text{-day}}\varepsilon\sqrt{J} \tag{7.10}$$

一般情况下,$\mu_{1\text{-day}}$近似为0。J天后的收益率进一步简化为:

$$r_{J\text{-days}} = \sigma_{1\text{-day}}\varepsilon\sqrt{J} \tag{7.11}$$

很容易得到,1天之后的收益率可以通过下式表达:

$$r_{1\text{-day}} = \sigma_{1\text{-day}}\varepsilon \tag{7.12}$$

有了以上的铺垫,可得出第一个VaR的计算。对于资产收益率期望值为0的情况,展期为一天参数法正态$\text{VaR}(\alpha)_{1\text{-day}}$可以通过式(7.13)获得:

$$\text{VaR}(\alpha)_{1\text{-day}} = \left|z_\alpha \times \sigma \times P_{\text{baseline}}\right| \tag{7.13}$$

式中:α为置信度,比如95%;z_α为α对应的临界z值,比如95%对应的临界z值为1.65,需要注意5%对应的临界z值为-1.65;P_{baseline}为当前资产价值。

对于资产收益率期望值μ不为0的情况:

$$\text{VaR}(\alpha)_{1\text{-day}} = (z_\alpha \times \sigma - \mu) \times P_{\text{baseline}} \tag{7.14}$$

请注意这里的z_α对应符号为正。下面对式(7.14)进行一下简单的推导。股价未来一天收益率$r_{1\text{-day}}$服从正态分布:

$$r_{1\text{-day}} \sim N\left(\mu_{1\text{-day}}, \sigma_{1\text{-day}}^2\right) \tag{7.15}$$

如图7.38所示，收益率$r_{1\text{-day}}$超过$r(\alpha)_{1\text{-day}}$的可能性为α时，$r(\alpha)_{1\text{-day}}$可以表达为：

$$\begin{aligned}r(\alpha)_{1\text{-day}} &= \mu_{1\text{-day}} + \sigma_{1\text{-day}} z_{1-\alpha} \\ &= \mu_{1\text{-day}} - \sigma_{1\text{-day}} z_{\alpha}\end{aligned} \quad (7.16)$$

用简单回报率的公式，可以得到$r(\alpha)_{1\text{-day}}$：

$$\begin{aligned}r(\alpha)_{1\text{-day}} &= \frac{\text{PnL}(\alpha)_{1\text{-day}}}{P_{\text{baseline}}} \\ &= \frac{P(\alpha)_{1\text{-day}} - P_{\text{baseline}}}{P_{\text{baseline}}} \\ &= \frac{-\text{VaR}(\alpha)_{1\text{-day}}}{P_{\text{baseline}}}\end{aligned} \quad (7.17)$$

联立$r(\alpha)_{1\text{-day}}$式（7.16）、式（7.17），就可以得到VaR的表达式。
未来收益率理想分布如图7.38所示。

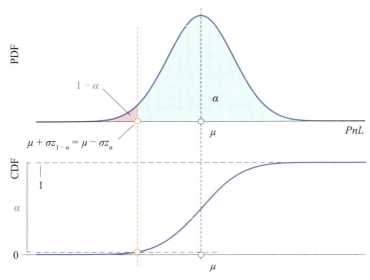

图7.38 未来收益率理想分布

有读者会问，股票采用对数回报率，为什么现在却要用简单回报率？这就是参数法另外一个重要的近似，也就是反复提到的，用一次泰勒展开得到对数回报率和简单回报率的关系：

$$\ln\left(\frac{P_i}{P_{i-1}}\right) \approx \frac{P_i}{P_{i-1}} - 1 = \frac{P_i - P_{i-1}}{P_{i-1}} \quad (7.18)$$

对比之前讨论过的图7.33，参数法正态VaR实际上理想化地认为J天后资产价值是理想化的正态分布，如图7.39所示。
如果用对数回报率来计算$\text{VaR}(\alpha)_{1\text{-day}}$的话：

$$r(\alpha)_{1\text{-day}} = \ln\left(\frac{P_{\text{baseline}} + \left(-\text{VaR}(\alpha)_{1\text{-day}}\right)}{P_{\text{baseline}}}\right) \quad (7.19)$$

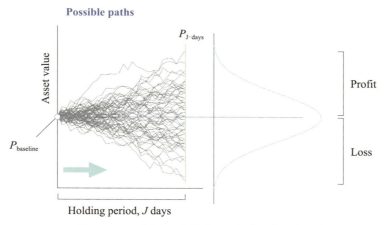

图7.39 J天后资产可能价值及理想化正态分布分布

式（7.19）VaR值代表损失。在一定置信范围内，式（7.19）计算出来的对数回报率可以表达为：

$$\ln\left(\frac{P_{\text{baseline}}+\left(-\text{VaR}(\alpha)_{1\text{-day}}\right)}{P_{\text{baseline}}}\right)=\mu_{1\text{-day}}-\sigma_{1\text{-day}}z_{\alpha} \quad (7.20)$$

整理得到：

$$\begin{aligned}\text{VaR}(\alpha)_{1\text{-day}}&=-\left\{P_{\text{baseline}}\exp\left(\mu_{1\text{-day}}-\sigma_{1\text{-day}}z_{\alpha}\right)-P_{\text{baseline}}\right\}\\&=P_{\text{baseline}}\left(1-\exp\left(\mu_{1\text{-day}}-\sigma_{1\text{-day}}z_{\alpha}\right)\right)\end{aligned} \quad (7.21)$$

这个VaR值有时也被叫作参数法**对数VaR**（lognormal VaR）。这种方法实际上是理想化地认为J天后资产价格服从对数正态分布，如图7.40所示。

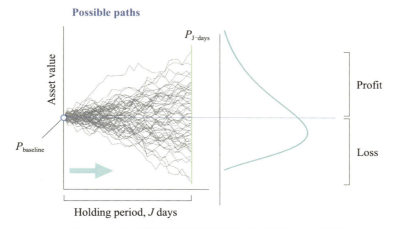

图7.40 J天后资产可能价值及理想化对数正态分布分布

很多情况，风险经理会关心一周（1-week VaR）、一个月（1-month VaR）、一个季度（1-quarter VaR）等不同持有期的VaR。如何通过单位时间的VaR值，推导出更长时间的VaR值，这时就可以利用**平方根法则**（square root rule，square-root-of-time scaling）。假设已知1-day VaR，不考虑收益率期望，那么J天的VaR值就是：

$$\text{VaR}(\alpha)_{J\text{-days}} = \text{VaR}(\alpha)_{1\text{-day}} \times \sqrt{J} \tag{7.22}$$

式（7.22）成立的条件就是前文提到的，J天后的收益率进一步简化为：

$$r_{J\text{-days}} = \sigma_{1\text{-day}} \varepsilon \sqrt{J} \tag{7.23}$$

式（7.23）的来源是假设收益率相对时间来说是**独立同分布**（independent and identically distributed，IID，i.i.d.）：

$$\sigma_{J\text{-days}} = \sigma_{1\text{-day}} \times \sqrt{J} \tag{7.24}$$

当期望值μ不为0时，则有：

$$\text{VaR}(\alpha)_{J\text{-days}} = \left(z_\alpha \times \sigma_{1\text{-day}} \sqrt{J} - \mu_{1\text{-day}} J\right) \times P \tag{7.25}$$

式（7.25）中，"$\mu_{1\text{-day}} J$"一项表达的是GBM模型中的定向漂移（不考虑$\frac{1}{2}\sigma_{1\text{-day}}^2$）。常见的持有期$J$可以是一天（$J=1$）、一个星期（$J=5$）、两个星期（$J=10$）、一个月（$J=21$）、三个月（$J=63$）、半年（$J=126$）或者一年（$J=252$）。比如说，同样假设收益率期望值$\mu$为0，一天的VaR值，计算两个星期的VaR值，可以用式（7.26）计算得到：

$$\text{VaR}(\alpha)_{10\text{-days}} = \text{VaR}(\alpha)_{1\text{-day}} \times \sqrt{\frac{10}{1}} \tag{7.26}$$

J天的对数VaR值也可以用平方根法计算：

$$\begin{aligned}\text{VaR}(\alpha)_{J\text{-days}} &= P_{\text{baseline}} - P\exp\left(\mu_{1\text{-day}} J - \sqrt{J}\sigma_{1\text{-day}} z_\alpha\right) \\ &= P_{\text{baseline}}\left(1 - \exp\left(\mu_{1\text{-day}} J - \sqrt{J}\sigma_{1\text{-day}} z_\alpha\right)\right)\end{aligned} \tag{7.27}$$

如图7.41所示是同一个投资组合持有期为五天的5-day VaR随着置信度变化而变化的趋势。同一个资产$\text{VaR}(99\%)_{5\text{-days}}$几乎是$\text{VaR}(90\%)_{5\text{-days}}$的两倍。如图7.42所示比较正态VaR和对数VaR随置信度变化曲线。

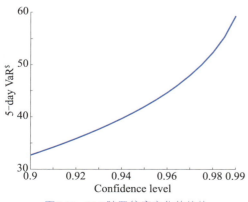

图7.41　VaR随置信度变化的趋势

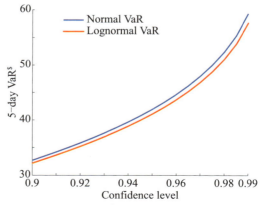

图7.42　VaR和对数VaR随置信度变化的比较

以下代码可以获得图7.41和图7.42。

B2_Ch7_2.m

```matlab
clc; close all; clear all
J_holding = 5;
% holding period
sigma = 0.0114; % daily
% volatility of daily log returns
% annualized standard deviation at 18.1%, 0.181

conf_levels = 0.9:0.005:0.99;
% array of confidence level
mu = 0;
% mean level of underlying log returns
P_baseline = 1e3;
% current value of the portfolio

VaR=P_baseline*(sigma*sqrt(J_holding')*...
    norminv(conf_levels,0,1)-...
    mu*J_holding'*ones(size(conf_levels)));
% Normal VaR

LogVaR=P_baseline*(1 - exp(mu*J_holding'*...
    ones(size(conf_levels)) - ...
    sigma*sqrt(J_holding')*norminv(conf_levels,0,1)));
% Lognormal VaR

figure(1)
plot(conf_levels,VaR); box off

xlabel('Confidence level'); ylabel('VaR','rotation',0);
title('VaR versus confidence level')

figure(2)
plot(conf_levels,VaR); hold on
plot(conf_levels,LogVaR); box off

xlabel('Confidence level'); ylabel('VaR','rotation',0);
legend('Normal VaR','Lognormal VaR')
title('Normal VaR versus lognormal VaR')
```

如图7.43所示是VaR随持有期变化的曲线。如图7.44所示是VaR随置信度和持有期变化的曲面。

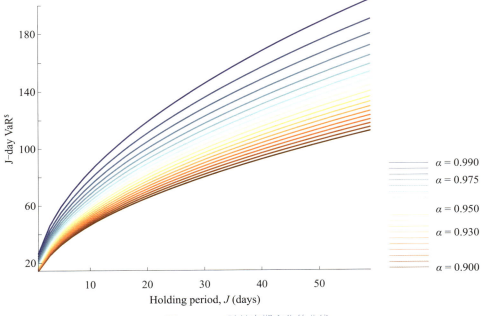

图7.43 VaR随持有期变化的曲线

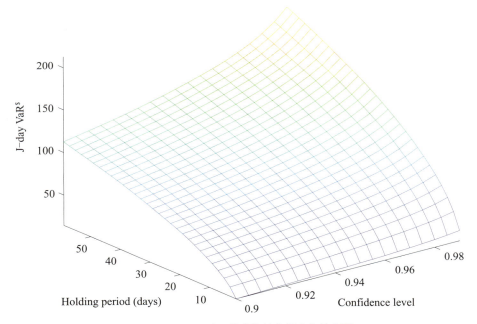

图7.44 VaR随置信度和持有期变化的曲面

对于资产收益率期望值μ为0的情况，不同置信度之间的VaR值可以相互转化，比如说已知一天VaR(95%)值，可以通过式（7.28）求得VaR(99%)：

$$\text{VaR}(\beta)_{1-\text{day}} = \text{VaR}(\alpha)_{1-\text{day}} \frac{z_\beta}{z_\alpha} \tag{7.28}$$

如果资产日收益率期望值μ不为0，式（7.28）不成立。另外，也可以计算K天对数回报率数据，比如周对数回报率或者月对数回报率，而不是日对数回报率。这时如何通过K天VaR来计算J天VaR呢？同样也用平方根法则。用K天对数回报率计算出来的为K天VaR，然后用式（7.29）将其转化为J天的VaR值：

$$\mathrm{VaR}(\alpha)_{J-\mathrm{days}} = \mathrm{VaR}(\alpha)_{K-\mathrm{days}} \times \sqrt{\frac{J}{K}} \qquad (7.29)$$

类似的，式（7.29）也是在回报率期望值为0作为前提求解出来的。当期望值μ不为0时，则有：

$$\mathrm{VaR}(\alpha)_{J-\mathrm{days}} = \left(z_\alpha \times \sigma_{K-\mathrm{days}} \sqrt{\frac{J}{K}} - \mu_{K-\mathrm{days}} \frac{J}{K} \right) \times P \qquad (7.30)$$

本节前面讨论过**正态VaR值**（normal VaR）和对数VaR；另外，还有一种VaR值叫作tVaR。顾名思义，tVaR的临界值来自于学生t分布。tVaR的计算式为：

$$\mathrm{tVaR}(\alpha)_{J-\mathrm{days}} = \left(t_{\alpha,v} \times \sqrt{\frac{v-2}{v}} \sigma_{1-\mathrm{day}} \sqrt{J} - \mu J \right) \times P \qquad (7.31)$$

式中：v为学生t-分布的自由度；$t_{\alpha,v}$为学生t-分布在置信度α自由度为v下的逆CDF值，MATLAB计算函数为tinv(conf_levels,nu)。

上式中，$\sqrt{\frac{v-2}{v}}\sigma_{1-day}$一项联系正态分布和学生$t$-分布。下面来简单探讨一下两者关系。学生$t$-分布也可以写成：

$$X = \mu + \sigma_t T \qquad (7.32)$$

其中T为标准化的学生t-分布；σ_t和正态标准差之间的关系为：

$$\mathrm{var}(X) = \sigma_X^2 = \sigma_t^2 \frac{v}{v-2} \text{ for } v > 2 \qquad (7.33)$$

var(X)就是X的正态方差；另外假设X为日对数回报率，因此：

$$\sigma_{1-\mathrm{day}}^2 = \sigma_X^2 \qquad (7.34)$$

整理之后，σ_t和日对数回报率标准差之间关系为：

$$\sigma_t = \sigma_{1-\mathrm{day}} \sqrt{\frac{v-2}{v}} \text{ for } v > 2 \qquad (7.35)$$

学生t-分布和正态分布之间的关系，会在丛书第三本书做进一步探讨。

如图7.45所示是正态VaR和tVaR随置信度变化。在置信度较低时，会看到正态VaR较大；在置信度较高时，tVaR超过正态VaR。

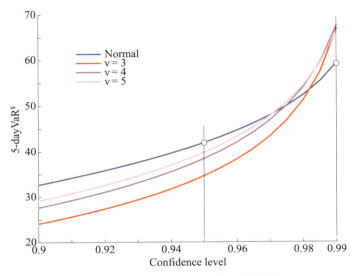

图7.45 正态VaR和tVaR随置信度变化

另外，在本书第1章中讨论过等权重计算出来的波动率不能很好地体现数据当前波动率情况，当时提出的解决方案是**指数加权移动平均**（exponentially weighted moving average，EWMA）。参数法计算出来的VaR也有类似的问题，即不能很好地跟踪市场波动变化，这一点和在第一章中讨论的移动平均估算波动率遇到的情况类似。如果采用同样的思路，把参数法中计算VaR中用移动平均方法获得的波动率换成EWMA方法获得的波动率。用这种方法获得的风险价值叫作EWMA参数法VaR。下一章，会比较这种方法和其他方法计算出的VaR值。

现在梳理一下参数法VaR计算。VaR首先需要定义置信度和持有期，这样构建起$\text{VaR}(\alpha)_{\text{J-days}}$。启动参数法VaR计算需要当前时刻之前一段时间的数据输入，这个固定长度的时间段叫作**回望窗口**（estimation window，lookback period）。当前时刻的价格水平P_{baseline}也需要直接输入计算。回望窗口内可以计算1天对数回报率，也可以计算K（$K > 1$）天对数回报率。这个K天对数回报率可以是重叠收益率或非重叠收益率。另外根据第一章内容，重叠收益率还需要确定重叠天数。另外，如果采用EWMA参数法VaR，还需要确定EWMA的**衰减因子**（decay factor）大小。

总结一下，参数法VaR需要几个基本的参数：

◀ 置信度α；
◀ 持有期J；
◀ 回望窗口长度；
◀ 当前时刻的价格水平P_{baseline}；
◀ 收益率的采样频率（sampling frequency）（K天）；
◀ 重叠或非重叠收益率以及重叠天数；
◀ EWMA的衰减因子大小。

根据以上的讨论，如图7.46所示，对于股票，用参数法计算持有期为J天的VaR值，需要采取如下步骤：

①取当前时刻回望窗口内的数据点；
②计算回望窗口内数据对数回报率，产生一个新的时间序列r；
③计算r的平均值和波动率；
④根据置信度α值和计算出持有期为J天一定置信度条件VaR值；
⑤利用P_{baseline}计算VaR$^\$$。

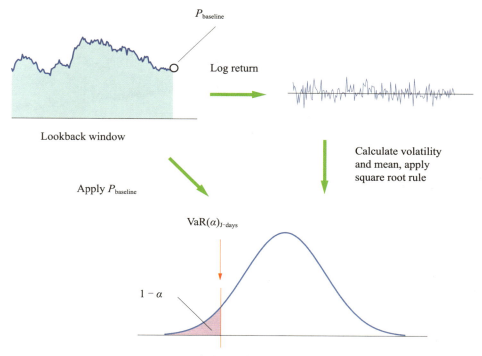

图7.46 参数法计算股票VaR值过程

这里需要强调一点，参数法计算VaR值一般适合**线性金融资产**（linear instruments）。线性金融资产是指产品价值和风险因子呈线性关系，比如股票（风险因子为本身）、期货、远期等。**非线性产品**（nonlinear instruments，nonlinear derivatives）的典型代表是期权（风险因子为标的物价格、利率、波动率等）和债券（风险因子为现金流不同节点对应的期限利率）。

7.6 历史法VaR

历史法（historical method）是计算VaR值最常用的方法之一，简称为**历史法VaR**（Historical VaR），是利用资产风险因子的历史轨迹构建出一系列**场景**（scenarios）。将这些场景用在风险因子当前水平，预测它们未来一段时间的走势（如图7.47所示），并且利用这些预测的数据估计资产未来价值。

图7.47中预测风险因子未来水平时，用的直线不代表风险因子轨迹，这些直线仅仅表达数值在一段时间内的变化情况。不需要对这些场景的数值大小进行排序。得到资产一系列未来价值后，计算并得到损益的分布情况，用统计上分位点的思想计算VaR值。

下面用股票来讲解历史法VaR。不考虑其他因素，股票的风险因子是股价。如图7.48所示是历史法计算VaR的计算过程。对于参数法计算股票VaR值，在获得对数回报率数据之后，再分别计算这些回报率数据的平均值和方差，然后套用公式求解VaR值。对于历史法，在获得对数回报率数据（场景）之后，将这些历史场景用在风险因子未来走势上。

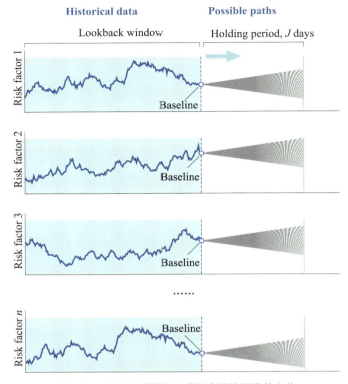

图7.47　用历史法预测J天后资产风险因子的走势

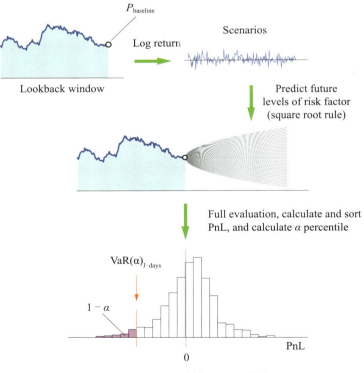

图7.48　历史法计算股票VaR值过程

股票历史K天对数回报率，第i个场景$r^{(i)}$，可以通过式（7.36）求得：

$$r^{(i)}_{K-\text{days}} = \ln\left(\frac{P_i}{P_{i-K}}\right) \tag{7.36}$$

第i个场景$r^{(i)}$，日对数回报率为：

$$r^{(i)}_{1-\text{day}} = \ln\left(\frac{P_i}{P_{i-1}}\right) \tag{7.37}$$

第i个场景$r^{(i)}$，周对数回报率为：

$$r^{(i)}_{5-\text{days}} = \ln\left(\frac{P_i}{P_{i-5}}\right) \tag{7.38}$$

K天对数回报率，第i个场景$r^{(i)}$，J天后股票的水平可以估算为：

$$\begin{aligned} P^{(i)}_{J-\text{days}} &= P_{\text{baseline}} \cdot \exp\left(r^{(i)}_{K-\text{days}}\sqrt{\frac{J}{K}}\right) \\ &= P_{\text{baseline}} \cdot \exp\left(\ln\left(\frac{P_i}{P_{i-K}}\right)\sqrt{\frac{J}{K}}\right) \end{aligned} \tag{7.39}$$

请读者注意平方根法则应用在$r^{(i)}$上，这是因为$r^{(i)}$相当于波动率。这个场景下J天的PnL为：

$$PnL^{(i)}_{J-\text{days}} = P_{\text{baseline}} \cdot \exp\left(\ln\left(\frac{P_i}{P_{i-K}}\right)\sqrt{\frac{J}{K}}\right) - P_{\text{baseline}} \tag{7.40}$$

类似地，也可以计算出回望窗口内所有场景的PnL，根据数据大小排序，然后取出对应α（比如$\alpha = 95\%$）分位点的数值就是历史法VaR值。下面，用标普500价格数据来说明历史法计算VaR值过程。首先下载两年历史数据，然后计算日对数回报率。回望窗口内共有504个数据点。然后，将这些数据从小到大排序。如图7.49（a）所示，484数据点形成的图像类似标准正态分布CDF经过旋转得到的图像。如图7.49（b）所示是这些数据尾端亏损最严重的10%数据，50个数据点，也就是50个场景。如图7.49（c）所示是尾端5%数据，25个场景。

图7.50已经能够很好地说明标普数据的肥尾现象，这个现象影响着参数VaR和历史法VaR的计算结果的差距。如图7.51所示是预测标普500一天收益PnL从小到大的排序。数据当前的水平P_{baseline}为2938.09。如图7.51（c）所示的25个数据点的确切数据展示在表7.1中。在两年回望窗口内，最差的日收益率发生在05-Feb-2018。两年回望窗口共有504个数据点，95%分位点大概对应第25差日收益率；如表7.1所示，第25差日收益率发生在19-Nov-2018，这一点可以视作是95% VaR。

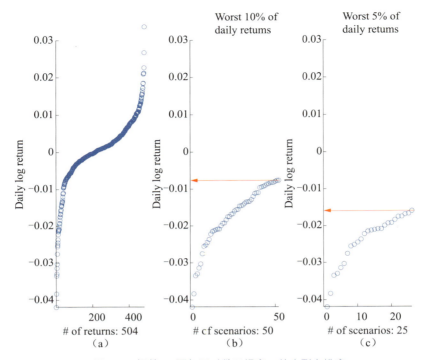

图7.49　标普500两年日对数回报率,从小到大排序

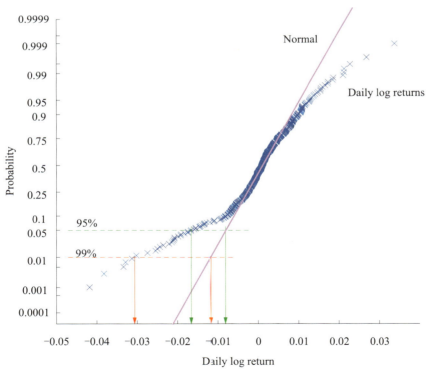

图7.50　probplot()绘制的日对数回报率散点图

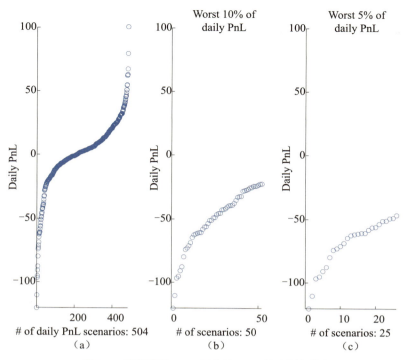

图7.51 预测标普500一天收益PnL,从小到大排序

表 7.1 模拟最差5%损益情况

# Worst return	场景日期	日收益率	模拟1天后水平	1-day PnL
25	19-Nov-2018	−0.01678	2889.19	−48.90
24	27-Mar-2018	−0.01743	2887.33	−50.76
23	26-Oct-2018	−0.01748	2887.18	−50.91
22	20-Nov-2018	−0.01832	2884.76	−53.33
21	22-Mar-2019	−0.01916	2882.34	−55.75
20	14-Dec-2018	−0.01927	2882.01	−56.08
19	12-Nov-2018	−0.01990	2880.21	−57.88
18	11-Oct-2018	−0.02079	2877.64	−60.45
17	21-Dec-2018	−0.02080	2877.60	−60.49
16	17-Dec-2018	−0.02099	2877.06	−61.03
15	23-Mar-2018	−0.02119	2876.49	−61.60
14	02-Feb-2018	−0.02144	2875.78	−62.31
13	06-Apr-2018	−0.02216	2873.69	−64.40
12	02-Apr-2018	−0.02259	2872.46	−65.63
11	07-Dec-2018	−0.02360	2869.57	−68.52
10	13-May-2019	−0.02443	2867.19	−70.90
9	03-Jan-2019	−0.02507	2865.35	−72.74
8	22-Mar-2018	−0.02548	2864.16	−73.93
7	24-Dec-2018	−0.02749	2858.43	−79.66

续表

# Worst return	场景日期	日收益率	模拟1天后水平	1-day PnL
6	05-Aug-2019	−0.03023	2850.60	−87.49
5	24-Oct-2018	−0.03135	2847.41	−90.68
4	04-Dec-2018	−0.03290	2843.00	−95.09
3	10-Oct-2018	−0.03342	2841.53	−96.56
2	08-Feb-2018	−0.03826	2827.80	−110.29
1	05-Feb-2018	−0.04184	2817.69	−120.40

现在来比较一下历史法和参数法计算VaR值区别。如图7.52所示，历史法计算持有期为一天的VaR(95%)为0.01665。而用参数法计算出来的VaR值为0.014492，如图7.53所示。历史法计算VaR值大于参数法，这正是由于回报率数据呈现的肥尾现象。对比图7.54和图7.55，会发现持有期为一天的VaR(99%)也有类似的现象。请注意，实际市场数据在一定的窗口内可能展现出不同的分布情况，特别是在窗口宽度较短的时候，下一章会讨论这一情况。

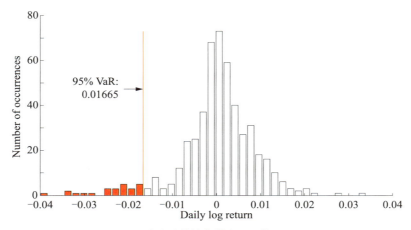

图7.52　历史法计算持有期为一天的VaR(95%)

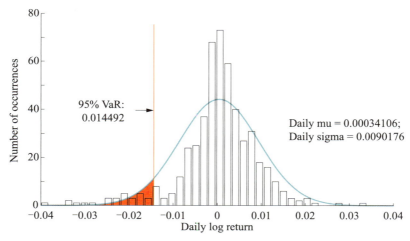

图7.53　参数法计算持有期为一天的VaR(95%)

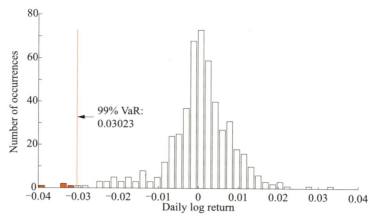

图7.54 历史法计算持有期为一天的VaR(99%)

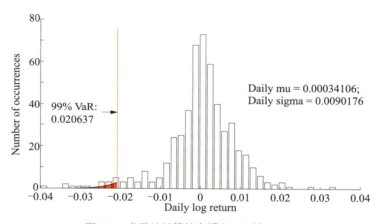

图7.55 参数法计算持有期为一天的VaR(99%)

重复执行本段代码可能得到不同的结果，原因是Federal Reserve Bank of St. Louis只提供近十年数据，本书创作时采用的是当时的最新数据。请读者自行计算并比较参数法和历史法一天VaR$。另外，请读者计算衰减因子为0.94的EWMA参数法VaR。

以下代码可以获得图7.49～图7.55。

```matlab
clc; clear all; close all
url = 'https://fred.stlouisfed.org/';
c = fred(url); series = 'SP500';
startdate = '08/08/2017';
% beginning of date range for historical data
enddate = '08/08/2019'; % to be updated
% ending of date range for historical data

d = fetch(c,series,startdate,enddate);
% display description of data structure

index = 1;
```

```matlab
SP500 = d.Data(:,2); date_series = d.Data(:,1);

SP500_non_NaN_index = ~isnan(SP500);
SP500_rm_NaN = SP500(SP500_non_NaN_index);
date_series_rm_NaN = date_series(SP500_non_NaN_index);

[daily_log_return,interval] = tick2ret (SP500_rm_NaN,...
    date_series_rm_NaN,'Continuous');
daily_log_return = [NaN; daily_log_return];
[ranked_log_return, ranked_log_return_index] = sort(daily_log_return);

figure (index); index = index + 1;
subplot(1,3,1)
plot (ranked_log_return, 'o')
ylabel ('Daily log return'); set(gcf,'color','white')
ranked_length = length (ranked_log_return);
axis tight; box off
xlabel(['# of returns: ',num2str(length(ranked_log_return))])
y_limit = ylim;

subplot(1,3,2)

window_10_percent = ranked_log_return(1:ranked_length*0.1);
plot (window_10_percent, 'o')
ylabel ('Daily log return')
set(gcf,'color','white'); ylim(y_limit); box off
title('Worst 10% of daily returns')
xlabel(['# of scenarios: ',num2str(length(window_10_percent))])

subplot(1,3,3)
window_5_percent = ranked_log_return(1:ranked_length*0.05);
plot (window_5_percent, 'o')
ylabel ('Daily log return')
set(gcf,'color','white'); ylim(y_limit); box off
title('Worst 5% of daily returns')
xlabel(['# of scenarios: ',num2str(length(window_5_percent))])

figure (index); index = index + 1;

probplot(daily_log_return); hold on
title('Probability Plot'); legend('Normal','Data')

%% Apply historical scenarios to baseline
P_baseline = SP500_rm_NaN(end);

daily_historical_scenarios = daily_log_return;
```

```matlab
P_1_day_simulated = P_baseline.*exp(daily_historical_scenarios);
PnL_simulated = P_1_day_simulated - P_baseline;

ranked_PnL = sort(PnL_simulated);

figure (index); index = index + 1;
subplot(1,3,1)
plot (ranked_PnL, 'o')
ylabel ('Daily PnL')
set(gcf,'color','white')
ranked_length = length (ranked_PnL);
axis tight; box off
xlabel(['# of daily PnL scenarios: ',num2str(length(ranked_PnL))])
y_limit = ylim;

subplot(1,3,2)

window_10_percent = ranked_PnL(1:ranked_length*0.1);
plot (window_10_percent, 'o')
ylabel ('Daily PnL')
set(gcf,'color','white'); ylim(y_limit); box off
title('Worst 10% of daily PnL')
xlabel(['# of scenarios: ',num2str(length(window_10_percent))])

subplot(1,3,3)
window_5_percent = ranked_PnL(1:ranked_length*0.05);
plot (window_5_percent, 'o')
ylabel ('Daily PnL')
set(gcf,'color','white'); ylim(y_limit); box off
title('Worst 5% of daily PnL')
xlabel(['# of scenarios: ',num2str(length(window_5_percent))])

%% 95% Historical VaR versus 95% Parametric VaR
% Estimation window is fixed, not rolling

figure (index); index = index + 1;
confidence_level = 0.95;

computeHistoricalVaR(daily_log_return,confidence_level)
xlim([-0.04,0.04])
xlabel('Daily log return')
set(gcf,'color','white')

figure (index); index = index + 1;

computeParametricVaR(daily_log_return,confidence_level)
xlim([-0.04,0.04])
```

```matlab
xlabel('Daily log return')
set(gcf,'color','white')

%% 99% Historical VaR versus 99% Parametric VaR
% Estimation window is fixed, not rolling

figure (index); index = index + 1;
confidence_level = 0.99;

computeHistoricalVaR(daily_log_return,confidence_level)
xlim([-0.04,0.04])
xlabel('Daily log return')
set(gcf,'color','white')

figure (index); index = index + 1;

computeParametricVaR(daily_log_return,confidence_level)
xlim([-0.04,0.04])
xlabel('Daily log return')
set(gcf,'color','white')

%% Sub-functions

function VaR = computeHistoricalVaR(returns,confidence_level)
returns = rmmissing(returns);
% B = A(~isnan(A)) can be used

sorted_returns = sort(returns);
num_returns = numel(returns);
VaR_index = ceil((1-confidence_level)*num_returns);
VaR = sorted_returns(VaR_index);

% Plot results if requested
[freq,bins] = hist(returns,50);
count_cutoff = freq.*(bins < VaR);

bar(bins,freq,'b');
hold on;
bar(bins,count_cutoff,'r');
hold on
plot([VaR,VaR],[0,max(freq)],'--')

line1 = [num2str(confidence_level*100),'% VaR: '];
line2 = [num2str(abs(VaR)),' \rightarrow'];

text (VaR*1.1, 0.5*max(freq),{line1,line2},'HorizontalAlignment','right')
hold off;
```

```matlab
title(['Historical ',num2str(confidence_level*100),'% VaR'],'FontWeight','bold');
ylabel('Number of occurances'); box off
end


function [VaR, mu, sigma, pdf_full] = computeParametricVaR(returns,confidence_level)
returns = rmmissing(returns);
% B = A(~isnan(A)) can be used

[mu,sigma] = normfit(returns);
VaR = -sigma*norminv(confidence_level) + mu;

% Plot results if requested
x_min = min(returns);
x_max = max(returns);
x_full = linspace(x_min,x_max,1000);
x_partial = x_full(x_full < VaR);
pdf_full = normpdf(x_full,mu,sigma);
pdf_partial = normpdf(x_partial,mu,sigma);
area(x_full,pdf_full,'FaceColor','w'); hold all
area(x_partial,pdf_partial,'FaceColor','r');

[freq,bins] = hist(returns,50); a = bar(bins,freq,'w');

plot([VaR,VaR],[0,max(freq)],'--')

line1 = [num2str(confidence_level*100),'% VaR: '];
line2 = [num2str(abs(VaR)),' \rightarrow'];

text (VaR*1.1, 0.5*max(freq),{line1,line2},...
    'HorizontalAlignment','right')
hold off; set(get(a,'Children'),'FaceAlpha',0.8)
line3 = ['Parametric ',num2str(confidence_level*100),...
    '% VaR'];
line4 = ['Daily mu = ',num2str(mu),'; daily sigma = ',num2str(sigma)];
title({line3,line4},'FontWeight','bold');
ylabel('Number of occurances'); box off
end
```

通过以上讨论，可以发现历史法VaR值能很容易应用在非线性资产上。如图7.56所示为概括用历史法计算期权VaR流程。首先，截取回望窗口内期权风险因子历史数据（标的物价格、无风险利率、波动率等）。然后用这段数据产生一系列风险因子变化场景。下一步，利用这些场景模拟获得风险因子未来一段时间J天可能水平；这个过程可以采用平方根法则。之后，用不同期权定价模型BSM计算得到一系列未来期权可能价格。一般情况下，这个过程不考虑到期时间变化。计算损益PnL数值，获得PnL分布，并计算一定置信度条件下分位点值，这个值就是VaR值。

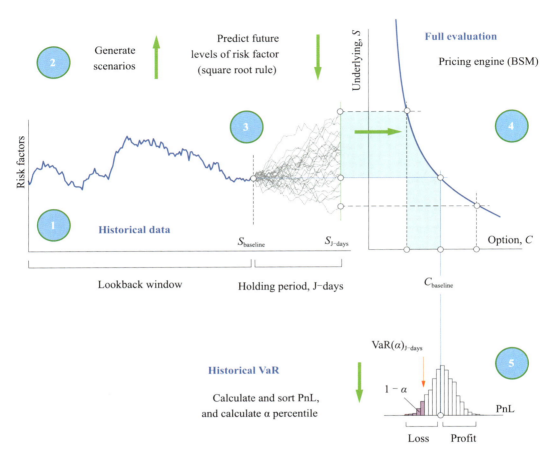

图7.56 历史法计算期权VaR流程

本章之前讲过另外两个估算期权损益的方法：Delta估算和Delta-Gamma估算。也可以使用这两种估算方法估算期权VaR值。如图7.57所示是Delta估算计算期权VaR流程。和图7.56相比，其中只有一步上的差别，即定价部分。图7.56所示流程采用的是BSM模型，而图7.57所示流程采用的是Delta估算方法。当持有期较短，不考虑其他风险因子影响时，图7.57中，Delta估算低估期权的收益，高估期权的损失，因此可以很明显看出用Delta估算方法得到的VaR值大于MC方法。

另外，一种常用的计算期权VaR值的方法为**Delta正态方法**（Delta-normal approach）。这种方法直接用股价的VaR值估算期权VaR值，具体公式如下：

$$\begin{aligned}\text{VaR}(\alpha)_{\text{J-days}}^{\text{option}} &\approx \text{Delta} \cdot \text{VaR}(\alpha)_{\text{J-days}}^{\text{stock}} \\ &\approx \text{Delta} \cdot S_0 \sigma z_\alpha \sqrt{J}\end{aligned} \tag{7.41}$$

类似的，也可以构造Delta-Gamma正态估算方法，具体公式为：

$$\begin{aligned}\text{VaR}(\alpha)_{\text{J-days}}^{\text{option}} &\approx \text{Delta} \cdot \text{VaR}(\alpha)_{\text{J-days}}^{\text{stock}} - \frac{\text{Gamma}}{2}\left[\text{VaR}(\alpha)_{\text{J-days}}^{\text{stock}}\right]^2 \\ &\approx \text{Delta} \cdot S_0 \sigma z_\alpha \sqrt{J} - \frac{\text{Gamma}}{2}(S_0 \sigma z_\alpha)^2 J\end{aligned} \quad (7.42)$$

式（7.42）中Gamma项之前使用负号，这是因为VaR值是正值。

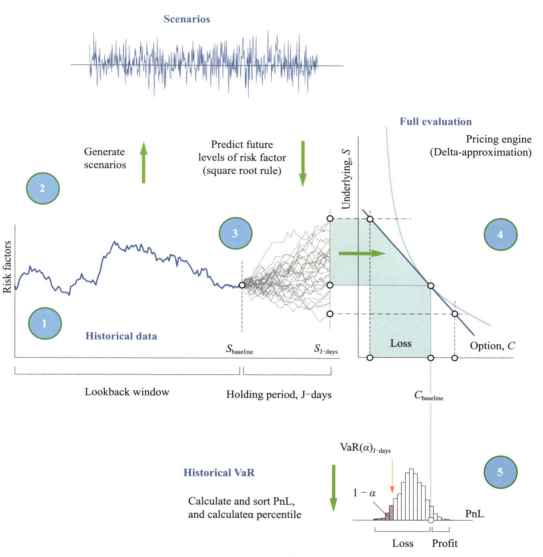

图7.57　Delta估算计算期权VaR流程

第8章 Market Risk 市场风险 II

风控发展中始终绕不开肥尾现象,这是一个概念层面上的难题。但众所周知,正态分布假设的确大大降低了方程的复杂性。

The biggest problems we now have with the whole evolution of risk is the fat-tail problem, which is really creating very large conceptual difficulties. Because as we all know, the assumption of normality enables us to drop off the huge amount of complexity in our equations.

我更愿相信一位55岁的交易员老手,而不是听信一个25岁初出茅庐的数学家。
I prefer the judgement of a 55-year-old trader to that of a 25-year-old mathematician.

——艾伦·格林斯潘(Alan Greenspan)

Core Functions and Syntaxes
本章核心命令代码

- `ecdf()` 经验积累分布函数
- `EWMA_Sigma2(i) = (1-Lambda) * Returns(i-1)^2 + Lambda * EWMA_Sigma2 (i-1)` 放在 for 循环中EWMA计算sigma平方值
- `Historical_VaR = -quantile(returns,conf)` 计算历史法VaR
- `isnan()` 判断查询数组元素是否包含 NaN 值
- `Log_VaR=P*(1 - exp(mu*J_holding'*ones(size(conf)) - sigma*sqrt(J_holding')*norminv(conf,0,1)))` 参数法计算lognormal VaR
- `norminv()` 正态分布累计分布函数逆函数
- `Parametric_ES=P*(sigma*sqrt(J_holding')*normpdf(norminv(conf,0,1))./(1-conf)-mu*J_holding'*ones(size(conf)))/1e6` 参数法计算ES
- `Parametric_VaR = P*(sigma*sqrt(J_holding')*norminv(conf,0,1) - mu*J_holding'*ones(size(conf)))` 参数法计算normal VaR
- `probplot()` 绘制概率图
- `prctile()` 计算数据百分位值
- `quantile()` 计算数据分位点
- `t_VaR=P*(sigma*sqrt(J_holding')*sqrt((nu-2)/nu)*tinv(conf,nu)-mu*J_holding'*ones(size(conf)))` 参数法计算学生tVaR值
- `tick2ret()` 将价格转化为回报率

8.1 移动窗口

上一章在计算VaR讨论中使用了回望窗口这个概念。如图8.1所示,回望窗口不断移动,这个方法叫作**移动窗口**(rolling window)。本书第1章中,用移动窗口计算波动率,本节采用同样的方法计算VaR值。本章中回望窗口长度为250天,计算并比较标普500数据参数法、EWMA参数法、历史法VaR。丛书第三本书还会继续探讨移动窗口。

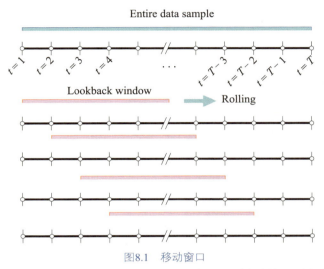

图8.1 移动窗口

如图8.2(a)所示是对数回报率平方值,它可以看作是市场波动的即时变化。如图8.2(b)所示是用参数法计算持有期为一天VaR随回望窗口不断移动的过程。这幅图中给出两个置信度——95%和99%。图中参数法VaR采用的是等权重波动率,因此这个VaR值同样不能迅速跟踪市场变化。如图8.3所示是历史法计算VaR随时间不断移动过程。相对参数法VaR,历史法跟踪市场速度稍快一些。特别的,置信度越高跟踪速度越快。但是,历史法回望窗口内旧数据代谢速度很慢,VaR值展现出更加明显的幽灵效应。

本书第一章讨论过幽灵效应,随着回望窗口不断移动,极端损失数据离开回望窗口,造成回望窗口内尾部数据分布剧烈变化,相同分位点计算结果跳动严重。如图8.3(b)所示,置信度越大,历史法VaR跳动越剧烈,幽灵效应越明显。计算VaR的目的是要评估市场风险,但是这两种计算VaR的方法都不能很好地跟踪市场波动变化。

如图8.4所示是比较历史法和参数法VaR的关系。用10年的数据计算历史法和参数法VaR值时,发现一般情况下历史法VaR(95%)要高于参数法VaR(95%),这是因为资产回报率分布的肥尾现象。如图8.4(a)所示,蓝色曲线是参数法VaR,红色曲线是历史法VaR,大多数情况下历史法VaR都高于参数法VaR。但是有几处,蓝色曲线高于红色曲线,这一点也很好理解,因为回望窗口不断移动,不能保证窗口内的数据分布都在95%展现出肥尾现象,有一些可能是"薄尾"。有趣的是,历史法VaR(99%)几乎都高于参数法VaR(99%),正态分布不能很好地描述市场波动,特别是极端值(比如1%,甚至可能性更小的极端损失)。这就需要使用**极值理论**(extreme value theory)。极值理论常用来处理与中值相离极大并且概率极低的情况,会在丛书第三本书进行更多的介绍。

如图8.5所示是λ取不同值时EWMA参数法VaR值,λ取值分别为1、0.99、0.94和0.9。$\lambda = 1$时,波动率就是通过移动平均估算出来的。随着λ不断减小,VaR变化迅速。VaR的变化也能更及时地反映市场波动变化,这一点从图8.6中更容易看出来。图8.7比较了历史法、参数法和EWMA参数法VaR值。

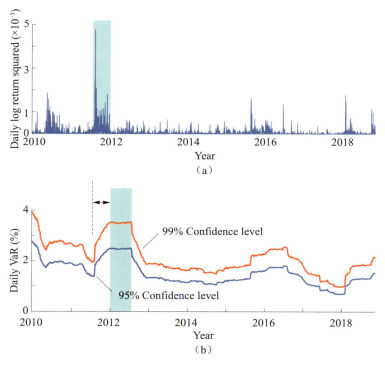

图8.2 参数法持有期1天VaR（回望窗口＝250营业日）

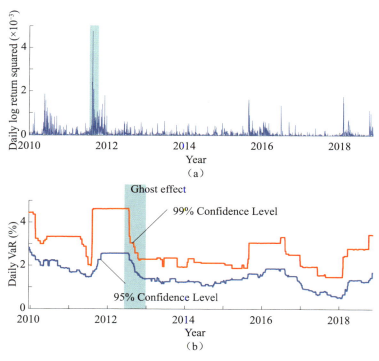

图8.3 历史法持有期1天VaR（回望窗口＝250营业日）

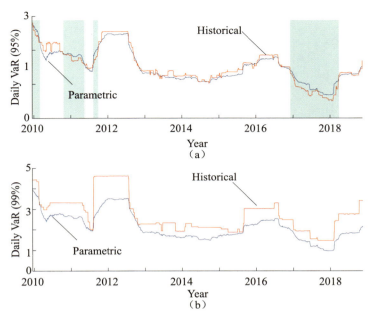

图8.4 比较两种基本方法：历史法和参数法

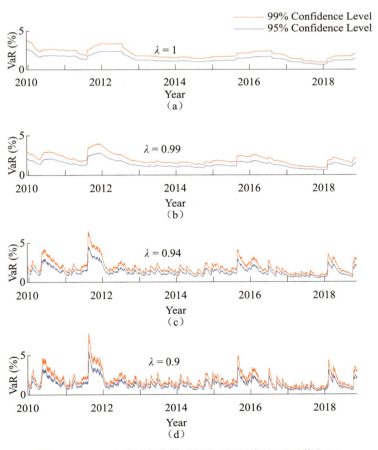

图8.5 EWMA参数法持有期1天VaR（回望窗口＝250营业日）

第 8 章 市场风险 II | Market Risk

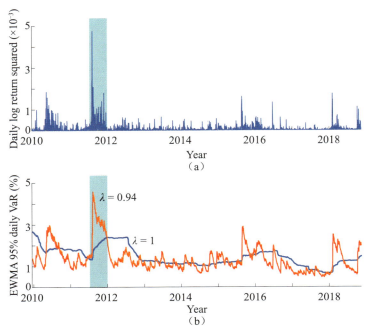

图8.6 EWMA参数法持有期1天VaR和移动平均参数法VaR的比较（回望窗口＝250营业日）

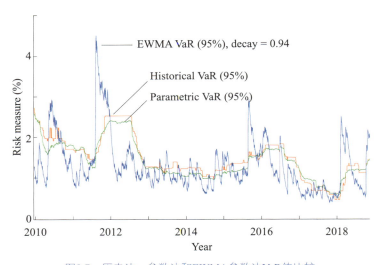

图8.7 历史法、参数法和EWMA参数法VaR值比较

以下代码可以用来获得图8.2～图8.7。

```
clc; clear all; close all
url = 'https://fred.stlouisfed.org/';
c = fred(url);
series = 'SP500';
startdate = '01/01/2009';
% beginning of date range for historical data
```

```matlab
enddate = '11/18/2018'; % to be updated
% ending of date range for historical data

d = fetch(c,series,startdate,enddate)
% display description of data structure

index = 1;

SP500 = d.Data(:,2);
date_series = d.Data(:,1);
[daily_log_return,interval] = tick2ret (SP500, date_series,'Continuous');

%% Parametric daily VaR: 95% and 99%
% Percentage VaR and Dollar VaR
% Estimation window: 250 business days
% Rolling window

daily_log_return_no_NaN = daily_log_return;
daily_log_return_no_NaN(isnan(daily_log_return_no_NaN))=0;

DateReturns = date_series(2:end);
SampleSize = length(daily_log_return);

EstimationWindowSize = 250;
TestWindowStart      = find(year(DateReturns)==2009,1)+EstimationWindowSize ;
TestWindow           = TestWindowStart : SampleSize;

conf_levels = [0.05 0.01];

Zscore    = norminv(conf_levels);
Normal95 = zeros(length(TestWindow),1);
Normal99 = zeros(length(TestWindow),1);

for t = TestWindow
    i = t - TestWindowStart + 1;
    EstimationWindow = t-EstimationWindowSize:t-1;
    Sigma = nanstd(daily_log_return(EstimationWindow));
    Normal95(i) = -Zscore(1)*Sigma;
    Normal99(i) = -Zscore(2)*Sigma;
end

figure (index)
index = index + 1;


subplot(2,1,1)
plot(DateReturns(TestWindow),daily_log_return_no_NaN(TestWindow).^2)
```

```matlab
ylabel('Daily log return squared')
xlabel('Year')
datetick('x','yyyy','keeplimits')
xlim([date_series(250),date_series(end)])


subplot(2,1,2)
plot(DateReturns(TestWindow),[Normal95*100 Normal99*100])
xlabel('Year')
ylabel('Daily VaR [%]')
legend({'95% Confidence Level','99% Confidence Level'},'Location','Best')
title('Moving daily parametric VaR')
datetick('x','yyyy','keeplimits')
ylim([0,max(Normal99*100)*1.1])
xlim([date_series(250),date_series(end)])
set(gcf,'color','white')

%% Historical daily VaR: 95% and 99%
% Estimation window: 250 business days
% Rolling window

Historical95 = zeros(length(TestWindow),1);
Historical99 = zeros(length(TestWindow),1);

for t = TestWindow
    i = t - TestWindowStart + 1;
    EstimationWindow = t-EstimationWindowSize:t-1;
    X = daily_log_return(EstimationWindow);
    Historical95(i) = -quantile(X,conf_levels(1));
    Historical99(i) = -quantile(X,conf_levels(2));
end

figure (index)
index = index + 1;

subplot(2,1,1)
plot(DateReturns(TestWindow),daily_log_return_no_NaN(TestWindow).^2)
ylabel('Daily log return squared')
xlabel('Year')
datetick('x','yyyy','keeplimits')
xlim([date_series(250),date_series(end)])


subplot(2,1,2)
plot(DateReturns(TestWindow),[Historical95*100 Historical99*100])
ylabel('VaR [%]')
xlabel('Year')
```

```matlab
ylabel('Daily VaR [%]')
legend({'95% Confidence Level','99% Confidence Level'},'Location','Best')
datetick('x','yyyy','keeplimits')
xlim([date_series(250),date_series(end)])
ylim([0,max(Historical99*100)*1.1])
set(gcf,'color','white')
title('Moving daily historical VaR')

%%

figure (index)
index = index + 1;

subplot(2,1,1)
plot(DateReturns(TestWindow),[Normal95*100 Historical95*100])
xlabel('Year')
ylabel('Daily 95% VaR [%]')
legend({'Parametric','Historical'},'Location','Best')
datetick('x','yyyy','keeplimits')
ylim([0,max(Historical95*100)*1.1])
xlim([date_series(250),date_series(end)])
set(gcf,'color','white')
title('Rolling estimation window = 250 business days')


subplot(2,1,2)
plot(DateReturns(TestWindow),[Normal99*100 Historical99*100])
xlabel('Year')
ylabel('Daily 99% VaR [%]')
legend({'Parametric','Historical'},'Location','Best')
datetick('x','yyyy','keeplimits')
ylim([0,max(Historical99*100)*1.1])
xlim([date_series(250),date_series(end)])
set(gcf,'color','white')

%% Parametric weekly VaR: 95% and 99%
% Rolling estimation window = 250 days
% Rule of square root

figure (index)
index = index + 1;

holding_J = 5; % unit: days
plot(DateReturns(TestWindow),[Normal95*100*sqrt(holding_J) ...
    Normal99*100*sqrt(holding_J)])
xlabel('Year')
ylabel('Weekly VaR [%]')
```

```matlab
legend({'95% Confidence Level','99% Confidence Level'},'Location','Best')
title('Moving weekly parametric VaR using square root')
datetick('x','yyyy','keeplimits')
xlim([date_series(250),date_series(end)])
ylim([0,max(Normal99*100)*1.1*sqrt(5)])
set(gcf,'color','white')

%% VaR calculation using EWMA

EWMA95 = [];
EWMA99 = [];

Zscore = norminv(conf_levels);

decay_depth = [EstimationWindowSize-1:-1:0]';
WEIGHTs = [];
LAMBDAs = [1,0.99,0.94,0.9];
WEIGHTs = ones(length(EstimationWindow),1);

figure(index)
index = index + 1;
title('EWMA daily parametric VaR')
for jj = 1:length(LAMBDAs)
    
    lambda = LAMBDAs(jj);
    
    if lambda == 1
        WEIGHTs = WEIGHTs./EstimationWindowSize;
        
    else
        WEIGHTs = (1 - lambda)/(1 - lambda^EstimationWindowSize).*lambda.^decay_depth;
        
    end
    
    for t = TestWindow
        i = t - TestWindowStart + 1;
        EstimationWindow = t-EstimationWindowSize:t-1;
        X = daily_log_return_no_NaN(EstimationWindow);
        XX = X.*X;
        Sigma2 = sum(WEIGHTs.*XX);
        Sigma = sqrt(Sigma2);
        EWMA95(i,jj) = -Zscore(1)*Sigma;
        EWMA99(i,jj) = -Zscore(2)*Sigma;
        
    end
```

```
    ax = subplot(4,1,jj);
    plot(DateReturns(TestWindow),[EWMA95(:,jj)*100 EWMA99(:,jj)*100])
    ylabel('VaR [%]')
    xlabel(['Year; EWMA \lambda = ',num2str(lambda)])
    datetick('x','yyyy','keeplimits')
    xlim(ax,[date_series(250),date_series(end)])
    ylim(ax,[0, 8])
    
    set(gcf,'color','white')
end
legend({'95% Confidence Level','99% Confidence Level'},'Location','Best')

figure (index)
index = index + 1;
subplot(2,1,1)
plot(DateReturns(TestWindow),daily_log_return_no_NaN(TestWindow).^2)
ylabel('Daily log return squared')
xlabel('Year')
datetick('x','yyyy','keeplimits')
xlim([date_series(250),date_series(end)])


subplot(2,1,2)
plot(DateReturns(TestWindow),EWMA95(:,1:3)*100)
ylabel('Daily EWMA VaR [%]')
xlabel('Year')
legend({['\lambda = ',num2str(LAMBDAs(1))],...
    ['\lambda = ',num2str(LAMBDAs(2))],...
    ['\lambda = ',num2str(LAMBDAs(3))]},'Location','Best')

xlabel('Year')
datetick('x','yyyy','keeplimits')
set(gcf,'color','white')
xlim([date_series(250),date_series(end)])
title('EWMA moving 95% daily VaR')
```

8.2 预期亏空

预期亏空（Expected Shortfall，ES），也叫**条件风险价值**（conditional VaR），又叫**尾部损失**（tail loss）。ES实际是一个大于（或大于等于）某一个置信度α（比如95%或99%分位点）的条件期望值：

$$ES(\alpha) = -E\left[PnL \mid PnL \leqslant -VaR(\alpha)\right] \qquad (8.1)$$

式（8.1）中，PnL自带正负号，也就是损失为负，获益为正。如果损失也记作正数，那么ES的计算公式要修正为：

$$ES(\alpha) = E\left[L \mid L \geqslant VaR(\alpha)\right] \qquad (8.2)$$

其中，L代表损失，简单地说，就是用尾端损失的加权平均值。权重的计算根据这些损失值的发生概率。如图8.8所示是几个特殊预期亏空的例子，厚尾现象是不能忽视的问题。这几个特殊的例子有相同的VaR值，但是它们的ES值却相差甚远。所以，不能说两个投资组合的VaR值（百分比）相同，就可以轻易得到这两个组合的风险几乎一致的判断。

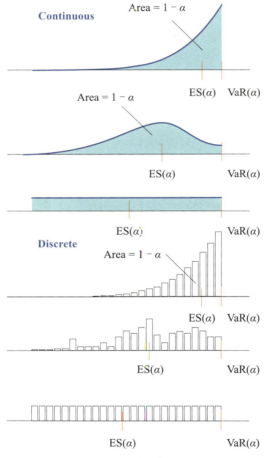

图8.8　几个特殊预期亏空的例子

类似VaR，ES也可以通过参数法获得。参数法同样假设资产回报率分布为正态分布。用参数法计算的ES为：

$$ES(\alpha)_{1-\text{day}} = \left(\frac{\varphi(N^{-1}(\alpha))}{1-\alpha} \times \sigma - \mu\right) \times P_{\text{baseline}} \qquad (8.3)$$

式中：$\varphi(x)$ 是标准正态分布PDF；$N^{-1}(\alpha)$ 是标准正态分布CDF的逆运算，$\text{icdf}_{N(0,1)}(\alpha)$。

如图8.9所示是参数法ES和VaR随置信度变化的趋势。适用于VaR的平方根法，也适用于ES的计算，如图8.10所示。

有兴趣的读者可以比较$ES(\alpha)$ 和 $VaR(1-(1-\alpha)/2)$ 的大小关系，比如ES(90%)和VaR(95%)。

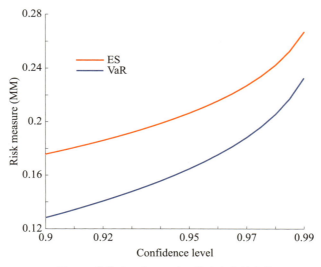

图8.9　参数法ES和VaR随置信度变化的趋势

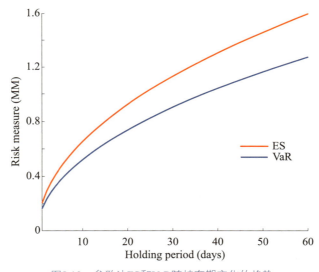

图8.10　参数法ES和VaR随持有期变化的趋势

以下代码可以获得图8.10。

`B2_Ch8_1_B.m`

```
J_holding = 1:60;
% holding period
sigma = 0.1;
% volatility of underlying log returns
conf_levels = 0.95;
```

```
% array of confidence level
mu = 0;
% mean level of underlying log returns
P = 1e6; % current value of the portfolio

VaR=P*(-sigma*sqrt(J_holding')*norminv(1-conf_levels,0,1)...
    -mu*J_holding'*ones(size(conf_levels)))/1e6; % Normal VaR

ES=P*(sigma*sqrt(J_holding')*normpdf(norminv(conf_levels,0,1))./
(1-conf_levels)...
    -mu*J_holding'*ones(size(conf_levels)))/1e6; % Normal ES

figure(1)

plot(J_holding,ES,'r'); hold on
plot(J_holding,VaR,'b'); box off
legend('ES','VaR')

xlabel('Holding period [days]');
xlim([min(J_holding) max(J_holding)])
ylabel('Risk measure [MM]','rotation',0);
title('Risk measure versus confidence level')
```

推导ES的过程如下。根据前文讲述，资产的回报率服从正态分布，即：

$$X \sim N(\mu,\sigma^2) \tag{8.4}$$

而标准正态分布Z（$Z \sim N(0,1)$）和正态分布的关系如下：

$$X = \mu + \sigma Z \tag{8.5}$$

反过来，Z可以这样求解：

$$Z = \frac{X-\mu}{\sigma} \tag{8.6}$$

在一定置信度α的条件下，VaR（不取绝对值）可以按式（8.7）计算：

$$\begin{cases} z_\alpha = \dfrac{\text{VaR}(\alpha)-\mu}{\sigma} \\ N(z_\alpha) = 1-p \end{cases} \tag{8.7}$$

通过组合式（8.6）、式（8.7）可得：

$$\text{VaR}(\alpha) = N^{-1}(1-\alpha)\sigma + \mu \tag{8.8}$$

假设回报率的分布是连续的，因此在不同置信度α上VaR(α)也是连续的。从而，ES(α)就可以通过式（8.9）计算出来：

$$ES(\alpha) = \frac{1}{1-\alpha} \int_\alpha^1 \text{VaR}(u) du \qquad (8.9)$$

式（8.9）中积分变量u可以从α变化到1。将VaR(α) 公式代入积分式：

$$\begin{aligned} ES(\alpha) &= \frac{1}{1-\alpha} \int_\alpha^1 \left[N^{-1}(1-u)\sigma + \mu \right] du \\ &= \frac{1}{1-\alpha} \left\{ \int_\alpha^1 \left[N^{-1}(1-u)\sigma \right] du + \int_p^1 \mu du \right\} \\ &= \frac{1}{1-\alpha} \left\{ \sigma \int_\alpha^1 \left[N^{-1}(1-u) \right] du \right\} + \mu \end{aligned} \qquad (8.10)$$

引入一个变量$u = N(k)$ 到式（8.9）得：

$$\begin{aligned} \int_\alpha^1 \left[N^{-1}(1-u) \right] du &= \int_{N^{-1}(\alpha)}^{N^{-1}(1)} \left[N^{-1}(1-N(k)) \right] dN(k) \\ &= \int_{N^{-1}(\alpha)}^{N^{-1}(1)} \left[N^{-1}(N(-k)) \right] dN(k) \\ &= \int_{N^{-1}(\alpha)}^{+\infty} -k \frac{1}{\sqrt{2\pi}} \exp\left(-\frac{1}{2}k^2\right) dk \\ &= \frac{1}{\sqrt{2\pi}} \int_{N^{-1}(\alpha)}^{+\infty} -k \exp\left(-\frac{1}{2}k^2\right) dk \\ &= \frac{1}{\sqrt{2\pi}} \left(0 - \exp\left(-\frac{1}{2} N^{-1}(\alpha)^2\right) \right) \\ &= -\varphi\left(N^{-1}(\alpha)\right) \end{aligned} \qquad (8.11)$$

然后带回ES(α) 计算式得：

$$ES(\alpha) = \mu - \sigma \frac{\varphi\left(N^{-1}(\alpha)\right)}{1-\alpha} \qquad (8.12)$$

这个ES(α) 算式是负值，取正值之后，乘以资产当前价格P就可以得到前文给出的ES(α) 算式。如果z_α可以看作是VaR随着置信度变化的参数，那么ES的参数可以表达为：

$$k_{ES\_\alpha} = \frac{\varphi\left(N^{-1}(\alpha)\right)}{1-\alpha} \qquad (8.13)$$

如图8.11所示是VaR参数和ES参数随置信度变化的图像。表8.1给出一些关键置信度并对VaR参数和ES参数进行对照。

表8.1 VaR参数和ES参数随置信度变化

置信度	VaR参数	ES参数
0.900	1.282	1.755
0.910	1.341	1.804
0.920	1.405	1.858
0.930	1.476	1.918
0.940	1.555	1.985

续表

置信度	VaR参数	ES参数
0.950	1.645	2.063
0.960	1.751	2.154
0.970	1.881	2.268
0.980	2.054	2.421
0.990	2.326	2.665
0.995	2.576	2.892

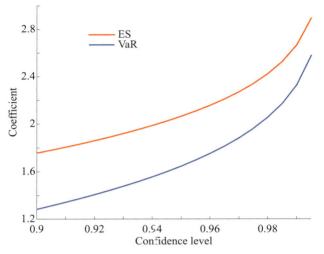

图8.11　VaR参数和ES参数随置信度变化

类似的，用平方根法则，参数法计算J天ES为：

$$\mathrm{ES}(\alpha)_{\text{J-days}} = \left(\frac{\varphi(N^{-1}(\alpha))}{1-\alpha} \times \sigma_{\text{1-day}}\sqrt{J} - \mu J \right) \times P_{\text{baseline}} \tag{8.14}$$

如图8.12所示是参数法计算股票ES值过程。这个过程类似参数法计算股票VaR过程。不同的是，计算ES值最后一个步骤，增加一个求解尾部均值过程，这就解释了式（8.14）中分母出现的 $(1-\alpha)$。类似的，学生t-分布下的预期亏空tES为：

$$t\mathrm{ES}(\alpha)_{\text{J-days}} = \left(\frac{\text{tpdf}(t_{\alpha,v})}{1-\alpha} \times \sqrt{\frac{v-2}{v}} \sigma_{\text{1-day}}\sqrt{J} - \mu J \right) \times P_{\text{baseline}} \tag{8.15}$$

式中：v为学生t-分布的自由度；$t_{\alpha,v}$为学生t-分布在置信度α自由度为v下的逆CDF值，MATLAB计算函数为tinv(conf_levels,nu)；tpdf()为学生t-分布的PDF方程。

如图8.13所示，用历史法的方法计算ES过程类似VaR。现在假设有（$n = 1000$）个股票日对数回报率数据r。如果要计算持有期为一天的ES(95%)，也就是$\alpha = 0.95$，要经过如下过程：

① 将这1000个回报率数据从小到大排序，得到r_{sorted}；
② 找到第50 (1000×(1 - 0.95) = 50) 个最小的损失，也有理论用第49个最小的损失；
③ 然后计算包括这个损失在内的所有损失的平均值。

计算所有损失的平均值公式为：

$$\text{ES} = \frac{1}{50}\sum_{i=1}^{50} r_{\text{sorted}\_i} \quad (8.16)$$

或者：

$$\text{ES} = \frac{1}{49}\sum_{i=1}^{49} r_{\text{sorted}\_i} \quad (8.17)$$

如果数据量 n 和 $(1-\alpha)$ 的乘积不为整数，需要用到线性插值的方法。

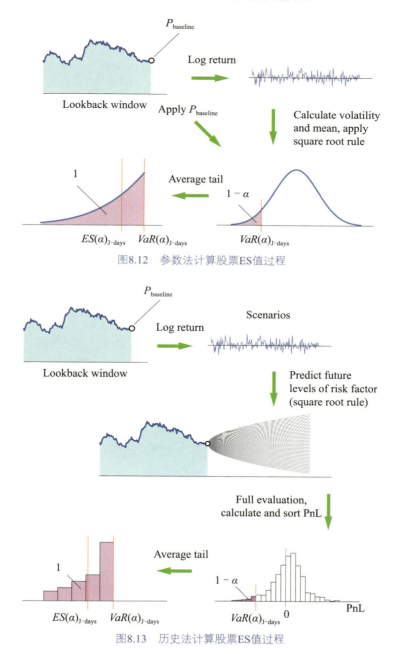

图8.12　参数法计算股票ES值过程

图8.13　历史法计算股票ES值过程

历史法、参数法和EWMA参数法ES比较如图8.14所示。

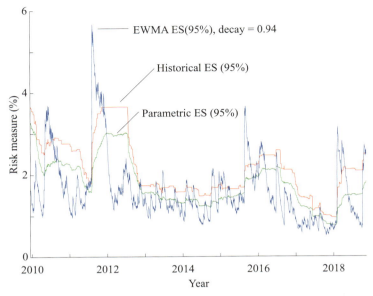

图8.14　历史法、参数法和EWMA参数法ES值比较（回望窗口 = 250营业日）

配合之前两段代码，用以下代码可以获得图8.14。

```matlab
B2_Ch8_1_C.m

%% Risk measures: VaR vs ES 95% and 99%

CONF_LEVELS = [0.95, 0.99];

for kk = 1:length(CONF_LEVELS)
    confidence_level = CONF_LEVELS(kk);
    NN = length(daily_log_return_no_NaN);
    
    for i = 1:NN-251
        
        % Get standard deviation of that change
        [Historical_VaR,Historical_ES] = hHistoricalVaRES(daily_log_return_no_NaN(i:i + 249),confidence_level);
        [Parametric_VaR,Parametric_ES,EWMA_VaR,EWMA_ES] = hNormalVaRES(daily_log_return_no_NaN(i:i + 249),confidence_level);
        
        % Now normalize to annual volatility
        Historical_ES_series(i) = Historical_ES;
        Parametric_ES_series(i) = Parametric_ES;
        EWMA_ES_series(i) = EWMA_ES;
        
        Historical_VaR_series(i) = Historical_VaR;
        Parametric_VaR_series(i) = Parametric_VaR;
        EWMA_VaR_series(i) = EWMA_VaR;
```

```
    end

    figure (index)
    index = index + 1;

    plot (date_series(253:end),Historical_ES_series*100); hold on
    plot (date_series(253:end),Parametric_ES_series*100); hold on
    plot (date_series(253:end),EWMA_ES_series*100); hold on

    datetick('x','yyyy','keeplimits')
    xlim([date_series(250),date_series(end)])
    ylim([0,max(max(EWMA_ES_series,EWMA_VaR_series))*110])
    xlabel('Year')
    ylabel('Risk measure [%]')
    title(['Confidence level: ',num2str(confidence_level*100),'%'])
    set(gcf,'color','white')
    legend('Historical ES','Parametric ES', 'EWMA ES')

    figure (index)
    index = index + 1;

    plot (date_series(253:end),Historical_VaR_series*100); hold on
    plot (date_series(253:end),Parametric_VaR_series*100); hold on
    plot (date_series(253:end),EWMA_VaR_series*100); hold on

    datetick('x','yyyy','keeplimits')
    xlim([date_series(250),date_series(end)])
    ylim([0,max(max(EWMA_ES_series,EWMA_VaR_series))*110])
    xlabel('Year')
    ylabel('Risk measure [%]')
    title(['Confidence level: ',num2str(confidence_level*100),'%'])
    set(gcf,'color','white')
    legend('Historical VaR','Parametric VaR','EWMA VaR')
end
```

20世纪末Philippe Artzner等人提出了重要的**一致性风险测度**（coherent risk measure）。他们认为一个良好的风险测度应该满足4个性质：

单调性（monotonicity）；
正齐次性（positive homogeneity）；
平移不变性（translation invariance）；
次可加性（subadditivity）。

下面就逐一讨论这4个性质。用ρ代表某个风险测度，$\rho(X)$表示X资产的这个风险测度。风险测度单调性可以用式（8.18）表达：

$$Y \geqslant X \Rightarrow \rho(Y) \leqslant \rho(X) \tag{8.18}$$

单调性很好理解，如果在任意情况下，资产Y的价值都高于资产X，那么资产Y的风险要小于资产X。

正齐次性的数学表达为：

$$\rho(hX) = h\rho(X) \text{ for } h > 0 \tag{8.19}$$

这个性质类似于倍增，也就是说h份资产X的风险是，一份资产X风险的h倍。但是实际情况却如式（8.20）：

$$\rho(hX) > h\rho(X) \text{ for } h > 0 \tag{8.20}$$

因为在投资者大量持有某种特定资产时，持续出售这个资产会不断导致资产价格下降。

平移不变性的数学表达式为：

$$\rho(X + c) = \rho(X) - c \text{ for } c > 0 \tag{8.21}$$

式（8.21）中的c为资本，可以理解为现金或现金等价物，风险几乎为0，流动性极好。简单地说，在投资组合中加入资本，减小组合风险。特别的，当资本c等于资产X的风险$\rho(X)$，新的投资组合$X + c$的风险测度为0，数学表达式为：

$$c = \rho(X) \Rightarrow \rho(X + c) = \rho(X) - c = 0 \tag{8.22}$$

最后要聊一聊重要的次可加性。可加性很好理解，比如 1 + 2 = 3。次可加性放松了等号"="，把等号变成了小于等于号"≤"：

$$\rho(X + Y) \leq \rho(X) + \rho(Y) \tag{8.23}$$

这一个性质其实更好理解，分散投资风险小，也就是如果把鸡蛋放在不同篮子里，鸡蛋全部被打碎的风险更小。这个性质类似于在丛书第一本书中讲到的凸性（convexity），因此次可加性也可以用凸性来替换：

$$\rho[\lambda X + (1-\lambda)Y] \leq \lambda \rho(X) + (1-\lambda)\rho(Y) \text{ for } \lambda \in [0,1] \tag{8.24}$$

式（8.24）可以看作是X和Y形成的投资组合，λ和$1-\lambda$相当于占比。请读者注意，VaR不满足次可加性是有条件的。如果资产分布厚尾现象严重，则VaR不满足次可加性，否则VaR一般情况下满足次可加性。ES (CVaR)满足次可加性，因此可以用作投资组合优化目标函数。丛书第四本书会进一步讨论。

本节最后再聊一聊平方根法则。本书第1章、第7章和本章都采用平方根法来**缩放波动率**（volatility scaling）。如前文所讲，这种平方根法的前提假设是收益率相对时间来说是独立分布。实际情况是很多数据都展现出自回归，比如长期观察，标普500日对数收益率**一阶自相关的系数**（coefficient of first-order autocorrelation）一般水平约为$\rho = 0.034$。考虑一阶自相关，J天波动率可以通过式（8.25）求得：

$$\sigma_{J-\text{days}} = \sigma_{1-\text{day}} \sqrt{\tilde{J}} \tag{8.25}$$

其中:

$$\tilde{J} = J + 2\frac{\rho}{(1-\rho)^2}\left[(J-1)(1-\rho)-\rho(1-\rho^{h-1})\right] \tag{8.26}$$

如图8.15所示为比较两种波动率缩放比例随持有期长度变化。式(8.26)仅仅是波动率缩放的一种方法而已,不同的时间序列模型可以得到不同的波动率缩放。丛书第三本书会深入探讨时间序列模型。

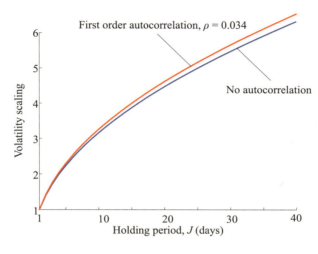

图8.15 比较两种波动率缩放

8.3 历史加权法

历史加权法VaR(age-weighted historical,VaR)是把时间权重加在每个历史回报率数据的概率上,而不是数据本身。假设有100个数据,在历史法计算VaR或ES上,这100个数据各自占的概率都是1%。历史加权法实际上按照数据点出现的先后,给予不同的概率。假设这100个数据中最新的数据的所占概率为w_1,之后随着数据的不断陈旧,该数据在整体占的比例不断衰减,这个衰减因子就是λ:

$$w_n = w_1 \lambda^{(n-1)} \tag{8.27}$$

但是这100个数据概率之和仍为1:

$$w_1 + w_2 + w_3 + \ldots + w_{99} + w_{100} = 1 \tag{8.28}$$

上式可以展开写为:

$$w_1 + w_1\lambda + w_1\lambda^2 + \ldots + w_1\lambda^{98} + w_1\lambda^{99} = 1 \tag{8.29}$$

通过等比数列的推导,可以求得:

$$w_1 = \frac{1-\lambda}{1-\lambda^{100}} \tag{8.30}$$

进一步推广,数据量为N的时候,第n个权重w_n可以推导为:

$$w_n = \frac{1-\lambda}{1-\lambda^N}\lambda^{(n-1)} \tag{8.31}$$

N是窗口数据内总量。当N足够大,而λ取值范围在0和1之间,λ^N趋向于0,因此w_n可以简化为:

$$w_n = (1-\lambda)\lambda^{(n-1)} \tag{8.32}$$

这就回答了第1章中EWMA中衰减因子的设定的疑问。如图8.16所示为经过加权处理后的标普500数据,其中旧的数据已经被代谢掉,取而代之的是更新的数据。如图8.17(a)所示为按时间先后展示回报率数据,如图8.17(b)所示为给出的这些数据对应的权重,如图8.17(c)所示为给出的权重的累加。如图8.18所示为对比普通历史法和历史加权法计算出来的95%和99% VaR值随时间变化。图8.19和图8.20比较的是在衰减因子为0.94情况下,历史加权计算出的VaR值跟踪波动率的情况。

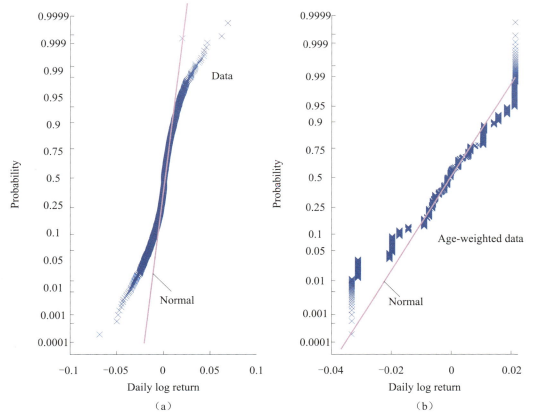

图8.16　历史加权法处理过的标普500回报率数据

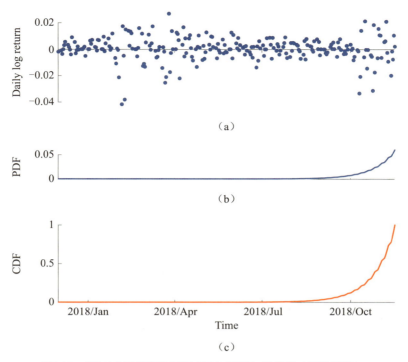

图8.17 近250个回报率数据和EWMA时间加权概率（累积概率）

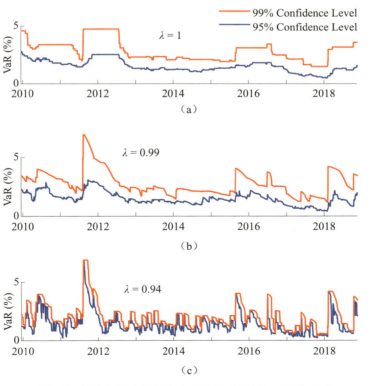

图8.18 历史加权法持有期1天VaR（回望窗口＝250营业日）

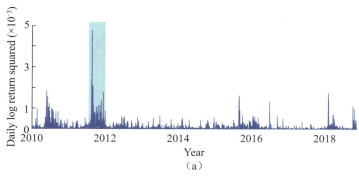

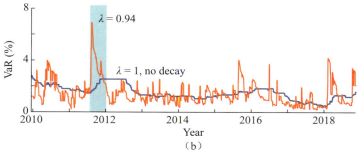

图8.19 历史加权法持有期1天VaR(95%)（回望窗口 = 250营业日）

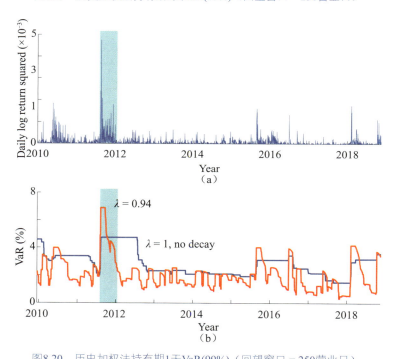

图8.20 历史加权法持有期1天VaR(99%)（回望窗口 = 250营业日）

配合之前的代码，图8.16～图8.20可以用如下代码获得。

B2_Ch8_1_D.m

```
%% Analysis before aged-weighted historical VaR
```

```matlab
figure (index)
index = index + 1;

subplot(1,2,1)
probplot(daily_log_return_no_NaN); hold on
title('Probability Plot')
legend('Normal','Data')

subplot(1,2,2)
lambda = 0.94;
total_length = length(daily_log_return_no_NaN);
decay_depth = [total_length-1:-1:0]';
Age_weighted_PROB = (1 - lambda)/(1 - lambda^total_length).*lambda.^decay_depth;
FREQ = round(Age_weighted_PROB*total_length);
xlim([date_series(250),date_series(end)])
probplot(daily_log_return_no_NaN, [], FREQ);
title('Age-weighted probability Plot')
legend('Normal','Data')

figure (index)
index = index + 1;
subplot(2,1,1)
plot(DateReturns,daily_log_return_no_NaN);
ylabel('Daily log return')
datetick('x','yyyy','keeplimits')
xlabel('Year')
xlim([date_series(250),date_series(end)])

subplot(2,1,2)

plot(DateReturns,Age_weighted_PROB);
ylabel('Probability')
datetick('x','yyyy','keeplimits')
xlabel('Year')
xlim([date_series(250),date_series(end)])
%% Age-weighted Historical VaR
% EWMA historical VaR
% Hybrid VaR

decay_depth = [EstimationWindowSize-1:-1:0]';
WEIGHTs = [];
LAMBDAs = [1,0.99,0.94,0.9];
WEIGHTs = ones(length(EstimationWindow),1);
conf_levels = [0.05 0.01];

figure (index)
```

```matlab
    index = index + 1;
    title('EWMA daily parametric VaR')
    for jj = 1:length(LAMBDAs)
        
        lambda = LAMBDAs(jj);
        
        if lambda == 1
            WEIGHTs = WEIGHTs./EstimationWindowSize;
            
        else
            WEIGHTs = (1 - lambda)/(1 - lambda^EstimationWindowSize).*lambda.^decay_depth;
            
        end
        
        FREQ = WEIGHTs;
        
        for t = TestWindow
            i = t - TestWindowStart + 1;
            EstimationWindow = t-EstimationWindowSize:t-1;
            X = daily_log_return_no_NaN(EstimationWindow);
            [cdf,data] = ecdf(X,'freq',FREQ);
            xq = conf_levels(1);
            Hybrid_VaR95(i,jj) = -interp1(cdf,data,xq);
            xq = conf_levels(2);
            Hybrid_VaR99(i,jj) = -interp1(cdf,data,xq);
            
        end
        
        subplot(4,1,jj)
        plot(DateReturns(TestWindow),[Hybrid_VaR95(:,jj)*100 Hybrid_VaR99(:,jj)*100])
        ylabel('VaR [%]')
        xlabel(['Year; EWMA \lambda = ',num2str(lambda)])
        datetick('x','yyyy','keeplimits')
        xlim([date_series(250),date_series(end)])
        set(gcf,'color','white')
        ylim([0 max(max(Hybrid_VaR99*100))])
        
end

legend({'95% Confidence Level','99% Confidence Level'},'Location','Best')

figure (index)
index = index + 1;

subplot(2,1,1)
plot(DateReturns(TestWindow),daily_log_return_no_NaN(TestWindow).^2)
```

```
ylabel('Daily log return squared')
xlabel('Year')
datetick('x','yyyy','keeplimits')
xlim([date_series(250),date_series(end)])

subplot(2,1,2)
plot(DateReturns(TestWindow),Hybrid_VaR95(:,1:3)*100)
ylabel('VaR [%]')
xlabel('Year')
legend({['\lambda = ',num2str(LAMBDAs(1))],...
    ['\lambda = ',num2str(LAMBDAs(2))],...
    ['\lambda = ',num2str(LAMBDAs(3))]},'Location','Best')

xlabel('Year')
datetick('x','yyyy','keeplimits')
set(gcf,'color','white')
xlim([date_series(250),date_series(end)])
title('Aged-weighted historical 95% daily VaR')


figure (index)
index = index + 1;

subplot(2,1,1)
plot(DateReturns(TestWindow),daily_log_return_no_NaN(TestWindow).^2)
ylabel('Daily log return squared')
xlabel('Year')
datetick('x','yyyy','keeplimits')
xlim([date_series(250),date_series(end)])

subplot(2,1,2)
plot(DateReturns(TestWindow),Hybrid_VaR99(:,1:3)*100)
ylabel('VaR [%]')
xlabel('Year')
legend({['\lambda = ',num2str(LAMBDAs(1))],...
    ['\lambda = ',num2str(LAMBDAs(2))],...
    ['\lambda = ',num2str(LAMBDAs(3))]},'Location','Best')

xlabel('Year')
datetick('x','yyyy','keeplimits')
set(gcf,'color','white')
xlim([date_series(250),date_series(end)])
title('Aged-weighted historical 99% daily VaR')
```

8.4 蒙特卡洛VaR

还有一种计算VaR的方法叫作**蒙特卡洛模拟法**（Monte Carlo method），得到**蒙特卡洛VaR**（Monte Carlo VaR）。历史法VaR是利用资产风险因子的历史轨迹构建出一系列未来走势场景；而蒙特卡洛法是采用随机模拟的方法来模拟资产风险因子未来一段时间的走势，如图8.21所示。然后，利用这些预测的数据估计资产未来价值。如图8.22所示，和历史法计算股票VaR相似，在得到资产一系列未来价值后，可以计算并得到损益的分布情况，用分位点的思想计算VaR值。Riskmetrics有一种重要的蒙特卡洛模拟方法叫作Benson-Zangari方法。本书第3章，模拟股价协同运动时，采用的是Cholesky分解历史数据的方差-协方差矩阵。Benson-Zangari方法避免求解方差-协方差矩阵，提高模拟效率。另外，丛书第三本书会介绍更多蒙特卡洛模拟方法。

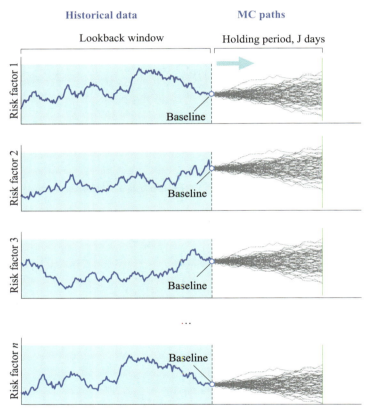

图8.21 用历史法预测J天后资产风险因子的走势

下面用股票日对数回报率来讲解这种方法，用矩阵D表达回望窗口内股票日对数回报率的历史数据，D的形状为$L \times N$。L代表回望窗口内数据长度，比如$L = 250$；N是矩阵的列数，代表时间序列的列数，比如有3支股票的日对数回报率，则$N = 3$。不做去均值处理，数据的方差-协方差矩阵Σ可以通过式（8.33）估算得到：

$$\Sigma = \frac{D^{\mathrm{T}} D}{L-1} \tag{8.33}$$

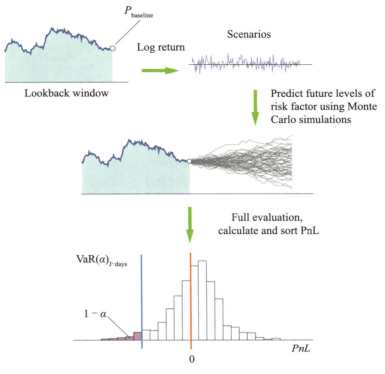

图8.22 蒙特卡洛法计算股票VaR值过程

式（8.33）中"·"表达矩阵乘法。计算过程如图8.23所示。再次强调，图中的"×"是矩阵乘法的意思，不是内积也不是外积。不做去均值处理，也就是不考虑回望窗口内每支股票日对数回报率均值的影响，或者认为风险因子回报率的平均值几乎为0，其影响可以忽略。

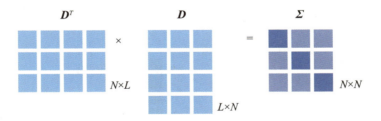

图8.23 方差—协方差矩阵

EWMA方法可以用来计算回报率的方差和协方差，实际EWMA也可以直接应用在计算方差—协方差矩阵上，得到EWMA方差—协方差矩阵Σ_{EWMA}。当衰减因子取值合理，Σ_{EWMA}可以更好地展现当前数据自身波动以及数据间协同运动情况。下面简单介绍计算过程。首先，定义如式（8.34）所示矩阵λ：

$$\lambda = \sqrt{\frac{1-\lambda}{1-\lambda^L}} \begin{bmatrix} \lambda^{0/2} \\ \lambda^{1/2} \\ \vdots \\ \lambda^{(L-1)/2} \end{bmatrix} \qquad (8.34)$$

这个矩阵对应元素相乘得到的就是指数加权权重向量。为了便于计算，现定义一个矩阵R_{EWMA}：

$$R_{EWMA} = \text{diag}(\lambda) D \qquad (8.35)$$

diag()运算将向量转化为对角阵，因此diag(λ)得到形状为$N \times N$方阵。R_{EWMA}的形状同样为$L \times N$。如图8.24所示是R_{EWMA}计算过程。

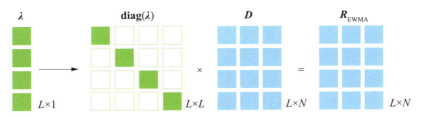

图8.24　矩阵表达计算R_{EWMA}

如图8.25所示，EWMA方差—协方差矩阵Σ_{EWMA}可以通过式（8.36）计算得出：

$$\Sigma_{\text{EWMA}} = \left(R_{\text{EWMA}}\right)^{\text{T}} R_{\text{EWMA}} \tag{8.36}$$

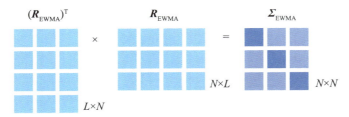

图8.25　EWMA方差—协方差矩阵

在本例中，D是日对数回报率构成的矩阵。未来一天回报率P_{sim}随机行走轨迹有sim（比如sim = 5000）种可能，可以通过式（8.37）得出（如图8.26所示）：

$$P_{\text{sim}} = Z R_{\text{EWMA}} \tag{8.37}$$

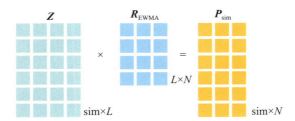

图8.26　矩阵表达计算P_{sim}

式中：Z为一个$sim \times N$的矩阵，这个矩阵中元素服从标准正态分布。
P_{sim}满足式（8.38）所示统计学规律：

$$\begin{aligned}
\text{E}[P_{\text{sim}}] &= \text{E}[Z] \cdot \text{E}[R_{\text{EWMA}}] = 0 \\
\text{cov}[P_{\text{sim}}] &= \text{E}\left[\left(P_{\text{sim}}\right)^{\text{T}} P_{\text{sim}}\right] \\
&= \text{E}\left[\left(R_{\text{EWMA}}\right)^{\text{T}} Z^{\text{T}} Z R_{\text{EWMA}}\right] \\
&= \text{E}\left[\left(R_{\text{EWMA}}\right)^{\text{T}} R_{\text{EWMA}}\right] \\
&= \Sigma_{\text{EWMA}}
\end{aligned} \tag{8.38}$$

也就是通过这种方法获得的随机轨迹满足统计规律要求。如果数据矩阵 $\boldsymbol{D}$ 内的回报率为 K 天，利用平方根法则，并考虑漂移（drift）等带来的影响，J 天 $\boldsymbol{P}_{sim}$ 可以通过式（8.39）获得：

$$\boldsymbol{P}_{\text{sim}(J-\text{days})} = \sqrt{\frac{J}{K}} \cdot \boldsymbol{ZR}_{\text{EWMA}} + \frac{J}{K}\boldsymbol{\mu} \quad （8.39）$$

如图8.27所示是原始数据 $\boldsymbol{D}$ 和蒙特卡洛模拟产生的 sim 个轨迹 $\boldsymbol{P}_{sim}$ 的关系。

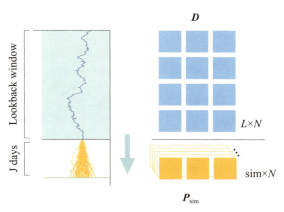

图8.27　原始数据 $\boldsymbol{D}$ 和 $\boldsymbol{P}_{sim}$ 关系

更多有关Benson-Zangari蒙特卡洛模拟细节，请有兴趣的读者参考以下文件自行学习：

Benson, Peter and Peter Zangari (1997). *A general approach to calculating VaR without volatilities and correlations*

另外，丛书第三本书数学部分会进一步探讨这种方法背后的矩阵运算。如图8.28所示是不同衰减因子条件下求得的Benson-Zangari蒙特卡洛VaR比较。VaR以百分数表达，持有期为1天。如图8.29和图8.30（a）所示是日对数回报率的平方数，代表着市场瞬时波动。如图8.39（b）所示是95% VaR和99% VaR值。当衰减因子为0.94时是，VaR值更好地跟踪市场波动。

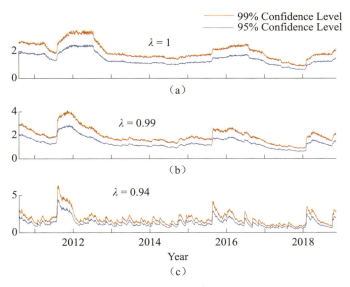

图8.28　Benson-Zangari蒙特卡洛VaR（持有期为1天，回望窗口 = 250营业日）

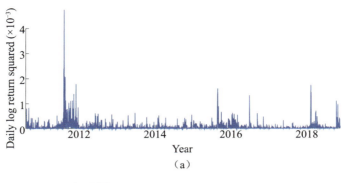

(a)

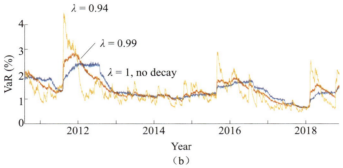

(b)

图8.29 Benson-Zangari蒙特卡洛VaR(95%)值比较（持有期为1天）

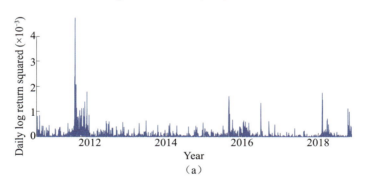

(a)

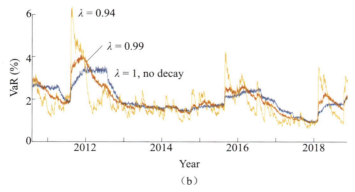

(b)

图8.30 Benson-Zangari蒙特卡洛VaR(99%)值比较（持有期为1天）

结合前文代码，以下代码可以获得本节图像。

`B2_Ch8_1_E.m`

```matlab
%% Benson-Zangari MC VaR
% Using Monte Carlo simulation method
% Proposed by MSCI RiskMetrics RiskManager

decay_depth = [EstimationWindowSize-1:-1:0]';
WEIGHTs = [];
LAMBDAs = [1,0.99,0.94,0.9];
WEIGHTs = ones(length(EstimationWindow),1);
pVaR = [0.05 0.01];
num_sim = 5000; % number of MC simulations

figure (index)
index = index + 1;
title('EWMA daily parametric VaR')
for jj = 1:length(LAMBDAs)
    
    lambda = LAMBDAs(jj);
    
    if lambda == 1
        WEIGHTs = sqrt(WEIGHTs./EstimationWindowSize);
        
    else
        WEIGHTs = sqrt((1 - lambda)/(1 - lambda^EstimationWindowSize).*lambda.^decay_depth);
        
    end
    
    
    for t = TestWindow
        i = t - TestWindowStart + 1;
        EstimationWindow = t-EstimationWindowSize:t-1;
        X = daily_log_return_no_NaN(EstimationWindow);
        
        RR = WEIGHTs.*X;
        ZZ = randn(EstimationWindowSize,num_sim);
        YY = RR'*ZZ;
        % obtain num_sim simulated daily log return
        % sort using historical method
        
        MC_VaR95(i,jj) = -quantile(YY,pVaR(1));
        MC_VaR99(i,jj) = -quantile(YY,pVaR(2));
        
    end
    
    subplot(4,1,jj)
    plot(DateReturns(TestWindow),[MC_VaR95(:,jj)*100 MC_VaR99(:,jj)*100])
```

```matlab
    ylabel('VaR [%]')
    xlabel(['Year; EWMA \lambda = ',num2str(lambda)])
    datetick('x','yyyy','keeplimits')
    xlim([date_series(250),date_series(end)])
    set(gcf,'color','white')
    ylim([0 max(max(MC_VaR99*100))])

end

legend({'95% Confidence Level','99% Confidence Level'},'Location','Best')

figure (index)
index = index + 1;

subplot(2,1,1)
plot(DateReturns(TestWindow),daily_log_return_no_NaN(TestWindow).^2)
ylabel('Daily log return squared')
xlabel('Year')
datetick('x','yyyy','keeplimits')
xlim([date_series(250),date_series(end)])

subplot(2,1,2)
plot(DateReturns(TestWindow),MC_VaR95(:,1:3)*100)
ylabel('VaR [%]')
xlabel('Year')
legend({['\lambda = ',num2str(LAMBDAs(1))],...
    ['\lambda = ',num2str(LAMBDAs(2))],...
    ['\lambda = ',num2str(LAMBDAs(3))]},'Location','Best')

xlabel('Year')
datetick('x','yyyy','keeplimits')
set(gcf,'color','white')
xlim([date_series(250),date_series(end)])
title('Benson-Zangari MC 95% daily VaR')


figure (index)
index = index + 1;

subplot(2,1,1)
plot(DateReturns(TestWindow),daily_log_return_no_NaN(TestWindow).^2)
ylabel('Daily log return squared')
xlabel('Year')
datetick('x','yyyy','keeplimits')
xlim([date_series(250),date_series(end)])

subplot(2,1,2)
plot(DateReturns(TestWindow),MC_VaR99(:,1:3)*100)
```

```
ylabel('VaR [%]')
xlabel('Year')
legend({['\lambda = ',num2str(LAMBDAs(1))],...
    ['\lambda = ',num2str(LAMBDAs(2))],...
    ['\lambda = ',num2str(LAMBDAs(3))]},'Location','Best')

xlabel('Year')
datetick('x','yyyy','keeplimits')
set(gcf,'color','white')
xlim([date_series(250),date_series(end)])
title('Benson-Zangari MC 99% daily VaR')
```

本章前文代码中使用的子方程代码如下。

`B2_Ch8_1_F.m`

```
%% Sub-functions

function [VaR,ES] = hHistoricalVaRES(Sample,VaRLevel)

% Convert to losses
Sample = -Sample;

N = length(Sample);
k = ceil(N*VaRLevel);

z = sort(Sample);

VaR = z(k);

if k < N
    ES = ((k - N*VaRLevel)*z(k) + sum(z(k+1:N)))/...
        (N*(1 - VaRLevel));
else
    ES = z(k);
end
end

function [VaR,ES,EWMA_VaR,EWMA_ES] = hNormalVaRES(Sample,VaRLevel)

Sample(isnan(Sample))=0;

Miu = nanmean(Sample);
Sigma = nanstd(Sample);

VaR = -1*(Miu-Sigma*norminv(VaRLevel));
ES = -1*(Miu-Sigma*normpdf(norminv(VaRLevel))./(1-VaRLevel));

Sample_Size = length(Sample);
```

```matlab
lambda = 0.94; % default value, industry recommended
decay_depth = [Sample_Size-1:-1:0]';
WEIGHTs = (1 - lambda)/(1 - lambda^Sample_Size).*...
lambda.^decay_depth;
XX = Sample.^2;
Sigma2 = sum(WEIGHTs.*XX);
EWMA_Sigma = sqrt(Sigma2);

EWMA_Mu = nanmean(Sample);
% uniformally weighted average;
% Exponentially weighted average (EWA) can be used as well

EWMA_VaR = -1*(EWMA_Mu-EWMA_Sigma*norminv(VaRLevel));
EWMA_ES = -1*(EWMA_Mu-EWMA_Sigma*normpdf(norminv(VaRLevel))./...
(1-VaRLevel));

end
```

8.5 债券风险度量

第7章和本章前四节主要讨论的是线性产品的风险度量计算。讨论过的方法有参数法、历史法、EWMA参数法、EWMA历史法和蒙特卡洛法。股票回报率基本上服从正态分布，资产损益和回报率是线性关系，因此也基本上服从正态分布。而对于期权、债券等非线性产品，参数法VaR就很局限。非线性产品风险度量的难点在于，非线性产品价格和风险因子的数学关系比较复杂。

用历史法计算非线性资产VaR和ES值比较容易。多数银行也都是采用历史法计算非线性资产风险度量。如第7章所讲，历史法计算风险度量是采用风险因子历史轨迹构建出一系列场景。然后将这些场景依次用在风险因子当前水平，预测得到一系列未来场景。基于这些未来场景，用非线性资产的定价方法重新得到一系列可能未来价值，和当前价值比较得到损益PnL分布。最后通过分位点获得VaR值。

这一节，以债券为例探讨非线性资产风险度量计算。通过第7章学习，可以知道久期估算可以用YTM变化量线性估计债券损益：

$$PnL \approx -D_{eff} \times \Delta YTM \times P_{baseline} \tag{8.40}$$

通过以上近似，将债券定价线性化。这样，债券VaR值计算可以套用股票VaR值计算思路。现在的问题就是如何通过历史数据求解ΔYTM，以及分析ΔYTM的分布情况。

假设当前时刻为'16-Nov-2018'，有一个债券距离到期时间为3年，债券到期时间为'16-Nov-2021'。票面价格为100美元，债券的息票率为5%，利息每年支付一次。如图8.31所示是债券的现金流结构。使用FRED提供的'16-Nov-2018'当时利率（一年期，两年期和三年期），经过计算可得到债券在'16-Nov-2018'的价值为106.0510美元，收益率是2.85%。

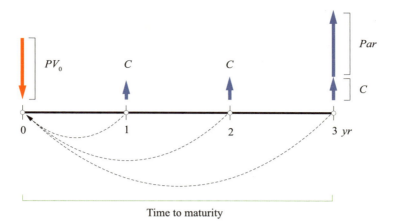

图8.31 债券现金流结构

现金流结构不变（也就是不考虑到期时间变化），采用'16-Nov-2018'之前的历史利率，即每一天的一年期、两年期和三年期利率，对应计算出债券收益率。图8.32（a）展示的就是在采用不同时间节点上历史利率的情况下，对应计算出的收益率变化。图8.32（b）给出的是收益率YTM的日变化情况，即ΔYTM_{1-day}随时间变化。图8.33给出了ΔYTM_{1-day}分布情况，会发现ΔYTM_{1-day}基本服从正态分布。基于这个ΔYTM_{1-day}的分布，可以计算债券一天VaR值。

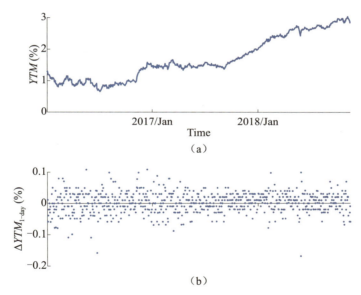

图8.32 历史利率数据计算出来的收益率YTM可能性

假设当前的回报率为$YTM_{baseline}$，1天之后债券可能回报率为YTM_{1-day}，两者之间可以用图8.33中ΔYTM分布联系起来：

$$YTM_{1-day} = YTM_{baseline} + \Delta YTM_{1-day} \tag{8.41}$$

根据ΔYTM分布，可以得到YTM_{1-day}的分布。据此可以得到1天之后债券的各种可能的价值情况。同样使用过去250天的历史数据，忽略1天时间对于债券现金流结构的影响（否则需要插值计算一年减一天期，两年减一天期和三年减一天期的利率），如图8.34所示是未来一天YTM和债券价值的250个可能PV_{1-day}值。根据这个分布，可以算出基于历史数据得到的一天VaR值，如图8.35所示。

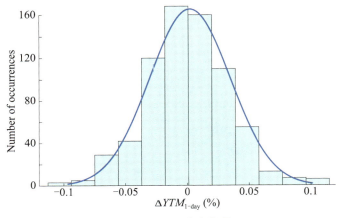

图8.33 ΔYTM分布情况

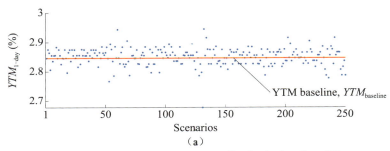

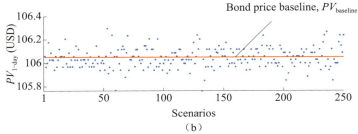

图8.34 未来一天的YTM可能值和债券可能价值

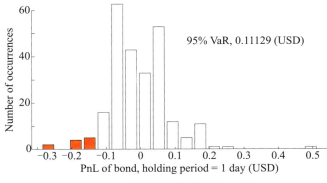

图8.35 历史法计算债券1天VaR值

对图8.33中$\Delta YTM_{1\text{-day}}$分布进一步观察，$\Delta YTM_{1\text{-day}}$近似正态分布。据此，可以进一步计算$\Delta YTM_{1\text{-day}}$的均值和标准差。然后用随机数发生器产生1000（或者更多）个$\Delta YTM_{1\text{-day}}$可能数值，服从同样均值和标准

差的正态分布，这样能有效地增加数据量。然后再计算出1天之后债券可能回报率$YTM_{1\text{-day}}$1000种可能。利用这些$YTM_{1\text{-day}}$值，就能计算出1000个可能的债券值$PV_{1\text{-day}}$。根据这些$PV_{1\text{-day}}$值的分布，同样也能计算1天95% VaR值。如图8.36所示是这种参数模拟法计算得到债券损益分布和VaR值。本章前文讲到用久期和久期估算债券价值损益，也可以用类似的方法计算债券VaR值（如图8.37所示），这种方法类似参数法计算VaR。

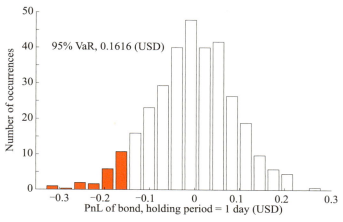

图8.36　参数模拟法得到的债券VaR

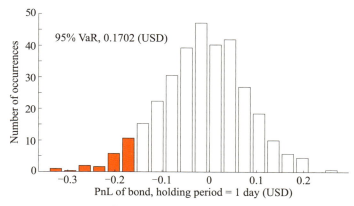

图8.37　久期估算得到的债券损益和1天95% VaR

除了利用YTM来计算债券价值，还可以直接利用利率期限结构来计算债券VaR值。如图8.38所示红色的线条是当前的利率期限结构，灰色的线条是利用平行移动产生的其他利率期限结构。红色线条和灰色线条之间的利差根据$\Delta YTM_{1\text{-day}}$正态分布产生。利用这种方法计算出来的债券损益分布和1天95% VaR值，如图8.39所示。

根据历史利率期限结构，也能算出不同期限上的利差数据。将这些利差值应用到当前利率期限结构上，也能构建各种未来利率期限结构情况，如图8.40所示，这是一种非平行的利率期限结构移动方式，这种思路就最接近历史法。如图8.41所示是在这些可能利率期限结构下计算出来的债券损益分布和VaR值。这种方法，相当于对债券的现金流和风险因子分别做映射，风险因子之间内在的相关性、随时间协同运动也被考虑在内。另外，本书第3章讨论折算因子时提到，折算因子和现金流现值之间是单纯的线性关系。

有兴趣的读者，可以用折算因子作为债券的利率风险因子，然后分析计算债券VaR值。

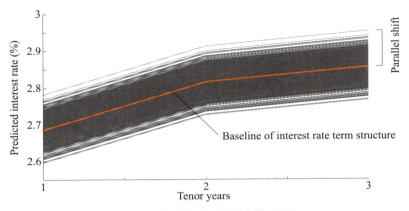

图8.38　平行移动构建的利率期限结构

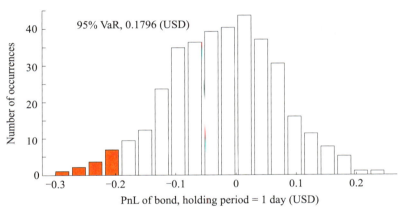

图8.39　债券损益分布和VaR值，基于平行移动构建的利率期限结构

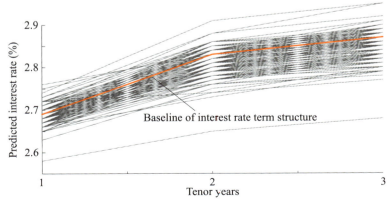

图8.40　历史数据构建的利率期限结构

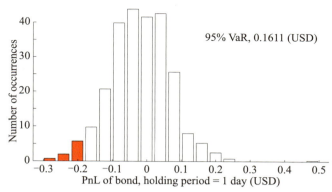

图8.41　债券损益分布和VaR值，基于历史数据构建的利率期限结构

下一章会从投资组合角度讨论风险度量。此外，丛书第三本书会继续深入探讨市场风险内容，比如极值VaR、增量VaR、边际VaR、成分VaR、极值VaR和连接函数VaR，以及它们背后的数学知识。

更多有关风险价值计算的探讨，欢迎读者参考MSCI RiskMetrics如下两个文件：

Return to RiskMetrics: The Evolution of a Standard

RiskMetrics—Technical Document

8.6 回顾测试

回顾测试（backtesting）对各种模型检测有着重要的作用。简单地说，回顾测试就是利用历史数据重演过去发生的情况进行检验。对于VaR的回顾测试，主要看当前设计的风险测度模型使用历史数据时会有怎样的表现。最直接的回顾测试方法就是，找出在交易组合1天之内的损失有多少次超过1天99%风险测度，比如99% ES和99% VaR，实际损失超过这个风险测度的情况叫作**例外**（exception，breach）、**超标**（exceedance，violation）。比如，Basel规定，用过去一年250营业日历史数据进行回测（见表8.2）。如果发生例外的天数小于5天，则表示模型是"健康"的。

表8.2　Basel对于VaR回测的规定

颜色	250个营业日，超过99% VaR的次数
绿色	0, 1, 2, 3, 4
黄色	5, 6, 7, 8, 9
红色	10 或 更多

以下两个回顾测试例子由MATLAB提供，请读者自行学习。

```
openExample('risk/VaRBacktestingExampleWorkflowReviewExample')
openExample('risk/ValueatRiskEstimationandBacktestingExample')
```

如图8.42所示是过去10年间SP500回报率数据和三个不同的95% VaR计算结果。这三个VaR值计算的方法包括正态VaR、历史法VaR和EWMA VaR($\lambda = 0.94$)。位于这三个VaR曲线下方的回报率数据是超标数据。类似地，如图8.43所示是三种方法计算的99% VaR值曲线和回报率数据的关系。如图8.44所示是2018年95% VaR回顾测试。EWMA方法计算的VaR有最少的超标数量。如图8.45所示是2018年99% VaR回顾测试。回报率超标数量还是过多，请读者想办法修正VaR计算（比如，回望窗口长度、衰减因子大小、回报率采样频率、重叠天数等），让回报率超标数量在绿线以下。

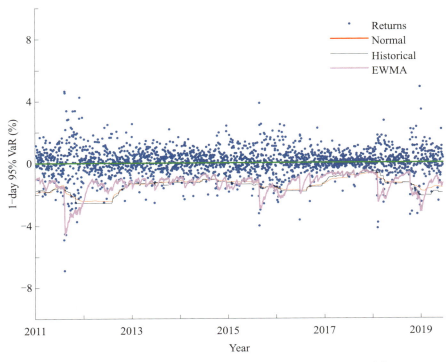

图8.42　过去10年间标普500回报率数据和三个1天95% VaR百分值

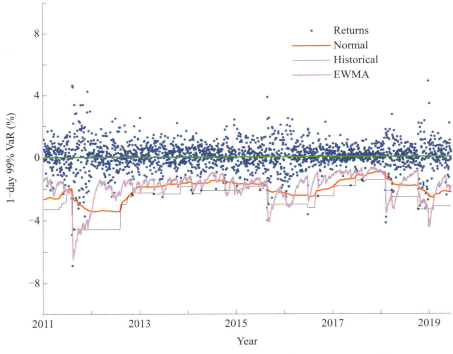

图8.43　过去10年间标普500回报率数据和三个1天99% VaR百分值

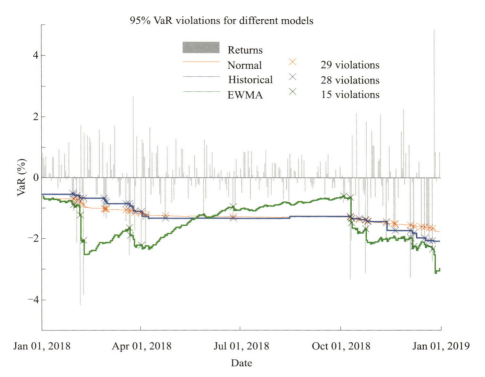

图8.44 2018年标普500回报率和1天95% VaR回顾测试

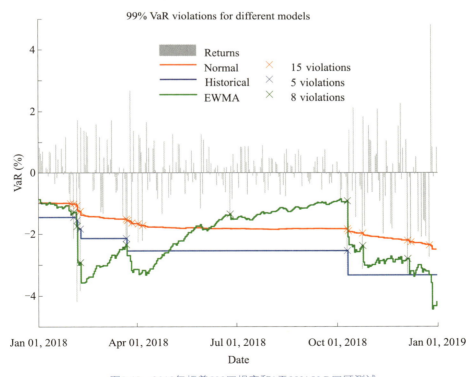

图8.45 2018年标普500回报率和1天99% VaR回顾测试

更多有关VaR回测的方法，请参考：

https://www.mathworks.com/help/risk/overview-of-var-backtesting.html

以下代码可绘制图8.42～图8.45。

`B2_Ch8_2.m`

```matlab
%% Download S&P 500 data
clc; close all; clear all

price = hist_stock_data('01012010','05302019','^gspc');
%returns the data sorted from the newest date to the oldest date

index = 1;

modified_date = datenum(price.Date,'yyyy-mm-dd');
% How to use
https://www.mathworks.com/help/matlab/ref/datenum.html

[daily_log_return,~] = tick2ret (price.Close, ...
modified_date,'Continuous');

[daily_simple_return,~] = tick2ret (price.Close, ...
modified_date,'Simple');

DateReturns = modified_date(2:end);
SampleSize = length(daily_log_return);

TestWindowStart      = find(year(DateReturns)==2011,1);
TestWindow           = TestWindowStart : SampleSize;
EstimationWindowSize = 250;

conf_levels = [0.05 0.01];

Zscore   = norminv(conf_levels);
Normal95 = zeros(length(TestWindow),1);
Normal99 = zeros(length(TestWindow),1);

for t = TestWindow
    i = t - TestWindowStart + 1;
    EstimationWindow = t-EstimationWindowSize:t-1;
    Sigma = std(daily_log_return(EstimationWindow)); % window is one year long
    Normal95(i) = -Zscore(1)*Sigma;
    Normal99(i) = -Zscore(2)*Sigma;
end

%% Historical Conditional daily VaR: 95% and 99%
```

```
Historical95 = zeros(length(TestWindow),1);
Historical99 = zeros(length(TestWindow),1);

for t = TestWindow
    i = t - TestWindowStart + 1;
    EstimationWindow = t-EstimationWindowSize:t-1;
    X = daily_log_return(EstimationWindow);
    Historical95(i) = -quantile(X,conf_levels(1));
    Historical99(i) = -quantile(X,conf_levels(2));
end



%% VaR calculation using EWMA

lambda = 0.94;
Sigma2     = zeros(length(daily_log_return),1);
Sigma2(1)  = daily_log_return(1)^2;

for i = 2 : (TestWindowStart-1)
    Sigma2(i) = (1-lambda) * daily_log_return(i-1)^2 + lambda * Sigma2(i-1);
end
% Use the EWMA in the test window to estimate the VaR.

Zscore = norminv(conf_levels);
EWMA95 = zeros(length(TestWindow),1);
EWMA99 = zeros(length(TestWindow),1);

for t = TestWindow
    k    = t - TestWindowStart + 1;
    Sigma2(t) = (1-lambda) * daily_log_return(t-1)^2 + lambda * Sigma2(t-1);
    Sigma = sqrt(Sigma2(t));
    EWMA95(k) = -Zscore(1)*Sigma;
    EWMA99(k) = -Zscore(2)*Sigma;
end



%% VaR Backtesting

ReturnsTest = daily_log_return(TestWindow);
DatesTest   = DateReturns(TestWindow);
figure(1)
plot(DatesTest,ReturnsTest*100,'.'); hold on
plot(DatesTest,[-Normal95*100 -Historical95*100 -EWMA95*100]); hold on
plot(DatesTest,zeros(size(DatesTest)),'g')

legend({'Returns','Normal','Historical','EWMA'},'Location','Best')
ylabel('1-day 95% VaR (%)')
```

```matlab
xlabel('Year'); box off; grid off

datetick('x','yyyy','keeplimits')
xlim([modified_date(250),modified_date(end)])
ylim([-10 10]); set(gcf,'color','white')

ReturnsTest = daily_log_return(TestWindow);
DatesTest   = DateReturns(TestWindow);

figure(2)
plot(DatesTest,ReturnsTest*100,'.'); hold on
plot(DatesTest,[-Normal99*100 -Historical99*100 -EWMA99*100]); hold on
plot(DatesTest,zeros(size(DatesTest)),'g')

legend({'Returns','Normal','Historical','EWMA'},'Location','Best')
ylabel('1-day 99% VaR (%)')
xlabel('Year'); box off; grid off

datetick('x','yyyy','keeplimits')
xlim([modified_date(250),modified_date(end)])
ylim([-10 10]); set(gcf,'color','white')

%% VaR Back Testing, 95%, Zoomed in

ZoomInd    = (DatesTest >= datenum('2018-01-01','yyyy-mm-dd')) ...
           & (DatesTest <= datenum('2018-12-31','yyyy-mm-dd'));
VaRData    = [-Normal95(ZoomInd) -Historical95(ZoomInd) -EWMA95(ZoomInd)];
Date_zoomIn = DatesTest(ZoomInd);
Return_zoomIn = ReturnsTest(ZoomInd);
N_zoomIn = Normal95(ZoomInd);
H_zoomIn = Historical95(ZoomInd);
EWMA_zoomIn = EWMA95(ZoomInd);

IndN95    = (Return_zoomIn < -N_zoomIn);
IndHS95   = (Return_zoomIn < -H_zoomIn);
IndEWMA95 = (Return_zoomIn < -EWMA_zoomIn);

figure (3)

bar(Date_zoomIn,Return_zoomIn*100,0.5,'FaceColor',[0.7 0.7 0.7]);
colors = {'r','b','g'}
hold on
for i = 1 : size(VaRData,2)
    stairs(Date_zoomIn-0.5,VaRData(:,i)*100,colors{i});
end

plot(Date_zoomIn(IndN95),-N_zoomIn(IndN95)*100,'rx',...
```

```matlab
    Date_zoomIn(IndHS95),-H_zoomIn(IndHS95)*100,'bx',...
    Date_zoomIn(IndEWMA95),-EWMA_zoomIn(IndEWMA95)*100,...
    'gx','MarkerSize',8,'LineWidth',1.5)

legend({'Returns','Normal','Historical','EWMA',...
    [num2str(sum(IndN95)),' violations'],...
    [num2str(sum(IndHS95)),' violations'],...
    [num2str(sum(IndEWMA95)),' violations']},'Location','Best')
xlim([Date_zoomIn(1)-1, Date_zoomIn(end)+1])
hold off; xlabel('Year'); box off
datetick('x','mmm dd, yyyy'); set(gcf,'color','white')
ylabel('VaR (%)'); xlabel('Date')
title('95% VaR violations for different models')
ax = gca; ax.ColorOrderIndex = 1;

%% VaR Back Testing, 99%, Zoomed in

ZoomInd    = (DatesTest >= datenum('2018-01-01','yyyy-mm-dd')) ...
    & (DatesTest <= datenum('2018-12-31','yyyy-mm-dd'));
VaRData    = [-Normal99(ZoomInd) -Historical99(ZoomInd) -EWMA99(ZoomInd)];
Date_zoomIn = DatesTest(ZoomInd);
Return_zoomIn = ReturnsTest(ZoomInd);
N_zoomIn = Normal99(ZoomInd);
H_zoomIn = Historical99(ZoomInd);
EWMA_zoomIn = EWMA99(ZoomInd);

IndN99    = (Return_zoomIn < -N_zoomIn);
IndHS99   = (Return_zoomIn < -H_zoomIn);
IndEWMA99 = (Return_zoomIn < -EWMA_zoomIn);

figure (4)

bar(Date_zoomIn,Return_zoomIn*100,0.5,'FaceColor',[0.7 0.7 0.7]);
colors = {'r','b','g'}
hold on
for i = 1 : size(VaRData,2)
    stairs(Date_zoomIn-0.5,VaRData(:,i)*100,colors{i});
end

plot(Date_zoomIn(IndN99),-N_zoomIn(IndN99)*100,'rx',...
    Date_zoomIn(IndHS99),-H_zoomIn(IndHS99)*100,'bx',...
    Date_zoomIn(IndEWMA99),-EWMA_zoomIn(IndEWMA99)*100,...
    'gx','MarkerSize',8,'LineWidth',1.5)

legend({'Returns','Normal','Historical','EWMA',...
    [num2str(sum(IndN99)),' violations'],...
    [num2str(sum(IndHS99)),' violations'],...
```

```
        [num2str(sum(IndEWMA99)),' violations']},'Location','Best')
xlim([Date_zoomIn(1)-1, Date_zoomIn(end)+1])
hold off; xlabel('Year'); box off
datetick('x','mmm dd, yyyy'); set(gcf,'color','white')
ylabel('VaR (%)'); xlabel('Date')
title('99% VaR violations for different models')
ax = gca; ax.ColorOrderIndex = 1;
```

至此用了两章内容，探讨了市场风险重要的度量（VaR和ES）以及计算方法（参数法、历史法、EWMA法和蒙特卡洛模拟法）。请读者特别注意在实践中分析这几种计算风险方法的优劣。本书最后三章将会和读者探讨信用风险相关内容。

第 9 章 Portfolio 投资组合

不要把所有的鸡蛋放到一个篮子里（Don't put all your eggs in one basket），说的就是资金分散投资可以降低投资风险。美国经济学家Harry Max Markowitz对此做了开创性的工作，因此获得1990年诺贝尔经济学奖。同享1990年诺贝尔经济学奖的还有Merton Miller和William F. Sharpe。他们所做的研究被称作华尔街的第一次革命。

Core Functions and Syntaxes
本章核心命令代码

- `bndconvy()` 根据收益率计算债券凸率
- `bnddury()` 根据收益率计算债券久期
- `bndprice(Yield,CouponRate,Settle,Maturity)` 将收益率转化为价格
- `categorical(A)` 根据数组 A 创建分类数组。B 的类别是 A 的唯一值且经过排序
- `ceil(X)` 将 X 的每个元素四舍五入到大于或等于该元素的最接近整数
- `colorbar('horiz')` 显示色阶的颜色栏，水平放置
- `corr2cov()` 将标准差和线性相关系数转化为协方差
- `corrcoef(X,Y)` 返回线性相关系数 PCC
- `diff(x)` 计算向量 x 相邻元素之间的差值
- `floor(X)` 将 X 的每个元素四舍五入到小于或等于该元素的最接近整数
- `format style` 设置命令行窗口输出显示格式，常见的格式有 `short`（默认）、`long`、`shortE`、`longE`、`shortG`、`bank` 等
- `heatmap()` 创建热图
- `hist_stock_data('01012015','31052019','GM','F','MCD','IBM');` hist_stock_data() 这是MATLAB论坛网友分享的函数，可以用于下载Yahoo! Finance提供的历史股票价格数据。'01012015' 和 '31052019' 分别定义查询的起始和结束日期。'GM','F','MCD' 和 'IBM' 为待查询股票的公司的名称，分别为通用汽车公司，福特汽车公司，麦当劳和IBM。此外，公司的缩写可通过Yahoo! Finance官网 https://ca.finance.yahoo.com/ 查询获取
- `nargin` 针对当前正在执行的函数，返回函数调用中给定函数输入参数的数目。该语法仅可在函数体内使用
- `nargout` 针对当前正在执行的函数，返回该函数调用中指定的函数输出参数的数目。该语法仅可在函数体内使用
- `numel()` 返回数组 A 中的元素数目 n 等同于 `prod(size(A))`
- `portopt()` 构建有约束的投资组合
- `portstats()` 计算投资组合的风险和收益
- `rand()` 产生均匀分布的随机数
- `reordercats()` 对分类数组中的类别重新排序
- `rng('default')` 确保反复试验产生相同的随机数组

- ◀ round(X) 将 X 的每个元素四舍五入为最近的整数
- ◀ set(gca,'xdir','reverse') 翻转 x 轴方向
- ◀ sort(A) 按升序对 A 的元素进行排序；如果 A 是矩阵，则 sort(A) 会将 A 的列视为向量并对每列进行排序
- ◀ squeeze(A) 返回元素与 A 相同但删除了所有单一维度的数组；单一维度是指 size(A,dim) = 1 的任意维度
- ◀ std() 计算标准差
- ◀ varargin 是函数定义语句中的一个输入变量，允许函数接受任意数量的输入参数
- ◀ view() 指定三维图视点或视角

9.1 有关投资组合

一个投资组合可以含有 n 个资产。投资组合的历史回报率是组合内资产回报率的加权之和:

$$r_{\text{portfolio}} = \sum_{i=1}^{n} w_i r_i \tag{9.1}$$

式中: n 为投资组合中资产的数目; r_i 为第 i 个资产的回报率; w_i 为第 i 个资产投入比例。
其中第 i 个资产投入比例可以通过式(9.2)获得:

$$w_i = \frac{A_i}{\sum_{j=1}^{n} A_j} \tag{9.2}$$

式中: A_i 为第 i 个资产价值。
这些资产投入比例满足式(9.3)所示关系:

$$\sum_{i=1}^{n} w_i = 1 \tag{9.3}$$

类似地,投资组合的未来期望回报率为:

$$E(r_{\text{portfolio}}) = \sum_{i=1}^{n} w_i E(r_i) \tag{9.4}$$

式中: $E(r_i)$ 为第 i 个资产的期望回报率。
下面我们用 μ 来代表期望回报率。投资组合回报的标准差为:

$$\begin{aligned}\text{var}(r_{\text{portfolio}}) &= \sigma_{\text{portfolio}}^2 \\ &= \sum_{i=1}^{n}\sum_{j=1}^{n} w_i w_j \text{cov}(r_i, r_j)\end{aligned} \tag{9.5}$$

任意两个资产收益率的协方差的运算为:

$$\text{cov}(r_i, r_j) = \rho_{i,j} \sigma_i \sigma_j \tag{9.6}$$

式中: ρ_{ij} 是第 i 和第 j 个资产回报率的相关系数; σ_i 和 σ_j 第 i 和第 j 个资产回报率的标准差。
综合以上可以得到:

$$\text{var}(r_{\text{portfolio}}) = \sum_{i=1}^{n}\sum_{j=1}^{n} w_i w_j \rho_{i,j} \sigma_i \sigma_j \tag{9.7}$$

因此投资组合收益率波动率(标准差)为:

$$\sigma_{\text{portfolio}} = \sqrt{\sum_{i=1}^{n}\sum_{j=1}^{n} w_i w_j \rho_{i,j} \sigma_i \sigma_j} \tag{9.8}$$

如果投资组合只有两个资产，这个投资组合的期望回报率为：

$$E(r_{\text{portfolio}}) = w_1 E(r_1) + w_2 E(r_2) \tag{9.9}$$

两个资产投资组合回报率标准差为：

$$\sigma_{\text{portfolio}}^2 = w_1^2 \sigma_1^2 + w_2^2 \sigma_2^2 + 2 w_1 w_2 \rho_{1,2} \sigma_1 \sigma_2 \tag{9.10}$$

式中：$\rho_{1,2}$ 为资产1和2的回报率相关性。
如果两个资产有完全正相关性，也就是：

$$\rho_{1,2} = 1.0 \tag{9.11}$$

这样，两个资产投资组合回报率标准差，可以写作：

$$\begin{aligned}\sigma_{\text{portfolio}}^2 &= w_1^2 \sigma_1^2 + w_2^2 \sigma_2^2 + 2 w_1 w_2 \rho_{1,2} \sigma_1 \sigma_2 \\ &= (w_1 \sigma_1 + w_2 \sigma_2)^2\end{aligned} \tag{9.12}$$

或者：

$$\sigma_{\text{portfolio}} = w_1 \sigma_1 + w_2 \sigma_2 \tag{9.13}$$

如果，使用矩阵来表达投资组合回报率标准差，则为：

$$\begin{aligned}\sigma_{\text{portfolio}}^2 &= \begin{bmatrix} w_1 & w_2 \end{bmatrix} \begin{bmatrix} \sigma_1^2 & \text{cov}_{1,2} \\ \text{cov}_{1,2} & \sigma_2^2 \end{bmatrix} \begin{bmatrix} w_1 \\ w_2 \end{bmatrix} \\ &= \begin{bmatrix} w_1 & w_2 \end{bmatrix} \begin{bmatrix} \sigma_{1,1} & \sigma_{1,2} \\ \sigma_{1,2} & \sigma_{2,2} \end{bmatrix} \begin{bmatrix} w_1 \\ w_2 \end{bmatrix}\end{aligned} \tag{9.14}$$

其中：

$$\begin{cases} \sigma_{1,1} = \sigma_1^2 \\ \sigma_{1,2} = \text{cov}_{1,2} \end{cases} \tag{9.15}$$

进一步：

$$\sigma_{\text{portfolio}}^2 = w \Sigma w^{\text{T}} \tag{9.16}$$

其中：

$$\begin{cases} \boldsymbol{w} = \begin{bmatrix} w_1 & w_2 \end{bmatrix} \\ \boldsymbol{\Sigma} = \begin{bmatrix} \sigma_{1,1} & \sigma_{1,2} \\ \sigma_{1,2} & \sigma_{2,2} \end{bmatrix} \end{cases} \quad (9.17)$$

式中：$\boldsymbol{\Sigma}$ 为投资组合内资产1和2收益率的方差—协方差矩阵。

用矩阵运算，投资组合的期望收益率可以表达为：

$$\begin{aligned} \mu_{\text{portfolio}} &= \boldsymbol{w}\boldsymbol{\mu}^{\text{T}} \\ &= \begin{bmatrix} w_1 & w_2 \end{bmatrix} \begin{bmatrix} \mu_1 & \mu_2 \end{bmatrix}^{\text{T}} \\ &= w_1\mu_1 + w_2\mu_2 \end{aligned} \quad (9.18)$$

其中：

$$\boldsymbol{\mu} = \begin{bmatrix} \mu_1 & \mu_2 \end{bmatrix} \quad (9.19)$$

如图9.1所示为矩阵 $\boldsymbol{w}$、$\boldsymbol{\mu}$、$\boldsymbol{\Sigma}$ 的形状。投资组合回报率标准差矩阵运算如图9.2所示，请读者注意，图9.2中的"×"号仅仅代表矩阵乘法，不代表叉乘。投资组合收益率矩阵计算如图9.3所示。

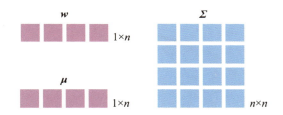

图9.1　几个矩阵的形状

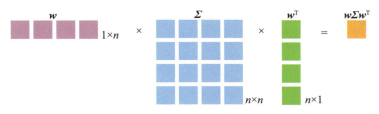

图9.2　投资组合回报率标准差矩阵运算 $\boldsymbol{w}\boldsymbol{\Sigma}\boldsymbol{w}^{\text{T}}$

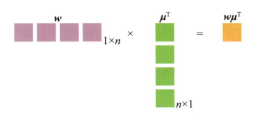

图9.3　投资组合收益率矩阵运算 $\boldsymbol{w}\boldsymbol{\mu}^{\text{T}}$

一般情况下，投资组合的年化回报率和日回报率的关系为：

$$r_{\text{p\_ann}} = T_y \sum_{i=1}^{n} w_i r_i \tag{9.20}$$

式中：T_y 为一年内的营业日数。

投资组合的年化波动率可以通过式（9.21）计算：

$$\sigma_{\text{portfolio}} = \sqrt{T_y} \cdot \sqrt{\sum_{i=1}^{n}\sum_{j=1}^{n} w_i w_j \rho_{ij} \sigma_i \sigma_j} \tag{9.21}$$

假设，现在有两个资产，它们的年期望回报率分别为0.2和0.1，资产年回报率的标准差分别为0.3和0.15。在不同回报率相关性回报性的条件下，不断调整这两个资产所占的权重，可以得到一系列投资机会。在平面坐标系上，用横轴表示标准差，纵轴表示期望回报率，如图9.4所示为在不允许**卖空**（short selling）的情况下这两个资产构成的投资机会。卖空是指投资者看跌某种股票时，从经纪人手中借入股票卖出，一段时间后当股票价格明显下降，投资者用低价买进股票将所欠股票归还给经纪人，从中赚取差价。如图9.5所示为允许卖空的情况。

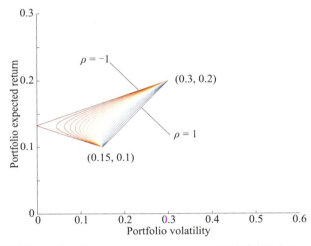

图9.4　两个资产在不同相关系数（-1~1）条件下构成的投资机会（不允许卖空）

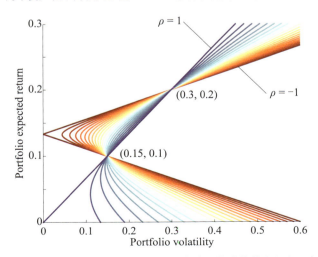

图9.5　两个资产在不同相关系数（-1~1）条件下构成的投资机会（允许卖空）

以下代码可以获得图9.4、图9.5。请读者将以下代码改写成矩阵运算。

```matlab
B2_Ch9_1.m

clc; clear all; close all

E_R_1 = 0.2;
E_R_2 = 0.1;
sigma_1 = 0.3;
sigma_2 = 0.15;
% short selling allowed
w1 = -1:0.01:2;
w2 = 1 - w1;

% short selling unallowed
% w1 = [0:0.01:1];
% w2 = 1 - w1;

figure (1)
corre_range = [-1:0.1:-0.5];
my_col = brewermap(length(corre_range),'RdYlBu');

for i=1:length(corre_range)

    corre = corre_range(i); % range: [-1, 1]

    ER_p = w1*E_R_1 + w2*E_R_2;
    % maximize expected portfolio return
    sigma_p = sqrt(w1.^2*sigma_1^2 + w2.^2*sigma_2^2 ...
        + 2*w1.*w2*corre*sigma_1*sigma_2);
    % minimize portfolio volatility

    plot(sigma_p, ER_p,'color',my_col(i,:))
    xlim([0 0.6]); ylim([0 0.3]); box off

    hold on

end

xlabel('Portfolio volatility')
ylabel('Portfolio expected return')
set(gcf,'color','white')
```

图9.4和图9.5中，横轴代表风险大小，纵轴代表收益大小，投资者一方面期待在承担相同的风险下获得更大的收益，另一方面也期待在承担更大风险的情况下获得更多收益。取出图9.5中任意一条曲线，将它分成几段，如图9.6所示。A和D是允许卖空的两段，但是比较A和D，在相同风险下（横轴值），A段显然有更高的回报率。同理，对比B和C两段，C段的收益和风险几乎呈反比，也就是风险越大收益小，这也是为什么C段是完全不可取的投资机会。B段最左侧有最小的风险值。

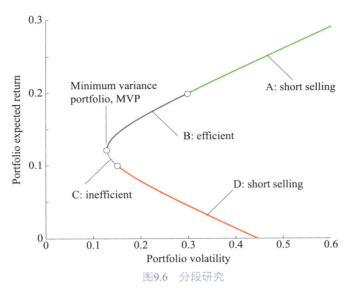

图9.6 分段研究

只考虑在不同资产相关性和权重条件下的B段曲线,可以得到如图9.7所示图像。图像中的投资组合回报率和波动率是用MATLAB的portopt()函数得到的。

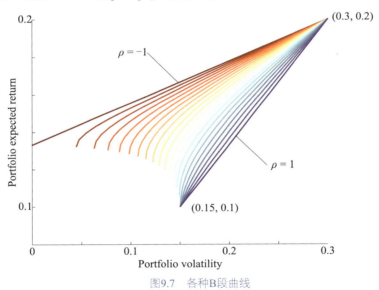

图9.7 各种B段曲线

以下代码可以获得图9.7。

`B2_Ch9_2.m`

```
clc; clear all; close all
E_R_array = [0.2 0.1];
vol_array = [0.3 0.15];
num_assets = length(vol_array);
corre_range = -1:0.1:1;

figure (1)
```

```matlab
my_col = brewermap(length(corre_range),'RdYlBu');

for i=1:length(corre_range)
    
    corre = corre_range(i); % range: [-1, 1]
    
    corre_matrix = [ 1    corre
                     corre   1];
    
    cov_matrix = corr2cov(vol_array, corre_matrix);
    % Convert standard deviation and correlation to covariance
    
    [sigma_p, ER_p, PortWts] = portopt(E_R_array, cov_matrix, 20);
    plot(sigma_p, ER_p,'color',my_col(i,:));
    hold on; box off
    % portopt has been partially removed and
    % will no longer accept ConSet or varargin arguments.
    % Use Portfolio instead to solve portfolio problems
    hold on
    
end

xlabel('Portfolio volatility')
ylabel('Portfolio expected return')
set(gcf,'color','white')
grid off
```

如果把可选择的资产数量从2个提高到3个，并且给定这3个资产的自相关矩阵，则改变这3个资产的比重可以得到如图9.8所示的图像。该图像中的红点代表每个可能的投资组合的风险和收益，蓝色曲线代表在特定风险下可能的最大收益，对应着3个资产不同的配置情况。这条蓝色曲线叫作**有效边界**（efficient frontier，efficient portfolio），也叫作**马科维茨子弹头**（Markowitz bullet）。

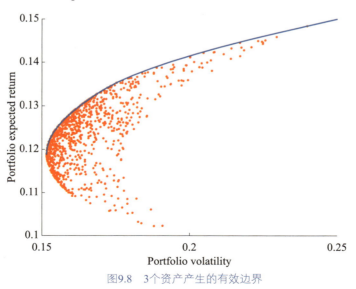

图9.8　3个资产产生的有效边界

以下代码可以获得图9.8。

```matlab
% B2_Ch9_3.m
clc; clear all; close all

% First, specify the expected returns, standard deviations, and
% correlation matrix for a hypothetical portfolio of three assets

E_R_array = [0.1 0.15 0.12];
vol_array = [0.2 0.25 0.18];

corre_matrix = [1     0.3    0.4
                0.3   1      0.3
                0.4   0.3    1 ];

figure(1)
cov_matrix = corr2cov(vol_array, corre_matrix);

portopt(E_R_array, cov_matrix, 20)

rng('default')
Weights = rand(1000, 3);

Total = sum(Weights, 2);         % Add the weights
Total = Total(:,ones(3,1));      % Make size-compatible matrix
Weights = Weights./Total;        % Normalize so sum = 1

[sigma_p, ER_p] = portstats(E_R_array, cov_matrix, Weights);

hold on
plot (sigma_p, ER_p, '.r')
title('Mean-Variance Efficient Frontier and Random Portfolios')
hold off
xlabel('Portfolio volatility')
ylabel('Portfolio expected return')
set(gcf,'color','white')
grid off; box off
```

在实际中，可以选择的投资对象多如牛毛，而且每个投资者都有自己的各种投资需求和安全考量，为了选择适合投资者的最优组合，需要用**优化方法**（optimization method）。优化方法及投资组合优化问题将在丛书第四本书讨论。

9.2 资产定价

Beta系数（Beta coefficient）也可以用来度量相对风险。Beta系数衡量某个投资对象（比如股票）相对于总体市场的波动性。比如，美国IBM公司股票股价回报率波动相对于标普500波动情况。具体计算方法如式（9.22）所示：

$$\beta_i = \frac{\text{cov}(r_i, r_m)}{\text{var}(r_m)} \quad (9.22)$$

式中：r_i是某支股票的回报率，可以是日对数回报率；r_m是市场整体回报率，比如说标普500指数回报率。

式（9.22）做进一步整理可得到：

$$\beta_i = \frac{\rho_{i,m}\sigma_i\sigma_m}{\sigma_m^2} = \rho_{i,m}\frac{\sigma_i}{\sigma_m} \quad (9.23)$$

式中：$\rho_{i,m}$是某支股票回报率和市场整体回报率的相关系数；σ_i和σ_m分别是两者的回报率波动率。

Beta＞1，说明某支股票的波动率大于市场波动率；Beta＜1，有可能这支股票的波动小于市场波动，也有可能股票波动率大于市场波动率（因为相关系数小于1）。下面利用本书3.2节代码，下载四支股票（GM、Ford、McDonalds和IBM）和标普500近四年股价走势。然后，用std()计算日回报率的波动率。如图9.9所示的柱状图给出的是这五个波动率的比较。比如说，标普500日回报率波动率为0.00875，也就是0.875%。这个数值乘以sqrt(252)，也就是0.00875×sqrt(252)，可以得到年化波动率为0.139，也就是13.9%。从图9.9可以发现波动率最大的是GM。如图9.10所示是四支股票回报率和标普500指数的相关性，可以看到和标普500相关性最高的IBM。如图9.11所示是两两相关性的热图。

图9.9 波动率柱状图

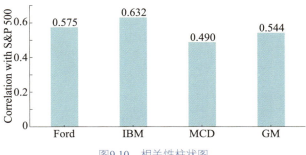

图9.10 相关性柱状图

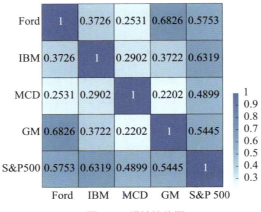

图9.11　相关性热图

如图9.12所示是计算出来的Beta的柱状图。用标普500指数代表市场整体表现，会发现有两支股票的波动性高于市场，那就是Ford和GM；McDonald的波动性远低于市场；IBM的波动性近似于市场。如图9.13所示是用回归方法计算出来的Beta值。

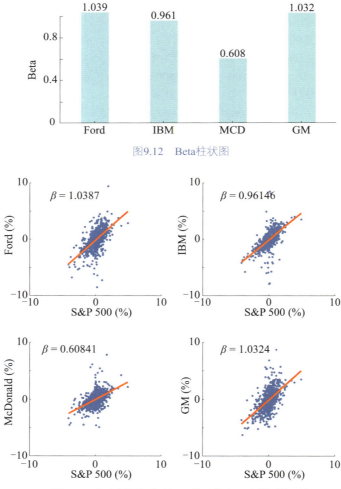

图9.12　Beta柱状图

图9.13　四支股票与标普500的回报率回归关系和 β 值

以下代码可以获得图9.9～图9.13。

`B2_Ch9_4.m`

```matlab
clc; close all; clear all

price = hist_stock_data('01012015','31052019',...
    'GM','F','MCD','IBM','^GSPC');

dates_cells = price(1).Date;
dates = datetime(dates_cells, 'InputFormat', 'yyyy-MM-dd');

GM_price = price(1).AdjClose;
Ford_price = price(2).AdjClose;
McDon_price = price(3).AdjClose;
IBM_price = price(4).AdjClose;
SP500_price = price(5).AdjClose;

GM_daily_log_return=diff(log(GM_price))*100;
% also price2ret can be used
Ford_daily_log_return=diff(log(Ford_price))*100;
McDon_daily_log_return=diff(log(McDon_price))*100;
IBM_daily_log_return=diff(log(IBM_price))*100;
SP500_daily_log_return=diff(log(SP500_price))*100;
%%

Ford_std=std(Ford_daily_log_return);
IBM_std=std(IBM_daily_log_return);
McDon_std=std(McDon_daily_log_return);
GM_std=std(GM_daily_log_return);
SP500_std=std(SP500_daily_log_return);

figure(1)
c = categorical({'Ford','IBM','MCD','GM','S&P500'});
c = reordercats(c,{'Ford','IBM','MCD','GM','S&P500'});
std_array = [Ford_std,IBM_std,McDon_std,GM_std,SP500_std];
bar(c, std_array, 'BarWidth', 0.4)
ylabel('Volatility')
text(1:length(std_array),std_array,num2str(std_array', '%0.3f')...
    ,'vert','bottom','horiz','center');
box off

figure(2)
A = SP500_daily_log_return;
rho_Ford = corrcoef(A,Ford_daily_log_return);
rho_IBM = corrcoef(A,IBM_daily_log_return);
rho_McDon = corrcoef(A,McDon_daily_log_return);
rho_GM = corrcoef(A,GM_daily_log_return);
```

```matlab
c_rho = categorical({'Ford','IBM','MCD','GM'});
c_rho = reordercats(c_rho,{'Ford','IBM','MCD','GM'});
rho_array = [rho_Ford(2,1),rho_IBM(2,1),rho_McDon(2,1),rho_GM(2,1)];
bar(c_rho, rho_array, 'BarWidth', 0.4)
ylabel('Correlation with S&P 500')
text(1:length(rho_array),rho_array,num2str(rho_array', '%0.3f')...
    ,'vert','bottom','horiz','center');
box off


figure(3)
beta_array = rho_array.*std_array(1:4)/std_array(5);
bar(c_rho, beta_array, 'BarWidth', 0.4)
ylabel('Beta with S&P 500')
text(1:length(beta_array),beta_array,num2str(beta_array', '%0.3f')...
    ,'vert','bottom','horiz','center');
box off

Ford_std=std(Ford_daily_log_return);
IBM_std=std(IBM_daily_log_return);
McDon_std=std(McDon_daily_log_return);
GM_std=std(GM_daily_log_return);
SP500_std=std(SP500_daily_log_return);

A = [Ford_daily_log_return IBM_daily_log_return ...
    McDon_daily_log_return GM_daily_log_return ...
    SP500_daily_log_return];
R = corrcoef(A)

figure(4)

xvalues = {'Ford','IBM','MCD','GM','S&P500'};
yvalues = {'Ford','IBM','MCD','GM','S&P500'};
h = heatmap(xvalues,yvalues,R);

h.Title = 'Correlations of log returns';
set(gcf,'color','white')

%% Correlations

figure(5)

subplot(2,2,1)
x = SP500_daily_log_return;
y = Ford_daily_log_return;
scatter(x,y,'.'); hold on
format long; X = [ones(length(x),1) x];
```

```
beta = X\y; yCalc2 = X*beta;
plot(x,yCalc2,'r')
xlim([-10,10]); ylim([-10,10])
xlabel('S&P 500 (%)'); ylabel('Ford (%)')
title(['\beta = ',num2str(beta(2))])

subplot(2,2,2)
x = SP500_daily_log_return;
y = IBM_daily_log_return;
scatter(x,y,'.'); hold on
format long; X = [ones(length(x),1) x];
beta = X\y; yCalc2 = X*beta;
plot(x,yCalc2,'r')
xlim([-10,10]); ylim([-10,10])
xlabel('S&P 500 (%)'); ylabel('IBM (%)')
title(['\beta = ',num2str(beta(2))])

subplot(2,2,3)
x = SP500_daily_log_return;
y = McDon_daily_log_return;
scatter(x,y,'.'); hold on
format long; X = [ones(length(x),1) x];
beta = X\y; yCalc2 = X*beta;
plot(x,yCalc2,'r')
xlim([-10,10]); ylim([-10,10])
xlabel('S&P 500 (%)'); ylabel('McDonald (%)')
set(gcf,'color','white')
title(['\beta = ',num2str(beta(2))])

subplot(2,2,4)
x = SP500_daily_log_return;
y = GM_daily_log_return;
scatter(x,y,'.'); hold on
format long; X = [ones(length(x),1) x];
beta = X\y; yCalc2 = X*beta;
plot(x,yCalc2,'r')
xlim([-10,10]); ylim([-10,10])
xlabel('S&P 500 (%)'); ylabel('GM (%)')
set(gcf,'color','white')
title(['\beta = ',num2str(beta(2))])
```

资产资本定价模型（capital asset pricing model，CAPM）是基于Harry Markowitz早期的现代投资组合理论完成的。William F. Sharpe、Harry Max Markowitz 和Merton Miller三人因此获得1990年诺贝尔经济学奖。简单地说，CAMP用简单的线性关系描述资产预期收益和预期风险之间的关系。其中资产预期收益为$E(r_i)$，预期风险用β描述。两者的线性关系如图9.14所示。图中直线被称作**证券市场线**（security market line，SML）。图9.14中的横轴为β，纵轴为$E(r_i)$。当β为1时，纵轴对应的是$E(r_M)$，也就是**市场期望回报率**（expected market return）。β为0时，纵轴截距对应的是无风险收益r_f。另外请读者注意，β表达的是相对系统风险。

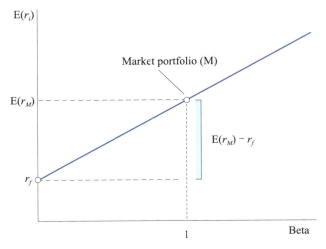

图9.14　证券市场线

如果用x表示横轴自变量，y表示纵轴因变量，则这条直线可以表达为：

$$y = ax + b \qquad (9.24)$$

以上这条直线通过式（9.25）所示两点：

$$\begin{cases} (0, r_f) \\ (1, E(r_M)) \end{cases} \qquad (9.25)$$

代入直线式可以得到：

$$\begin{cases} r_f = b \\ E(r_M) = a + b \end{cases} \qquad (9.26)$$

求解a和b值为：

$$\begin{cases} a = E(r_M) - r_f \\ b = r_f \end{cases} \qquad (9.27)$$

因此直线式可以写作：

$$y = \left(E(r_M) - r_f\right)x + r_f \qquad (9.28)$$

将横轴x替换为β，将纵轴y替换为$E(r_i)$，可以得到：

$$E(r_i) = \left(E(r_M) - r_f\right)\beta + r_f \qquad (9.29)$$

式中：$\left(E(r_M) - r_f\right)$被称作**股票市场溢价**（equity market premium）。SML实际上是当前非常流行

的**因素投资**（factor investment）的核心思路。丛书后文将会专门介绍回归分析、因素分析、成分分析和因素投资等内容。

如图9.15所示，当某个证券在SML上方时，这代表在同一相对风险条件下（相同β值），这个证券有相对较高的回报，也就是这个资产的价值被低估，应该买入该资产；相反，当某个证券位于SML下方时，意味着在相同相对风险条件下，这个资产被高估，应该卖出。

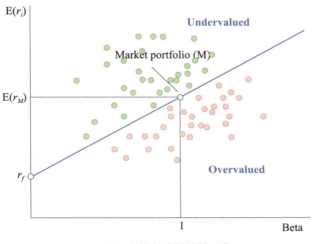

图9.15 被高估或低估的证券

9.3 期权组合敏感性

由期权构成的投资组合，有时也包含标的物，其Delta值是各个资产Delta值的加权平均数：

$$\text{Delta}_{\text{portfolio}} = \sum_{j=1}^{n}\left(w_j \text{Delta}_j\right) \tag{9.30}$$

类似的，投资组合的Gamma值也是各个资产Gamma值的加权平均：

$$\text{Gamma}_{\text{portfolio}} = \sum_{j=1}^{n}\left(w_j \text{Gamma}_j\right) \tag{9.31}$$

MATLAB给出一个计算由看涨期权构成投资组合的Delta值和Gamma值的例子。在命令窗口输入以下命令可以获得这个例子：

```
openExample('finance/PlottingSensitivitiesofaPortfoliooOptionsExample')
```

改写以上MATLAB的例子，分别计算投资组合价值、Delta值和Gamma值随到期时间和股价的变化。期权投资组合一共含有9个欧式看涨期权，它们的执行价格为：

```
strike_array = [75 70 50 55 75 50 40 75 60 35];
```

到期时间分别为：

```
time_to_maturity = [36  30  27  24  21  18  15  12  9  6];
```

组合中，期权的数量为：

```
num_options = [4  8  3  5  5.5  2  4.8  3  4.8  2.5];
```

波动率保持恒定为0.35，无风险利率保持不变为0.1。这样，可以得到这个期权投资组合价值随时间和标的物价格变化的曲面，如图9.16所示。随着期权先后到期，投资组合的价值不断趋向于0。如图9.17所示是这个投资组合的Delta值随时间和标的物价格变化的曲面。如图9.18所示是Gamma曲面。在希腊字母一章提到过，Gamma值在ATM附近且期权靠近到期取得最大值，也就是说Gamma曲面上任意一个尖峰附近意味着一个期权即将到期。

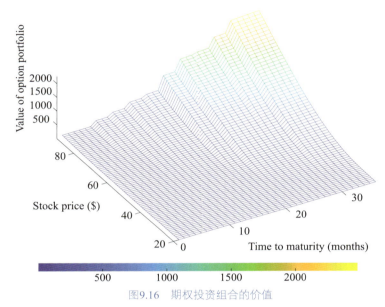

图9.16　期权投资组合的价值

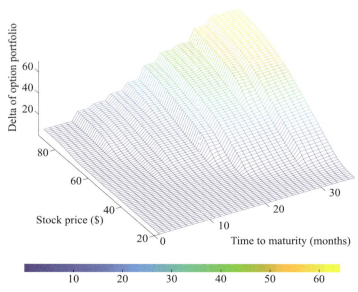

图9.17　期权投资组合的Delta值

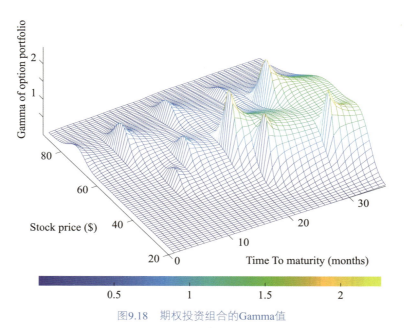

图9.18　期权投资组合的Gamma值

以下代码可以获得图9.16、图9.17和图9.18。

```
B2_Ch9_5.m
```

```matlab
clc; clear all; close all
% source: openExample('finance/PlottingSensitivitiesofaPortfoliooptionsExample')

stock_array = 20:90;
% Stock price; unit: USD
stock_length = length(stock_array);
strike_array = [75 70 50 55 75 50 40 75 60 35];
% Strike prices for different call options
% Number of types of call options: strike_array(strike_array)

time_to_maturity = [36 30 27 24 21 18 15 12 9 6];
% Time to maturities for each call option
num_options = [4 8 3 5 6 12 8 3 11 7];
% Number of call options in the portfolio
sigmas = 0.35*ones(10,1);
risk_free_rates = 0.1*ones(10,1);

all_Gammas = zeros(36, stock_length);
all_Deltas = zeros(36, stock_length);
all_Prices = zeros(36, stock_length);

for i = 1:length(strike_array)
    all_ones = ones(time_to_maturity(i),stock_length);
    NewR = stock_array(ones(time_to_maturity(i),1),:);
```

```matlab
        T_2_t = (1:time_to_maturity(i))';
    T_2_t_matrix = T_2_t(:,ones(stock_length,1));

    [additional_prices,~] = blsprice(NewR, strike_array(i)*all_ones, ...
        risk_free_rates(i)*all_ones, T_2_t_matrix/36, sigmas(i)*all_ones);

    all_Prices(36-time_to_maturity(i)+1:36,:) = all_Prices(36-time_to_maturity(i)+1:36,:) ...
        + num_options(i) * additional_prices;

    additional_deltas = blsdelta(NewR, strike_array(i)*all_ones, ...
        risk_free_rates(i)*all_ones, T_2_t_matrix/36, sigmas(i)*all_ones);

    all_Deltas(36-time_to_maturity(i)+1:36,:) = all_Deltas(36-time_to_maturity(i)+1:36,:) ...
        + num_options(i) * additional_deltas;

    additional_gammas = blsgamma(NewR, strike_array(i)*all_ones, ...
        risk_free_rates(i)*all_ones, T_2_t_matrix/36, sigmas(i)*all_ones);

    all_Gammas(36-time_to_maturity(i)+1:36,:) = all_Gammas(36-time_to_maturity(i)+1:36,:) ...
        + num_options(i) * additional_gammas;

end

figure(1)
mesh(stock_array, 1:36, all_Prices);
view(60,60); set(gca, 'xdir','reverse');
axis([20 90  0 36  -inf inf]);

title('Value of option portfolio');
xlabel('Stock Price ($)'); ylabel('Time (months)');
zlabel('Value'); box off; grid off; colorbar('horiz');


figure(2)
mesh(stock_array, 1:36, all_Deltas);
view(60,60); set(gca, 'xdir','reverse');
axis([20 90  0 36  -inf inf]);

title('Delta of option portfolio');
xlabel('Stock Price ($)'); ylabel('Time (months)');
zlabel('Delta'); box off; grid off; colorbar('horiz');
```

```
figure(3)
mesh(stock_array, 1:36, all_Gammas);
view(60,60); set(gca, 'xdir','reverse');
axis([20 90  0 36  -inf inf]);

title('Gamma of option portfolio');
xlabel('Stock Price ($)'); ylabel('Time (months)');
zlabel('Gamma'); box off; grid off; colorbar('horiz');
```

9.4 债券组合敏感性

久期和凸率是债券价值随收益率变化重要的度量。同样，由债券构成的投资组合的久期，是组成投资组合各个债券久期的加权平均：

$$D_{\text{portfolio}} = \sum_{j=1}^{n}(w_j D_j) \tag{9.32}$$

类似的，投资组合的凸率也是各个债券凸率的加权平均：

$$C_{\text{portfolio}} = \sum_{j=1}^{n}(w_j C_j) \tag{9.33}$$

第8章讨论过用久期和久期—凸率的方法估算债券价值变动和收益率变动的关系，下面来看一下这两种方法估算债券投资组合价值变动和收益率的关系。根据MATLAB例子（Bond Portfolio for Hedging Duration and Convexity），进行如下改编。假设当前时间为：

```
Settle     = '19-Aug-1999';
```

投资组合由三个债券构成，这三个债券到期的时间分别为：

```
Maturity   = ['17-Jun-2010'; '09-Jun-2015'; '14-May-2025'];
```

三个债券的面值分别为：

```
Face       = [100; 100; 1000];
```

三个债券都是每年付息两次，债券的息票率和收益率分别为：

```
CouponRate = [0.07; 0.06; 0.045];
Yields     = [0.05; 0.06; 0.065];
```

如图9.19所示的三条曲线分别是用三种不同的方法计算债券组合价值随组合收益率变化情况。如图9.20所示是计算结果的偏差情况。

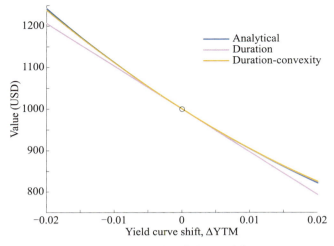

图9.19 债券组合价值及估算

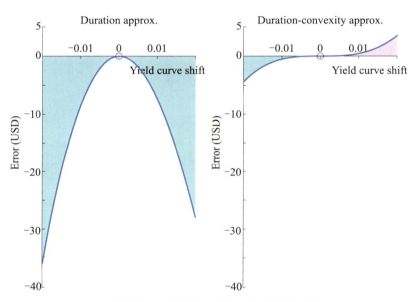

图9.20 久期估算、久期-凸率估算的误差

以下代码可以获得图9.19和图9.20。

`B2_Ch9_6.m`

```
clc; close all; clear all
% Step 1: define three bonds

Settle     = '19-Aug-1999'; % analysis date
Maturity   = ['17-Jun-2010'; '09-Jun-2015'; '14-May-2025'];
Face       = [100; 100; 1000];
CouponRate = [0.07; 0.06; 0.045];
Yields     = [0.05; 0.06; 0.065];
```

```matlab
% Step 2: calculate price, duration, and convexity

[CleanPrice, AccruedInterest] = bndprice(Yields, CouponRate,...
    Settle, Maturity, 2, 0, [], [], [], [], [], Face);

Durations = bnddury(Yields, CouponRate, Settle, Maturity, 2, 0,...
    [], [], [], [], [], Face);

Convexities = bndconvy(Yields, CouponRate, Settle, Maturity, 2, 0,...
    [], [], [], [], [], Face);

Prices   =  CleanPrice + AccruedInterest;


% Step 3: duration and convexity of the portfolio

Portfolio_original_price    = 1000;
% Total portfolio value
PortfolioWeights = ones(3,1)/3;
% Equal weights
PortfolioAmounts    = Portfolio_original_price * PortfolioWeights ./ Prices;
PortfolioDuration  = PortfolioWeights' * Durations;
PortfolioConvexity = PortfolioWeights' * Convexities;

% Step 4: yield curve shift

dY_array = -0.02:0.001:0.02;
PriceApprox1 = ones(size(dY_array));
PriceApprox2 = ones(size(dY_array));
NewPrice = ones(size(dY_array));

for i = 1:length(dY_array)

    dY = dY_array(i);

    PercentApprox1 = -PortfolioDuration * dY * 100;

    PercentApprox2 =  PercentApprox1 + ...
        PortfolioConvexity*dY^2*100/2.0;

    % Step 5: approximate portfolio value

    PriceApprox1(i) =  Portfolio_original_price + ...
        PercentApprox1 * Portfolio_original_price/100;
```

```matlab
    PriceApprox2(i) = Portfolio_original_price + ...
        PercentApprox2 * Portfolio_original_price/100;
    
    % Step 6: Calculate the true new portfolio price by shifting the yield curve.
    
    [CleanPrice, AccruedInterest] = bndprice(Yields + dY,...
        CouponRate, Settle, Maturity, 2, 0, [], [], [], [], [],Face);
    
    NewPrice(i) = PortfolioAmounts' * (CleanPrice + AccruedInterest);

end

figure(1)
plot(dY_array,NewPrice); hold on
plot(dY_array,PriceApprox1); hold on
plot(dY_array,PriceApprox2); hold on
plot(0,Portfolio_original_price,'ok')
legend('Analytical','Duration','Duration-convexity')
ax = gca; ax.XAxis.Exponent = 0; box off
xlabel('Yield curve shift'); ylabel('Value [USD]')

figure(2)
subplot(1,2,1)
error_D = PriceApprox1 - NewPrice;

plot(dY_array, error_D,'LineWidth',2); hold on
plot(0, 0, 'ok'); ylim([-40,5])
xlabel('Yield curve shift'); ylabel('Error [USD]');
box off; grid off; title('Duration approx.')
set(gca, 'XAxisLocation', 'origin')

subplot(1,2,2)
error_D_C = PriceApprox2 - NewPrice;
plot(dY_array, error_D_C,'LineWidth',2); hold on
plot(0, 0, 'ok'); ylim([-40,5]); xlabel('Yield curve shift')
ylabel('Error [USD]'); box off; grid off
title('Duration-convexity approx.')
set(gca, 'XAxisLocation', 'origin')
```

9.5 风险对冲

Delta中性（Delta neutral）的意思是一个投资组合的Delta值保持在0附近。这样，标的物资产价格的变动几乎不会影响投资组合的价值。Delta中性交易，可以消除小的方向性影响。也就是，无论标的物价格上涨还是下跌，组合价值几乎保持不变。

动态Delta中性需要不断调整头寸使得组合不断处于Delta中性状态，这种调整称作**再均衡**（rebalancing），这种对冲方法也叫**动态对冲**（dynamic hedging）。标的物资产自身的Delta为1，买入时Delta值为1，卖出时Delta值为-1。期权等衍生品的Delta值随着时间不断变化，组合Delta中性状态只能维持较短的时间。

如果买入一份看涨合约的Delta值为0.5，这份看涨合约内含100支股票，则称这份看涨合约总的Delta为50 (0.5 × 100)。卖出50份标的物股票，则相当于有-50个Delta。将两者结合，就可以使组合的Delta值为0。如果此后不再做任何调整，不干涉组合Delta随时间的变化，则这种对冲叫作**静态对冲**（static hedging）。

现在用下面的例子来探讨Delta动态对冲。在交易时刻，也就是零时刻（$t = 0$），投资者B支付P从A处购买一份看涨期权；与此同时，A购买Delta_0份股票，用来Delta动态对冲。此时A银行账户的余额为：

$$b_0 = P_0 - \text{Delta}_0 S_0 \tag{9.34}$$

式中：P_0是在$t = 0$时，通过BSM模型计算出来的看涨期权理论价格；S_0为零时刻股票的价格。A每隔一段时间再均衡，时间间隔为：

$$\Delta t = \frac{\tau}{n} \tag{9.35}$$

式中：τ为零时刻时距离期权到期时间；n是时间间隔的数量。

下一时刻$t = 1$，A在银行账户的余额为：

$$b_1 = e^{r\Delta t} b_0 - \left(\text{Delta}_1 - \text{Delta}_0\right) S_1 \tag{9.36}$$

式中：$e^{r\Delta t} b_0$为经过Δt时间，A在银行存款b_0的本息之和；Delta_1是此时期权的Delta值；S_1是此时股价。

由此可以很容易推导出，在$t = i$时刻，A在银行账户的余额为：

$$b_i = e^{r\Delta t} b_{i-1} - \left(\text{Delta}_i - \text{Delta}_{i-1}\right) S_i \tag{9.37}$$

最后，在$t = n$时刻，A卖出Delta_{n-1}份股票，获利$\text{Delta}_{n-1} S_n$，然后A根据欧式看涨期权的到期收益方程，支付$\max(S_n - K, 0)$。此时，A账户的余额为：

$$b_n = e^{r\Delta t} b_{n-1} + \text{Delta}_{n-1} S_n - \max\left(S_n - K, 0\right) \tag{9.38}$$

如果采用静态对冲，也就是只在$t = 0$时刻做一次对冲，使得Delta中性，此后不做任何对冲交易，则最后A账户的余额为：

$$b_n = e^{rT}(P_0 - \text{Delta}_0 S_0) + \text{Delta}_0 S_n - \max(S_n - K, 0) \tag{9.39}$$

如果在$t = 0$时刻不做任何对冲，则最后A账户的余额为：

$$b_n = e^{rT} P_0 - \max(S_n - K, 0) \tag{9.40}$$

在模拟时假设无风险利率r不随时间变化，利率期限结构为水平，也就是利率曲面为一水平面。股票的对数回报率的波动率不随时间变化。用GBM模型模拟股价行走过程，比较有Delta对冲和没有Delta对冲两种情况。

如图9.21和图9.22所示是在不做对冲的情况下，销售欧式看涨期权获利和亏损两个例子。可以发现，销售看涨期权的获利有限，但是亏损可以很大。如图9.23所示，模拟更多股价轨迹，来比较对冲和不对冲两种情况最后获利的比较。如图9.24所示是一年之后股价分布情况，可以看到股价分布近似对数正态分布。

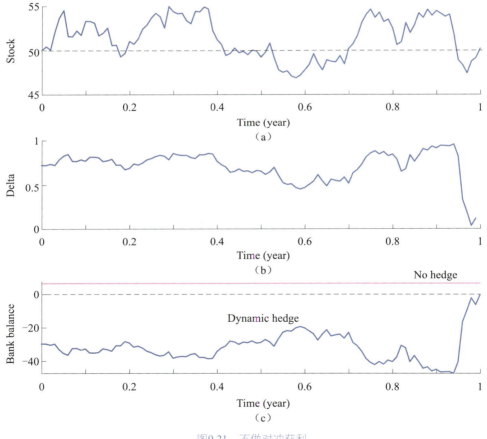

图9.21 不做对冲获利

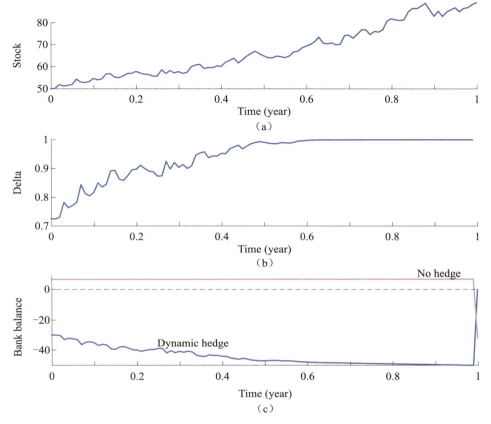

图9.22 不做对冲亏损

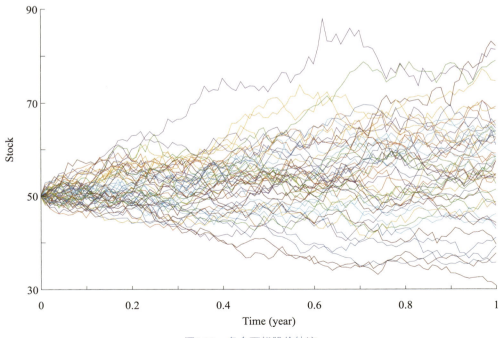

图9.23 多个可能股价轨迹

第 9 章 投资组合 | Portfolio 365

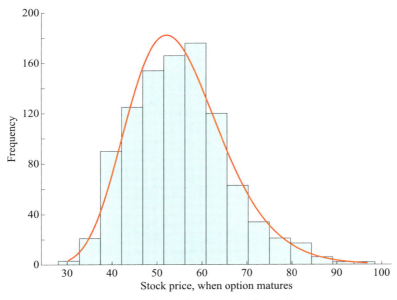

图9.24 期权到期时可能股价的分布情况

如图9.25所示是不采取动态对冲和采取Delta动态对冲账户最后几天变化情况。不采取动态对冲的亏损没有限制,而采取动态对冲的亏损是可控的。如图9.26所示是不对冲的亏损分布情况,这个分布的均值为-0.46935。用VaR来衡量可能损失,可以看到不对冲情况的95% VaR为-17.5304。从图9.27可以得到,对于动态对冲情况,均值和95% VaR要小得多。

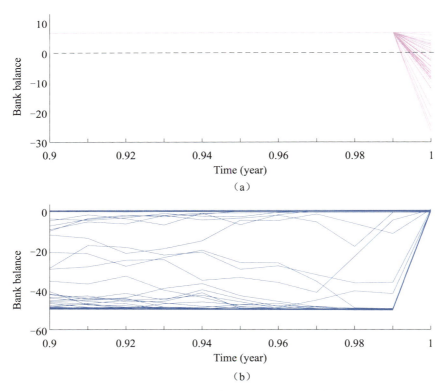

图9.25 不对冲和动态对冲的可能损益情况

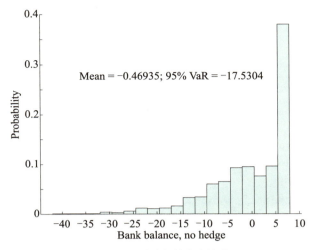

图9.26　不对冲损益分布情况

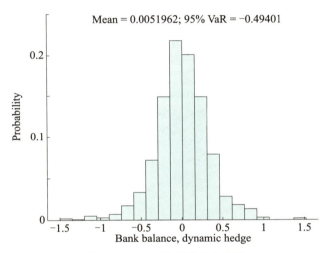

图9.27　Delta对冲损益分布情况

以下代码可以获得本节图9.21～图9.27。

```
B2_Ch9_7.m
clc; clear all; close all
T_sim = 1;
% Length of simulations; unit: year
S0 = 50;
% Original stock price, USD
K = 50;
% Call option strike price
mu = 0.1;
% Drift in GBM
r = 0.1;
% Risk-free rate in BSM
sigma = 0.2;
```

```matlab
% Volatility in GBM and BSM
[chargeToCustomer,~] = blsprice(S0,K,r,T_sim,sigma);
N_paths = 1000;
% Number of simulation paths
% To be updated: 1, 20, 1000
N_steps = 100;
% Number of simulation steps
dt = T_sim/N_steps;
time_array = dt:dt:T_sim;
S_paths = GBM_stock(N_paths, N_steps, T_sim, mu, sigma, S0);

[delta0,~] = blsdelta(S0,K,r,T_sim,sigma);

stockQuantity = delta0;

cost = stockQuantity .* S0;
bankBalance = chargeToCustomer-cost;
bankBalance_dynamic_hedge = zeros(size(S_paths));
bankBalance_no_hedge = zeros(size(S_paths));
delta_array = zeros(size(S_paths));

bankBalance_dynamic_hedge (:,1) = bankBalance;
bankBalance_no_hedge (:,1)  = chargeToCustomer;
delta_array (:,1) = delta0;

% array size: N_paths * (N_steps + 1)

for t=1:(N_steps-1)
    S = S_paths(:,t);
    timeToMaturity = T_sim-time_array(t);
    [delta,~] = blsdelta(S,K,r,timeToMaturity,sigma);
    newStockQuantity = delta;
    amountToBuy = newStockQuantity - stockQuantity;
    cost = amountToBuy .* S;
    bankBalance = exp(r*dt)*bankBalance - cost;
    stockQuantity = newStockQuantity;
    bankBalance_dynamic_hedge (:,1+t) = bankBalance;
    delta_array (:,1+t) = delta;
    bankBalance_no_hedge (:,1+t)  = chargeToCustomer;
end

S = S_paths(:,N_steps);
stockValue = stockQuantity .* S;
liability = max(S-K, 0);
bankBalance = exp(r*dt)*bankBalance + stockValue - liability;
bankBalance_dynamic_hedge (:,end) = bankBalance;
delta_array (:,end) = nan;
```

```matlab
bankBalance_no_hedge(:,end) = chargeToCustomer - liability;
finalBankBalance = bankBalance;

whole_time_array = [0,time_array];
figure(1)
subplot(3,1,1)
plot(whole_time_array,S_paths)
ylabel('Stock'); box off

subplot(3,1,2)
plot(whole_time_array,delta_array)
ylabel('Delta'); box off

subplot(3,1,3)
plot(whole_time_array,bankBalance_dynamic_hedge); hold on
plot(whole_time_array,bankBalance_no_hedge)
ylabel('Bank balance'); xlabel('Time [year]')
box off; set(gcf,'color','white')
legend('Dynamic hedge','No hedge')

figure(2)

plot(whole_time_array,S_paths)
ylabel('Stock'); xlabel('Time [year]')
box off; set(gcf,'color','white')

figure(3)
subplot(2,1,1)
plot(whole_time_array(end-10:end),bankBalance_no_hedge(:,end-10:end),'r')
ylabel('Bank balance'); xlabel('Time [year]')
box off; set(gcf,'color','white')

subplot(2,1,2)
plot(whole_time_array(end-10:end),bankBalance_dynamic_hedge(:,end-10:end),'b');
hold on
ylabel('Bank balance'); xlabel('Time [year]')
box off; set(gcf,'color','white')


figure(4)
histfit(S_paths(:,end),15,'lognormal')
xlabel('Stock price, when option matures'); ylabel('Frequency')
box off; set(gcf,'color','white')

figure(5)
PnLs = bankBalance_dynamic_hedge(:,end);
histogram(PnLs,20,'Normalization','probability')
```

```
confidence_level = 0.95;
sorted_returns = sort(PnLs);
num_returns = numel(PnLs);
VaR_index = ceil((1-confidence_level)*num_returns);
VaR = sorted_returns(VaR_index);
xlabel('Bank balance, dynamic hedge'); ylabel('Probability')
box off; set(gcf,'color','white')
title(['Mean = ',num2str(mean(PnLs)),'; 95% VaR = ',num2str(VaR)])

figure(6)
PnLs = bankBalance_no_hedge(:,end);
histogram(PnLs,20,'Normalization','probability')
confidence_level = 0.95;
sorted_returns = sort(PnLs);
num_returns = numel(PnLs);
VaR_index = ceil((1-confidence_level)*num_returns);
VaR = sorted_returns(VaR_index);
xlabel('Bank balance, no hedge'); ylabel('Probability')
box off; set(gcf,'color','white')
title(['Mean = ',num2str(mean(PnLs)),'; 95% VaR = ',num2str(VaR)])

function S = GBM_stock(N_paths, N_steps, T_sim, mu, sigma, S0)
dt = T_sim/N_steps;
drift = (mu - 0.5*sigma^2)*dt;
S = S0*ones(N_paths, N_steps+1);
brownian = sigma*sqrt(dt)*normrnd(0,1,N_paths, N_steps);
S(:, 2:end) = S0*exp(cumsum(drift + brownian, 2));
end
```

现在简单修改MATLAB给出的债券组合风险对冲的例子。假设某个投资组合的Delta和Gamma分别为10.3181和157.6346，可以用9.4节讲到的三个对冲债券组合的Delta和Gamma。

B2_Ch9_8.m

```
clc; clear all; close all
% Step 1: Define three bonds available for hedging the original portfolio

Settle    = '19-Aug-1999';
% analysis date
Maturity  = ['17-Jun-2010'; '09-Jun-2015'; '14-May-2025'];
Face      = [100; 100; 1000];
CouponRate = [0.07; 0.06; 0.045];


Yields    = [0.05; 0.06; 0.065];

% Step 2: calculate the price, modified duration in years,
% and convexity in years of each bond
```

```matlab
[CleanPrice, AccruedInterest] = bndprice(Yields,CouponRate,...
Settle, Maturity, 2, 0, [], [], [], [], [], Face);

Durations = bnddury(Yields, CouponRate, Settle, Maturity,...
2, 0, [], [], [], [], [], Face);

Convexities = bndconvy(Yields, CouponRate, Settle,...
Maturity, 2, 0, [], [], [], [], [], Face);

Prices   =  CleanPrice + AccruedInterest;

% Step 3: Set up and solve the system of linear equations
% whose solution is the weights of the new bonds in a new portfolio
% with the same duration and convexity as the original portfolio

A = [Durations'
     Convexities'
     ones(size(Durations'))];

b = [ 10.3181
      157.6346
          1];

% A*Weights = b;

Weights = A\b;
% Step 4: Compute the duration and convexity of the hedge portfolio,
% which should now match the original portfolio.

PortfolioDuration  = Weights' * Durations;
PortfolioConvexity = Weights' * Convexities;

% Step 5: Finally, scale the unit portfolio to
% match the value of the original portfolio

PortfolioValue = 100000;
HedgeAmounts   = Weights ./ Prices * PortfolioValue;
```

最后这三个债券权重计算的结果为：

```
Weights =

   0.333373250146103
   0.333275222305386
   0.333351527548512
```

也就是：

```
HedgeAmounts =

   1.0e+02 *

   2.830901157209277
   3.294749981308131
   0.436670795746550
```

对冲原来投资组合Delta和Gamma所需要售出三个债券的额度为：

```
>> format
>> HedgeAmounts

HedgeAmounts =

  283.0901
  329.4750
   43.6671
```

9.6 投资组合风险价值

如果假设投资组合内资产的波动率均为1，资产的权重相同。如果投资组合有两个资产，相关性系数为ρ，则投资组合的波动率为：

$$\sigma_{\text{portfol.o}} = \sqrt{\frac{1+\rho}{2}} \tag{9.41}$$

如图9.28所示是式（9.41）所示的数值关系。当资产的相关性为-1时，组合的波动率最小。

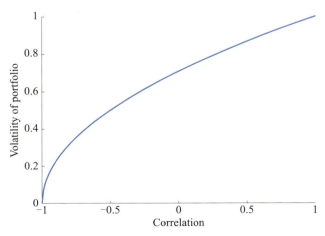

图9.28　投资组合的波动率随相关性变化

进一步，当投资组合中有n个资产时，这些资产有相同的波动率1，资产之间有相同的相关系数。用矩阵运算，投资组合的波动率可以表达为：

$$\sigma_{\text{portfolio}}^2 = w\Sigma w^T \tag{9.42}$$

其中：

$$\begin{cases} w = \begin{bmatrix} \dfrac{1}{n} & \dfrac{1}{n} & \cdots & \dfrac{1}{n} \end{bmatrix} \\ \Sigma = \begin{bmatrix} 1 & \rho & \cdots & \rho \\ \rho & 1 & \cdots & \rho \\ \vdots & \vdots & \ddots & \vdots \\ \rho & \rho & \cdots & 1 \end{bmatrix} \end{cases} \tag{9.43}$$

投资组合的波动率可以计算为：

$$\sigma_{\text{portfolio}} = \sqrt{\frac{1+(n-1)\rho}{n}} \tag{9.44}$$

如图9.29所示是在不同相关性数值条件下，投资组合波动率随资产数目增多不断变小。

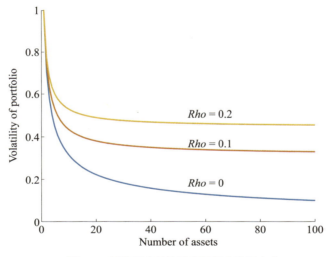

图9.29　投资组合的波动率随资产数目变化

以下代码可以获得图9.29。

`B2_Ch9_9.m`

```
n = 1:100;
rho = [0,0.1,0.2]';
nn = repmat(n,size(rho));
rhorho = repmat(rho,size(n));

vol_p = sqrt((1 + (nn-1).*rhorho)./nn);
```

```
figure(1)
plot(n,vol_p)
xlabel('Number of assets');  box off
ylabel('Volatility of portfolio')
ylim([0,1])
```

系统性风险（systematic risk）指的是整个市场整体性和结构性的潜在不良影响。这种风险不能通过**分散投资**（diversification）相互抵消，因此这个风险又称作**不可分散风险**（undiversifiable risk）。而**非系统风险**（unsystematic risk）又称**特定风险**（idiosyncratic risk）或**可分散风险**（diversifiable risk）。系统性风险和非系统性风险两者关系如图9.30所示。

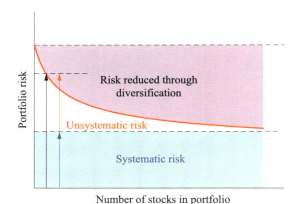

图9.30 系统性风险和非系统性风险

投资组合的J天VaR值可以用矩阵计算：

$$\begin{aligned} \text{VaR}(\alpha)_{J\text{-days}} &= \left(z_\alpha \times \sigma_{\text{portfolio,1-day}}\sqrt{J} - \mu_{\text{portfolio,1-day}}J\right) \times P \\ &= \left(z_\alpha \times \sqrt{w\Sigma_{1\text{-day}}w^T}\sqrt{J} - w\mu_{1\text{-day}}^T J\right) \times P \end{aligned} \tag{9.45}$$

式中：w是投资组合内每个资产比例构成的行向量；$\Sigma_{1\text{-day}}$是投资组合内各个资产日收益率的方差-协方差矩阵。

不考虑回报率期望值向量，J天VaR可以通过式（9.43）获得：

$$\text{VaR}(\alpha)_{J\text{-days}} = z_\alpha \times \sqrt{w\Sigma_{1\text{-day}}w^T}\sqrt{J} \times P \tag{9.46}$$

用矩阵运算的方法，投资组合的J天ES值可以用矩阵计算得到：

$$\begin{aligned} \text{ES}(\alpha)_{J\text{-days}} &= \left(\frac{\varphi(N^{-1}(\alpha))}{1-\alpha} \times \sigma_{\text{portfolio,1-day}}\sqrt{J} - \mu_{\text{portfolio,1-day}}J\right) \times P \\ &= \left(\frac{\varphi(N^{-1}(\alpha))}{1-\alpha} \times \sqrt{w\Sigma_{1\text{-day}}w^T}\sqrt{J} - w\mu_{1\text{-day}}^T J\right) \times P \end{aligned} \tag{9.47}$$

式中：$\varphi(x)$是标准正态分布PDF；$N^{-1}(\alpha)$是标准正态分布CDF的逆运算，$\text{icdf}_{N(0,1)}(\alpha)$。

如果采用学生-t分布，投资组合的tVaR值为：

$$\text{tVaR}(\alpha)_{J-\text{days}} = \left(t_{\alpha,\nu} \times \sqrt{\frac{\nu-2}{\nu}} \sqrt{w\Sigma_{1-\text{day}}w^{\text{T}}} \sqrt{J} - w\mu_{1-\text{day}}^{\text{T}} J \right) \times P \tag{9.48}$$

如果采用学生-t分布，投资组合的tES值为：

$$\text{tES}(\alpha)_{J-\text{days}} = \left(\frac{\text{tpdf}(t_{\alpha,\nu})}{1-\alpha} \times \sqrt{w\Sigma_{1-\text{day}}w^{\text{T}}} \sqrt{J} - w\mu_{1-\text{day}}^{\text{T}} J \right) \times P \tag{9.49}$$

下面假设两个资产当前值分别为50美元和100美元。两者资产的回报率分别为0.1和0.12，线性相关系数矩阵为

$$\boldsymbol{\rho} = \begin{bmatrix} 1 & 0.5 \\ 0.5 & 1 \end{bmatrix} \tag{9.50}$$

用GBM模型产生符合相关性的2000个可能资产价格行走路径。两个资产以1∶1构成投资组合。分别算出这两个资产的5天95% VaR值，然后再算出投资组合的5天95% VaR值。

如图9.31所示是用历史法计算的资产A 95% VaR值为3.3287，如图9.32所示用同样方法计算得到的资产B 95% VaR值为7.7731。资产A和B构成投资组合。当两个资产相关性为0.5条件下，用同样方法计算得到投资组合的95% VaR值为9.6348。投资组合的VaR值小于两个资产VaR值之和。请读者自行编写代码绘制图9.31、图9.32和图9.33。

类似地，用GBM模型产生不同相关关系的两个资产价格行走路径。然后计算VaR值，比较不同相关关系下投资组合的VaR值大小。如图9.34所示是随着相关性下降，投资组合VaR值不断减小。

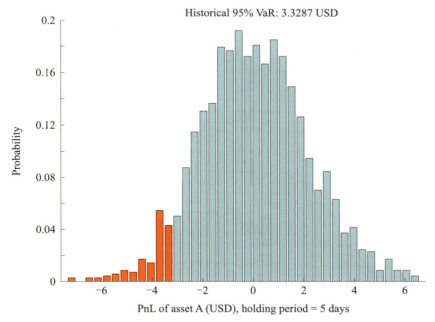

图9.31 资产A在未来5天95% VaR

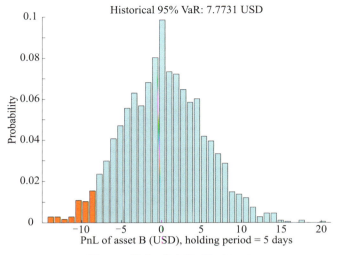

图9.32 资产B在未来5天95% VaR

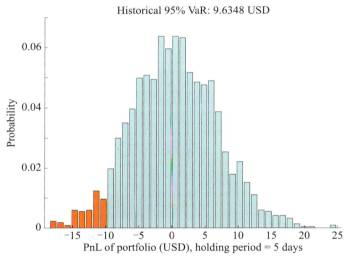

图9.33 投资组合在未来5天95% VaR

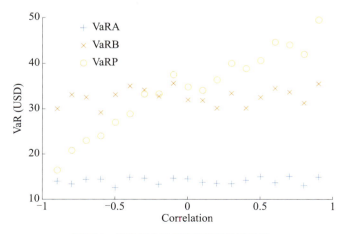

图9.34 投资组合VaR随资产相关性关系

第 10 章 Credit Risk 信用风险 I

2007—2009年，美国**次级房屋信贷**（subprime mortgage）违约引爆了**全球金融危机**（global financial crisis）。2008年9月15日，拥有160年历史的金融大鳄**雷曼兄弟**（Lehman Brothers）宣告破产，一座金融大厦轰然倒塌，震动波及全世界。

金融危机之后，在全球范围内许多国家监管部门都对风险模型提出了更高的要求，推出了更为严格的标准。例如，实施**巴塞尔协议Ⅲ**（Basel III），推广**压力测试**（stress testing），这些措施强调了不同金融机构产品监管的**一致性**（consistency），加强信息的**透明度**（transparency），等等。

Core Functions and Syntaxes
本章核心命令代码

- `autobinning(csc_obj,…)` 自动对csc_obj中的数据进行分箱操作
- `bininfo(csc_obj,…)` 查看并显示creditscorecard对象csc_obj中数据分箱信息，并可提供相关的信息价值 information value 参数
- `creditscorecard(data,…)` 在MATLAB中创建creditscorecard对象csc_obj
- `displaypoints(csc_obj,…)` 对变量分箱节点进行查询和显示
- `fitmodel(csc_obj,…)` 对creditscorecard对象直接构建逻辑回归模型，默认变量选择使用逐步筛选法，并可提供模型相关信息，例如卡方检验p值，修正R2值等
- `innerjoin(table1, table2, …)` 函数可对两个table数据进行合并操作
- `modifybins(csc_obj,…)` 调整creditscorecard对象csc_obj中数据的分享情况，进行人为的修改
- `nchoosek(n,k)` 函数提供当n为整数时，从n个变量中选取k个变量进行排列的情况总数；当n为序列时，提供相应的具体排列情况
- `plotbins(csc_obj,…)` 绘制数据分箱直方图及WOE曲线
- `sortrows(table,…)` 可针对table数据中的某栏进行升序ascending或降序descending的排序操作
- `xtickangle(…)` 在图形绘制中，可以使用xtickangle(…)函数来调整图中x轴显示坐标 label 的水平夹角

10.1 有关信用

信用（credit）在文明初期即扮演着重要的角色。信用的重要性在现代社会不断增强，各国经济系统中债务不断增加，因此更加需要稳健的信用风险分析与管理。信用风险可以定义为，在交易对手无能力履行，或者拒绝履行，或其他原因无法履行合约义务的情况下，可能造成的损失。信用风险越高，遭受损失的可能性就越大；反之亦然。

如今，信用隐含于**货币交易**（monetary transaction）或者**货币等价交易**（monetary equivalent transaction）中；它也包括**非货币**（non-monetary）以及**易货**（barter）交易。根据不列颠百科全书，信用还可以粗略地被表述为：在一个两方交易中，**债权人**（creditor）或**贷方**（lender）提供资金、货物、服务，以换来**债务人**（debtor/obligor）或**借方**（borrower）对未来回报的承诺。正常情况下，交易会明确对债权人的利率回报。

在一个银行系统中，能够被创造的"信用"可以近似由式（10.1）进行估算：

$$\text{Credit} = \frac{IM \cdot (1-r)}{r} \tag{10.1}$$

式中：r是**存款准备金比率**（cash reserve ratio）；IM是**初始保证金**（initial margin）。

这一过程在实际操作中会受到诸多因素的影响，例如央行的准备金要求、市场状况、贷款需求等。通常，银行可以创造高达5~6倍于初始保证金的信用。

债务人必须意识到借贷的成本及后果，有责任履行借贷服务所要求的各项义务。一般而言，只有较少部分的债务人不能守信；有时，债务人的失信会导致债权人破产。但是绝大多债务人是可以兑现承诺的，这也是为什么现实中世界经济可以延续的原因。

信用损失（credit loss）或者**坏账**（bad debts）在金融和非金融行业中都会出现。排除一些特殊情况，例如信用一开始就被用于欺诈，大部分信用损失都归咎于实质上的经营失败。其背后的原因林林总总，包括经济周期的起伏、行业竞争的激化、新技术的涌现、替代品的威胁、产品价格的增加、市场供需关系的改变、金融杠杆的过度使用、信用暴露的过分集中、分散投资的不完善、政府监管的影响、管理策略的失误、人员流动的变故等。完善的信用风险分析，就可以揭示在各种主要因素作用下所可能造成的信用损失。

精巧地使用"信用"有助于债务人的业务发展，带动社会整体经济的增长。"信用"，一方面可以刺激单个家庭的消费，另一方面也可以促进整个商业的投资。国家层面而言，可以利用相应的信用政策来鼓励和引导不同产业的发展，创造就业机会，并进一步提高人们的生活水平。随着购买力的普遍增强，人们又会有更多的消费，从而反哺经济增长，带来一个良性循环。

信用市场（credit market）的好坏，通常可以反映大型经济体的健康状况，一场信贷危机甚至可以动摇经济根本。不同信用等级下的普遍借贷利率和**风险偏好**（risk appetite），又是信用市场晴雨表的重要指标。表10.1概括地总结了"信用"的一些优缺点。从借方的角度来看，信贷可以分为：

◀ **个人信贷**（personal credit）；
◀ **商业信贷**（business credit）。

表10.1 "信用"的优点与缺点

优点	缺点
创造及最大化财富	减少盈利
税务规划工具	潜在的违约及名誉损失

续表

优点	缺点
提供融资便利	可能的破产危险
利于业务控制	会导致花费过度
产生社会经济优势	债务陷阱

个人信贷的用户可以是被雇或者自雇的个体。他们的贷款通常用于购买房屋、车辆、家电等，抑或用于维修、旅行、教育、创业等。收入较低的人群，信贷需求比较有限，在还贷压力下一般也比较谨慎地使用信贷。中等收入人群，信贷需求明显增大，他们一边维持着手上的个人资产，一边利用信贷来提高生活品质或用于不时之需。高等收入人群，信贷则为他们提供了更多灵活性和流动性，尤其是在他们的财富已投入并陷于房地产或其他长期投资项目时。

相较而言，商业贷款的需求范围和用途则更为广泛和多样，往往取决于借方（债务人）的商业类型和规模以及经营方式。各类公司、合伙企业、独营机构、俱乐部和协会等，都会有借贷的需要。具体的信贷要求也会基于不同的借方有所不同，提供的资金类型也相应不一样。时间上而言，提供的信贷也可以短期、中期或者长期。就贷方而言，有以下机构或方式提供信贷：

- **商业银行**（commercial banks）；
- **定期借贷及开发机构**（term lending/development institutions）；
- **公债市场**（public debt market）；
- **其他金融信贷机构**；
- **信用交易**（trade credit）。

国际范围内，信贷的提供者也是五花八门，他们和股票供应商一起，组成了庞大而变幻莫测的世界资本市场。其中，既有富有活跃的私人公司，例如**罗斯柴尔德家族**（Rothschild family），也有各式各样的**多边机构**（multilateral institution），例如**世界银行**（World Bank）、**国际货币基金组织**（International Monetary Fund，IMF）、**国际开发协会**（International Development Association，IDA）、**亚洲开发银行**（Asian Development Bank，ADB）、**亚洲基础设施投资银行**（Asian Infrastructure Investment Bank，AIIB）、**国际金融公司**（International Finance Corporation，IFC），以及**跨国银行**（multinational banks）和地区政府。

10.2 信用风险来源和分类

如图10.1所示，对于单一的借方或者债务人，对应的是**单一借贷人信用风险**（single borrower credit risk）。如果债务人是个人，则这个信用风险称作**借贷人信用风险**（obligor credit risk）；如果借方是一家公司或企业等，则也可以称为**企业信用风险**（firm credit risk）。对于一群债务人而言，相应则是**组合信用风险**（portfolio credit risk）。相较于股票和房地产等其他投资形式，承担信用风险所能带来的回报率要低。信用风险是一系列可控和不可控事件的综合结果。其中主要包括国际因素（例如亚洲金融危机）、国内因素（例如政策变化）或者公司企业（例如管理或产品问题）。

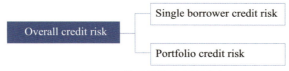

图10.1　信用风险的主要分支

如图10.2所示从系统和非系统的角度总结了信用风险的起因。**系统性风险**（systematic risk）是影响一个国家、经济体或地区内所有行业的外部作用力。系统性风险包括**社会政治风险**（socio-political risk）、**经济风险**（economic risk）和**其他外生风险**（other exogenous risk）。在经济不景气的时候，不断增加的破产会诱发信用损失，与此同时，由于公司盈利的下降，股市随之下跌，失业率上升，其他各种影响随之而来。系统性风险作用下，对所有参与者而言，无一例外，具有不可控性。另外则是非系统性风险。**非系统性风险**（unsystematic risk，idiosyncratic risk）并不影响整个经济体和所有的行业，对于不同行业和企业，其表现形式和程度更不一样。非系统性风险主要包括**业务风险**（business risk）和**财务风险**（financial risk）。一个公司可以通过分散非系统性风险来对其进行有效的管理，因此非系统性风险是可控的。系统和非系统因素都能触发债务人或组合信用风险。在对信用风险的转移、转让和规避的过程中，也需要从系统和非系统的角度进行分析和思考。

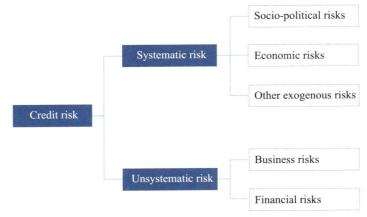

图10.2　信用风险因素

图10.3从违约和估值的角度，将信用风险大致分为六类：**违约风险**（default risk）、**回收风险**（recovery risk）、**暴露风险**（exposure risk）、评级**迁移风险**（migration risk）、**流动性风险**（liquidity risk）和**信用利差风险**（spread risk）。与违约密切相关的是**违约风险**、**回收风险**和**暴露风险**。其中，暴露风险也被称为敞口风险。与估值和定价密切相关的则是评级**迁移风险**、**流动性风险**和**信用利差风险**。

图10.3　信用风险分类

下面是这六大类信用风险的一些基本信息。

- **违约风险**：债务人或交易对手无法履行交易义务的风险。
- **回收风险**：在违约时由于抵押品的质量和价格等发生变化，导致回收率降低的风险。通常增加抵押品可以降低回收风险，回收率是回收金额与本金及应得收益之和的比值。
- **暴露风险**：在违约时信用暴露会同时增加的风险，即实际的风险敞口大于预估。通常以本金的面值作为风险暴露/敞口。
- **评级迁移风险**：资产价值随信用评级降低而下降的风险。信用评级反映了资产的**信用品质**（credit quality）。减少评级迁移风险通常需要定期评估资产的信用品质，追踪损失和收益，以及制定**信贷损失准备金**（provision for credit loss）。
- **流动性风险**：资产价值在不利的市场条件下因流动性减少而降低的风险。
- **信用利差风险**：在不利的市场条件下投资者对风险溢价的不同要求导致信用利差的变化，由此引起损失的风险。

这里，评级迁移风险，流动性风险和信用利差风险与系统性风险高度相关，相较于通常情况，它们在金融危机中表现突出。

10.3 信用风险的量化度量

对信用风险的量化评估，首先要找到相应的**量化度量**（quantitative measures）。常见的信用风险度量包括**违约概率**（probability of default，PD）、**违约损失率**（loss given default，LGD）、**违约暴露**（exposure at default，EAD）、**期限**（time horizon）、**预期损失**（expected loss，EL）和**非预期损失**（unexpected loss，UL）等。

下面来了解一下这几个信用风险度量。

- **违约概率**：债务人违约的可能性，量化为可能发生的概率。债务人可以在违约后迅速补缴欠款，弥补利息损失并支付罚金等。违约概率并不能合理预言最终的实际损失，还需要与其他度量协作。
- **违约损失率**：债务人确定违约时可能的损失百分比，体现了违约造成的损失程度，与违约发生的可能性（违约概率）同样重要。违约损失率可以是0，例如抵押物足够弥补违约损失或者已经通过保险产品进行了风险规避，此时违约概率就显得无关紧要。违约损失率与**回收率**（recovery rate）两者之和为1，即：违约损失率 = 1 - 回收率。
- **违约暴露**：损失总量可能的最大金额，例如一笔贷款的总额。违约暴露也可以记作以最大损失金额为基准的百分比。
- **期限**：期限越长意味着承担的风险越大，违约的概率也越大。与此同时，EAD和LGD也会随时间变化，可能增大也可能减小。
- **预期损失**：在特定的期限内，预期损失是违约暴露、违约概率与违约损失率之积，即：$EL = EAD \times PD \times LGD$。所以预期损失大体上取决于4个变量：违约暴露、违约概率、违约损失率和期限。同时，该公式有两个隐含的前提条件：① 各个损失变量是相互独立的；② EAD和LGD在期限内保持常数不变。
- **非预期损失**：对应不可预见的发生概率较小但仍有可能发生的损失。如图10.4所示，实际损失服从损失分布，往往与预期损失有所出入，非预期损失代表就是超过预期损失的部分。图10.5更详细地将预期损失和非预期损失在损失分布上标注出来。非预期损失通常有两种具体的测量方式：（a）将损失分布的标准差作为非预期损失；（b）将特定分位点（对应显著水平α）损失值与预期损失的差值作为非预期损失。这两种度量在实际中都有应用，应根据具体情况具体分析。

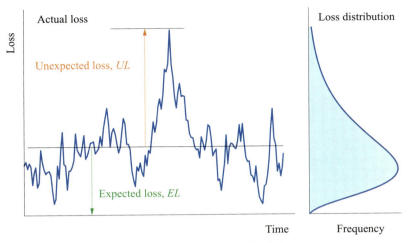

图10.4 预期损失与非预期损失比较

如图10.5所示引入了损失分布上对应的另外两个常用度量：风险价值VaR和**经济资本**（economic capital），其中经济资本又称为风险资本。与前面章节介绍的内容一致，风险价值VaR代表一定显著水平下的损失。它与预期损失之间的差值即为经济资本。经济资本与信用风险直接相关，用来吸收非预期损失，保护普通储蓄者和其他信用提供者，并同时增强外部投资者和评级机构的信心。

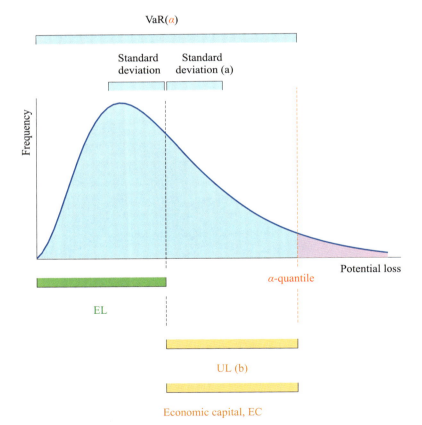

图10.5 损失分布上的预期损失EL、非预期损失UL、经济资本EC和风险价值VaR

10.4 个人信用评分卡模型

任何一家信贷提供机构，例如银行，都需要评估借款人或交易对手的**信用能力**（creditworthiness），即偿还能力，其目的是判断个人及非个人客户是否具备获得信贷的资质。**信用评分**（credit scoring）就是分析和量化潜在借款人信用风险的常用技术之一。几十年前，银行开始关注和搜集可以用来描述客户违约行为的相关信息，这些信息通常是一些个人历史数据，例如客户的**出生日期**（date of birth）、**性别**（gender）、**收入**（income）、**雇用状态**（employment status）等。然后相关信贷产品的专家会根据这些信息，来区分低风险和高风险客户。这就是现在信用评分模型需要完成的任务，通过尽可能精确地量化违约行为与某些指标的关系，来辅助信贷产品中的发放、监控和管理。这当中有一个重要的前提就是，未来与历史类似（future resembles the past）——这也是一般基于历史数据建模不言而喻的通用假设。

本节将利用统计方法搭建**信用评分**（credit scoring）模型。实际中也有一些主观模型，往往通过有多年从业经验的专家，依靠他们的主观判断。虽然也都要用到历史数据，统计模型的好处就是更加快速和精确，能够保持更好的一致性。这里，来看一个个人用户信用评分模型。如图10.6所示是个人用户信用评分模型的一个例子，往往称为**信用评分卡**（credit scorecard）模型。可以看到，该模型根据用户李华的年龄、年收入等信息对其进行评分。不同的指标对应不同的取值区间，有不同的分数，各项指标加起来就是用户的总分。然后根据总分的值，对所有用户进行排序，并判断各个用户是否满足信用要求。通常分数越高，代表用户的信用越可靠，对应的风险越低。同样的逻辑也可以应用于其他大中小企业的信用分析，但是关注的信息和指标将有所不同。

	因子	分数	李华
年龄	25岁以下	10	
	25～45岁	26	26
	45～65岁	38	
	65岁以上	22	
年收入	4万元以下	16	
	4～6万元	22	
	6～9万元	28	28
	9～12万元	36	
	…	…	…
总分			253

图10.6 个人用户信用评分卡模型举例

在MATLAB中，可以利用Financial Toolbox来搭建信用评分卡模型。这里用MATLAB自带的CreditCardData数据来进行演示，建立一套评分机制，来判断用户在申请信用卡（也可以是其他信用产品）时是否达到信用要求。

下面的例子将使用到统计中的**逻辑回归模型**（logistic regression）。首先，使用如下的代码导入数据并定义"信用评分卡"对象（creditscorecard object）。

`B2_Ch10_1_A.m`

```
clc; clear all; close all;
```

```matlab
% Import data
load CreditCardData

data_summary = summary(data)
disp(data_summary)

% Create "creditscorecard" object
csobj = creditscorecard(data, ...
    'IDVar', 'CustID', 'ResponseVar', 'status');
```

MATLAB的creditscorecard对象是针对信用评分分析特别定义的，是一些特定函数必需的输入量，例如在后面的代码中会用到bininfo()和plotbin()等函数。函数creditscorecard()将输入数据"data"定义为creditscorecard对象；"data"中的变量"CustID"通过指令符"IDVar"被认定为变量ID，变量"status"通过指令符"ResponseVar"被认定为反应变量，即需要模拟的量。数据导入后，可通过summary()函数对数据进行大概了解，明确数据的分类、类型、数量等信息。在**指令窗口**（command window）可以看到，CreditCardData数据中含有的变量如图10.7所示。其中，"用户ID"用来索引不同的用户，"信用状态"表明目前用户是"好"还是"坏"；其他的项目，如"年龄""住址""住户类型"等，都可能是与"信用状态"相关联的指标项，可以考虑作为**预测变量**（predictor variables）。"住址""住户类型""就业状态"和"其他信用卡"属于**分类变量**（categorical variable），也称为**离散变量**（discreet variable）；而"年龄""收入""欠款金额""费率"和"用户存在时限"属于**连续变量**（continuous variable）。

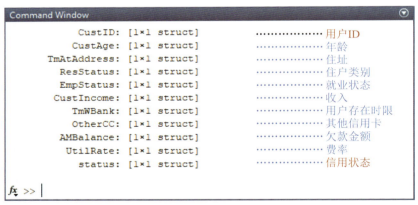

图10.7　CreditCardData数据中已存在的预测变量

对于一个给定的creditscorecard对象，还可以通过下面的代码来获取对象信息。

B2_Ch10_1_B.m

```matlab
cscobj.IDVar
cscobj.ResponseVar
cscobj.PredictorVars
cscobj.CategoricalPredictors
```

大家可以试一试"cscobj."后面可能的其他选项，看看里面对应的都是什么信息。

分类变量中存储的是同一变量下不同类别的信息，以"住户类型"为例，该变量中存在3种不同的类别：**房屋所有人**（home owner）、**租客**（tenant）及其他。在MATLAB中，可以使用bininfo() 函数读取creditscorecard对象中特定的变量，使用plotbins() 函数绘制对应的直方图，如下面的代码所示。

```
B2_Ch10_1_C.m
% Observe categorical variable
bininfo(cscobj,'ResStatus')
plotbins(cscobj, 'ResStatus')
```

在指令窗口中，bininfo() 函数显示的结果如图10.8所示。

图10.8 bininfo()函数显示结果

plotbins() 函数显示的图像如图10.9所示。

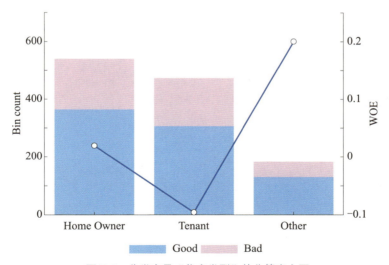

图10.9 分类变量"住户类型"的分箱直方图

从图10.9中可以看到，不同类别的用户显示的信用状态"好"和"坏"各不相同。这里首先涉及一个重要操作是**数据分箱**（data binning），其核心理念是根据某种规则将数据进行分类。对分类变量而言，数据分箱十分直观，每个单独的类别即可作为一个所谓的"箱"。只有在类别过多时，可能会考虑是否要将某些类别进行合并。这里还涉及另一个重要的概念是**证据权重**（weight of evidence，

WOE）。对分类变量而言，WOE可以显示不同类别中"好""坏"样本之间的比例"odds"是否有明显的变动。根据WOE进一步计算出来的**信息价值**（information value），也称为信息量，则可以衡量变量整体的预测能力。函数bininfo()的输出结果中就分别给出了"Odds""WOE""InfoValue"的值，它们的具体计算如下：

$$\text{Odds} = \frac{\# \text{ of Goods}}{\# \text{ of Bads}}$$

$$\text{WOE} = \ln\left(\frac{\% \text{ of Goods}}{\% \text{ of Bads}}\right) \quad (10.2)$$

$$\text{InfoValue} = (\% \text{ of Goods} - \% \text{ of Bads}) \cdot \text{WOE}$$

以住户类型为例，总共有803个"Good"样本和397个"Bad"样本。单单就"Home Owner"的住户类型而言，有365个"Good"样本和117个"Bad"样本。对应该类型的住户，将数据代入式（10.2）可得：

$$\text{Odds}_{\text{HomeOwner}} = \frac{365}{177} = 2.0621$$

$$\text{WOE}_{\text{HomeOwner}} = \ln\left(\frac{365/803}{177/397}\right) = 0.019329 \quad (10.3)$$

$$\text{InfoValue}_{\text{HomeOwner}} = \left(\frac{365}{803} - \frac{177}{397}\right) \cdot \text{WOE}_{\text{HomeOwner}} = 0.0001682$$

这里的计算结果与MATLAB的函数给出的值是一样的，大家可以试试其他的住户类型，进一步熟悉计算。注意，对于"住户类型"整个变量而言，总的InfoValue是各个分项信息价值的和。

对于连续变量，例如收入"CustIncome"这个指标，也可以使用bininfo() 和plotbins() 函数观察数据信息。但是直接使用时，由于函数默认的**分箱规则**（binning rules）会导致分箱过细，不利于图标显示。这里，用户可以通过 modifybins() 函数来定义分箱区间，代码如下：

```
B2_Ch10_1_D.m

% Observe continous variable
bininfo(cscobj, 'CustIncome')

bin_cp = 2e4:5e3:6e4;

cscobj = ...
    modifybins(cscobj, 'CustIncome', ...
    'CutPoints', bin_cp);

bininfo(cscobj, 'CustIncome')

plotbins(cscobj, 'CustIncome')
xtickangle(60)
```

bininfo() 显示的结果，大家可以运行代码在MATLAB界面中查看；plotbins() 的运行结果如图10.10所示。

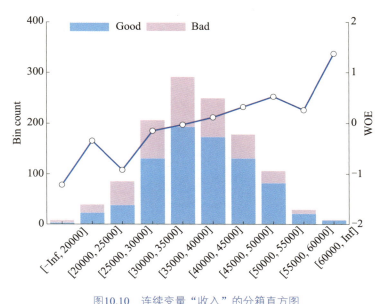

图10.10　连续变量"收入"的分箱直方图

从图10.10中可以看到，原来连续的变量在分箱后变成了离散的，分别被归纳到了不同的区间内。每一个区间都有对应的"Odds""WOE"和"InfoValue"，这在bininfo() 函数的输出中也可以看到。它们的计算方法与刚刚介绍的分类变量情况是一样的。WOE值会为连续变量的分箱合理性提供一些依据，在较合理的分箱情况下，WOE值会呈现明显的单调性，由此才能反映Odds在不同区间上的持续性提升。而在图10.10中，WOE的值在某些区间的明显下降破坏了WOE的整体单调性，对其采用的等间距分箱方法提出了质疑。

在MATLAB中，可以使用autobinning() 函数实现对creditscorecard对象中预测变量进行快捷分箱操作。该函数使用了MATLAB默认的单调性算法，可以作用于分类变量和连续变量，在分箱结果中呈现出单调变化的WOE值。其调用方式如以下代码所示。

`B2_Ch10_1_E.m`

```matlab
% Apply autobinning()
cscobj = autobinning(cscobj);

bininfo(cscobj, 'ResStatus')
bininfo(cscobj, 'CustIncome')

plotbins(cscobj, 'ResStatus')
plotbins(cscobj, 'CustIncome')
xtickangle(60)
```

如图10.11和图10.12所示分别为autobinning() 自动分箱后预测变量住户类型 "ResStatus" 和收入 "CustIncome" 的直方图。对于分类变量"ResStatus"而言，与图10.9相比较并没有实质的变化，只是通过排序使得WOE值呈现出了单调增加的特性。不同于连续变量，其连续性决定了值的大小先后顺序不能随意改变，分类变量的类别可以根据对应WOE的值进行排序。

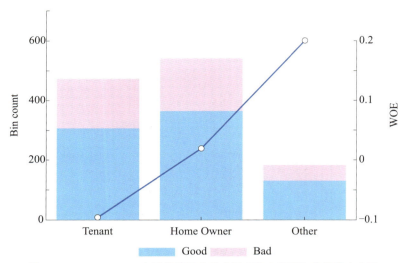

图10.11　atutobinning()自动分箱后分类变量"住户类型"的分箱直方图

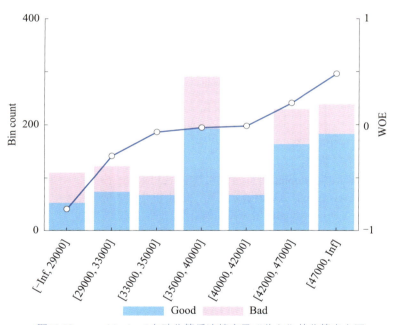

图10.12　atutobinning()自动分箱后连续变量"收入"的分箱直方图

再来看连续变量"CustIncome"，比较图10.12和图10.10，区别还是十分明显的。原先图10.10中定义了10个等间距的区间，在图10.12中看到的是7个不等间距的区间，更显而易见的是，图10.12中WOE的值不再有上下的波动，而呈现了单调递增的特性。

感兴趣的读者，还可以使用已经介绍的代码绘图，比较一下其他的预测变量在自动分箱前后的变化。

如果需要绘制所有预测变量的分箱直方图，以下代码可以一次完成绘图。

`B2_Ch10_1_F.m`

```
plotbins(cscobj, cscobj.PredictorVars)
```

在图10.12中还会发现，[33000, 35000)，[35000, 40000) 和 [40000, 42000) 这三个区间上WOE的值都比较接近。可以将这三个区间进行人为的合并，调用modifybins() 函数，具体如以下代码所示。

```matlab
B2_Ch10_1_G.m
% Modify bins of CustIncome
[bin, bin_cp] = bininfo(cscobj,'CustIncome');

bin_cp([3 4]) = [];

sc = modifybins(sc,'CustIncome','CutPoints',cp);

plotbins(sc,'CustIncome')
```

首先通过bininfo() 函数获得已存在的分箱信息，分箱区间的每个节点都存储到了bin_cp中。然后通过代码"bin_cp([3 4]) = []"将第3个节点35000和第4个节点40000抹去，从而实现对应三个区间的合并。合并完之后的分箱直方图如图10.13所示，WOE的值呈现出更加明显的单调递增特性。

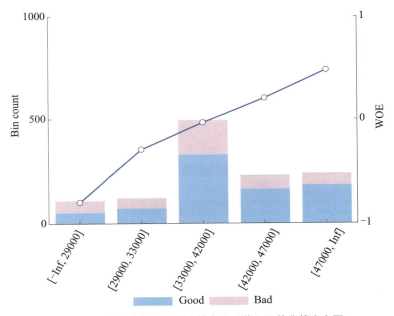

图10.13　人为合并区间后连续变量"收入"的分箱直方图

根据相同的逻辑，还可以对其他的预测变量进行人为分箱调整，使得差不多WOE值的区间合并到一起。以下代码就是对另外三个预测量"年龄""欠款金额"和"用户存在时限"进行的操作。

```matlab
B2_Ch10_1_H.m
% Modify bins of CustAge, TmWBank, AMBalance
[bin, bin_cp] = bininfo(cscobj,'CustAge');
bin_cp([1 5]) = [];
cscobj = modifybins(cscobj,'CustAge','CutPoints',bin_cp);

[bin, bin_cp] = bininfo(cscobj,'TmWBank');
```

```
bin_cp(2) = [];
cscobj = modifybins(cscobj,'TmWBank','CutPoints',bin_cp);

[bin, bin_cp] = bininfo(cscobj,'AMBalance');
bin_cp(2) = [];
cscobj = modifybins(cscobj,'AMBalance','CutPoints',bin_cp);
```

大家可以自行比较一下，在合并前后各个变量分箱情况的变化。这一步结束后，数据分箱完成，已经准备好用来搭建逻辑回归模型了。

在MATLAB中，针对creditscorecard对象，可以调用fitmodel()函数来建造逻辑回归模型，具体代码如下。

```
% Fit a logisitic regression model
[cscobj, cscobj_mdl] = fitmodel(cscobj);
```

fitmodel()函数根据输入的creditscorecard对象内部的分箱信息，基于WOE值来拟合线性逻辑回归模型。对于对象中的预测变量，fitmodel()函数默认使用分步法来进行变量挑选（stepwise variable selection）。在不注明的情况下，例如刚刚给出的fitmodel()函数代码，其结果等同于以下注明使用分步法的情况。

`B2_Ch10_1_I.m`

```
[cscobj, cscobj_mdl] = fitmodel(cscobj, ...
    'VariableSelection', 'Stepwise');
```

指令符'VariableSelection'后紧跟'Stepwise'，明确了变量选择方法，与默认情况下代码的运行结果一样。图10.14给出了运行以上代码后在指令窗口中显示的结果，并对各个部分进行了标注。其中，模型结果会输出到"cscobj_mdl"这个变量中，以供大家随时查看和调用。

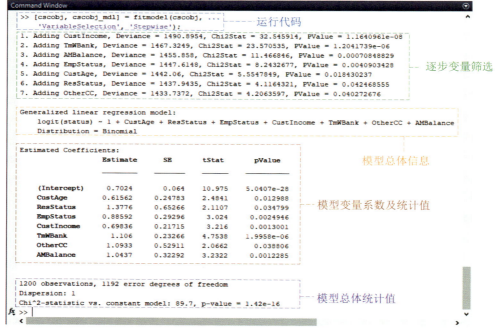

图10.14　fitmodel()函数运行结果

如果，不希望运行逐步变量筛选，还可以使用以下代码，将所有预测变量都用来拟合逻辑回归模型。

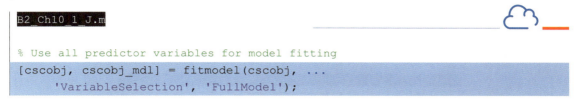

```matlab
% Use all predictor variables for model fitting
[cscobj, cscobj_mdl] = fitmodel(cscobj, ...
    'VariableSelection', 'FullModel');
```

只需要在代码中指定 'VariableSelection' 为 'FullModel'。通常，可以先使用下面的代码来查看原来的creditscorecard对象中有哪些预测变量。

```matlab
% Dispay existing predictor variables
cscobj.PredictorVars
```

例如，在creditscorecard对象cscobj中就有以下9个预测变量：如图10.15所示。

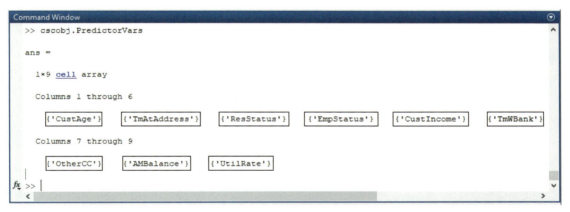

图10.15　9个预测变量

在有些情况下，可能只需要其中一个或几个预测变量来搭建回归模型，这时候可以使用以下代码对预测变量进行重新定义。

```matlab
% Re-define single predictor variable
cscobj.PredictorVars = {'CustID','CustIncome'};

% Re-define multiple predictor variables
cscobj.PredictorVars = {'CustID', ...
    'CustIncome', 'CustAge', 'ResStatus'};
```

紧接着重新定义后，再直接运行 fitmodel() 函数，就可以只用选定的预测变量进行模型构造了，大家可以自行试验一下。

回到评分卡模型例子中，在得到逻辑回归模型后，任务就已经完成了一大半。运行下面的代码，可以看到评分卡的雏形。

```
B2_Ch10_1_M.m
% Review scorecard points
displaypoints(cscobj)
```

其运行结果显示如图10.16所示。

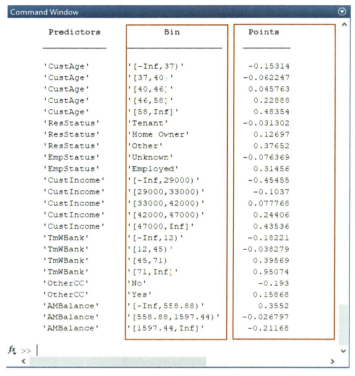

图10.16 代码运行结果（1）

可以发现，各个预测变量的分箱情况清晰，不足之处是各个分箱区间"Bin"的名称不是很直观，尤其是对于连续变量而言；再者，"Points"的分值正负掺杂，数值偏小，不利于实际操作。接下来，要做的就是针对这两栏进行美化和调整。

首先是"Bin"这一栏，可以调用modifybins()函数对需要修改的预测变量进行操作，只需要给定预测变量名，再重新定义函数中的指令符'BinLabels'即可，具体代码如下。

```
B2_Ch10_1_N.m
% Format socrecard "Bin"
cscobj = modifybins(cscobj,'CustAge','BinLabels',...
{'Up to 36' '37 to 39' '40 to 45' '46 to 57' '58 and up'});

cscobj = modifybins(cscobj,'CustIncome','BinLabels',...
{'Up to 28999' '29000 to 32999' '33000 to 41999' '42000 to 46999' '47000 and up'});

cscobj = modifybins(cscobj,'TmWBank','BinLabels',...
{'Up to 11' '12 to 44' '45 to 70' '71 and up'});
```

```
cscobj = modifybins(cscobj,'AMBalance','BinLabels',...
{'Up to 558.87' '558.88 to 1597.43' '1597.44 and up'});

displaypoints(cscobj)
```

然后是"Point"这一栏，需要借助formatpoints()函数来进行调整，主要是将原来的分值按一定**比例线性缩放**（scaling）到想要的值域范围上。formatpoints()允许不同的形式来实施缩放，最简便是定义好目标范围的最差和最好（最小和最大）值，例如以下的代码，将最差的分数定为300，最好的分数定为900。

B2_Ch10_1_O.m

```
% Format socrecard "Point"
% (worst and best scores)
worst_score = 300;
best_score = 900;

cscobj = formatpoints(cscobj,...
    'WorstAndBestScores',[worst_score best_score]);

displaypoints(cscobj)
```

formatpoints()函数代码中，需要制定缩放方式为'WorstAndBestScores'，并提供相应区间[worst_score, best_score]。调整之后，评分模型的结果如图10.17所示，注意到结果中的"Bin"一栏也已经重新命名。图中也标注了，在何种情况下会分别得到最差和最好的分数。

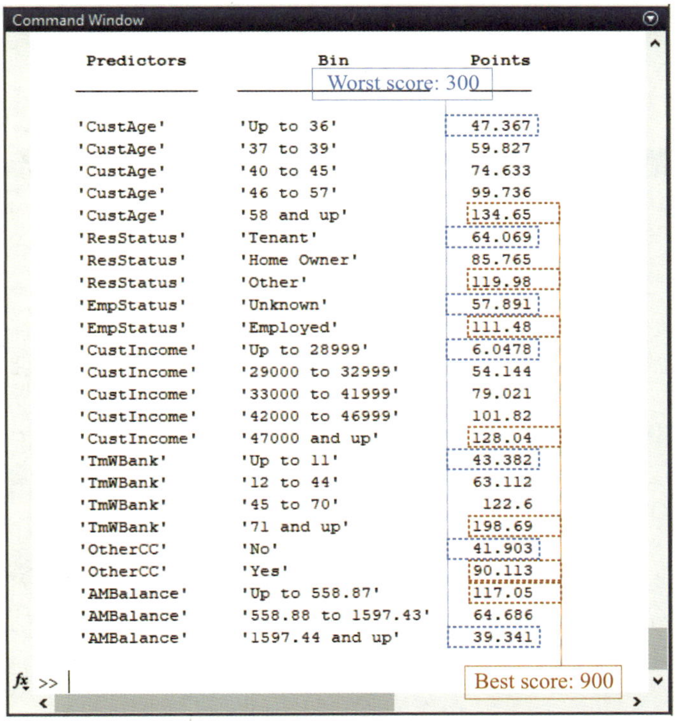

Predictors	Bin	Points
		Worst score: 300
'CustAge'	'Up to 36'	47.367
'CustAge'	'37 to 39'	59.827
'CustAge'	'40 to 45'	74.633
'CustAge'	'46 to 57'	99.736
'CustAge'	'58 and up'	134.65
'ResStatus'	'Tenant'	64.069
'ResStatus'	'Home Owner'	85.765
'ResStatus'	'Other'	119.98
'EmpStatus'	'Unknown'	57.891
'EmpStatus'	'Employed'	111.48
'CustIncome'	'Up to 28999'	6.0478
'CustIncome'	'29000 to 32999'	54.144
'CustIncome'	'33000 to 41999'	79.021
'CustIncome'	'42000 to 46999'	101.82
'CustIncome'	'47000 and up'	128.04
'TmWBank'	'Up to 11'	43.382
'TmWBank'	'12 to 44'	63.112
'TmWBank'	'45 to 70'	122.6
'TmWBank'	'71 and up'	198.69
'OtherCC'	'No'	41.903
'OtherCC'	'Yes'	90.113
'AMBalance'	'Up to 558.87'	117.05
'AMBalance'	'558.88 to 1597.43'	64.686
'AMBalance'	'1597.44 and up'	39.341
		Best score: 900

图10.17　分值调整后的评分卡模型

至此，一个客户评分卡模型就建成了。假设现在有一个客户，年龄38岁，房屋所有者，有固定职业，收入是38000元，客户已存在9年，没有其他信用卡，欠款余额是600元。那么该客户的信用分数是多少呢？以下的代码就能给出答案。

```matlab
B2_Ch10_1_P.m
% Input customer info
Predictors = {'CustAge', 'ResStatus', 'EmpStatus', ...
    'CustIncome', 'TmWBank', 'OtherCC', 'AMBalance'}';

Bin = {'37 to 39', 'Home Owner', 'Employed', ...
    '33000 to 41999', 'Up to 11', 'No', '558.88 to 1597.43'}';

customer_info = table(Predictors, Bin);

% Apply scorecard model
cscobj_points = displaypoints(cscobj);

customer_info = innerjoin(customer_info, cscobj_points);

customer_score = sum(customer_info.Points);

text = sprintf('The customer obtains the score of %d.',...
    round(customer_score, 0));

disp(text)
```

运行后显示的结果如图10.18所示。

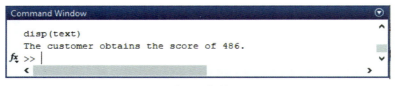

图10.18　代码运行结果（2）

所以客户的最后得分取整数值是486分，信用卡部门会根据这个分数进一步判断是否给该客户发放信用卡。

最后，还需要强调一下，formatpoints() 函数还有其他调整分值的方法，比如通过提供截距和斜率进行缩放的方法，对应指令符是'ShiftAndSlope'；通过提供点数和概率水平等信息进行缩放的方法，对应指令符是 'PointsOddsAndPDO'。

具体应用大家可以参考和查阅www.mathworks.com网站上的说明。在本丛书的第三本书，还会针对逻辑回归模型做更多理论上的介绍，以及其他相关的MATLAB函数。该信用评分卡模型的例子还同样参照了www.mathworks.com网站上的相关例子，感兴趣的话，大家可以在网站上搜索Case Study for a Credit Scorecard Analysis进行查找。

10.5 个人信用评分卡模型的变量筛选

在信用评分卡模型的构建中，**预测变量的筛选**（variable selection）十分重要，尤其是在有许多变量可供选择的情况下。这里单独拿出一节来谈谈如何有效地选择一些预测变量。

一般有三个原则可以用来指导变量筛选。第一是变量数据本身的质量，包括数据量是否足够（缺失值是否太多），采集频率是否满足要求，是否覆盖了需要的时间段，格式是否满足规范，数据源是否可靠等。第二是变量的逻辑合理性，即从经济原理和业务联系的角度进行评判，选择容易进行解释，容易被理解的变量。第三是考查变量的显著性，即根据已有数据通过统计测量给出变量与反应变量联系的**显著性水平**（significance level），选择比较显著的变量来建模。前两点，主要集中在**数据预备**（data preparation）和**专家判断**（expert judgment）上。本节侧重在第三点，继续使用前面评分卡模型的例子来讨论变量筛选。首先，运行以下代码，获得和之前相同的数据分箱结构，这是为了更好地与前面的模型结构进行比较。实际操作中，大家也可以在数据分箱之前就进行变量预筛。

```matlab
B2_Ch10_2_A.m
clc; clear all; close all;

% Import data and create "creditscorecard" object
load CreditCardData

cscobj = creditscorecard(data, ...
    'IDVar', 'CustID', 'ResponseVar', 'status');

% Apply autobinning()
cscobj = autobinning(cscobj);

% Modify bins of CustIncome, CustAge, TmWBank, AMBalance
[bin, bin_cp] = bininfo(cscobj,'CustIncome');
bin_cp([3 4]) = [];
cscobj = modifybins(cscobj,'CustIncome','CutPoints',bin_cp);

[bin, bin_cp] = bininfo(cscobj,'CustAge');
bin_cp([1 5]) = [];
cscobj = modifybins(cscobj,'CustAge','CutPoints',bin_cp);

[bin, bin_cp] = bininfo(cscobj,'TmWBank');
bin_cp(2) = [];
cscobj = modifybins(cscobj,'TmWBank','CutPoints',bin_cp);

[bin, bin_cp] = bininfo(cscobj,'AMBalance');
bin_cp(2) = [];
cscobj = modifybins(cscobj,'AMBalance','CutPoints',bin_cp);

% Format socrecard "Bin"
cscobj = modifybins(cscobj,'CustAge','BinLabels',...
```

```
{'Up to 36' '37 to 39' '40 to 45' '46 to 57' '58 and up'});

cscobj = modifybins(cscobj,'CustIncome','BinLabels',...
{'Up to 28999' '29000 to 32999' '33000 to 41999' '42000 to 46999' '47000 and
up'});

cscobj = modifybins(cscobj,'TmWBank','BinLabels',...
{'Up to 11' '12 to 44' '45 to 70' '71 and up'});

cscobj = modifybins(cscobj,'AMBalance','BinLabels',...
{'Up to 558.87' '558.88 to 1597.43' '1597.44 and up'});
```

如图10.7所示，一共有9个可供选择的预测变量：年龄（CustAge）、住址（TmAtAddress）、住户类型（ResStatus）、就业状态（EmpStatus）、收入（CustIncome）、用户存在时限（TmWBank）、其他信用卡（OtherCC）、欠款金额（AMBalance）、费率（UtilRate）。通过下面的代码，可以获得每个变量对应的**信息价值**（information value）和**卡方检验的p值**（Chi-squared test p-value）。

```
B2_Ch10_2_B.m

%Extract existing predictor variables
Predictor = cscobj.PredictorVars;

%Extract InfoValue and Chi2PValue
InfoValue = [];
Chi2PValue = [];

for i = 1:numel(Predictor)

    % Get InfoValue
    bi = bininfo(cscobj, Predictor{i});
    InfoValue(i) = bi.InfoValue(end);

    % Get Chi2PValue
    cscobj.PredictorVars = {'CustID', Predictor{i}};
    [cscobj, cscobj_mdl] = fitmodel(cscobj, ...
        'VariableSelection', 'FullModel', 'Display', 'Off');

    tl = cscobj_mdl.devianceTest;
    Chi2PValue(i) = tl{2, {'pValue'}};

end

Predictor = Predictor';
InfoValue = InfoValue';
Chi2PValue = Chi2PValue';

All_Predictors = table(Predictor, InfoValue, Chi2PValue);
```

前面提到过，一个变量的信息价值可以体现其在模型中的预测能力，信息价值越大，说明变量越有效。卡方检验，在本丛书第一本书的建设检验部分也有所提及，其p值越低，越能体现变量在统计意义上的显著性。在代码中，信息价值是通过bininfo()函数获得的，该信息存储于函数的输出变量中。卡方检验p值，则使用了单变量分析方法，将单一变量用于逻辑回归模型函数fitmodel()，再从模型输出中获得对应的p值。同时，也请注意在代码中的循环中，是如何对table数据进行存储、调用和修改的。最后所需要的信息都放在了**All_Predictors**这个table变量中，可以进一步根据变量的信息价值或卡方检验p值进行排序，运行如以下代码。

```
B2_Ch10_2_C.m
% Sort by InfoValue
All_Predictors = sortrows(All_Predictors,...
    {'InfoValue'}, 'descend');
All_Predictors

% Sort by Chi2PValue
All_Predictors = sortrows(All_Predictors,...
    {'Chi2PValue'}, 'ascend');
All_Predictors
```

信息价值越大越好，卡方检验p值越小越好，注意上述排序中分别使用了"降序"和"升序"。有意思的是，在本例中，不论是按照信息价值，还是卡方检验p值，两种排序方法获得结果都是一样的，如图10.19所示。

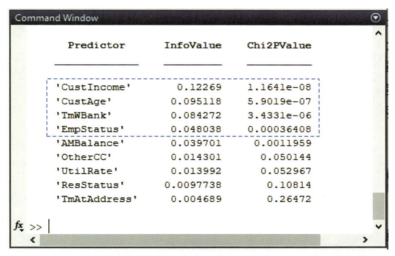

图10.19 预测变量按信息价值（降序）或卡方检验p值（升序）排序结果

假如现在处理的是几十甚至成百上千的变量，那么通过上面的处理，就可以将所有变量都进行排序。然后，指定规则来筛选变量，例如制定信息价值的阈值，只有信息价值在阈值以上的变量才被选作预测变量。同样的阈值，也可以在卡方检验p值上来应用。

假设通过各方面考虑，现在选定了原来9个变量排序后的头四个作为最后的预测变量，即图10.19中被圈出的：收入（CustIncome）、年龄（CustAge）、用户存在时限（TmWBank）、就业状态（EmpStatus）。一种处理方法是，将这4个预测变量直接送入fitmodel()函数，使用其逐步回归来构建逻辑回归模型，代码如下。

```
B2_Ch10_2_D.m
% Select predictors
Selected_Predictors = All_Predictors{1:4, {'Predictor'}};

Selected_Predictors = Selected_Predictors';

% Direct fitting with fitmodel()
cscobj.PredictorVars = [{'CustID'}, Selected_Predictors];

[cscobj, cscobj_mdl] = fitmodel(cscobj,...
'VariableSelection', 'Stepwise');
```

因为fitmodel()函数的逐步回归本身也有筛选变量的功能，在排序筛选后可以进一步挑选变量。但是，逐步回归的一个缺陷是，不能保证最后找到的变量组合是全局最优结果，可能只是局部最优的情况。全局最优，是所有可能变量组合中的最优解，而局部最优是只与某些变量组合相比更优的解。在计算条件允许的情况，可以考虑使用**穷举搜寻法**（exhaustive search），将所有可能的组合情况都进行建模，然后再做选择。

如图10.20所示为在有4个变量的情况下，可能出现的所有15种变量组合情况。关于排列组合的内容，读者可以回顾本丛书第一本书的相关内容。

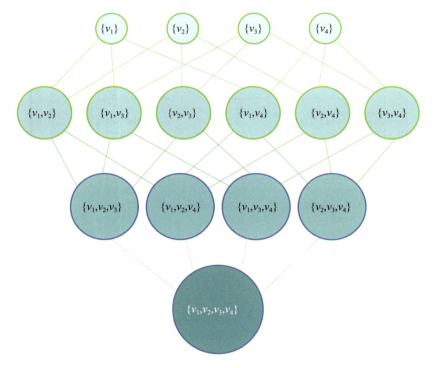

图10.20　四个变量v_1、v_2、v_3和v_4的穷举组合

在编程中，通过代码获得以上的每一种变量组合，然后构建逻辑回归模型，提取模型相关的信息，建立后备模型表，具体代码如下。

```matlab
% Fitting with exhaustive search
Model_ID = [];
Model_Formula = [];
Predictor_Num = [];
Adj_R_Squared = [];

n = 1;

for j = 1:numel(Selected_Predictors)

    combinations = nchoosek(Selected_Predictors, j);
    [rownum, varnum] = size(combinations);

    for i = 1:rownum

        disp(n)

        cscobj.PredictorVars = [{'CustID'}, combinations(i, :)];

        [cscobj, cscobj_mdl] = fitmodel(cscobj,...
            'VariableSelection', 'FullModel', 'Display', 'Off');

        % Extract and sotre model info
        Model_ID = [Model_ID; n];

        Model_Formula = ...
            [Model_Formula; {char(cscobj_mdl.Formula)}];

        Predictor_Num = ...
            [Predictor_Num; varnum];

        Adj_R_Squared = ...
            [Adj_R_Squared; cscobj_mdl.Rsquared.Adjusted];

        n = n+1;

    end
end

Candidate_Model = table(Model_ID, Model_Formula, ...
    Predictor_Num, Adj_R_Squared);
```

运行程序中，关于变量的组合是通过函数nchoosek()获得的。通过fitmodel()建模后，提取了模型的矫正R^2值，反映模型的拟合程度好坏，这里用该度量作为判断模型好坏的标准。所有有用的信息，最后都保存在Candidate_Model这个table变量中。对其进行关于矫正R^2值的降序排序，代码如下。

```
B2_Ch10_2_F.m
```

```
% Sort candidat models by adjusted R-squared
Candidate_Model = sortrows(Candidate_Model,...
{'Adj_R_Squared'}, 'descend');
```

排序后15个备选模型的结果如图10.21所示。

Command Window

>> disp(Candidate_Model)

Model_ID	Model_Formula	Predictor_Num	Adj_R_Squared
15	'logit(status) ~ 1 + CustAge + EmpStatus + CustIncome + TmWBank'	4	0.053734
13	'logit(status) ~ 1 + EmpStatus + CustIncome + TmWBank'	3	0.050875
11	'logit(status) ~ 1 + CustAge + CustIncome + TmWBank'	3	0.046621
14	'logit(status) ~ 1 + CustAge + EmpStatus + TmWBank'	3	0.04474
6	'logit(status) ~ 1 + CustIncome + TmWBank'	2	0.044466
12	'logit(status) ~ 1 + CustAge + EmpStatus + CustIncome'	3	0.037315
8	'logit(status) ~ 1 + CustAge + TmWBank'	2	0.035323
7	'logit(status) ~ 1 + EmpStatus + CustIncome'	2	0.033787
9	'logit(status) ~ 1 + CustAge + EmpStatus'	2	0.029635
5	'logit(status) ~ 1 + CustAge + CustIncome'	2	0.029523
1	'logit(status) ~ 1 + CustIncome'	1	0.026799
10	'logit(status) ~ 1 + EmpStatus + TmWBank'	2	0.02528
2	'logit(status) ~ 1 + CustAge'	1	0.019694
3	'logit(status) ~ 1 + TmWBank'	1	0.016181
4	'logit(status) ~ 1 + EmpStatus'	1	0.0097047

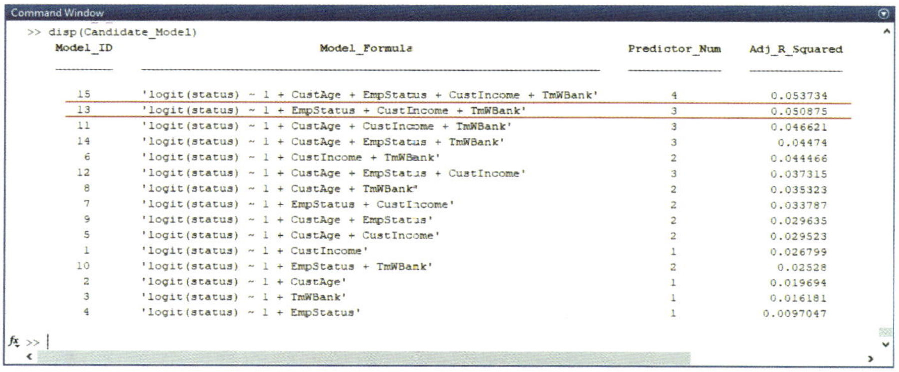

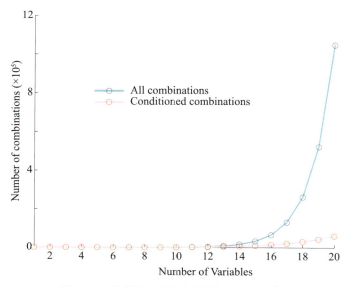

图10.21 代码运行结果（3）

从备选模型中挑选最合适的模型，可以首先考虑模型性能，例如拟合度以矫正R^2值或者其他度量来判断模型好坏。再者，可以考虑模型中选用的预测变量，挑选预测变量容易被解释和理解，具有经济学意义或业务逻辑的模型。此外，还可以观察模型中每个预测变量是否同时都通过了显著性检验，与反应变量有统计意义上的显著关联。

穷举法下，全组合数会随变量个数迅速增大。如图10.22中红线所示，当总的变量个数达到20时，对应的全部组合数高达1,048,575。而实际中往往需要处理的变量数要比20多很多。这时，可以限定预测变量的个数，比如模型中只有2～6个预测变量。那么就只需考虑从所有变量中挑选出2个、3个、……、6个变量的组合情况，相较于全部组合数会减少很多的计算量。这也满足实际中对预测变量有限个数的需求，并且避免过度拟合。

图10.22 穷举法下全组合总数与变量个数的关系

图10.22可以由以下代码绘制：

```matlab
B2_Ch10_3.m

clc; clear all; close all;

xmin = 1;
xmax = 20;
x = xmin:xmax;

xlb = 2;
xub = 6;

y = [];
yb = [];

% Calculate combination number
for i = 1:length(x)

    yp = 0;
    ypb = 0;
    for xp = 1:x(i)

        numtmp = nchoosek(x(i), xp);
        yp = numtmp + yp;
        if xp >= xlb && xp <= xub
            ypb = numtmp + ypb;
        end

    end
    y = [y, yp];
    yb = [yb, ypb];

end

% Plot
% plot(x, y, 'g', 'linewidth', 1.5)
plot(x, y, '-bo', 'markersize', 6, 'linewidth', 1)
hold on
plot(x, yb, '-ro', 'markersize', 6, 'linewidth', 1)
xlim([xmin, xmax]);

ylabel('Number of Combinations')
xlabel('Number of Variables')

legend('All combinations', 'Conditioned combinations', ...
    'Location', 'Northwest')
set(gcf, 'color', 'w')
```

还有一些其他常用的统计度量，也可以用在变量排序和筛选中，作为类似信息价值或卡方检验的测量，例如**基尼指数**（Gini index）和**准确度比例**（accuracy ratio）等。在MATLAB的2019a版本中，Financial Toolbox引入了新函数 screenpredictors()，可以对数据进行自动的排序。

有兴趣的读者，在有条件使用MATLAB 2019a版本工具的情况下，可以自行尝试一下。

10.6 企业信用评分模型

前面提到了个人信用评分模型，再来看看非个人的信用评分模型，针对大型公司，企业及其他机构等，主要涉及**公司风险暴露**（corporate exposure）和**国家风险暴露**（sovereign exposure）等。个人信用评分模型需要的历史数据往往比较丰富，而企业信用评分模型常常会面对数据缺乏的问题。

当**债务公司**（obligor firm）以及关于其违约或破产情况的相关数据可供使用时，一个常用来预测公司**破产**（bankruptcy）的模型是 Altman Z-Score，直译是**奥特曼Z分模型**。该模型由美国纽约大学教授爱华德·奥特曼于1968年提出，根据企业主要的财务指标来预测企业破产的可能性，从而达到评估企业信用风险的目的。需要提醒大家的是，这里的Z-Score与丛书第一本书中提及的Z-Score并不是同一个概念，请注意区分。

最初的Altman Z-Score模型基于**公共企业**（public corporation）的数据搭建，这些企业或者是已经上市的公司，或者是国家、政府所有企业。其具体形式可以表示为：

$$Z = 1.2X_1 + 1.4X_2 + 3.3X_3 + 0.6X_4 + 1.0X_5 \tag{10.4}$$

式中：X_1，X_2，…，X_5为5个不同的财务指标。

下面我们逐一介绍这些财务指标：

X_1：营运资产比，等于**净流动资产**（working capital）除以**总资产**（total assets），用来评估企业资产的流动性及分布情况，即

$$X_1 = \frac{\text{working capital}}{\text{total assets}} \tag{10.5}$$

比率越高，象征企业资产的流动性越强。

X_2：保留盈余比，是**保留盈余**（retained earnings）与**总资产**（total assets）的相对比值，即

$$X_2 = \frac{\text{retained earnings}}{\text{total assets}} \tag{10.6}$$

该指标反映的是企业累积获利水平和发展的阶段。例如，在企业创业初期会较低，由于前期投资较多，缺乏足够的能力和时间来积累利润，该比率相对会较低；而后期该指标会随着企业的进一步和持续盈利而升高。通常较成熟的企业能保持稳定的盈利，该指标会更高，抵抗破产风险的能力也会更强。而初创的企业，往往存在更多破产的情况。

X_3：税前息前盈余比，即**在支付税金和利息之前的盈余**（earnings before interest and taxes，EBIT）与**企业总资产**（total assets）的比值，即

$$X_3 = \frac{\text{EBIT}}{\text{total assets}} \tag{10.7}$$

该指标衡量的是企业盈利能力和水平。这一比率越高，企业自然会更加远离破产的风险。

X_4：市价与账面价值比，是**企业市场价值**（market/book value of equity）与其**总负债**（total liabilities）的比值，即

$$X_4 = \frac{\text{market value}}{\text{total liabilities}} \tag{10.8}$$

该指标体现了企业的资本结构。该比率越高越意味着企业价值越大，越不可能出现资不抵债的情况，破产的可能性就越低

X_5：总资产周转率，是**销售净收入总额**（net sales）除以**总资产**（total assets），即

$$X_5 = \frac{\text{net sales}}{\text{total assets}} \tag{10.9}$$

该指标反映了企业整体运营能力。该比值越高，说明企业资金能更有效的周转，运营能力更突出，降低了破产的可能性。

不难看出，Z-Score是几个财务比率的线性组合。以上的每一个比率都从不同角度考察了企业的生存能力。营运资产比（X_1）和市价与账面价值比（X_4）关注的是企业的偿债能力；保留盈余比（X_2）和税前息前盈余比（X_3）强调了企业的盈利能力；总资产周转率（X_5）则针对企业的运营能力。并且，它们与Z-Score都保持正相关性，各个指标前的系数都是正数，各个指标的值越大，Z-Score的值也越大。越高的Z-Score反映了公司的财务状况更健康，破产风险的更低。相较于其他的指标，税前息前盈余比（X_3）在模型中拥有最大的系数。Altman在模型设计中最看重的就是第三个因素。在他看来，企业避免破产的根本途径就是保持和不断提高自身的获利能力。

在算出Z-Score后，还需要与Z-Score的阈值进行比较。如图10.23所示，对于公共企业而言，如果Z-Score大于2.99，则在健康线以上，表示企业财务稳定，信用风险低；如果小于1.81，则在破产线以下，表示企业处于破产边缘，信用风险很大；Z-Score介于1.81和2.99之间时，处于一个**灰色地带**（grey zone），说明企业经营可能并不稳定。

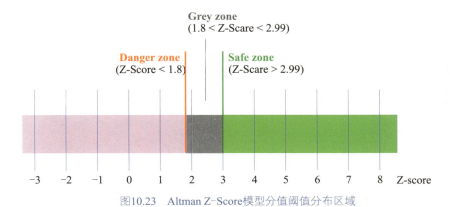

图10.23　Altman Z-Score模型分值阈值分布区域

以下的代码实现了一个用户自定义的MATLAB函数，用来计算公共企业的Altman Z-Score。

`B2_Ch10_4_A.m`

```matlab
function [Z] = ZScore_Public(WC,TA,RE,EBIT,MVE,TL,S)
%   Calculate Altman Z-Score fore public corporation
%   WC = Working Capital
%   TA = Total Assests
%   RE = Retained Earnings
%   EBIT = Earnings Before Interest and Tax
%   MVE = Market Value of Equity
%   TL = Total Liabilities

% Calculate input factors
X1 = WC/TA;
X2 = RE/TA;
X3 = EBIT/TA;
X4 = MVE/TL;
X5 = S/TA;

% Calculate z-score
Z = 1.2*X1 + 1.4*X2 + 3.3*X3 + .6*X4 + X5;

% Inference
if Z > 2.99
    disp('Business is Healthy')
else if 1.81 < Z < 2.99
    disp('Business is Intermediate')
    else
        disp('Business is Bankrupt')
    end
end
```

对于非公共企业，Altman Z-Score模型只需要稍稍修改即可，具体形式如式（10.10）：

$$Z = 0.717X_1 + 0.847X_2 + 3.107X_3 + 0.42X_4 + 0.998X_5 \qquad (10.10)$$

同时，Z-Score对应的阈值也有所变化，健康线为2.90，而破产线为1.23。

以下的代码实现了一个用户自定义的MATLAB函数，用来计算非公共企业的Altman Z-Score。

`B2_Ch10_4_B.m`

```matlab
function [Z] = ZScore_Private(WC,TA,RE,EBIT,MVE,TL,S)
%   Calculate Altman Z-Score fore private corporation
%   WC = Working Capital
%   TA = Total Assests
%   RE = Retained Earnings
%   EBIT = Earnings Before Interest and Tax
%   MVE = Market Value of Equity
%   TL = Total Liabilities
```

```matlab
% Calculate input factors
X1 = WC/TA;
X2 = RE/TA;
X3 = EBIT/TA;
X4 = MVE/TL;
X5 = S/TA;

% Calculate z-score
Z = .717*X1 + .847*X2 + 3.107*X3 + .42*X4 + .998*X5;

% Inference
if Z > 2.90
    disp('Business is Healthy')
else if 1.23 < Z < 2.90
    disp('Business is Intermediate')
    else
        disp('Business is Bankrupt')
    end
end
```

此外，对于非制造业的公司，Altman Z-Score模型的对应形式如式（10.11）：

$$Z = 6.56X_1 + 3.26X_2 + 6.72X_3 + 1.05X_4 \qquad (10.11)$$

注意，此时只用了4个指标，对应的Z-Score阈值健康线为2.60，破产线为1.10。

以下的代码实现了一个用户自定义的MATLAB函数，用来计算非制造业公司的Altman Z-Score。

`B2_Ch10_4_C.m`

```matlab
function [Z] = ZScore_NM(WC,TA,RE,EBIT,TL,MVE)
%   Calculate Altman Z-Score fore non-manufacture corporation
%   WC = Working Capital
%   TA = Total Assests
%   RE = Retained Earnings
%   EBIT = Earnings Before Interest and Tax
%   MVE = Market Value of Equity
%   TL = Total Liabilities

% Calculate input factors
X1 = WC/TA;
X2 = RE/TA;
X3 = EBIT/TA;
X4 = MVE/TL;

% Calculate z-score
```

```
Z = 6.56*X1 + 3.26*X2 + 6.72*X3 + 1.05*X4;

% Inference
if Z > 2.60
    disp('Business is Healthy')
else if 1.10 < Z < 2.60
    disp('Business is Intermediate')
    else
        disp('Business is Bankrupt')
    end
end
```

表10.2对刚刚介绍的几种Altman Z-Score模型进行了总结，方便大家比较。

表 10.2　Altman Z-Score模型总结

	公共企业 Public corporation	非公共企业 Private corporation	非制造业公司 Non-manufactures
X_1	1.2	0.717	6.56
X_2	1.4	0.847	3.26
X_3	3.3	3.107	6.72
X_4	0.6	0.42	1.05
X_5	1.0	0.998	—
Z-Score健康线	2.99	2.90	2.60
Z-Score破产线	1.81	1.23	1.10

假设某企业的财务数据如表10.3（单位，百万）。

表10.3　某企业财务数据

总资产（TL）	￥2 100 000
净流动资产（WC）	￥520 000
税前息前盈余（EBIT）	￥510 000
保留盈余（RE）	￥1 011 000
市场价值（MVE）	￥3 120 000
总负债（TL）	￥905 000
销售收入（S）	￥1 040 000

在这个例子上运用Altman Z-Score模型，大家可以尝试运行以下的代码，看看在不同情况下得到的Z-Score和模型关于破产的结论是怎样的。

`B2_Ch10_4_D.m`

```
clc; clear all; close all;

% Case 1
TA = 2.1e6;
WC = 0.52e6;
RE = 1.011e6;
EBIT = 0.51e6;
MVE = 3.12e6;
```

```
TL = 0.905e6;
S = 1.04e6;

Z1 = ZScore_Public(WC,TA,RE,EBIT,MVE,TL,S)

Z2 = ZScore_Private(WC,TA,RE,EBIT,MVE,TL,S)

Z3 = ZScore_NM(WC,TA,RE,EBIT,TL,MVE)
```

值得强调的是，Altman Z-Score模型在各个国家不同的市场条件下，阈值的取值范围是不一定的。大家也可以参考实际应用和相关研究在阈值上做进一步的调整和修改。

当历史数据有限或者根本不存在时，对于企业的信用评定还可以咨询和依靠业内专家，这种属于**基于专家意见的方法**（expert-based approach）。专家通常会根据自身的行业经验、专业知识和感性认识建立定性的评分模型。有时也有评分卡那样具体到各个项目的分值，但这些分值并不基于历史数据，带有一定的主观性。如图10.24所示是一个基于专家意见搭建的信用评分模型。可以明显看出，有几个评判标准，例如"行业地位""市场份额走势""区域多样性经营""产品服务多样化"等，本身就是定性的参数，后面的分值也并不是精确的定量估计。

商业风险	分数
行业地位	5
市场份额走势	2
区域多样性经营	3
产品服务多样化	5
客户群成分	1
管理质量和深度	4
核心管理策略	2
…	…

图10.24　基于专家的信用评分模型实例

除此之外，企业的信用评估还可以利用外部专门机构提供的**信用评级**（credit rating）。这类机构的存在已经有相当长的历史了，早在1849年，位于美国俄亥俄州辛辛那提市的**邓白氏公司**（Dunn & Bradstreet）就开始提供独立的信息审查，那时关于企业的，尤其是私有企业的，信用信息还极其有限。随时间推移，企业发现相较于没有专业机构的评级，获得一个较好的评级可以有效地降低借贷成本，这也同时促进了外部专业评级的广泛使用。

表10.4总结了目前几个知名信用评级机构以及各自的信用等级，它们包括**穆迪**（Moody's）、**标准普尔**（Standard & Poor's）、**惠誉国际**（Fitch Group）和**大公国际**（Dagong Global）。其中，穆迪和标准普尔是排在前两位的评级机构，总部都位于美国。惠誉国际在美国纽约和英国伦敦都设有总部。大公国际则是中国的信用评级机构之一，是目前世界上唯一在中国大陆、中国香港和欧盟均拥有评级业务资质的评级机构。不同的评级机构有不同的标准和技术，通常是**定性和定量的方法**（qualitative and quantitative modeling）相结合，总体上反映的是一个评级机构对于一个企业潜力和履约意愿的评估。往往特定的评级都有相对应的在未来一段时间（一年，两年，三年甚至五年）内的违约概率。这些评级机构能够提供各类企业（上市公司、公共和私有企业等）、国家和政府、地方政府、大小银行（商业银行和投资银行等）的信用评级，但并不涉及一般个人业务的评级。

表10.4　主要评级机构穆迪Moody's、标准普尔Standard & Poor's (S&P)、惠誉国际Fitch Group和大公国际Dagong Global

穆迪 Moody's	标准普尔 S&P	惠誉国际 Fitch Group	大公国际 Dagong Global			信用风险水平
Aaa	AAA	AAA	AAA			极低
Aa1	AA+	AA+	AA+			很低
Aa2	AA	AA	AA			
Aa3	AA−	AA−	AA−			
A1	A+	A+	A+			低
A2	A	A	A	投资级别（investment grade）		
A3	A−	A−	A−			
Baa1	BBB+	BBB+	BBB+			中等
Baa2	BBB	BBB	BBB			
Baa3	BBB−	BBB−	BBB−			
Ba1	BB+	BB+	BB+			较高
Ba2	BB	BB	BB			
Ba3	BB−	BB−	BB−			
B1	B+	B+	B+	非投资级别（non-investment grade）	投机级别（speculative grade）	高
B2	B	B	B			
B3	B−	B−	B−			
Caa1	CCC+	CCC+	CCC+			很高
Caa2	CCC	CCC	CCC			
Caa3	CCC−	CCC−	CCC−			
Ca	CC	CC	CC			处于或临近违约 有回收可能
	C	C	C			
C	SD	DDD	DDD			处于违约 回收可能性很小
	D	DD	DD			
		D	D			

从表10.4中可以看出，不同机构的评级是可以相互转化的，也都根据市场情况可以大致分为**投资级别**（investment grade）和**非投资级别**（non-investment grade）。其中非投资级别包括**投机级别**（speculative grade）和临近违约或者已经违约的情况。以穆迪为例，从Aaa到Baa3是投资级的级别；Ba1及其以下都是非投资级别；从Ba1到Caa3是投机级别。

对于评级机构而言，信用分析的一个核心内容是要建立研究对象的违约概率。约定俗成的有以下**三种信用事件**（credit event）会被看作违约：

错过或者延误计息或者本金的偿付；

由于破产、行政原因、合法接管、法律禁令等导致利息或者本金的无法支付；

在交易所处于困境时，发行方试图通过向债权人提供抵押品等其他形式减少自身履约义务，且交易所有明显协助之嫌时。

评级机构有自己的信息来源和渠道，掌握着相关企业或地区的最新情况。如图10.25所示为根据标准普尔的历史数据，展示了从1981—2015年的全球企业中违约企业所占的比例，分别来自投机级别和所有企业。如图10.26所示为同样来自标准普尔同时间段全球企业实际违约的次数。如图10.27所示则是标准普尔根据历史数据得到的各个评级的平均违约概率。表10.5总结了外部评级的一些优点与缺点，对实际应用有一定的指定意义。

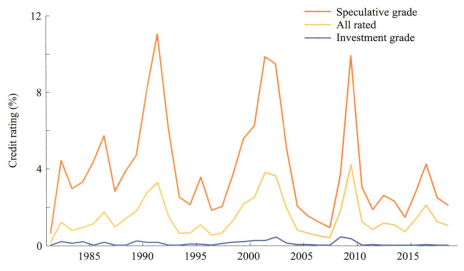

图10.25　1981—2015年的全球企业中违约企业所占的比例（来源：标准普尔）

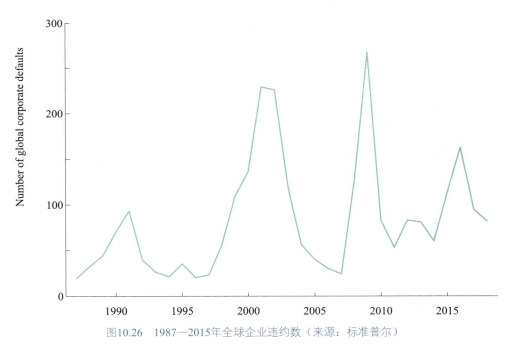

图10.26　1987—2015年全球企业违约数（来源：标准普尔）

表10.5　外部评级的优点与缺点

优点	缺点
评级由专业的委员会认定和产生，具有主观判断上的连续性	评级机构往往迟于信用事件之后做出反应
通常较为可靠	出于谨慎考虑往往倾向于不改变评级
涵盖的范围广阔丰富	费用昂贵
对于长期估算准确度较高	评级变化落后于利差变化
	使用评级的长期违约率时会忽略实际的周期效应

Credit rating (%)	Time horizon (year(s))									
	1	2	3	4	5	6	7	8	9	10
AAA	0.00	0.03	0.13	0.24	0.35	0.46	0.51	0.60	0.65	0.71
AA+	0.00	0.05	0.05	0.10	0.16	0.21	0.27	0.33	0.39	0.45
AA	0.02	0.03	0.08	0.22	0.36	0.48	0.61	0.72	0.81	0.91
AA-	0.03	0.09	0.18	0.25	0.33	0.45	0.52	0.57	0.63	0.69
A+	0.05	0.09	0.20	0.34	0.45	0.55	0.66	0.79	0.93	1.08
A	0.06	0.15	0.24	0.36	0.49	0.68	0.86	1.03	1.23	1.47
A-	0.07	0.17	0.28	0.40	0.57	0.74	0.98	1.16	1.30	1.42
BBB+	0.11	0.31	0.53	0.77	1.03	1.32	1.54	1.78	2.04	2.30
BBB	0.17	0.43	0.68	1.05	1.42	1.80	2.15	2.49	2.85	3.23
BBB-	0.25	0.77	1.39	2.11	2.84	3.50	4.09	4.65	5.11	5.53
BB+	0.34	1.11	2.02	2.94	3.86	4.74	5.50	6.05	6.70	7.33
BB	0.56	1.71	3.38	4.94	6.52	7.77	8.89	9.85	10.75	11.53
BB-	1.00	3.13	5.37	7.66	9.66	11.62	13.24	14.80	16.04	17.12
B+	2.08	5.71	9.23	12.21	14.53	16.33	17.98	19.43	20.77	21.97
B	3.60	8.29	12.29	15.46	17.89	20.15	21.66	22.76	23.77	24.81
B-	7.15	14.28	19.62	23.37	26.18	28.31	29.99	31.13	31.84	32.40
CCC/C	26.82	36.03	41.03	43.97	46.22	47.13	48.33	49.23	50.08	50.71
Investment grade	0.10	0.26	0.45	0.68	0.92	1.17	1.40	1.61	1.82	2.03
Speculative grade	3.75	7.31	10.39	12.90	14.95	16.64	18.05	19.23	20.27	21.21
All rated	1.50	2.95	4.22	5.29	6.18	6.94	7.57	8.12	8.60	9.05

图10.27 评级对应的违约概率（来源：标准普尔）

第11章 信用风险 II
Credit Risk

> 银行家就是天晴借伞、下雨收伞的家伙。
> *A banker is a fellow who lends you his umbrella when the sun is shining, but wants it back the minute it begins to rain.*
>
> ——马克·吐温（Mark Twain）

Core Functions and Syntaxes
本章核心命令代码

- `categorical(A)` 根据数组 A 创建分类数组。B，其类别是 A 中经过排序的唯一值
- `cumsum()` 用于累计求和
- `datetime()` 对时间变量的输入格式进行定义
- `fit()` 用来拟合指数曲线，提供曲线参数
- `fsolve()` 函数求解指定方程解
- `groupsummary()` 对输入数据根据指定变量进行分群总结
- `mertonByTimeSeries()` 函数应用 Merton 模型计算违约概率，使用向量输入
- `mertonmodel()` 函数应用 Merton 模型计算违约概率，使用单一值输入
- `normcdf()` 给出标准正态分布累积概率
- `permute()` 对输入数据进行结构上行列间的变形
- `plot3()` 绘制空间曲线
- `probdefault()` 函数对 creditscorecard 对象直接操作计算违约概率
- `sortrows()` 对输入数据根据指定变量进行排序
- `transporbgrouptotals()` 函数对输入的信用转移矩阵进行简化，可将不同的信用级别合并
- `transprob()` 函数根据历史数据计算信用转移矩阵
- `unique()` 可找出输入向量中的所有唯一项
- `year()` 可获得时间变量中"年"的值

11.1 离散和连续违约概率

第10章介绍了信用评分模型,得到的信用分数实际是对违约概率的一种间接表达形式。反过来讲,违约概率自身也是一种信用分数,其范围为0~1。违约概率为0时,违约事件不可能发生;违约概率为1时,违约事件一定发生。实际的贷款业务中,涉及的违约概率常见值在0~30%。违约概率也是众多风险因子中审核格外严格的一个,监管部门通常针对违约概率有具体的要求,甚至会指定非零的违约概率值(例如,3 bps)给实际几乎没有违约的投资组合。对于金融机构自己的违约概率估算,也是有一系列的严格测试。

之前提到过几类违约事件的常见类型,具体的表现有以下几种:

- 超期或者**拖欠支付**(payment delinquency),常用的期限有30天、60天和90天;
- 债务人破产;
- 丧失抵押品赎回权;
- 抵押物被银行所有;
- 低于贷款额度将抵押物赔本出售(常见于房屋贷款);
- **债务减记**(write-down);
- 非自愿清算;
- 会造成额外花销或本金减免的债务修改。

当然,不同的机构在不同的情况下也会有不同的违约定义。银行往往会持续地跟踪贷款状况,包括债务人、贷款本身、抵押物以及宏观经济的相关信息。跟踪的频率可以每天、每月、每个季度或者是每年,需要考虑到信息的可用性,以及投资者、存款者、持股人和监管方的要求。对于每一个追踪对象,例如某位借款人,通常都有对应的违约指标:

$$D_{i,t} = \begin{cases} 1 & i\text{-th borrow defaults at time } t \\ 0 & \text{otherwise} \end{cases} \tag{11.1}$$

式中:$i = 1,2,\cdots,I$,代表第i个借款人;$t = 1,2,\cdots,T$,代表第t个跟踪时间点。

当该指标为1时,违约一定发生;该指标为0时,无违约发生。如图11.1所示,在t_0时刻起,某个追踪对象,在未来几个时刻t_1、t_2、t_3可能发生的违约情况,如同分叉的树枝一般。违约时终止事件,一旦在某个时刻违约,在分析中就假定在接下来的任意时刻也都保持违约状态(实际业务中可能并非如此)。但是,如果在当下没有违约,则在接下来的时刻却存在违约和不违约两种情况。在这一时刻的违约,取决于上一个时刻的不违约,即在上一个时刻幸存下来。这就是**离散时间违约过程**(discreet time default process)。

下面通过一个例子来演示一下在不同时间点上违约概率的计算。假设在图11.1中的时间轴上,每个单位时间内,例如从t_0到t_1,t_1到t_2,t_2到t_3,违约概率分别为p_1、p_2和p_3。简单起见,令这几个违约概率都是2%。那么,从t_0到t_1,违约($D_1 = 1$)和不违约($D_1 = 0$)的概率分别为:

$$\begin{cases} P(D_1 = 1) = p_1 = 2\% \\ P(D_1 = 0) = 1 - p_1 = 98\% \end{cases} \tag{11.2}$$

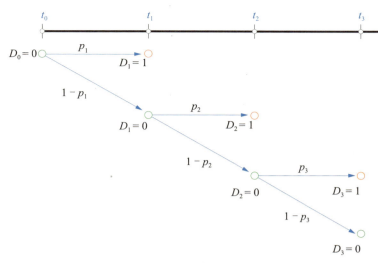

图11.1 违约状态树

再从t_1到t_2，前提条件是从t_0到t_1内没有违约，这时对应的违约（$D_2 = 1$）和不违约（$D_2 = 0$）概率分别为：

$$\begin{cases} P(D_2=1 \cap D_1=0) = p_2(1-p_1) = 1.96\% \\ P(D_2=0 \cap D_1=0) = (1-p_2)(1-p_1) = 96.04\% \end{cases} \tag{11.3}$$

同样地，从t_2到t_3前提条件是从t_0到t_2内没有违约，这时对应的违约（$D_3 = 1$）和不违约（$D_3 = 0$）概率分别为：

$$\begin{cases} P(D_3=1 \cap D_2=0) = p_3(1-p_2)(1-p_1) = 1.9208\% \\ P(D_3=0 \cap D_2=0) = (1-p_3)(1-p_2)(1-p_1) = 94.1192\% \end{cases} \tag{11.4}$$

这里不违约时的概率也称为**存活率**（survival rate）。

以此类推下去，当观察的时间从t_{i-1}到t_i时（t_i可以超过图11.1中的t_3），能够得到式（11.5），来表达从t_{i-1}到t_i的违约和不违约概率（$i > 1$）：

$$\begin{cases} P(D_i=1 \cap D_{i-1}=0) = p_i \prod_{j=2}^{i}(1-p_{j-1}) \\ P(D_i=0 \cap D_{i-1}=0) = \prod_{j=1}^{i}(1-p_j) \end{cases} \tag{11.5}$$

同样的前提条件是从t_0到t_{i-1}，没有违约。并且，还有如下的规律可循：

直至t_i的存活率，等于1减去之前每个单位时间段内违约概率之和，即：

$$P(D_i=0 \cap D_{i-1}=0) = 1 - \sum_{j=1}^{i} p_j \tag{11.6}$$

直至t_i的存活率，等于前一时间段的存活率减去现时间段的违约概率，即：

$$P(D_i=0 \cap D_{i-1}=0) = P(D_{i-1}=0 \cap D_{i-2}=0) - p_i \tag{11.7}$$

在本例中，当所有单位时间内的违约概率都一样为p时，上面的式子还可以进一步的简化如下：

$$\begin{cases} P(D_i = 1 \cap D_{i-1} = 0) = p(1-p)^{i-1} \\ P(D_i = 0 \cap D_{i-1} = 0) = (1-p)^i \end{cases} \quad (11.8)$$

注意，这里的违约概率是每一个时间段内的违约概率，并且有前提条件，即直至当前都没有违约发生。在以上的概率表达式中普遍使用了符号"∩"，表示"且"的意思，也是为了强调在此时刻、上一时刻或者之前的几个时刻，违约或非违约状态的同时性。这个特别针对一定时间段的违约概率是**条件概率**（conditional PD），有时也被称为**边际概率**（marginal PD）。

从t_0一直到t_i，经过了多个时间节点，这整个过程中都可能出现违约，那么从t_0直至t_i的违约概率，就是每个单位时间段上的违约概率p_j之和；这个概率又被称为**累积概率**（cumulative PD）或者是**无条件概率**（unconditional PD）：

$$P(D_i = 1) = \sum_{j=1}^{i} p_j \quad (11.9)$$

累积概率表示从起始时刻t_0开始到时刻t_i内发生违约的概率。并且恰好的是，它与直至t_i的存活率之和为1，所以也有：

$$P(D_i = 1) = 1 - P(D_i = 0 \cap D_{i-1} = 0) \quad (11.10)$$

如图11.2所示为在50个单位时间段上条件违约概率，无条件违约概率和存活率的离散图形。条件概率随时间有减小的趋势，这保证了无条件概率在长期增长的趋势上最终收敛于1，即100%的概率值。无条件概率与存活率之和为1，在无条件概率不断增大的同时，存活率逐渐减小，最终会收敛于0。

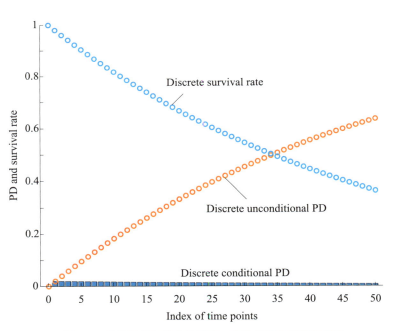

图11.2　离散情况下的条件概率，无条件概率以及存活率

以下的代码可以绘制图11.2。

`B2_Ch11_1_A.m`

```matlab
clc; clear all; close all;

% Initialize
p = 0.02;
tn = 51;
index = 1:tn;
index = (index-1)';

% Calculate survival rate and conditional PD
survival = ones(tn, 1);
PD_con = 1-survival;

% after starting pint, index > 0
PD_con(2:tn) = p*(1-p).^(index(2:tn)-1);
survival(2:tn) = (1-p).^index(2:tn);

% Calculate unconditional PD
PD_uncon = cumsum(PD_con);

% Plot
figure
bar(index, PD_con);
hold on;
scatter(index, PD_uncon, 12, 'r');
hold on;
scatter(index, survival, 12, 'b');
legend('Discrete Conditional PD',...
    'Discrete Unconditional PD',...
    'Discrete Survival Rate');
```

在离散情况下，t_i时刻上的存活率取决于两点。第一，是从t_0到t_{i-1}存活下来的概率：

$$P(D_{i-1}=0 \bigcap D_{i-2}=0) \tag{11.11}$$

即要在时刻t_i上存活，必须保证之前的所有时刻都处于存活状态。

第二，是从t_{i-1}到t_i存活下来的概率：

$$P(D_i=0|D_{i-1}=0)=1-p_i \tag{11.12}$$

注意式（11.12）强调的是条件概率，即在$D_{i-1}=0$发生时，接下来$D_i=0$发生的概率。在时刻t_i上存活概率即为以上两者的乘积：

$$P(D_i=0 \bigcap D_{i-1}=0)=P(D_{i-1}=0 \bigcap D_{i-2}=0) \cdot (1-p_i) \tag{11.13}$$

简单变形后，又可以得到式（11.14）：

$$P(D_i=0 \cap D_{i-1}=0) - P(D_{i-1}=0 \cap D_{i-2}=0) = -P(D_{i-1}=0 \cap D_{i-2}=0) \cdot p_i \tag{11.14}$$

这里引入一个变量λ，使其满足：

$$p_i = \lambda \Delta t \tag{11.15}$$

其中Δt为：

$$\Delta t = t_i - t_{i-1} \tag{11.16}$$

可以看出，变量λ相当于违约概率p_i在单位时间上的平均值。将其带入原来的式（11.14），又可以继续变形为：

$$P(D_i=0 \cap D_{i-1}=0) - P(D_{i-1}=0 \cap D_{i-2}=0) = -P(D_{i-1}=0 \cap D_{i-2}=0) \cdot \lambda \Delta t \tag{11.17}$$

当Δt趋向于0时，离散的时间分段将趋向于连续的时间变化，这里有：

$$\lim_{\Delta t \to 0} \Delta t = \mathrm{d}t \tag{11.18}$$

注意，$\mathrm{d}t$是时间t的微分。并且，在刚刚得到的式（11.18）中，左边在Δt趋向于0时有：

$$\lim_{\Delta t \to 0} P(D_i=0 \cap D_{i-1}=0) - P(D_{i-1}=0 \cap D_{i-2}=0) = \mathrm{d}P(D_t=0) \tag{11.19}$$

这里D_i由离散形式转化成为了连续形式D_t，后者是关于时间t的连续函数，称为存活函数，令其为：

$$s(t) = P(D_t = 0) \tag{11.20}$$

那么在之前的等式基础上就可以导出式（11.21）所示微分方程：

$$\mathrm{d}s(t) = -\lambda s(t) \mathrm{d}t \tag{11.21}$$

在$t=0$时刻没有违约，处于存活状态的初始条件即为：

$$s(0) = 1 \tag{11.22}$$

通过初始条件，可求得上面微分方程的解为：

$$s(t) = \mathrm{e}^{-\lambda t} \tag{11.23}$$

这里的参数λ，就是常见的**风险比**（hazard rate）。

获得了存活函数$s(t)$后，接着令无条件违约函数为$p(t)$，即从0到t时刻，违约的概率为$p(t)$。根据：

$$p(t) = 1 - s(t) \tag{11.24}$$

可以进一步得到：

$$p(t) = 1 - e^{-\lambda t} \tag{11.25}$$

或者说，风险比 λ 与无条件违约函数 $p(t)$ 的关系就是：

$$\lambda = -\frac{\ln(1-p(t))}{t} \tag{11.26}$$

同时，从任意时刻 $t - \Delta t$ 到 t，对应的条件违约概率可用式（11.27）计算获得：

$$P(D_t = 1 | D_{t-\Delta t} = 0) = p(t) - p(t - \Delta t) \tag{11.27}$$

违约函数体现了违约概率与时间是息息相关的，不同时间段对应不尽相同的违约概率值。这一点很像利率与时间的关系，即不同期限上有不同的利率值。所以，在离散和连续的情况下，均存在**违约概率期限结构**（PD term structure），并且与利率期限结构类似，随着时间的推移，这个违约概率期限结构也是变化的。同时，与利率还有一点相似之处，即违约概率也有年化的情况，离散情况时：

$$P_{\text{annual}}(D_i = 1) = 1 - \sqrt[i\Delta t]{P(D_i = 1)} \tag{11.28}$$

连续情况时：

$$p_{\text{annual}}(t) = -\frac{\ln(1-p(t))}{t} \tag{11.29}$$

注意，这里使用的都是无条件（累积）违约概率。

在前面离散违约概率的例子中，通过MATLAB计算，获得了如图11.3所示的一系列离散的无条件概率值。是否可以通过这些离散值来获得对应的连续函数呢？解决这个问题，可以调用MATLAB的fit()，同时结合函数指令`exp1`来拟合指数函数。在这种情况下，对应的数学模型（数学式）是：

$$f(t) = a \cdot e^{bt} \tag{11.30}$$

其中，t 和 $f(t)$ 的数值由用户提供，MATLAB函数fit()自动求解未知系数 a 和 b 的值。

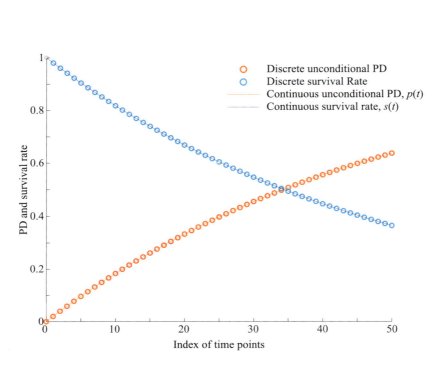

图11.3 连续情况下无条件概率以及存活率

紧接前面的MATLAB代码，以下代码可以获得图11.3。

```matlab
B2_Ch11_1_B.m

% Fit to single-term exponential model
f1 = fit(index, survival,'exp1');

f2 = fit(index, survival,'exp1', 'StartPoint',[0,1]);

% Plot
figure
scatter(index, PD_uncon, 12, 'r');
hold on;
scatter(index, survival, 12, 'b');
hold on;
plot(index, 1-f2.a*exp(f2.b*index), '-r');
hold on;
plot(index, f2.a*exp(f2.b*index), '-b');

legend('Discrete Uncontidional PD',...
    'Discrete Survival Rate',...
    'Continuous Uncontidional PD, p(t)',...
    'Continuous Survival Rate, s(t)');
```

注意代码中使用了两次fit()函数，分别是未指定和指定指令'StartPoint'情况。可以通过指定'StartPoint'的点坐标，保证'exp1'对应数学式中的系数 a 为1。可以看到，连续函数的曲线均穿过了对应函数的离散值。读者运行代码时，可以查看一下'exp1'对应数学式中的系数 b 是多少，其绝对值是否很接近例子中预设的违约概率 $p=0.02$ 呢？另外，fit()函数还可以使用'exp2'，可以用来拟合其他情况的指数曲线。

感兴趣的同学可以查看以下网页来了解：

https://www.mathworks.com/help/curvefit/exponential.html

回顾第10章中建造的评分卡模型，当中创建了creditscorecard对象。模型建成后，也可以在MATLAB中计算出不同分数对应的违约概率。具体需要在creditscorecard对象上使用probdefault()函数。大家可以在评分卡模型代码的基础上继续运行以下代码。即可获得图11.4，该图显示了随着评分增高，违约概率逐渐减小，符合一般正常规律。这里probdefault()函数必须使用creditscorecard对象作为函数输入。

```matlab
B2_Ch11_2.m

%% Calculate the PD of "Creditscorecard Object"
[Scores,Points] = score(cscobj);

pd = probdefault(cscobj);

figure
scatter(Scores, pd, 12);
xlabel('Score')
ylabel('Probability of Default')

xLimits = [300, 900];
yLimits = [0, 1];
```

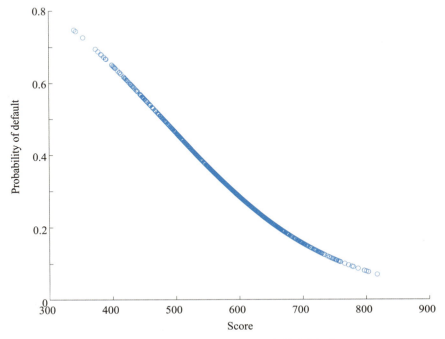

图11.4　评分卡模型中评分对应的违约概率

11.2 信用转移

第10章提到过，在信用风险中有一类是**迁移风险**（migration risk），是由于单个或一群客户的信用质量变化而造成的。通常情况是客户的信用质量发生恶化，从而带来更高的违约概率。这在信用评级系统中的具体表现就是信用评级的降低。以标普评级为例（见图10.27），目前一个评级为AA的客户，未来一年的违约概率在0.02%，而当其评级降低到A或者更低时，未来一年的违约概率就陡升至0.06%以上。信用评级随时间变化的现象就是所谓的**信用转移**（credit migration），它既可以是信用级别由高转低，也可以是信用级别由低转高。

为了简化问题，假设只用三个信用评级A、B和D。可以想象A级别代表投资级别，B级别代表非投资级别，D级别则代表违约。如图11.5所示，若第一年信用级别是A，第二年信用级别可能仍然是A，也有可能会降低到B，甚至是处于违约D。同样的，若第一年信用级别是B，第二年级别可能并没有改变，或者上升到级别A，或者降到违约D。但是，如果第一年已经处于违约D了，则第二年依旧处于违约D。

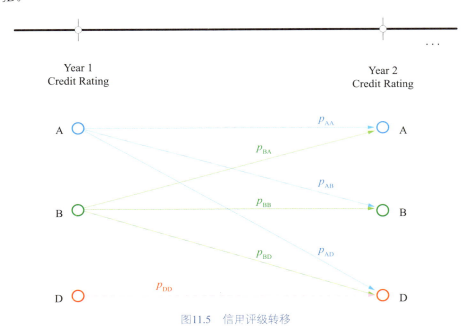

图11.5 信用评级转移

如图11.6所示，对于以上所述的变化，可以用矩阵形式来表达：每一行对应在**时段开始**（start of period）所处的评级，每一列对应观察**时段结束**（end of period）到达的评级，对应行和列的每一个单元则是相应情况发生的概率值。注意，这里每一行的概率之和均为1，在本例中，即有：

$$\begin{cases} p_{AA} + p_{AB} + p_{AD} = 1 \\ p_{BA} + p_{BB} + p_{BD} = 1 \end{cases} \quad (11.31)$$

矩阵中，对应违约D的这一行也满足这一条件：持续处于违约状态的概率是100%，而从违约转移到其他非违约级别的概率为0。这样也是为了方便分析，实际中也有从违约返回非违约级别的，但并不是多数情况。转移矩阵每行元素和为1的规律，在信用级别更多（多余三个）的时候也是成立的。

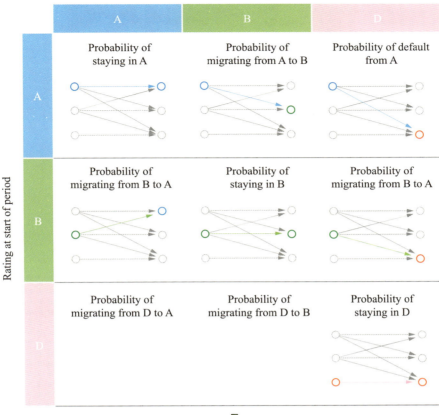

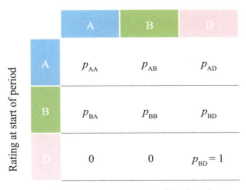

图11.6　信用评级转移矩阵示意图

如图11.7所示为一个来自标普信用转移矩阵实例。通常并不会给出"Default"这一行，一是为了信息的简洁，二是为了避免与实际情况的潜在冲突。同时，通过热图可以观察到一个有趣的现象，矩阵对角元素值明显较大，同一行上对角元素一边（左或右）的值都逐渐减小。这说明，处于原来信用级别的可能性比**升级**（upgrade）或**降级的**（downgrade）可能性要大得多。再有就是，违约的概率随着级别的降低上升也是十分明显的。

	AAA	AA	A	BBB	BB	B	CCC	D
AAA	90.81	8.33	0.68	0.06	0.12	0	0	0
AA	0.7	90.65	7.79	0.64	0.06	0.14	0.02	0
A	0.09	2.27	91.05	5.52	0.74	0.26	0.01	0.06
BBB	0.02	0.33	5.95	86.93	5.3	1.17	0.12	0.18
BB	0.03	0.14	0.67	7.73	80.53	8.84	1	1.06
B	0	0.11	0.24	0.43	6.48	83.46	4.07	5.2
CCC	0.22	0	0.22	1.3	2.38	11.24	64.86	19.79
D	0	0	0	0	0	0	0	100

图11.7　信用评级转移矩阵实例（来源标准普尔）

在MATLAB中，可以根据历史数据来估算信用转移矩阵，方法有**定群估计**（cohort estimation）和**时距估计**（duration estimation）两种。它们都是根据特定一段时间T（例如，一年）上信用级别的变化对转移概率进行估算的。

定群估计首先将整个考察时段T在时间点t_0，t_1，…，t_{Nt}处分割成为N_t个子段，如图11.8所示。每个时间段的长度均为T/N_t，比如两个连续的时间点t_{k-1}和t_k之间长度为$\Delta t = T/N_t$。并且令时刻t_{k+1}与时刻t_k之间是第k个**转移时段**（transition period）。假设一共有M个观察对象（例如，借款人或公司），在一开始的t_0时刻，**第m个债务人**（m-th obligor）的信用评级为i级别。那么该对象在未来的T时段内要么保持i级别，要么是升级或降级到另一个评级j级别（包括违约）。图11.8假设了评级在每个时间点上的变化情况。实际中，同样的信息可以从历史数据中获得。

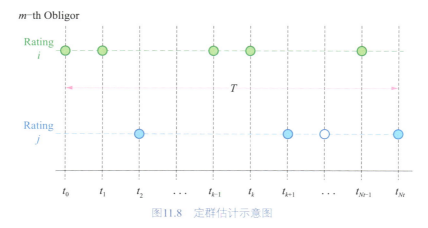

图11.8　定群估计示意图

接下来，定群估计需要考察几个频数。首先是N_i^m，代表转移时段的总个数；在这些转移时段开始，第m个对象的评级都是i级别。图11.8中实心绿圈，就都是这样的情况。对于全部的M个对象，分别计算N_i^m，再求和得到整个样本的频数N_i：

$$N_i = \sum_{m=1}^{M} N_i^m \tag{11.32}$$

然后是 N_{ij}^m，代表转移时段的总个数；在这些转移时段开始时，第 m 个对象的评级是 i 级别，在时段结束时评级变为 j 级别。图11.8中的实心蓝圈就是这样的例子。同样地，对于全部的 M 个对象，分别计算 $N_{i,j}^m$，求和得到整个样本的频数 $N_{i,j}$：

$$N_{i,j} = \sum_{m=1}^{M} N_{i,j}^m \tag{11.33}$$

那么，对应的转移矩阵 $\boldsymbol{P}$ 中的各个元素 $p_{i,j}$ 就为：

$$p_{i,j} = \frac{N_{i,j}}{N_i} \tag{11.34}$$

注意，这个概率是在每个转移时段上的概率。如果时间 T 是一年，被分成4个转移时段（$N_t = 4$），那么 $\boldsymbol{P}$ 就是每个季度上的信用转移矩阵。

时距估计不使用频数，而是使用时间长度（距离）。首先在时间 T 内，计算第 m 个对象处于 i 级别的时间长度 T_i^m。对于全部的 M 个对象，求和得到整个样本的时间长度 T_i：

$$T_i = \sum_{m=1}^{M} T_i^m \tag{11.35}$$

然后对第 m 个对象计算 T_{ij}^m，即该对象在时间 T 内从 i 级别转移到另一个 j 级别（$i \neq j$）的转移时段之和。再对全部的 M 个对象，求和得到整个样本的时间长度 $T_{i,j}$：

$$T_{i,j} = \sum_{m=1}^{M} T_{i,j}^m, \ i \neq j \tag{11.36}$$

根据 T_i 和 T_{ij}，首先求得矩阵 $\boldsymbol{\Lambda}$。其中，$\boldsymbol{\Lambda}$ 的非对角元素由式（11.36）计算：

$$\lambda_{i,j} = \frac{T_{i,j}}{T_i}, \ i \neq j \tag{11.37}$$

$\boldsymbol{\Lambda}$ 的对角元素由式（11.37）计算：

$$\lambda_{i,i} = -\sum_{j \neq i} \lambda_{i,j} \tag{11.38}$$

对应的转移矩阵 $\boldsymbol{P}$，则通过式（11.38）求得：

$$\boldsymbol{P} = e^{\boldsymbol{\Lambda}} \tag{11.39}$$

注意，这个概率也同样是在每个转移时段上转移概率。如果 $N_t = 4$，那么 $\boldsymbol{P}$ 就是每个季度上信用转移矩阵。

对于这两种方法而言，更长时间段的转移矩阵可以由式（11.39）计算：

$$P = P^{\bar{T}/\Delta t} \tag{11.40}$$

例如 $\bar{T} = T$ 时，就有：

$$P_T = P^{T/\Delta t} = P^{Nt} \tag{11.41}$$

这也是信用转移矩阵常用到**链式法则**（chain rule），涉及矩阵相乘。方便演示，还是以之前简单的A、B、D评级系统为例，如图11.9所示，2年的转移矩阵可以由一年的转移矩阵相乘获得。一年的转移矩阵中级别B对应的行乘以一年的转移矩阵中违约D对应的列，就可以得到两年后级别B的违约概率；以此类推，可以获得两年的转移矩阵中的其他元素。

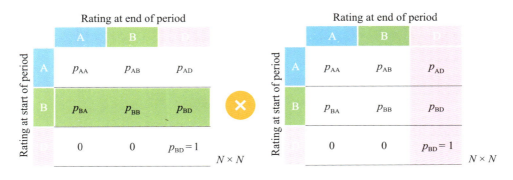

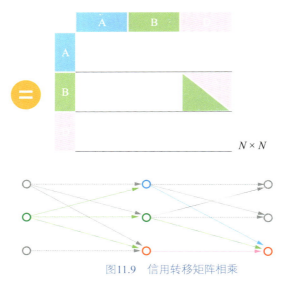

图11.9 信用转移矩阵相乘

在MATLAB中，可以使用Financial Toolbox中的transprob()函数根据历史数据来估算转移矩阵。这里利用MATLAB自带的Data_TransProb数据，来具体看看该函数的使用。

首先使用以下代码调取数据，并进行简单的查看。

```
B2_Ch11_3_A.m

clc; clear all; close all;

load Data_TransProb

[obs_num, var_num]=size(data);
var_name = data.Properties.VariableNames;

ID_level = unique(data.ID);
Rating_level = unique(data.Rating)

data.Date = datetime(data.Date, 'InputFormat', 'dd-MMM-yyyy');

date_min = min(data.Date)
date_max = max(data.Date)
```

可以发现，数据中有几千条记录，共有三个参数ID、Rating和Date，而且都是字符型数据（char），不同的ID有1000个以上，Rating中共有8个级别，分别是AAA、AA、A、BBB、BB、B、CCC和D。为了方便分析及作图，这里将字符型的Date数据转化成了时间型（datetime）数据，最早的日期是'18-Aug-1982'，最晚的日期是'23-Feb-2005'，跨度超过20年。

计算每一年中落在各个不同评级上的ID总量，如图11.10所示，可以发现整体上波动的趋势是很明显的。象征各个评级的曲线本身就是上下曲折的，各条曲线之间则是此起彼伏，这都体现了潜在的信用评级转移情况。

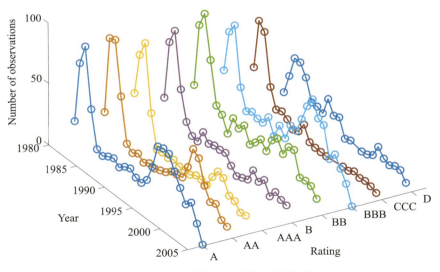

图11.10 数据反映的信用级别变化

以下代码可以绘制图11.10。

```
B2_Ch11_3_B.m

% Plot
```

```matlab
summary = groupsummary(data, {'Rating', 'Date'});
summary = sortrows(summary, {'Rating', 'Date'});

summary.Year = year(summary.Date);
summary = groupsummary(summary, {'Rating', 'Year'});
summary.Rating = categorical(summary.Rating);

var_rating = unique(summary.Rating);

for i = 1:length(var_rating)
    
    data_tmp = summary(summary.Rating == var_rating(i), :);
    
    plot3(data_tmp.Year, data_tmp.Rating, data_tmp.GroupCount, '-o', 'Linewidth', 2);
    hold on

end
hold off;
grid off;
ylabel('Rating');
xlabel('Year');
zlabel('Number of Observations');
view(60, 45);
```

接下来直接在代码中调用transprob( )函数，计算转移矩阵。

B2_Ch11_3_C.m

```matlab
% Estimate transition probabilities using default settings
% i.e., 'algorithm', 'duration'
transMat1 = transprob(data);
```

获得的结果如下：

```
transMat1 =

93.1170    5.8428    0.8232    0.1763    0.0376    0.0012    0.0001    0.0017
 1.6166   93.1518    4.3632    0.6602    0.1626    0.0055    0.0004    0.0396
 0.1237    2.9003   92.2197    4.0756    0.5365    0.0661    0.0028    0.0753
 0.0236    0.2312    5.0059   90.1846    3.7979    0.4733    0.0642    0.2193
 0.0216    0.1134    0.6357    5.7960   88.9866    3.4497    0.2919    0.7050
 0.0010    0.0062    0.1081    0.8697    7.3366   86.7215    2.5169    2.4399
 0.0002    0.0011    0.0120    0.2582    1.4294    4.2898   81.2927   12.7167
      0         0         0         0         0         0         0  100.0000
```

这个转移矩阵对应的是一年的评级变化的概率，单位为%，使用了Data_TransProb数据里的整个时间窗口（从'18-Aug-1982'到'23-Feb-2005'）。在不指明的情况下，transprob()函数使用时**距估计**（duration estimation）来计算转移概率。而实际上，transprob()函数允许用户通过对字符指令的定义进行更加细致的计算，例如以下代码：

```
B2_Ch11_3_D.m
```

```matlab
% Estimate transition probabilities using 'cohort' algorithm
% Specifiy start and end dates
startdate = datetime('31-Dec-1985', 'InputFormat', 'dd-MMM-yyyy');
enddate = datetime('31-Dec-2002', 'InputFormat', 'dd-MMM-yyyy');

transMat2 = transprob(data,'algorithm','cohort', ...
    'startDate', startdate, 'endDate', enddate, ...
    'snapsPerYear', 4);
```

这里'algorithm'被指定为'cohort'，函数将使用定群估计（cohort estimation）而不是时距估计；后者对应的指令是'duration'。'startDate'和'endDate'分别被指定为'31-Dec-1985'和'31-Dec-2002'，函数将只需用这一段时间内的数据进行计算。'snapsPerYear'是只在使用'cohort'时配合使用的指令，即定义前面介绍的定群估计中的转移时段的个数N_t，默认情况下该指令值为1，其他可用的值为2、3、4、6或12。

运行上一段代码，获得的结果如下：

```
transMat2 =

93.7182   5.4826   0.6272   0.1640   0.0063   0.0004   0.0000   0.0013
 2.0119  93.2110   3.9377   0.6398   0.1478   0.0039   0.0003   0.0477
 0.1529   3.4434  91.6327   4.0549   0.5699   0.0743   0.0020   0.0701
 0.0297   0.2830   6.1859  89.2304   3.5282   0.4489   0.0542   0.2397
 0.0266   0.1386   0.8150   6.9502  87.9360   3.2164   0.2694   0.6477
 0.0011   0.0067   0.1301   0.9426   8.6967  85.6502   2.4457   2.1270
 0.0002   0.0012   0.0148   0.3490   1.8034   5.4888  82.4532   9.8894
      0        0        0        0        0        0        0 100.0000
```

使用上面得到的信用转移矩阵，根据链式法则，可以相乘求得1～6年的转移矩阵，如图11.11所示。随着年限的增长，可以看到从当前的级别转移到其他级别的概率都在增大。这其中自然也包括违约的概率，各个级别违约的概率随着时间也是明显增大的，如图11.12所示（y轴使用了对数尺度）。

Transition Matrix of 1-Year

	AAA	AA	A	BBB	BB	B	CCC	D
AAA	93.72	5.48	0.63	0.16	0.01	0	0	0
AA	2.01	93.21	3.94	0.64	0.15	0	0	0.05
A	0.15	3.44	91.63	4.05	0.57	0.07	0	0.07
BBB	0.03	0.28	6.19	89.23	3.53	0.45	0.05	0.24
BB	0.03	0.14	0.81	6.95	87.94	3.22	0.27	0.65
B	0	0.01	0.13	0.94	8.7	85.65	2.45	2.13
CCC	0	0	0.01	0.35	1.8	5.49	82.45	9.89
D	0	0	0	0	0	0	0	100

Transition Matrix of 2-Year

	AAA	AA	A	BBB	BB	B	CCC	D
AAA	87.94	10.27	1.39	0.36	0.03	0	0	0.01
AA	3.77	87.13	7.33	1.34	0.31	0.02	0	0.1
A	0.35	6.39	84.36	7.4	1.18	0.17	0.01	0.15
BBB	0.07	0.74	11.23	80.12	6.33	0.91	0.11	0.5
BB	0.05	0.3	1.9	12.38	77.86	5.63	0.54	1.33
B	0	0.03	0.36	2.27	15.17	73.78	4.14	4.25
CCC	0	0.01	0.07	0.78	3.56	9.29	68.12	18.17
D	0	0	0	0	0	0	0	100

Transition Matrix of 3-Year

	AAA	AA	A	BBB	BB	B	CCC	D
AAA	82.63	14.44	2.25	0.59	0.07	0.01	0	0.01
AA	5.3	81.68	10.26	2.08	0.5	0.04	0	0.15
A	0.59	8.9	78.02	10.15	1.8	0.28	0.02	0.24
BBB	0.12	1.31	15.33	72.4	8.54	1.35	0.18	0.77
BB	0.08	0.49	3.16	16.59	69.42	7.41	0.8	2.04
B	0.01	0.07	0.69	3.8	19.92	63.92	5.26	6.33
CCC	0	0.02	0.16	1.27	5.2	11.81	56.41	25.13
D	0	0	0	0	0	0	0	100

Transition Matrix of 4-Year

	AAA	AA	A	BBB	BB	B	CCC	D
AAA	77.73	18.07	3.19	0.85	0.12	0.01	0	0.03
AA	6.62	76.78	12.78	2.84	0.69	0.07	0.01	0.21
A	0.86	11.04	72.49	12.4	2.42	0.4	0.04	0.35
BBB	0.19	1.97	18.65	65.84	10.27	1.78	0.24	1.05
BB	0.12	0.72	4.52	19.83	62.31	8.7	1.04	2.77
B	0.02	0.14	1.12	5.43	23.31	55.69	5.95	8.35
CCC	0.01	0.03	0.29	1.81	6.66	13.39	46.81	31
D	0	0	0	0	0	0	0	100

Transition Matrix of 5-Year

	AAA	AA	A	BBB	BB	B	CCC	D
AAA	73.22	21.22	4.17	1.14	0.19	0.02	0	0.04
AA	7.77	72.38	14.96	3.6	0.9	0.11	0.01	0.26
A	1.14	12.88	67.65	14.25	3.03	0.53	0.05	0.46
BBB	0.27	2.69	21.33	60.25	11.62	2.18	0.31	1.35
BB	0.15	0.97	5.92	22.3	56.29	9.61	1.25	3.51
B	0.03	0.22	1.63	7.05	25.64	48.8	6.34	10.29
CCC	0.01	0.06	0.46	2.38	7.93	14.26	38.95	35.96
D	0	0	0	0	0	0	0	100

Transition Matrix of 6-Year

	AAA	AA	A	BBB	BB	B	CCC	D
AAA	69.05	23.94	5.19	1.46	0.27	0.03	0	0.06
AA	8.76	68.42	16.84	4.36	1.12	0.15	0.02	0.33
A	1.44	14.44	63.41	15.76	3.62	0.67	0.07	0.58
BBB	0.36	3.45	23.47	55.47	12.67	2.54	0.37	1.67
BB	0.19	1.26	7.31	24.15	51.18	10.21	1.43	4.26
B	0.05	0.32	2.21	8.63	27.17	43	6.49	12.14
CCC	0.01	0.09	0.66	2.96	9	14.61	32.48	40.17
D	0	0	0	0	0	0	0	100

图11.11 连续多年的信用转移矩阵（1～6年）

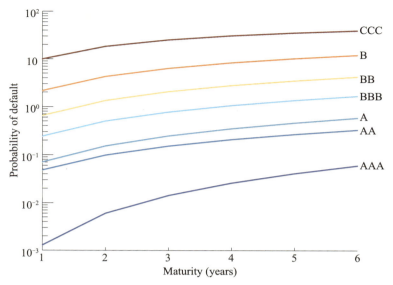

图11.12 连续多年的各级别违约概率（1～6年）

运行以下代码可以获得图11.11和图11.12。

```matlab
% B2_Ch11_3_E.m

%% Multiple-year TM or PD
TMall = [];

TMall(:,:,1) = transMat2;
TMall(:,:,2) = (transMat2*1e-2)^2*1e2;
TMall(:,:,3) = (transMat2*1e-2)^3*1e2;
TMall(:,:,4) = (transMat2*1e-2)^4*1e2;
TMall(:,:,5) = (transMat2*1e-2)^5*1e2;
TMall(:,:,6) = (transMat2*1e-2)^6*1e2;

DPMat = [TMall(:, end, 1), TMall(:, end, 2), ...
    TMall(:, end, 3), TMall(:, end, 4),...
    TMall(:, end, 5), TMall(:, end, 6)];

%% Plot of multiple-year TMs
var_rating_reorder = ["AAA","AA","A","BBB","BB","B","CCC","D"];

figure
for i=1:6
    subplot(3,2,i)

    heatmap(round(TMall(:, :, i), 2), ...
        'ColorbarVisible', 'off', ...
        'XData', var_rating_reorder, ...
        'YData', var_rating_reorder, ...
        'Colormap', autumn, 'ColorScaling', 'log');
```

```matlab
    title(strcat('Transition Matrix of ', {' '}, ...
        num2str(i), '-Year'))
end

% Plot of multiple-year PD
TMall_swap = permute(TMall, [1, 3, 2]);

figure
for i=1:7
    semilogy(TMall_swap(i, :, end));
    hold on
end

set(gca,'xtick', 1:6)
xlabel('Year')
ylabel('Probability of Default')
legend(var_rating_reorder(1:7))
```

如果需要对获得的转移矩阵进行简化,将不同的信用级别合并起来,则可以使用MATLAB函数transprobgrouptotals()来进行操作。例如,接着上面的例子,将AAA、AA、A和BBB合并为同一个信用级别,投资级IG;将BB、B和CCC合并为同一个信用级别,投机级SG;D依旧是违约。通过已经得到的原评级转移矩阵transMat2,运行以下代码,可以获得新的转移矩阵。

```matlab
B2_Ch11_3_F.m

%% TM aggregate
[transMat2, sampleTotals] = transprob(data,...
    'algorithm','cohort', ...
    'startDate', startdate, 'endDate', enddate, ...
    'snapsPerYear', 4);

edges = [4 7 8];

sampleTotalsGrp = transprobgrouptotals(sampleTotals,edges);

% Transition matrix at investment grade / speculative grade level
transMatIGSG = transprobbytotals(sampleTotalsGrp)
```

注意在使用transprob()时,输出不光有转移矩阵,还需要输出含有样本总数量信息的结构变量sampleTotals。该变量也是transprobgrouptotals()需要的输入变量。另一个需要的输入变量是edges,提供级别合并的信息。例如edges = [4 7 8] 表示将第1~4个级别合并(AAA到BBB),将第5~7个级别合并(BB到CCC),第8级别独立仍为一个级别(D)。运行以上代码,得到新的转移矩阵结果如下:

```
transMatIGSG =
```

```
99.6487        0.3285         0.0229
 1.2426       98.1416         0.6158
 0             0            100.0000
```

感兴趣的读者，还可以参看MATLAB题为 *Estimation of Transition Probabilities* 的综合介绍，里面还有更多其他有趣的函数和应用。

11.3 结构违约Merton模型

结构信用模型（structural credit model），可以追溯到1958年Franco Modigliani和Merton Miller提出的资本结构理论，以及1973—1974年间Fischer Black、Myron Scholes和Robert Merton 建立的期权定价理论及在信用分析中的应用。之所以称之为结构模型，是因为该模型将违约概率与**资本结构**（capital structure）相挂钩。如图11.13所示，当一个公司的**资产市场价值**（market value of asset）与其需承担的**债务**（liabilities）相比足够低时，类似于俗称的"资不抵债"，就会导致违约。结构模型需要对动态变化的公司资产、债务和资本结构提出很强的假设和简化。该类模型的一大优点就是能提供直观的违约分析和根源性的解释。

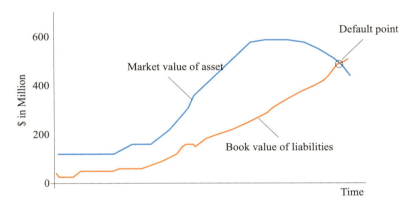

图11.13　资产市场价值与账面债务价值（book value of liabilities）随时间的变化

Merton模型是基本的结构信用模型，由Robert Merton于1974年紧接着Fischer Black和Myron Scholes的期权定价理论之后提出。该模型假设公司或企业的资产价值A_t服从几何布朗运动：

$$dA_t = \mu_A A_t dt + \sigma_A A_t dW_t \tag{11.42}$$

式中：μ_A为资产收益的期望值；σ_A为资产波动率。这里并不考虑税务、流动性及其他破产费用等问题。对资产价值A_t服从几何布朗运动的假设，可以类比在期权定价中对标的物价格服从几何布朗运动的假设。

如图11.14所示，**资产市场价值**（market value of asset）与**账面债务**（book value of liabilities）随时间上下波动。这里**债务**（liabilities）包括所有的经济责任，比如付息债务（debt）和非付息债务。在未来的时间里，以一年为例，资产价值服从特定分布，眼下的债务水平则与将来资产价值违约的临界值相关，即**违约点**（default point）。在分布上，此刻的资产价值到破产点的距离就是**临近破产距离**（distance to default），距离越短，越发临近破产，违约风险越大。

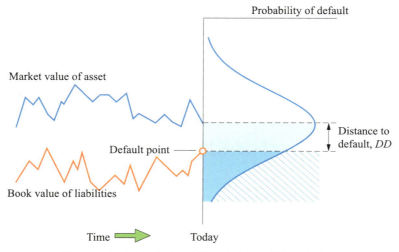

图11.14　资产市场价值、账面经济责任与违约风险的联系

Merton模型以**莫迪尼亚尼-米勒定理**（Modigliani-Miller theorem）为理论基础，使用了非常简化的资本结构：

$$A = E + D \qquad (11.43)$$

式中：A为**资产价值**（asset value）；E为**股东权益**（equity）；D为**付息债务**（debt）。

资产价值被视作是股东权益E与付息债务D之和，因为大中型公司通常通过**股票**（equity shares）和**债券**（bonds）来进行融资。这里**负债**（liabilities）部分就以付息债务为主，并且模型还假设债务中只包括单一债券，在到期时间T时面值为D_T，到期时间通常为一年或者更短。如图11.15所示为常见的资产组成，可见实际情况比Merton模型的假设更为复杂。

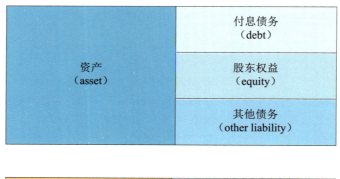

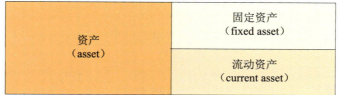

图11.15　常见资产组成

如图11.16所示为将资产价值A、股东权益E和账面债务价值D在Merton模型中的关系进行了清晰的描述。在债务到期时，如果资产总值$A_T = E_T + D_T$大于债务（单一债券）面值D_T，则债务能被还清，即$E_T = A_T - D_T$大于0，余下的就能分发给股东。但是，如果A_T小于D_T，债权人（债券所有者）则有权利通过出售公司来获得欠款，从而导致违约的出现。股东则会一无所获，但也无须额外注资来偿付债务。所以，股东在时间T上的权益（收益），就可以表示为：

$$E_T = \max(A_T - D_T, 0) \tag{11.44}$$

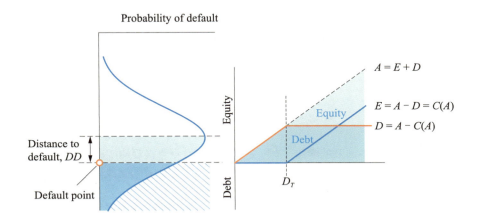

图11.16　资产价值A、股东权益E、账面债务价值D与关于资产价值的看涨期权$C(A)$

这就将股东权益看成了一个关于公司资产价值的欧式看涨期权$C(A)$，如图11.16中蓝色折线所示。这里，D_T同时也是破产点的债务阈值，值的大小取决于公司的付息债务。回顾本丛书中Black-Scholes模型的相关章节，利用Black-Scholes方程的解，可以得到资产价值A和股东权益E之间的关系：

$$E = AN(d_1) - D_T e^{-rT} N(d_2) \tag{11.45}$$

式中：r为无风险利率；$N()$为标准正态累计函数。d_1和d_2分别由式（11.46）、式（11.47）求得：

$$d_1 = \frac{\ln \frac{A}{D_T} + \left(r + \frac{1}{2}\sigma_A^2\right)T}{\sigma_A \sqrt{T}} \tag{11.46}$$

和：

$$d_2 = d_1 - \sigma_A \sqrt{T} \tag{11.47}$$

这里，引入参数δ_T，代表资本价值在T时刻与债务阈值D_T之间的距离，也就是**临近违约距离**（distance to default），并且令：

$$\delta_T = \frac{\ln \frac{A}{D_T} + \left(r - \frac{1}{2}\sigma_A^2\right)T}{\sigma_A \sqrt{T}} \tag{11.48}$$

如此一来，d_1 和 d_2 还可以写成：

$$\begin{cases} d_1 = \delta_T + \sigma_A \sqrt{T} \\ d_2 = \delta_T \end{cases} \tag{11.49}$$

但是 σ_A 如何获得呢？使用 Black-Scholes 模型最大的一个难点就是公司或企业的资产价值是无法直接观测到的。但是，Merton 证明了在一定的条件下，**资产价值的波动率**（asset value volatility）与**股票的波动率**（equity volatility）可以由式（11.50）联系起来：

$$\sigma_E = \frac{A}{E} N(d_1) \sigma_A \tag{11.50}$$

式（11.50）可与之前 Black-Scholes 模型的解联立成一个非线性方程组，解出 A 和 σ_A，从而得到临近违约距离 δ_T，以及违约概率：

$$PD = 1 - N(\delta_T) \tag{11.51}$$

表 11.1 总结了 Merton 模型中涉及的参数，有些是通过市场数据直接观测或计算出来的（E、σ_E、r），有些需要求解方程获得（A、σ_A），有些来自公司内部数据（D_T），有些则是假定或假设的（μ、T）等。

表 11.1　Merton 模型参数总结

参数	描述	来源/获取
A	市场资产价值	求解获得
E	市场股票价值	市场数据
σ_A	资产价值波动率	求解获得
σ_E	股票价值波动率	市场所得
μ	资产收益的期望值	假设
r	无风险利率	市场数据
T	到期时间	假定
D_T	外债水平	财务报表
δ_T	临近违约距离	模型结果

假设有一家公司，资产价值市值为 $100 000 000，通过零息债券融资。目前，债券目前价值为 $65 650 000，5 年之后到期需要支付 $100 000 000，相应利率为 10%。同时，该公司资产价值波动率是 20%。在 MATLAB 中利用刚刚介绍的公式计算 Merton 模型给出的违约概率，运行如下代码。

`B2_Ch11_4.m`

```
clc; clear all; close all;

% Initialize
A = 100e6;
Dt = 100e6;
r = 0.1;
sigma_A = 0.2;
T = 5;
```

```
% Calculation
% Distance to default
sigma_T = (log(A/Dt)+(r-0.5*sigma_A^2)*T)/sigma_A/sqrt(T)
d1 = sigma_T + sigma_A*sqrt(T)
d2 = sigma_T
PD = 1-normcdf(d2)
```

得到的结果如下:

```
sigma_T =
    0.8944
d1 =
    1.3416
d1 =
    0.8944
PD =
    0.1855
```

所以,5年之后有大约19%的可能性该公司的总资产将低于债务值,会发生违约。如果将资产波动率从20%调高到25%,重新运行以上代码,违约概率会上升到大约12%,变化十分明显。

在MATLAB中,mertonmodel() 函数可以用来直接求解merton模型。这里利用MATLAB自带的MertonData数据来演示mertonmodel() 函数的使用。MertonData数据含有5家公司的相关信息,包括股东权益(Equity)、股票波动率(EquityVol)、债务(Liability)、年化的无风险利率(Rate) 以及资产收益期望(Drift)。运行以下代码。

B2_Ch11_5.m

```
clc; clear all; close all;

% Import data
load MertonData.mat

% Display data
MertonData

% Initializing
Equity    = MertonData.Equity;
EquityVol = MertonData.EquityVol;
Liability = MertonData.Liability;
Drift     = MertonData.Drift;
Rate      = MertonData.Rate;

% Without specifying "Drift" & "Maturity"
[PD1,DD1,A1,Sa1] = ...
    mertonmodel(Equity,EquityVol,Liability,Rate)

% Specifying "Drift"
[PD2,DD2,A2,Sa2] = ...
```

```
    mertonmodel(Equity,EquityVol,Liability,Rate,...
       'Drift',Drift)

% Specifying "Drift" & "Maturity"
[PD3,DD3,A3,Sa3] = ...
    mertonmodel(Equity,EquityVol,Liability,Rate,...
       'Drift',Drift,'Maturity',3)
```

注意，mertonmodel()函数除了需要股东权益、股票波动率、债务及利率的输入，还有两个特殊的字符命令'Drift'和'Maturity'。'Drift'指定年化的资产收益期望值，不指定时默认为年化的无风险利率值。'Maturity'指定到期时间，不指定时默认为1年。代码中，分别在不指定和指定这两个字符指令的情况下调用函数，得到的函数结果自然不同。mertonmodel()函数的输出有违约概率（PD）、临近违约距离（DD）、资产价值（A）和资产波动率（Sa）。以PD为例，以上三种情况结果分别为：

```
PD1 =          PD2 =          PD3 =

0.0561         0.0638         0.3584
0.0005         0.0008         0.0556
0.0000         0.0000         0.0084
0.0020         0.0026         0.0894
0.0289         0.0344         0.2697
```

感兴趣的读者，可以比较一下其他的输出，看看它们值的大小差别是否合理。

在MATLAB中mertonByTimeSeries()函数也可以用来计算Merton模型结果，但是一个很大的不同是该函数需要输入时间序列信息，包括股东权益、债务和年化的无风险利率。在对资产价值A和资产价值波动率σ_A的求解上，也与之前介绍的不同。这里只利用Black-Scholes模型的解，但是代入已知的时间序列信息，获得一个多方程组：

$$E_1 = A_1 N(d_1) - D_{T1} e^{-r_1 T_1} N(d_2)$$
$$\vdots \qquad\qquad(11.52)$$
$$E_n = A_n N(d_1) - D_{Tn} e^{-r_n T_n} N(d_2)$$

mertonByTimeSeries()函数通过求解这个方程组（转化为优化问题后再求优化解）来获得A和σ_A。这里同样利用MertonData数据来演示，具体代码如下。

`B2_Ch11_6.m`

```
clc; clear all; close all;

% Import data
load MertonData.mat

% Initializing
Dates     = MertonDataTS.Dates;
Equity    = MertonDataTS.Equity;
Liability = MertonDataTS.Liability;
Rate      = MertonDataTS.Rate;
```

```matlab
% Without specifying "Drift" & "Maturity" & "NumPeriods"
[PD4,DD4,A4,Sa4] =...
    mertonByTimeSeries(Equity,Liability,Rate);

% With specifying "Drift" & "Maturity"
[PD5,DD5,A5,Sa5] =...
    mertonByTimeSeries(Equity,Liability,Rate,...
    'Drift',0.10,'Maturity',3);

% With specifying "Drift" & "Maturity" & "NumPeriods"
[PD6,DD6,A6,Sa6] =...
    mertonByTimeSeries(Equity,Liability,Rate,...
    'Drift',0.10,'Maturity',3,'NumPeriods',252);
```

注意mertonByTimeSeries()函数与mertonmodel()函数的输出是一样的，也同样有字符指令'Drift'和'Maturity'，使用方法也相同。mertonByTimeSeries()函数还有一个特殊的字符命令'NumPeriods'，用来指定每年有多少个交易日，不指定时默认为250天。由于解法的不同，mertonByTimeSeries()函数只需要"Equity"的总体值，而不像mertonmodel()函数既需要单个股票价格"Equity"；也需要股票份额"EquityVol"，这是因为mertonByTimeSeries()函数的计算不需要股票波动率，而mertonmodel()函数却需要。

Merton模型的出现引起了当时学术界对结构模型的极大兴趣，但是直至20世纪90年代中期其在信用交易和投资组合管理方面的应用基本还是空白。这主要是因为Merton模型并不是那么容易被应用于实际，对于公司的债务水平缺乏透明而直接的获取途径，对于股市价格和历史数据也缺乏便捷而快速的来源。而这些信息的来源既要可靠，又要常规化。另一个普遍的现象是，Merton模型给出的违约概率和**信用利差**（credit spread）往往低于市场的实际观测。并且，对于未上市的公司，由于缺乏相关的股票信息，使得Merton模型对此类公司资产价值的估计变得无能为力。理论上对Black-Scholes模型假设的全盘继承，加之采用了过于简化的资产结构，这些也都造成了该模型的局限性，从而限制了进一步的推广。

11.4 结构违约KMV模型

Merton模型从提出后在信用市场一直扮演着小配角，直到Kealhofer、McQuown和Vasicek这三位创业者于1993年提出了属于他们版本的Merton模型，即KMV模型。KMV是他们名字的首字母组合，也是其所创建风险管理公司的名称，该公司成立并坐落于美国旧金山。由于KMV模型的良好表现和广泛接受度，穆迪Moody's于2002年收购了KMV公司，如今KMV模型仍是穆迪许多产品的核心，例如Moody's RiskCalc、Moody's LossCalc、Moody's RiskFrontier等。Jin-Chuan Duan、Genevièv Gauthier和Jean-Guy Simonato的文章（*On the Equivalence of KMV and Maimum Likelihood Methods for Structural Credit Risk Models*, 2014）提出并从理论上验证了KMV模型与Merton模型在一定程度上的等效性。

与Merton模型的最初版本相比，KMV模型还是有一些明显的不同。首先，KMV公司当初从数百家公司中观察到，违约时资产价值往往是**总债务**（total liabilities）与**短期债务**（short-term liabilities）

之间的某个值。仅仅使用付息债务D的债务结构显得不够准确。总债务里还包括有**长期债务**（long-term liabilities）。因此，在实际应用中将债务阈值DPT设置为短期债务和长期债务的组合：

$$DPT = STD + 0.5LTD \tag{11.53}$$

其中DPT也是**违约点**（default point），与前面Merton模型中提到的违约点DP概念是一样的，为了有所区别记作DPT；STD是**短期付息债务**（short-term debts），LTD是**长期付息债务**（long-term debts）。这里还是将付息债务作为债务的主要成分进行近似。

另外，KMV模型基于实际需求，特别强调了对于临近违约距离DD的计算。首先计算**绝对违约临近**（absolute distance to default）距离DD′：

$$DD' = \ln\left(\frac{A}{DPT}\right) + \left(\mu_A - \frac{1}{2}\sigma_A^2\right)T \tag{11.54}$$

如图11.17所示，DD′由两部分之和组成，即最初与DPT的距离(临近违约距离) $\ln\left(\frac{A}{DPT}\right)$ 以及在目标时间段内的增长 $\left(\mu_A - \frac{1}{2}\sigma_A^2\right)T$。对DD′关于标准差 $\sigma_A\sqrt{T}$ 标准化之后得到**相对临近违约距离**（relative distance to default）即为DD：

$$DD = \frac{\ln\left(\frac{A}{DPT}\right) + \left(\mu_A - \frac{1}{2}\sigma_A^2\right)T}{\sigma_A\sqrt{T}} \tag{11.55}$$

与式（11.48）相比，除了用DPT替换了D，还使用资产期望μ_A替换了无风险利率r。使用前者μ_A时，DD计算的是**现实违约概率**（real-world PD）。而原始的Merton模型给出的是**风险中性违约概率**（risk-neutral PD），也称为**Q空间违约概率**（Q-space PD）；考虑的是风险中性情况，不存在任何套利，使用的临近违约距离为δ_T。通常来讲，风险中性违约概率比现实违约概率大，对于它们两者的比较，第12章会做更具体的讨论。而11.3节中介绍的MATLAB函数mertonmodel()和mertonByTimeSeries()，在不指定字符指令'Drift'时，假设$\mu_A = r$，与Merton模型一致；但是一旦指定了'Drift'，两个函数的计算就带有KMV模型的特征了。

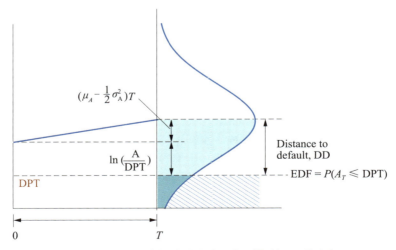

图11.17　KMV模型中资产价值在到期时间T上的分布

KMV模型还有一个特别之处，也是它的主要创新的地方，是用**预期违约数**（expected default frequency，EDF）替换了Merton模型中的违约概率PD这一概念。这么做的原因是Merton模型的正态假设无法适应现实中信用损失分布的肥尾现象。所以，在KMV模型中违约指标EDF与临近违约距离DD的关系不再通过正态分布来关联，而是通过由历史数据提供的映射关系来对应。这些历史数据来自大量的公司企业，其中在特定时间段内各个公司的信用状态可以跟踪观察，伴随也有违约的发生。如图11.18所示，就是EDF与DD之间关系的一个例子，当DD = 3时，EDF大概在5%，即有5%的可能性违约会发生。

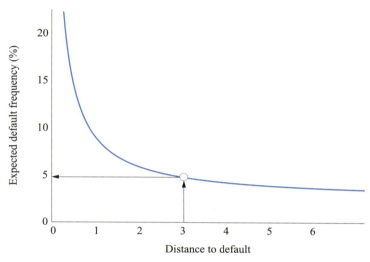

图11.18　历史违约率与临近违约距离的对应关系实例

KMV模型依旧要依赖于Merton模型中的方程体系，即以下的方程组：

$$\begin{cases} E = AN(d_1) - D_T e^{-rT} N(d_2)^* \\ d_1 = \dfrac{\ln \dfrac{A}{D_T} + \left(r + \dfrac{1}{2}\sigma_A^2\right)T}{\sigma_A \sqrt{T}} \\ d_2 = d_1 - \sigma_A \sqrt{T} \\ \sigma_E = \dfrac{A}{E} N(d_1) \sigma_A \end{cases} \quad (11.56)$$

这里，使用股票值的时间序列作为输入，即$\{S_i\}$，$i=1,2,\cdots,N$；采用如图11.19所示的迭代方法来求解其中的资产价值A及其波动率δ_A。具体步骤如下：

① 首先通过已知的股票起始值S_1，股票波动率σ_E和负债水平DPT求得资产价值波动率的初始值：

$$\sigma_{A0} = \sigma_E \frac{S_1}{S_1 + \text{DPT}} \quad (11.57)$$

② 然后对应股票序列中$\{S_i\}$的每一个股票值，求解以上方程组中的方程(*)获得资产价值序列$\{A_{ij}\}$；并且根据得到的$\{A_{ij}\}$重新计算σ_{Aj}。

③ 考察σ_{Aj}与上一个σ_{Aj-1} (σ_{A0}) 值之间差的绝对值，如果小于设定的阈值η_σ，则终止迭代；否则用刚刚得到的σ_{Aj}，令$j = j + 1$，返回上一步重新求解$\{A_{ij}\}$；以此类推，直至σ_{Aj}收敛，其变化范围小于阈值η_σ。

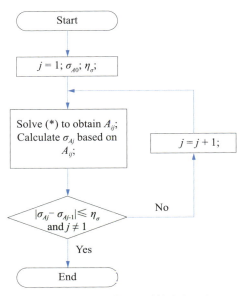

图11.19 KMV程序代码计算流程示意图

为了实践上面的算法,在MATLAB中需要先建立几个用户自定义的子函数。第一个子函数KMVequ()实现方程(*)的运算,建立股票价格、资产价值和负债三者之间的关系,具体代码如下:

```
B2_Ch11_7_A.m
function f=KMVequ(Liability,Equity,Rate,Maturity,Sa,A)

%% Inputs
% Equity    : Equity value
% Liability : Liability value
% Rate      : Risk-free interest rate
% Maturity  : Time to maturity (time horizon) in years
% Sa        : Asset value volatility
% A         : Asset value

T=Maturity;
r=Rate;
d1=(log(A/Liability)+(r+0.5*Sa^2)*T)/(Sa*sqrt(T));
d2=d1-Sa*sqrt(T);

f=(A/Equity)*normcdf(d1)-...
    (Liability/Equity)*exp(-r*T)*normcdf(d2)-1;

end
```

当函数的输入变量满足方程(*)时,函数的输出值就为0或者十分接近0,否则输出值为非零的较大数。

第二个子函数SolveA()则是在子函数KMVequ()的基础上建立的求解资产价值A的函数,具体代码如下:

```
B2_Ch11_7_B.m
```

```matlab
function [A]=SolveA(Liability,Equity,Rate,Maturity,Sa)

%% Inputs
% Equity    : Equity value
% Liability : Liability value
% Rate      : Risk-free interest rate
% Maturity  : Time to maturity (time horizon) in years
% Sa        : Asset value volatility
% A         : Asset value

A0=Liability;
A =fsolve(@(A)KMVequ(Liability,Equity,Rate,Maturity,Sa,A), A0);

end
```

SolveA()函数中主要使用了MATLAB自带函数fsolve()。该函数基本的使用形式是x = fsolve(fun,x0)，其中fun是需要求解非函数F(x) = 0；x0是给出的初始值；最后函数返回方程的解x。对于多变量的函数，可以指定需要求解的变量，x = fsolve[@(x)fun,x0]，此时其他的输入变量需要代值参与运算。fsolve()优化是通过优化算法来求解输入方程的解，迭代过程在满足一定条件时停止，例如达到最大迭代次数，函数值收敛无变化或者解x收敛无变化等。

更多关于fsolve()函数的使用，可以参考MATLAB的相关文档：

https://www.mathworks.com/help/optim/ug/fsolve.html#buta__s-fun

SolveA()与KMVequ()这两个用户自定义的子函数，其主要目的是实现图11.19中对资产价值序列$\{A_{ij}\}$的计算。第三个子函数KMVcal()主要实现图11.19中的整个流程，在求得$\{A_{ij}\}$的基础上，进一步迭代求出资产价值波动率σ_A。子函数KMVcal( )的具体代码如下：

```
B2_Ch11_7_C.m
```

```matlab
function [PD,DD,A,Sa,Mu] = ...
    KMVcal(Equity, EquityNum, Liability, ...
    Rate, Maturity, Flag)

%% Inputs
% Equity     : Vector of Share prices
% EquityNum  : Volume/Number of outstanding shares
% Liability  : Total Liabilities
% Rate       : Risk-free interest rate
% Maturity   : Time to maturity (time horizon) in years
% Flag       : Switch of risk-neutral PD and real-world PD

%% Threshold
% Sig_Threshold : The accuracy of Sigma

%% OutPuts
```

```matlab
% PD : Probability of defatul
% DD : Distance to default
% A  : Asset value
% Sa : Asset value volatility
% Mu : Asset value expectation

Sig_Threshold = 10^-7;
lm = length(Equity);
Etot=Equity*EquityNum;

LS=log(Equity(2:end)./Equity(1:end-1));
h=length(Etot);
Se=std(LS);

% Sa : Asset Volatility to be computed
% Initial value
Sa=Se*(Etot(1)/(Etot(1)+Liability));

% Sa_tmp is the Asset Volatility at the previous iteration
% Sa_tmp is initialized at the first step
Sa_tmp=Sa;
j = 1;

while abs(Sa-Sa_tmp)>Sig_Threshold || j==1
    for i=1:lm
        % A(i) is the asset value at time step i
        A(i)=SolveA(Liability,Etot(i),Rate,Maturity,Sa);
    end
    % LR is the implied asset returns ( Log returns )
    LR=log(A(2:end)./A(1:end-1));
    R=mean(LR);
    Sa_tmp=Sa;
    Sa=std(LR)*sqrt(h);

    % Mu is the expected return of the asset value
    Mu =h*R-0.5*Sa^2;

    j=j+1;

end

% disp(j)
% Sa % asset volatility
if Flag == 1
    DD = (log(A(lm)/Liability)+...
        (Mu -(0.5*Sa^2))*Maturity)/(Sa*sqrt(Maturity));
else
    DD = (log(A(lm)/Liability)+...
```

```
            (Rate -(0.5*Sa^2))*Maturity)/(Sa*sqrt(Maturity));
end

% Calculate PD
PD = 1-normcdf(DD);
```

注意，子函数KMVcal()中的输入变量"Flag"，可以用来控制函数输出的是风险中性违约概率还是现实违约概率。KMVequ()、SolveA()和KMVcal()这三个子函数的关系是：KMVcal() 调用 SolveA()，而SolveA()调用KMVequ()。

准备好了以上的三个子函数，下面通过主程序将各个函数调用起来。这里先人为产生两组股票价格时间序列，作为稍后必须的输入数据，运行以下代码：

B2_Ch11_7_D.m

```
clc; clear all; close all;

% Generate sythetic equity price of one year (252-day)
% One single-path
rng(1);

% mu: drift term, risk-free interest rate
% control factor
mu = [0.08, 0.09];

St_all_path = [];

for i=1:length(mu)
    sigma=0.2;
    % K: number of simulations/paths
    num_sims=1;
    % S0: initial position ($)
    S0=0.5;

    % N: number of time steps (trading days)
    num_steps=252;
    % dt: step size, one business day, 1/252 year
    dt=1/num_steps;

    nu = mu(i) - sigma*sigma/2;

    St_all_path(:,i) = S0*[ones(1,num_sims); ...
        cumprod(exp(nu*dt+sigma*sqrt(dt)*...
        randn(num_steps,num_sims)),1)];
end

% Plot sythetic equity price
figure(1)
```

```
plot(0:num_steps, St_all_path)
xlim([0 num_steps]);
box off
legend('Equity Price Path I', 'Equity Price Path II')
```

以上代码绘制的形状如图11.20所示，两条股票路径起始点是一样的，但是随后的变化就完全不一样了。在代码中特定选择了不同的"mu"值，使得路径Ⅱ显示出更大增长；但是注意这里的"mu"值主要是用来控制GBM随机过程的，并不代表最后产生的股票数据自身的期望值。这里之所以采用两条不同的股票价格路径，主要是为了后面比较违约概率在不同情况下的结果，尤其是风险中性和现实违约概率之间相对大小的变化。

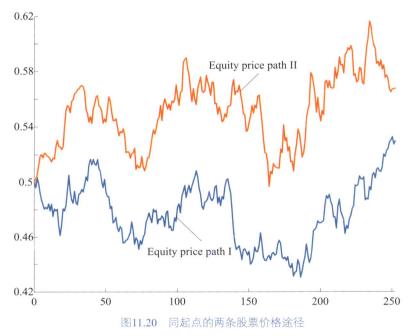

图11.20 同起点的两条股票价格途径

接着再运行下面的代码，对其他需要的变量赋值。注意，此处负债水平是长期负债和短期负债的组合，正好处于短期负债与总负债之间。

`B2_Ch11_7_E.m`

```
% Initialize parameters
EquityNum = 1;
Rate = 0.03;
T = 1:5;

% Short-term debt
STD = 0.7;
% Long-term debt
LTD = 0.4;
% Total dbt
Liability = STD + 0.5*LTD;
```

变量值的初始化完成后，调用子函数KMVcal( )进行具体计算并绘制相关图像，代码如下：

```
B2_Ch11_7_F.m

for j=1:length(mu)
    Equity = St_all_path(:,j);

    for i=1:length(T)
        % With specifying "Drift" & "Maturity"
        [PD1(:,i,j),DD1(:,i,j),A1(:,i,j),Sa1(i,j)] =...
            mertonByTimeSeries(Equity*EquityNum,...
            Liability*ones(1,length(St_all_path)),...
            Rate*ones(1,length(St_all_path)),...
            'Maturity',T(i));

        % Risk-neutral
        [PD2(i,j),DD2(i,j),A2(:,i,j),Sa2(i,j),Mu2(i,j)] = ...
            KMVcal(Equity,EquityNum,Liability,Rate,T(i),...
            0);

        % Real-world
        [PD3(i,j),DD3(i,j),A3(:,i,j),Sa3(i,j),Mu3(i,j)] = ...
            KMVcal(Equity,EquityNum,Liability,Rate,T(i),...
            1);
    end
end
```

注意，代码中也同时使用了MATLAB函数mertonByTimeSeries()，进行同样的计算，其结果作为用户自定义函数计算结果的参考标准。这样一来有利于检验编程的正确性，也有利于对KMV模型内部计算的深入理解。由于使用上的区别，mertonByTimeSeries()函数的输入变量与KMVcal()有所不同。此外，KMVcal()函数调用了两次，分别求解风险中性违约概率（Flag = 0）和现实违约概率（Flag = 1）；两者在使用不同的股票路径（路径Ⅰ和路径Ⅱ）时都分别进行了计算。而且，代码还考虑了不同的到期时间T的情况，分别为1年到5年。运行如下代码绘制计算结果图像。

```
B2_Ch11_7_G.m

% Plot results
Index = {'I','II'};

for j=1:length(mu)
    figure(2);
    subplot(length(mu),1,j)
    plot(PD1(end,:,j));
    hold on
    plot(PD2(:,j), '-.o');
    hold on
    plot(PD3(:,j), '-.*');
```

```
    hold off
    legend('Risk Neutral-MATLAB',...
        'Risk Neutral-User',...
        'Real World-User')
    title(strcat('Equity Price Path', {' '}, Index(j),' - PD'))

    figure(3);
    subplot(length(mu),1,j)
    plot(Sa1(:,j));
    hold on
    plot(Sa2(:,j), '-.o');
    hold on
    plot(Sa3(:,j), '-.*');
    hold off
    legend('Risk Neutral-MATLAB',...
        'Risk Neutral-User',...
        'Real World-User')
    title(strcat('Equity Price Path ', {' '}, Index(j),...
        ' - Asset Volatility'))

end

figure(4);
plot([min(T), max(T)],[Rate, Rate]);
hold on
plot(Mu2(:,1), '-.o');
hold on
plot(Mu3(:,2), '-.*');
hold off
legend('Risk Free Rate',...
    'Asset Return Mean-Equity Price Path I',...
    'Asset Return Mean-Equity Price Path II')
title('Risk Free Rate vs. Asset Return Mean')
```

前面提到过，这里风险中性违约概率与现实违约概率计算的重要区别就是前者使用的是无风险利率，而后者使用的则是资产价值增长的期望。mertonByTimeSeries()在不指定'Drift'时，采用的是无风险利率，所以输出的实际上是风险中性违约概率。如图11.21（a）所示为使用MATLAB的mertonByTimeSeries()函数求得的风险中性PD（Risk Neutral-MATLAB），图11.21（b）所示为用户自定义函数KMVcal()求得的风险中性PD（Risk Neutral-MATLAB）和现实PD（Real World-User）。在使用不同的股票价格路径时，无论是路径Ⅰ（Path Ⅰ）还是路径Ⅱ（Path Ⅱ），mertonByTimeSeries()函数与KMVcal()函数求得的风险中性PD都是比较吻合的。这里稍有差异，原因主要是两个函数计算的资产价值波动率不完全一样。

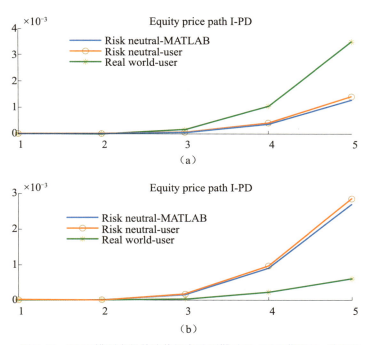

图11.21 KMV模型求得的违约概率随到期时间（时间期限T）的变化

如图11.22所示，计算风险中性PD中，在使用不同股票价格路径时，mertonByTimeSeries()函数与KMVcal()函数得到的资产价值波动率基本是一致的，区别很小，在1%内，这个区别主要是因为两个函数自身求解方法上存在的差异。图11.22也显示了对于KMVcal()函数而言，在计算风险中性PD或现实PD时，对于资产价值波动率的估算都是一样的。

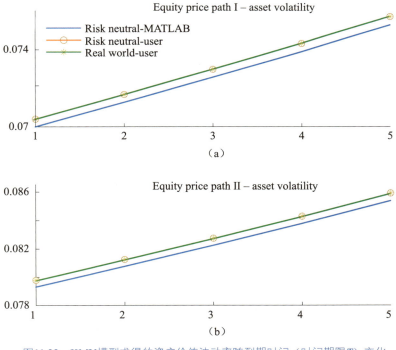

图11.22 KMV模型求得的资产价值波动率随到期时间（时间期限T）变化

讨论完结果中的风险中性PD，再回到图11.21，看看在不同股票路径下，现实PD与风险中性PD的区别。如图11.21（a）所示，在路径I的情形中，现实PD要高于风险中性PD；如图11.21（b）则显示，在路径Ⅱ下，现实PD则低于风险中性PD。这里决定两者大小的是函数计算中使用的资产价值收益的期望值，即代码中的变量"Mu"。

如图11.23所示为"Mu"的值在不同路径下的结果，对于每一条单一的路径来计算资产价值收益的期望，具体计算可参考代码的对应部分。这里需要区别"Mu"与"mu"不同，后者是用来生成股票价格路径，但是生成的只是单一路径，由于随机性决定了该路径，因此并不能完全反映"mu"的大小。而"Mu"的值完全根据所给路径进行估算，所以与"mu"的值存在差异，而且差异还可能很大。都知道，资产价值收益越高，违约的风险越低。

图11.23　KMV模型求得的资产价值期望随到期时间（时间期限T）变化

在路径I的情况下，"Mu"值低于无风险利率，说明资产收益率不及无风险利率水平，反映在图11.21（a）中，就是现实违约概率要高于风险中性违约概率。同理，在路径Ⅱ下，"Mu"值高于无风险利率，反映在图11.21（b）中，就是现实违约概率就要低于风险中性违约概率。在实际中，投资者往往会选择收益率高于或者不低于无风险利率的资产进行投资，这也是为什么通常情况下风险中性PD往往高于现实PD的原因。

第12章 信用风险 III
Credit Risk

> 让我提醒诸位,信用是商业的命脉,是价格和工作的命脉。
> **Let me remind you that credit is the lifeblood of business, the lifeblood of prices and jobs.**
> ——赫伯特·克拉克·胡佛(Herbert Clark Hoover)

2010年的**希腊债务危机**(Greek Debt Crisis)和2012年**西班牙债务危机**(Spanish Debt Crisis)与信用风险息息相关。中央政府以及大型企业从海外借贷,如果不能合理管控,则会造成债权国**外汇交易风险**(foreign exchange crisis)。1997年**远东亚洲危机**(Far East Asia Crisis)和2001年阿根廷危机(Argentine great depression)都是很好的例子。

美国联邦储蓄局(Federal Reserve)第13任主席**艾伦·格林斯潘**(Alan Greenspan)在其任期内(1987—2006年),尤其在"9·11"恐怖袭击后,为了加速信贷增长,将**联邦基金利率**(Federal Fund Rate)大幅降低至40年以来的最低点。

Core Functions and Syntaxes
本章核心命令代码

- ◀ `bondDefaultBootstrap()` 根据市场上的相关债券和利率信息获得债券价格中隐含的违约概率
- ◀ `cdsbootstrap()` 根据市场上的信用违约互换CDS和利率信息获得CDS产品隐含的违约概率
- ◀ `creditDefaultCopula()` 用来构建`creditDefaultCopula`对象
- ◀ `datemnth()` 可以用来生成指定时间间隔的日期序列
- ◀ `datetime()` 可将日期时间类型从数据转为字符类型
- ◀ `daysadd()` 可用来在日期序列上添加额外的日期点
- ◀ `fitlm()` 用来构建线性回归模型
- ◀ `getZeroRates()` 通过`IRDataCurve`对象计算并提取其中的即期利率
- ◀ `IRDataCurve()` 定义`IRDataCurve`利率对象
- ◀ `norminv()` 获得正态累积分布逆函数值
- ◀ `portfolioRisk()` 提过`creditDefaultCopula`对象仿真得到的风险测量,例如预期损失、非预期损失、VaR等
- ◀ `simulate()` 可用来对`creditDefaultCopula`对象进行模拟仿真

12.1 缩减式风险模型

美国经济学界在经验研究方法（empirical research）上有两大流派，一个是**结构性方法**（structural approach），另一个是**缩减式方法**（reduced-form approach）。结构性方法一般先提出模型，然后进行实验检验，在模型的协助下了解数据产生的结构。而缩减式方法的核心思想是让"**数据自己说话**（let data speak for itself）"，不倾向于将研究者的意志强加到数据上面来得到结论，通常使用统计方法研究数据，例如**回归分析**（regression analysis）。第11章介绍了**结构性信用模型**（structural credit model），这也是结构性方法一个典型的应用实例。本节来看看**缩减式信用模型**（reduced-form credit model）。该模型不依赖信用风险来源和成因的任何假设，而是直接从市场数据来计算违约概率，在证券交易和对冲中有很好的应用。

风险中性定价（risk-neutral pricing）为缩减式信用模型提供了理论背景。在风险中性定价中，金融资产的价值取决于自身的风险，即收益的不确定性。投资者为了弥补自己承担的这部分风险，会要求资产以低于无风险利率的价格交易；在对风险资产定价时，对应现金流的期望价值需要根据违约损失来进行调整。但是，绕开对于违约概率的直接求解然后再代入定价计算中的策略，可以根据资产的已知价格和无风险利率，例如使用**美国国债收益率**（US treasury yield），对现金流进行适当的折算来匹配当前价格。这里，缩减式模型就是利用市场价格来推断投资者对于未来现金流的实际期望值。

以**单期息票债券**（one-period coupon bond）为例，假设债券为一年期，息票率为6%，当前面值为100\$，无风险利率为3%。在风险中性度量中，该债券的价格就是风险中性回报的现值，当中包含了可能的违约损失。如图12.1所示，在无违约出现的情况下，债券到期支付面值100\$和息票6\$，共计106\$；如果违约，则仅能得到回收价值40\$。令这个违约的概率为 p_T^Q，在到期时该债券的价值就是：

$$c \cdot \left(1 - p_T^Q\right) + RV \cdot p_T^Q \tag{12.1}$$

式中：c 是时间 T 上的现金流；RV 是违约情况下的**回收值**（recovery value）。

代入本例中各参数值即为：

$$106 \cdot \left(1 - p_T^Q\right) + 40 \cdot p_T^Q \tag{12.2}$$

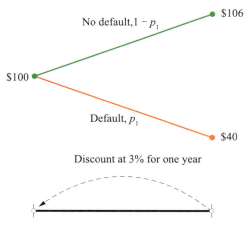

图12.1 风险中性度量中的息票率为6%的单期息票债券

原来债券到期时，若不考虑违约，则对应的现金流是 $c \cdot (1 - p_T^Q)$，因为考虑了违约，新的现金流就根据违约概率进行了调整。这个虚拟的概率 p_T^Q 就是风险中性概率，上标"Q"象征**风险中性空间**（Q-space）。再使用风险中性利率，将调整后的现金流折算到当前，就得到了该债券的现值 PV：

$$PV = \frac{c \cdot (1 - p_T^Q) + RV \cdot p_T^Q}{1 + r_T} \quad (12.3)$$

对应在本例中，即有：

$$100 = \frac{106 \cdot (1 - p_T^Q) + 40 \cdot p_T^Q}{1.03} \quad (12.4)$$

可以求得风险中性违约概率 p_T^Q 的值约为 4.5454%。这个值是通过债券市场价格（100\$）、可预测的回收价值（40\$）以及市场反映的无风险利率（3%）反求得到的，完全依靠现实数据，并没有其他的过多假设。

如图12.2所示，单期息票债券的情况可以推广到多期息票债券中。

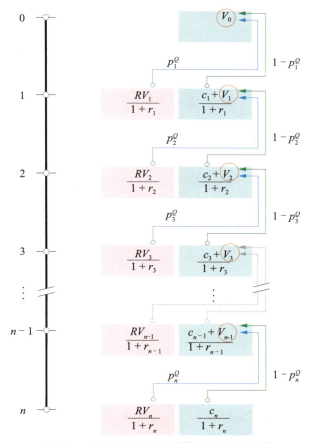

图12.2　风险中性度量中多期息票债券的折算

图12.2中，c_i 表示每个时间节点 t_i ($i = 1,2,\cdots,n$) 上不违约时的现金流，RV_i 表示违约时每个时间节点上的回收值，r_i 是从 t_{i-1} 到 t_i 时间段上的无风险利率，p_i^Q 是从 t_{i-1} 到 t_i 时间段上的风险中性违约概率。在 t_1

时刻，调整之后的现金流折算后的现值为：

$$\frac{c_1 \cdot (1-p_1^Q) + RV_1 \cdot p_1^Q}{1+r_1} \tag{12.5}$$

在t_2时刻，调整之后的现金流折算后的现值为：

$$\frac{c_2 \cdot (1-p_1^Q)(1-p_2^Q) + RV_2 \cdot p_2^Q(1-p_1^Q)}{(1+r_1)(1+r_2)} \tag{12.6}$$

此时，要考虑从t_0到t_1不违约的概率$1-p_1^Q$；折算因子包含两个时间段上无风险利率r_1和r_2。如此类推直至t_n时刻，对应现金流的现值为：

$$\frac{c_n \cdot \prod_{k=1}^{n}(1-p_k^Q) + RV_n \cdot p_n^Q \prod_{k=1}^{n-1}(1-p_k^Q)}{\prod_{k=1}^{n}(1+r_k)} \tag{12.7}$$

求它们的总和，即为该多期息票债券总的现值PV：

$$\begin{aligned}PV = &\frac{c_1 \cdot (1-p_1^Q) + RV_1 \cdot p_1^Q}{1+r_1} + \\ &\frac{c_2 \cdot (1-p_1^Q)(1-p_2^Q) + RV_2 \cdot p_2^Q(1-p_1^Q)}{(1+r_1)(1+r_2)} + \cdots + \\ &\frac{c_n \cdot \prod_{k=1}^{n}(1-p_k^Q) + RV_n \cdot p_n^Q \prod_{k=1}^{n-1}(1-p_k^Q)}{\prod_{k=1}^{n}(1+r_k)}\end{aligned} \tag{12.8}$$

如果每个时间段上的风险中性违约概率p_i^Q都一样，可以令：

$$p^Q = p_i^Q \tag{12.9}$$

并且让回收值RV_i也一样，即：

$$RV = RV_i \tag{12.10}$$

再根据无风险利率r_i ($i = 1,2,\cdots,n$) 的值计算出单位时间化的各期利率r_i' ($i = 1,2,\cdots,n$)，使得式（12.11)成立：

$$(1+r_i')^i = \prod_{k=1}^{i}(1+r_k) \tag{12.11}$$

那么原来的现值PV可以进一步简化为式（12.12）：

$$PV = \sum_{i=1}^{n} \frac{c_i \cdot (1-p^Q)^i + RV \cdot (1-p^Q)^{i-1} p^Q}{(1+r_i')^i} \quad (12.12)$$

在连续的情况下，回顾第11章提到的累积违约概率的连续形式，这里也有：

$$p_t^Q = 1 - e^{-\lambda t} \quad (12.13)$$

式中：λ 为对应的风险比。

在风险中性空间中，**不存在套利**（no arbitrage），正如式（12.14）所表达的一样：

$$(1-p_t^Q)e^{(r+s)t} + R \cdot p_t^Q \cdot e^{(r+s)t} = e^{rt} \quad (12.14)$$

假设拿1美元进行投资，等式右边是在无风险利率 r 下在时间段0到 t 上投资无风险资产的收益，此时不存在违约。等式左边是投资在风险资产上的情况，例如债券。在一定的违约概率 p_t^Q 下，跟前面介绍的一样，资产的收益将是违约和不违约两种情况的综合结果，这里 R 是**回收率**（recovery rate）。与此同时，因为风险资产有潜在损失，投资者会期望从中获得更高的收益，否则便是"无利可图，不可为也"。这也是为什么在式（12.14）左边使用的利率是在无风险利率 r 的基础上有加了额外的 s，意味着更高的收益率，即：

$$y = r + s \quad (12.15)$$

式中：y 为总的收益率；额外的利率差异 s 为常说的**信用利差**（credit spread）。

实际中常常使用美国国债作为参考物，例如市场上一个10年的美国国债，其收益率为6%，一个10年的公司债券，其收益率为8%，那么公司债券相对于美国国债的信用利差就是2%，即200个基点（200 bps）。如图12.3所示，信用利差大致会随信用级别的降低而增大；随着到期时间的增长而增大，这是因为信用级别的降低和到期时间的增长都意味着风险的增大，需要有更高的收益期望来调和对潜在损失的顾虑。

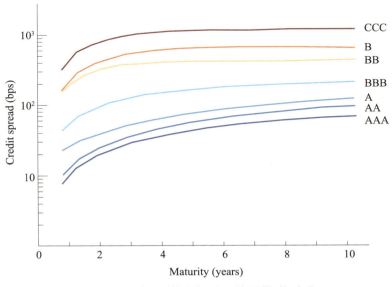

图12.3　信用利差随信用级别和到期时间变化

根据之前给出的等式，可以推导出风险中性违约概率 p_t^Q 与信用利差 s 和回收率 R 之间的关系：

$$p_t^Q = \frac{1 - e^{-st}}{1 - R} \tag{12.16}$$

在知道总收益率 y、无风险利率 r 和回收率 R 的情况下，就可以利用式（12.16）计算出对应的风险中性违约概率 p_t^Q。如表12.1所示，假设某一债券已知到期时间（T）、无风险即期利率（r）、债券收益（y）、回收率（R）为40%。债券收益率与无风险即期利率之差即为信用利差（s）。通过式（12.16），即可计算出对应的风险中性违约概率 p_t^Q，并且这里的概率是整个到期时间 T 上的累积违约概率。

表 12.1 债券收益率、信用利差和风险中性违约概率（回收率 $R = 40\%$）

到期时间 (T)	无风险即期利率 (r)	债券收益 (y)	信用利差 (s)	累积风险中性违约概率	年化风险中性违约概率
0.5	3.57%	3.67%	0.10%	0.083%	0.167%
1.0	3.70%	3.82%	0.12%	0.200%	0.200%
1.5	3.81%	3.94%	0.13%	0.325%	0.212%
2.0	3.95%	4.10%	0.15%	0.499%	0.250%
2.5	4.06%	4.22%	0.16%	0.665%	0.267%
3.0	4.16%	4.32%	0.16%	0.798%	0.267%
3.5	4.24%	4.44%	0.20%	1.163%	0.334%
4.0	4.33%	4.53%	0.20%	1.328%	0.334%
4.5	4.42%	4.64%	0.22%	1.642%	0.367%
5.0	4.45%	4.67%	0.22%	1.823%	0.367%

通过时间 T 上的累积违约概率 $p_T^{\text{cumulative}}$，可以计算出年化违约概率 p_T^{annual}。基本思想是保证在同一时间段上的存活率在两种表达下保持一致：

$$1 - p_T^{\text{cumulative}} = \left(1 - p_T^{\text{annual}}\right)^T \tag{12.17}$$

从而可以得到 $p_T^{\text{cumulative}}$ 和 p_T^{annual} 两者之间的相互转化关系：

$$\begin{cases} p_T^{\text{cumulative}} = 1 - \left(1 - p_T^{\text{annual}}\right)^T \\ p_T^{\text{annual}} = 1 - \left(1 - p_T^{\text{cumulative}}\right)^{\frac{1}{T}} \end{cases} \tag{12.18}$$

以下代码可以获得表12.1的结果。

`B2_Ch12_1.m`

```matlab
clc; clear all; close all;

% Time to maturity
T = 0.5:0.5:5;
% Risk-free spot rate
r = [3.57,3.7,3.81,3.95,4.06,4.16,4.24,4.33,4.42,4.45];
```

```
r = r*0.01;

% Bond yield
y = [3.67,3.82,3.94,4.10,4.22,4.32,4.44,4.53,4.64,4.67];
y = y*0.01;

% Credit spread
s = y-r;

% Recovery rate
R = 0.4;

% Cumulative risk-neutral default probability
cpd=(1-exp(-s.*T))./(1-R);

% Annualized cumulative risk-neutral default probability
cpd_annual = 1-(1-cpd).^(1./T);

% Summary table
results = table(T',r',y',s',cpd',cpd_annual');
results.Properties.VariableNames = ...
    {'Time_to_Maturity','RiskFree_Spot_Rate', ...
    'Bond_Yield','Credit_Spread',...
    'Cumulative_RiskNeutral_PD',...
    'Annual_RiskNeutral_PD'};
disp(results)
```

在MATLAB中，可以利用bondDefaultBootstrap()函数根据市场利率和债券价格来提取违约概率。该函数需要三个主要的输入变量：'ZeroData'、'MarketData'和'Settle'。ZeroData包含即期利率及对应的时间点；MarketData包含债券价格、息票率及到期时间；Settle则指定**分析日期**（analysis date），即当下的时间。

如下代码即在准备函数输入中用到的'Settle'和'MarketData'：

```
B2_Ch12_2_A.m

clc; clear all; close all;

% Input market info
Settle = datenum('08-Jul-2018');

MarketDate = datenum({'06/15/2020', '01/08/2021', ...
    '02/01/2023', '03/18/2023', '08/04/2028'}','mm/dd/yyyy');

CouponRate = [2.240 2.943 5.750 3.336 4.134]'/100;
MarketPrice = [101.300 103.020 115.423 104.683 108.642]';
MarketData = [MarketDate,MarketPrice,CouponRate];
```

这里的数据直接从市场获得。接下来的代码，则通过构建IRDataCurve对象，在实际数据的基础上获得即期利率：

B2_Ch12_2_B.m

```matlab
% Get zero rates using IRDataCurve object
CurveSettle = Settle;

CurveDates = datemnth(CurveSettle, ...
    [[1 3 6], 12 * [1 2 3 5 7 10 20 30]]');

Data = [0.25 0.28 0.37 0.48 0.62 0.71 ...
    0.93 1.18 1.35 1.68 2.12]'/100;

irdc = IRDataCurve('Zero',CurveSettle, CurveDates, Data);

ZeroRates = getZeroRates(irdc, CurveDates);
```

以上代码中，首先指定了'CurveSettle'的日期，即利率数据开始的时间。datemnth()用来产生一个日期序列，代码'datemnth(CurveSettle, ...)'中的'CurveSettle'指定了日期序列开始的时间点。后面紧跟的向量则指定了接下来几个月之后的时间点，本例中指定的就是1个月、3个月、6个月、1年、2年、3年……直至30年后的日期。然后通过IRDataCurve()函数定义IRDataCurve对象（interest-rate curve object），其一般的形式是IRDataCurve (Type, Settle, Dates, Data)。其中，'Type'定义利率数据类别，可以是即期利率'zero'，远期利率'forward'和折算因子'discount'，其他的输入则是相关数据。所以，IRDataCurve对象可以携带不同的利率信息。而函数getZeroRates() 则能够通过IRDataCurve对象提取出其中的即期利率数据。这里的代码主要是为了演示相关对象和函数的应用，方便而言，读者也可以直接将数据代入到后面的运算中。

数据准备好后就是调用bondDefaultBootstrap()函数，具体代码如下：

B2_Ch12_2_C.m

```matlab
% Bootstrap
ZeroData = [CurveDates, ZeroRates];

format long

[ProbabilityData,HazardData] = ...
    bondDefaultBootstrap(ZeroData,MarketData,Settle);

Date = ...
    datetime(ProbabilityData(:,1), 'ConvertFrom', 'datenum');

PD = ProbabilityData(:,2);

Hazard = HazardData(:,2);

results = table(Date, PD, Hazard)
```

为了便于显示，代码最后通过 datetime()函数将日期时间从数据类型转化成了字符类型。'format long'用来提高数据储存精度，减小使用小数值计算的截断误差。代码最后运行的结果如下，给出了特定时间点上的违约概率（PD）和风险比（Hazard）：

```
       Date                PD                    Hazard
15-Jun-2020       0.029669790898164      0.015527369966258
08-Jan-2021       0.041699281495109      0.0219966354283149
01-Feb-2023       0.0918489999032694     0.0260200302887649
18-Mar-2023       0.102686019613596      0.0973725080064397
04-Aug-2028       0.264473415716895      0.0369119990029485
```

注意代码中，对 bondDefaultBootstrap() 函数的调用比较简单，选用了其默认的设置。这里还有几个关键的字符输入命令，如以下代码所示：

`B2_Ch12_2_D.m`

```
[ProbabilityData,HazardData] = ...
    bondDefaultBootstrap(ZeroData,MarketData,Settle, ...
    'RecoveryRate', 0.4, 'Face', 100, 'Period', 2);
```

首先是'RecoveryRate'，指定回收率的值，默认为40%。然后是'Face'，指定债券面值，默认为100。接着是'Period'，指定息票频率，默认是2，即每年发两次息票。这些主要的参数，对于不同的债券也会不同，请读者在实际操作中注意选择合适的输入值。

更复杂的情况，大家还可以参考MATLAB的相关资料：

https://www.mathworks.com/help/finance/bonddefaultbootstrap.html#namevaluepairarguments

另一个在MATLAB中可用于提取违约概率的函数是cdsbootstrap()，采用的是**信用违约互换**（credit default swap，CDS）的市场价格。信用违约互换从20世纪90年代出现，在21世纪初的使用明显增多。信用违约互换数据可以被金融专家、监管部门以及媒体用来监控相关企业的信用风险，并与评级机构给出的结论相比较。一个信用违约互换相当于一个关于违约保护的双方合约，其中规定**提供保护的一方**（protection seller）和**被保护的一方**（protection buyer）。提供保护的一方即为CDS的售出者，被保护的一方即为CDS的购买者。

合约规定提供违约保护的一方在**指定公司**（reference entity）违约时，保障被保护的一方避免违约产生的损失。而被保护的一方在合约签订之后，指定公司违约之前，直至合约期满，需要定期向提供保护的一方缴纳费用，就像大家熟知的"保护费"一样。

如图12.4所示是一个5年的CDS合约的例子。该合约**名义本金**（notional principal）是1亿美元，指定公司是**通用汽车**（General Motors）。合约规定，通用汽车不违约时，受保护的一方每年向提供保护的一方支付6百万美元。这相当于名义本金的6%，即600个基点，实为CDS的利差。如果通用违约，提供保护的一方向受保护的一方提供1亿美元补偿，同时受保护的一方将持有的通用债券转交于提供保护的一方。

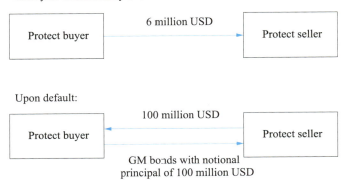

图12.4 信用违约互换（credit default swap, CDS）产品结构

下面通过一个例子来演示一下一个信用违约互换中如何暗含着违约概率。如图12.5所示，假设一个CDS的名义本金是N，在未来的时刻T到期。到期前分别在时刻t_1、t_2、t_3和t_4上，在违约不发生的时候受保护的一方需要支付费用是$N_s/4$，这里s是支付金额相对于名义本金N的百分比，也称为**信用违约互换利差**（CDS spread）。同时令回收率是R，在每个时间段上的条件违约概率分别是p_1、p_2、p_3和p_4，以及每个时刻上对应的即期利率分别是r_1、r_2、r_3和r_4。

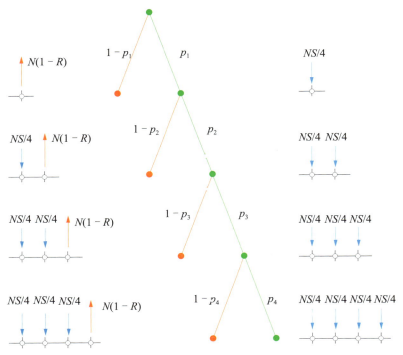

图12.5 信用违约互换价值换算

如果违约发生在t_1时刻，相应的概率是p_1，则无须支付CDS费用，考虑回收率的情况下，提供保护的一方实际支付金额的现值是：

$$\frac{N(1-R)}{1+r_1} \tag{12.19}$$

如果违约发生在t_2时刻,则相应的概率是$(1-p_1)p_2$,此时需在t_1时刻支付CDS费用,同样考虑回收率的情况下,提供保护的一方实际支付金额的现值是:

$$\frac{N(1-R)}{1+r_2}-\frac{Ns}{4(1+r_1)} \quad (12.20)$$

如果违约发生在t_3时刻,则相应的概率是$(1-p_1)(1-p_2)p_3$,此时需在t_1和t_2时刻支付CDS费用,类推可得到提供保护的一方实际支付金额的现值是:

$$\frac{N(1-R)}{1+r_3}-\frac{Ns}{4(1+r_1)}-\frac{Ns}{4(1+r_2)} \quad (12.21)$$

如果违约发生在t_4时刻,则相应的概率是$(1-p_1)(1-p_2)(1-p_3)p_4$,此时需在t_1、t_2和t_3时刻支付CDS费用,提供保护的一方实际支付金额的现值是:

$$\frac{N(1-R)}{1+r_4}-\frac{Ns}{4(1+r_1)}-\frac{Ns}{4(1+r_2)}-\frac{Ns}{4(1+r_3)} \quad (12.22)$$

如果在t_4时刻仍然没有违约,则相应的概率是$(1-p_1)(1-p_2)(1-p_3)(1-p_4)$,此时需在$t_1$、$t_2$、$t_3$和$t_4$时刻支付CDS费用,提供保护的一方实际支付金额的现值是:

$$-\frac{Ns}{4(1+r_1)}-\frac{Ns}{4(1+r_2)}-\frac{Ns}{4(1+r_3)}-\frac{Ns}{4(1+r_4)} \quad (12.23)$$

将以上所有的情况合计起来,即为该信用违约互换的现值PV:

$$\begin{aligned} PV = & \frac{N(1-R)}{1+r_1} \cdot p_1 \\ & + N\left[\frac{1-R}{1+r_2}-\frac{s}{4(1+r_1)}\right] \cdot (1-p_1)p_2 \\ & + N\left[\frac{1-R}{1+r_3}-\frac{s}{4(1+r_1)}-\frac{s}{4(1+r_2)}\right] \cdot (1-p_1)(1-p_2)p_3 \\ & + N\left[\frac{1-R}{1+r_4}-\frac{s}{4(1+r_1)}-\frac{s}{4(1+r_2)}-\frac{s}{4(1+r_3)}\right] \cdot (1-p_1)(1-p_2)(1-p_3)p_4 \\ & - \frac{Ns}{4}\left[\frac{1}{1+r_1}+\frac{1}{1+r_2}+\frac{1}{1+r_3}+\frac{1}{1+r_4}\right] \cdot (1-p_1)(1-p_2)(1-p_3)(1-p_4) \end{aligned} \quad (12.24)$$

在建立了PV与违约概率两者的联系之后,在无套利原则下CDS的现价PV为零,即CDS购买者在协议签订时并不需要支付任何费用,而是在以后规定的时间根据CDS利差支付相应金额。所以,简单来讲如果知道了一个CDS的现价和协议的付款要求,加上所需的利率信息就可以得到其中暗含的违约概率。

在MATLAB中,可以使用cdsbootstrap()函数。它的使用与之前介绍的bondDefaultBootstrap()函数十分类似,也需要"ZeroData""MarketData"和"Settle"三个主要的输入变量。ZeroData和Settle的意义、输入格式与内容要求与bondDefaultBootstrap()函数一致。这里的MarketData则包含信用违约互换利差及相应的时间信息等。调用该函数的代码具体如下:

```
B2_Ch12_3.m

clc; clear all; close all;

% Input market info of CDS
Settle = datenum('17-Jul-2018');

Spread_Time = [1 2 3 5 7]';
Market_Dates = daysadd(datenum(Settle),360*Spread_Time,1);
Spread = [136 165 202 275 313]';

MarketData = [Market_Dates Spread];

% Interest rate info
Zero_Time = [.5 1 2 3 4 5]';
Zero_Dates = daysadd(datenum(Settle),360*Zero_Time,1);
Zero_Rate = [1.35 1.43 1.9 2.47 2.936 3.311]'/100;

ZeroData = [Zero_Dates Zero_Rate];

% Bootstrap
format long
[ProbabilityData, HazardData] = 
cdsbootstrap(ZeroData,MarketData,Settle);

Date = ...
    datetime(ProbabilityData(:,1), 'ConvertFrom', 'datenum');

PD = ProbabilityData(:,2);

Hazard = HazardData(:,2);

results = table(Date, PD, Hazard)
```

代码的运行结果如下，给出了特定时间点上的违约概率（PD）和风险比（Hazard）。

```
    Date               PD                    Hazard
17-Jul-2019     0.02268346909092      0.022630385987131
17-Jul-2020     0.0544170703247634    0.0324678570133123
17-Jul-2021     0.0984762355273813    0.047061558034066
17-Jul-2023     0.214962357538458     0.068229732090771
17-Jul-2025     0.325810262234091     0.0749647489635756
```

注意，代码中CDS利差数据的输入要以bps基点为单位，对应地输入日期序列。并且，代码中使用了daysadd()，在'Settle'日期的基础产生了随后的利差日期。同时，cdsbootstrap()函数也有几个关键的字符输入命令。首先也是'RecoveryRate'，指定回收率的值，默认为40%。然后是'Period'，指定息票频率，默认是4，即每年支付利差金额4次。这些主要的参数，需要根据不同的CDS信息进行调整。

其他更多的细节可以参考MATLAB相关的函数文件：

https://www.mathworks.com/help/finance/cdsbootstrap.html#bvh2gwo-1-MarketData

CDS与**保险**（insurance）十分类似，都存在提供保护和被保护的一方；提供保护的一方免除或弥补被保护一方的某些风险或损失，而被保护的一方则为此向提供保护的一方支付一定费用。但是CDS和保险的根本区别在于：

与保险不同，CDS对于资产的实际所有权没有限制；

产生损失时，保险赔付的是"实际损失"，有**保险调查员**（insurance surveyor）评估实际金额。而在CDS中，赔付金额以及在何种情况下赔付在损失发生前已经明确；

保险公司在大多数国家都有专门的监管部门监督，以保证保险公司的偿付能力。而CDS在多数情况下并无类似的专门监管机构；

保险合约往往会向买方阐明产品的相关风险，而CDS合约中并没有类似的要求。

12.2 违约相关性

一个投资组合的整体风险不仅取决于各个单独的资产，也由各个资产间的相关性所决定。资产价值之间的联系，决定了当一个违约发生时，可能会导致另一个违约，这就是**违约相关性**（default correlation）。如果说资产价值的相关性能够被直接评估，则违约相关性的直接评估更加困难，有时甚至是不太可能。例如，三星公司和苹果公司从来都没有违约过，没有历史数据可循，但是并不代表两者之间的违约相关性就是零。通常可以通过研究各自的违约概率以及资产相关性来推测违约相关性。如前面Merton模型中提到的，当一个企业的资产价值低于它的负债（违约临界点）时，该企业就会违约。那么，两个企业同时违约的概率可以是它们的资产价值同时低于各自负债的概率。而这个概率可以通过资产价值的相关性，和各自的违约临界点来计算。

例如，目前的研究对象是组合中的第j个（Borrower j）和第k个（Borrower k）借方公司。表12.2总结了两个对象可能出现的所有违约情况。

都不违约，概率为：

$$P(D_j = 0 \cap D_k = 0) \tag{12.25}$$

j不违约而k违约，概率为：

$$P(D_j = 0 \cap D_k = 1) \tag{12.26}$$

j违约而k不违约，概率为：

$$P(D_j = 1 \cap D_k = 0) \tag{12.27}$$

同时违约，概率为：

$$P(D_j = 1 \cap D_k = 1) \tag{12.28}$$

同时也知道两个对象各自违约的概率分别为$P(D_j = 1)$和$P(D_k = 1)$。这里各个概率之间满足式（12.29）所示关系：

$$\begin{cases} P(D_j = 0) = P(D_j = 0 \cap D_k = 0) + P(D_j = 0 \cap D_k = 1) \\ P(D_j = 1) = P(D_j = 1 \cap D_k = 0) + P(D_j = 1 \cap D_k = 1) \\ P(D_k = 0) = P(D_j = 0 \cap D_k = 0) + P(D_j = 1 \cap D_k = 0) \\ P(D_k = 1) = P(D_j = 0 \cap D_k = 1) + P(D_j = 1 \cap D_k = 1) \end{cases} \quad (12.29)$$

式中：概率$P(D_j = 0 \cap D_k = 0)$、$P(D_j = 0 \cap D_k = 1)$、$P(D_j = 1 \cap D_k = 0)$和$P(D_j = 1 \cap D_k = 1)$即为两者的**联合违约概率**（joint default probability）；$P(D_j = 1)$和$P(D_k = 1)$也称为**边际违约概率**（marginal default probability）。

表 12.2 双研究对象的违约行为

		Borrower k		
		No Default	Default	
Borrower j	No default	$P(D_j = 0 \cap D_k = 0)$	$P(D_j = 0 \cap D_k = 1)$	$P(D_j = 0)$
	Default	$P(D_j = 1 \cap D_k = 0)$	$P(D_j = 1 \cap D_k = 1)$	$P(D_j = 1)$
		$P(D_k = 0)$	$P(D_k = 1)$	

如图12.6所示，反映了双对象时**联合违约**（joint default）的大致分布情况。

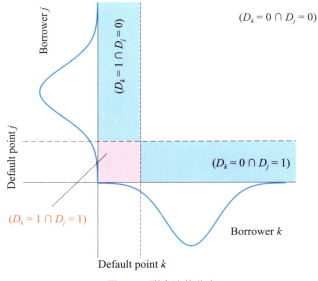

图12.6 联合违约分布

在特殊情况下，当对象j和对象k不存在相关联性，两者同时违约的概率就等于：

$$P(D_j = 1 \cap D_k = 1) = P(D_j = 1) \cdot P(D_k = 1) \quad (12.30)$$

即同时违约的概率是两者单独违约概率的乘积，反映在联合概率分布上则如图12.7所示。如果，对象j和对象k的相关性不为零时，对应的相关性系数可以通过式（12.31）计算获得：

$$\rho_{j,k} = \frac{\mathrm{E}(D_j \cdot D_k) - \mathrm{E}(D_j) \cdot \mathrm{E}(D_k)}{\sqrt{\mathrm{Var}(D_j) \cdot \mathrm{Var}(D_k)}}$$
$$= \frac{P(D_j = 1 \cap D_k = 1) - P(D_j = 1) \cdot P(D_k = 1)}{\sqrt{P(D_j = 1)(1 - P(D_j = 1))P(D_k = 1)(1 - P(D_k = 1))}} \quad (12.31)$$

即需要各自单独的违约信息,也需要同时违约的概率。当正相关时,反映在联合概率分布上则如图12.8所示;当负相关时,反映在联合概率分布上则如图12.9所示。同时违约的概率在正相关时比没有相关性时要大,而后者又比负相关时要大。

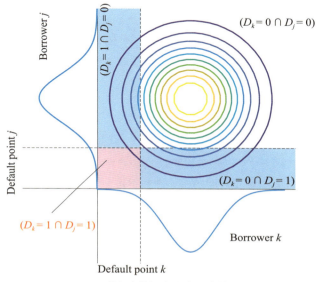

图12.7 联合违约概率分布(线性无关)

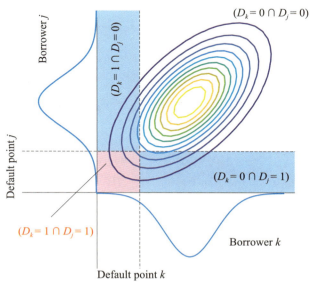

图12.8 联合违约概率分布(正线性相关性)

第 12 章 信用风险 III | Credit Risk

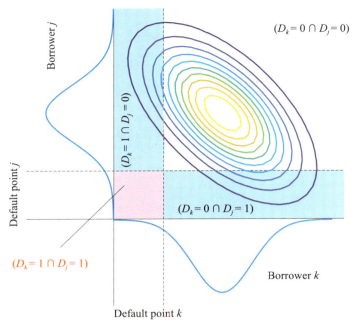

图12.9 联合违约概率分布（负线性相关性）

评估组合中评估资产或者金融工具间的相关性并不是一件易事，尤其是评估较大的投资组合中的相关性是十分困难的。假若组合中有N个需要研究的对象，两两成对就构成了一个$N\times N$的相关性矩阵。直接评估的话，考虑到相关性矩阵的对称性，以及对角元素由于完全自相关均为1，这样需要$N(N-1)/2$次的计算。假如$N=2000$，那么计算量就已经达到了百万级。实际中一个行之有效的方法，是通过**单因子模型**（one-factor model）将各个研究对象与同一个因子联系起来。

如图12.10所示，这里基本的思想是公司业务主要受到两方面的影响，一方面是系统风险决定的**系统性因子**（systematic factor），另一方面是由公司自身决定的随机性风险对应的**特质因子**（idiosyncratic factor）。对于投资组合中的对象j和对象k，在单因子模型中可以与同一个系统性因子联系起来，即有：

$$\begin{cases} r_j = \beta_j \phi + \varepsilon_j \\ r_k = \beta_k \phi + \varepsilon_k \end{cases} \tag{12.32}$$

式中：r_j和r_k分别是组合中对象j和对象k的资产回报率；ϕ是两者共享的系统性因子；ε_j和ε_k对应各自的非系统性因素，具有随机性。

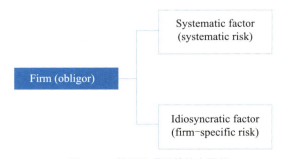

图12.10 单因子模型的基本思想

先看对象j，它与ϕ是常见的线性回归关系；令两者之间的相关性系数为ρ_j，与系数β_j存在以下关系：

$$\beta_j = \frac{\sigma_j}{\sigma_\phi}\rho_j \tag{12.33}$$

σ_j和σ_ϕ分别为r_j和ϕ标准差，同时有：

$$\rho_j^2 = \frac{\beta_j^2 \sigma_\phi^2}{\sigma_j^2} = \frac{\beta_j^2 \sigma_\phi^2}{\beta_j^2 \sigma_\phi^2 + \sigma_{\varepsilon_j}^2} \tag{12.34}$$

这里，$\sigma_j^2 = \beta_j^2 \sigma_\phi^2 + \sigma_{\varepsilon_j}^2$可以由已定义的线性关系得到；$\sigma_{\varepsilon_j}$是$\varepsilon_j$的标准差。同样的，也可以得到对象$k$与系统性因子$\phi$的相关性系数$\rho_k$，存在：

$$\rho_k^2 = \frac{\beta_k^2 \sigma_\phi^2}{\sigma_k^2} = \frac{\beta_k^2 \sigma_\phi^2}{\beta_k^2 \sigma_\phi^2 + \sigma_{\varepsilon_k}^2} \tag{12.35}$$

其中，σ_k和σ_{ε_k}分别是r_k和ε_k的标准差。那么在此基础上，可以推导出对象j和对象k之间的相关性ρ_{jk}为：

$$\rho_{j,k} = \frac{\beta_j \sigma_\phi}{\sigma_j} \cdot \frac{\beta_k \sigma_\phi}{\sigma_k} = \rho_j \rho_k \tag{12.36}$$

可以看出，此时对于$\rho_{j,k}$的计算，是利用对象j和对象k与同一因子ϕ的关系（β_j和β_k）来间接计算的。

特别要提的是，以对象j为例，当r_j、ϕ和ε_j都满足标准正态分布时，三者的关系式还可以表达为：

$$r_j = \rho_j \phi + \sqrt{1 - \rho_j^2}\, \varepsilon_j \tag{12.37}$$

此时$\sigma_j^2 = \sigma_\phi^2 = \sigma_{\varepsilon_j}^2 = 1$，$\phi$前面的系数$\beta_j$即为$\rho_j$，$\varepsilon_j$需要乘以比例因子$\sqrt{1-\rho_j^2}$以保持$r_j$满足标准正态分布。这个形式其实更常见于单因子模型的表达和引用中。丛书第三本书会进一步深入讨论这些模型和应用。

但是，只有唯一的系统性因子在实际应用中未免过于概括和单一。如图12.11所示，系统性因子可以包括**行业因素**（industry factors）以及**地域因素**（geographic factors）。这当中有些是仅仅由行业或地域决定的因子，例如**行业专属因素**（industry-specific factors）和**国家专属因素**（country-specific factors）。这其中，也有些因子是既包含了行业影响也包含了地域影响的，例如**宏观经济因子**（economic factors）、**行业部门因子**（industrial sector factors）和**地区因子**（regional factors）。

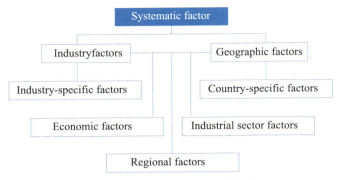

图12.11 多因子模型中的常见系统系因子

考虑下面的情况，当组合中的对象j和k分别对应不同的系统性因子ϕ_j和ϕ_k时：

$$\begin{cases} r_j = \beta_j \phi_j + \varepsilon_j \\ r_k = \beta_k \phi_k + \varepsilon_k \end{cases} \quad (12.38)$$

类似地，可以推导出两者间的相关性系数为：

$$\begin{aligned}
\rho_{j,k} &= \beta_j \beta_k \cdot \frac{\text{cov}(\phi_j, \phi_k)}{\sigma_j \sigma_k} \\
&= \beta_j \beta_k \cdot \frac{\sigma_{\phi_j} \sigma_{\phi_k}}{\sigma_j \sigma_k} \cdot \frac{\text{cov}(\phi_j, \phi_k)}{\sigma_{\phi_j} \sigma_{\phi_k}} \\
&= \frac{\beta_j \sigma_{\phi_j}}{\sigma_j} \cdot \frac{\beta_k \sigma_{\phi_k}}{\sigma_k} \cdot \frac{\text{cov}(\phi_j, \phi_k)}{\sigma_{\phi_j} \sigma_{\phi_k}} \\
&= \rho_{j,\phi_j} \cdot \rho_{k,\phi_k} \cdot \rho_{\phi_j,\phi_k}
\end{aligned} \quad (12.39)$$

式中，ρ_{j,ϕ_j}为对象j收益r_j与系统性因子ϕ_j的相关性系数；ρ_{k,ϕ_k}为对象k收益r_k与系统性因子ϕ_k的相关性系数；ρ_{ϕ_j,ϕ_k}为系统性因子ϕ_j和ϕ_k的相关性系数。

在该种情况下，虽然两个对象j和k各自还是保持了单因子模型的形式，但实际上已经不是唯一的系统性因子在作用了。再复杂一些，例如式（12.40）所示情况：

$$\begin{cases} r_j = \beta_{j,j} \phi_j + \beta_{j,k} \phi_k + \varepsilon_j \\ r_k = \beta_{k,j} \phi_j + \beta_{k,k} \phi_k + \varepsilon_k \end{cases} \quad (12.40)$$

某个对象（对象j或k）对应与两个系统性因子ϕ_j和ϕ_k同时关联，这时构成的就是一个**多因子模型**（multi-factor model）。而且多因子模型不单单局限于两个因子，也可以是更多的因子；多因子模型更加普遍的形式可以利用式（12.41）所示矩阵来表达：

$$\underset{(N\times 1)}{\boldsymbol{R}} = \underset{(N\times M)}{\boldsymbol{B}} \underset{(M\times 1)}{\boldsymbol{\Phi}} + \underset{(N\times 1)}{\boldsymbol{\varepsilon}} \quad (12.41)$$

式中：$\boldsymbol{R}$为N个研究对象的收益率列向量：

$$\boldsymbol{R} = [r_1, \cdots, r_j, r_k, \cdots, r_N]^{\text{T}} \quad (12.42)$$

B 为系数矩阵：

$$B = \begin{bmatrix} \beta_{11} & \cdots & \beta_{1j}, \beta_{1k} & \cdots & \beta_{1M} \\ \vdots & \ddots & \vdots & \ddots & \vdots \\ \beta_{N1} & \cdots & \beta_{Nj}, \beta_{Nk} & \cdots & \beta_{NM} \end{bmatrix} \quad (12.43)$$

Φ 为含有 M 个系统性因子的列向量：

$$\Phi = \begin{bmatrix} \phi_1, \cdots, \phi_j, \phi_k, \cdots, \phi_M \end{bmatrix}^T \quad (12.44)$$

ε 为含有每个研究对象对应的特质性随机部分（各自独立不相关）的列向量：

$$\varepsilon = \begin{bmatrix} \varepsilon_1, \cdots, \varepsilon_j, \varepsilon_k, \cdots, \varepsilon_N \end{bmatrix}^T \quad (12.45)$$

这时 R 的 $N \times N$ 的协方差矩阵可通过式（12.46）计算获得：

$$\text{cov}(R) = B\Omega_f B^T + D \quad (12.46)$$

式中：Ω_f 为 Φ 中各个系统性因子的协方差矩阵（$M \times M$）；D 为非对角元素均为0的对角矩阵，对角元素是 ε 向量各个元素的方差：

$$D = \begin{bmatrix} \sigma_{\varepsilon_1}^2 & \cdots & 0 \\ \vdots & \ddots & \vdots \\ 0 & \cdots & \sigma_{\varepsilon_N}^2 \end{bmatrix} \quad (12.47)$$

在MATLAB中，也采用了多因子模型来模拟相关性违约，具体的形式与刚刚介绍的矩阵形式是一致的：

$$r_j = \omega_{j,1}\phi_1 + \cdots + \omega_{j,M}\phi_M + \omega_{j,\varepsilon}\varepsilon_j \quad (12.48)$$

主要的区别是，系统性因子 $\phi_1, \phi_2, \cdots, \phi_M$ 以及随机项 ε_j 都服从标准正态分布，正如前面在单因子模型中提到，这时需要对各项前面的系数进行调整和变化，所以上式中的系数项改用 $\omega_{j,1}, \cdots, \omega_{j,M}, \omega_{j,\varepsilon}$ 表示。r_j 也服从正态分布，可以看成是一系列服从正态分布的因子的组合。这里系统性因子 $\phi_1, \phi_2, \cdots, \phi_M$ 的协方差矩阵 Ω_f 可由用户定义，默认情况下为单位对角矩阵，即互不相关。

在已知 Ω_f 的情况下，这里系统性因子 $\phi_1, \phi_2, \cdots, \phi_M$ 通过**连接函数**（copula）参与到联合违约概率的计算中。在服从正态分布的前提下，使用的是**高斯连接函数**（Gaussian copula）。用户也可以选择 t-分布作为前提假设，即系统性因子 $\phi_1, \phi_2, \cdots, \phi_M$ 以及随机项 ε_j 服从 t-分布，这时可以使用 t-**连接函数**（t-copula）。大家可以参看之前的章节，回顾一下连接函数将边缘分布转化到联合分布中，并且同时保证联合分布对应的边缘分布保持不变。

下面来看一个MATLAB中模拟联合违约（Modeling Correlated Defaults with Copulas）计算组合损失的例子。这里需要用到MATLAB自带数据CreditPortfolioData.mat，并且还要构建creditDefaultCopula对象。首先使用以下代码导入所需的数据：

```
B2_Ch12_4_A.m
```

```matlab
clc; clear all; close all;

% Load portfolio data
load CreditPortfolioData.mat
whos EAD PD LGD Weights2F FactorCorr2F
```

CreditPortfolioData.mat数据中含有EAD、FactorCorr2F、LGD、Maturity、PD、Weights2F等变量。这里的组合中共有100个对象，每个对象分别有各自的EAD、PD和LGD值。代码中使用"whos"来显示其中某些变量的类型和大小等信息：

```
  Name               Size        Bytes   Class     Attributes

  EAD                100x1         800   double
  FactorCorr2F       2x2            32   double
  LGD                100x1         800   double
  PD                 100x1         800   double
  Weights2F          100x3        2400   double
```

利用输入的数据，通过以下代码构建creditDefaultCopula对象。

```
B2_Ch12_4_B.m
```

```matlab
% Creat creditDefaultCopula object
rng('default');

cdcobj = creditDefaultCopula(EAD,PD,LGD,Weights2F, ...
    'FactorCorrelation',FactorCorr2F,...
    'VaRLevel', 0.95);

disp(Weights2F(1:5,:))
disp(FactorCorr2F)
```

creditDefaultCopula对象在MATLAB中被用来模拟和分析多因子信用违约模型。这里需要必要的投资组合信息，包括违约暴露EAD、违约概率PD、违约损失率LGD。在creditDefaultCopula对象中，组合中的每一个对象通过随机变量按照已知的违约概率产生违约和不违约的不同结果。在某个对象违约时，对应的损失就是EAD·LGD。此外，"Weights2F"提供了多因子模型中各个因子前的系数，即权重项。这里使用的是双因子模型，有两个系统性因子和一个非系统性因子，所以如下所示，"Weights2F"中共有3列数据，对应每一个因子，共100行，对应组合中的每一个对象。

```
>> disp(Weights2F(1:5,:))
   0.350000000000000                   0   0.650000000000000
                   0   0.450000000000000   0.550000000000000
   0.150000000000000                   0   0.850000000000000
   0.250000000000000                   0   0.750000000000000
   0.350000000000000                   0   0.650000000000000
```

"FactorCorr2F"中提供的是双因子模型中，通过指令符 'FactorCorrelation'来定义，两个系统性因子的协方差矩阵，反映了两个因子之间的相关性。

```
>> disp(FactorCorr2F)
   1.000000000000000   0.300000000000000
   0.300000000000000   1.000000000000000
```

这会作为连接函数的重要输入，在后面模拟相关性违约时通过连接函数来计算联合概率。如果用户不指定的话，默认的设置是各个系统因子之间独立不相关，使用的是单位对角矩阵。指令符"VaRLevel"用来定义组合损失的VaR水平，默认情况下为95%，可以在一开始时由用户定义为特定值，或者通过下面的代码修改。

`B2_Ch12_4_C.m`

```matlab
% Change the VaR level to 99.5%.
cdcobj.VaRLevel = 0.995;
```

creditDefaultCopula对象可以通过下面的代码进行简单地查看，投资组合的信息可以通过"cdcobj.Portfolio"调取。

`B2_Ch12_4_D.m`

```matlab
% View creditDefaultCopula object
disp(cdcobj)

cdcobj.Portfolio(1:5,:)
```

接下来，使用MATLAB函数simulate()调用creditDefaultCopula对象进行模拟仿真，具体代码如下：

`B2_Ch12_4_E.m`

```matlab
% Run simulation
numSteps = 1e5;
cdcobj = simulate(cdcobj, numSteps);

[pr,pr_ci] = portfolioRisk(cdcobj);

% Display risk measures
fprintf('Portfolio risk measures:\n');
disp(pr)

fprintf('\n\nConfidence intervals for the risk measures:\n');
disp(pr_ci)
```

simulate()函数的基本操作是进行蒙特卡洛模拟，产生一系列相关的系统性因子，仿真投资组合可能产生的损失情况，形成损失分布。在损失分布的基础上通过portfolioRisk()函数，进一步计算需要的风险度量，例如预期损失EL、标准差std、VaR和条件VaR (CVaR)。读者可以参见信用风险前面的部分来回顾相关计算。以上代码产生的结果如下，VaR和CVaR对应的置信水平是99.5%：

```
Portfolio risk measures:
EL                      Std
VaR                     CVaR
24.7735725076287        23.6927555579569
114.790749639024        132.92531177614

Confidence intervals for the risk measures:
EL                      Std
24.6267259856644        24.920419029593
23.58937522945          23.7970523175974
VaR                     CVaR
113.578091040346        116.138861847139
131.352203005176        134.498420547104
```

如图12.12所示为仿真后产生的损失分布，结果存放在creditDefaultCopula对象中，可以通过指令"cdcobj.PortfolioLosses"调取。图12.12中标注出了预期损失（expected loss）、经济资本（economic capital）及99.5%的CVaR（conditional VaR）值。

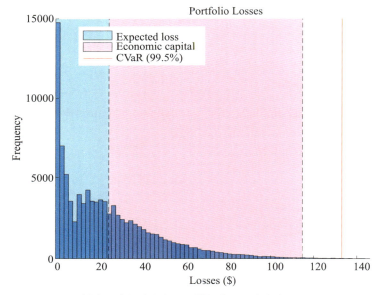

图12.12　投资组合损失分布，预期损失、经济资本及99.5% CVaR

以下的代码可以绘制图12.12。

`B2_Ch12_4_F.m`

```matlab
% Plot portfolio loss
figure
histogram(cdcobj.PortfolioLosses)
title('Portfolio Losses');
```

```
xlabel('Losses ($)')
ylabel('Frequency')
hold on

% Overlay the risk measures on the histogram.
xlim([0 1.1 * pr.CVaR])
plotline = @(x,color) plot([x x],ylim,'LineWidth',2,'Color',color);
plotline(pr.EL,'b');
plotline(pr.VaR,'r');
cvarline = plotline(pr.CVaR,'m');

% Shade the areas of expected loss and economic capital.
plotband = @(x,color) patch([x fliplr(x)],[0 0 repmat(max(ylim),1,2)],...
    color,'FaceAlpha',0.15);
elband = plotband([0 pr.EL],'blue');
ulband = plotband([pr.EL pr.VaR],'red');
legend([elband,ulband,cvarline],...
    {'Expected Loss','Economic Capital','CVaR (99.5%)'},...
    'Location','north');
```

前面提到过，creditDefaultCopula对象除了高斯连接函数，还可以使用t-连接函数。如下面代码中，在simulate()函数中通过指令将'Copula'定义为't'即可。

B2_Ch12_4_J.m

```
% Compare Gaussian and t copulas
cdcobj_t = simulate(cdcobj,numSteps,'Copula','t');

pr_t = portfolioRisk(cdcobj_t);

fprintf('Portfolio risk with Gaussian copula:\n');
disp(pr)

fprintf('\n\nPortfolio risk with t copula (dof = 5):\n');
disp(pr_t)

% Plot the Gaussian copula tail.
figure;
subplot(2,1,1)
p1 = histogram(cdcobj.PortfolioLosses);
hold on
plotline(pr.VaR,[1 0.5 0.5])
plotline(pr.CVaR,[1 0 0])
xlim([0.8 * pr.VaR  1.2 * pr_t.CVaR]);
ylim([0 1000]);
grid on
legend('Loss Distribution','VaR','CVaR')
title('Portfolio Losses with Gaussian Copula');
```

```
xlabel('Losses ($)');
ylabel('Frequency');

% Plot the t copula tail.
subplot(2,1,2)
p2 = histogram(cdcobj_t.PortfolioLosses);
hold on
plotline(pr_t.VaR,[1 0.5 0.5])
plotline(pr_t.CVaR,[1 0 0])
xlim([0.8 * pr.VaR  1.2 * pr_t.CVaR]);
ylim([0 1000]);
grid on
legend('Loss Distribution','VaR','CVaR');
title('Portfolio Losses with t Copula (dof = 5)');
xlabel('Losses ($)');
ylabel('Frequency');
```

相较于高斯连接函数，t-连接函数会使仿真得到的损失分布更加接近实际损失中的肥尾现象，各项风险度量也会有明显的增加。如图12.13所示，使用t-连接函数后损失分布自身明显更加"肥硕"，风险度量VaR和CVaR都明显向更大的损失方向（向右侧）移动。这也说明，在t-连接函数下，仿真中出现了更多的关联性违约，导致出现更多的损失。以上代码也同时绘制了图12.13。

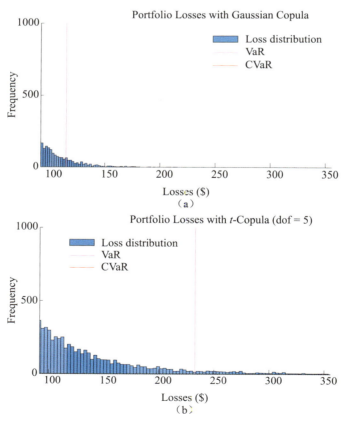

图12.13　分别使用高斯连接函数与t-连接函数时投资组合损失分布对比

注意t-连接函数使用需要定义合适的**自由度**（degree of freedom）。上面的例子中使用的自由度为5，也是simulate()函数的默认设置。用户可以通过指定'DegreesOfFreedom'进行自定义，具体代码如下：

```
B2_Ch12_4_H.m
```

```
% Specifiy t-copula degree of freedom
cdcobj_t = simulate(cdcobj,numSteps,'Copula','t',...
    'DegreesOfFreedom', 7);
```

当自由度不断增大时，t-连接函数会更加接近高斯连接函数。这里，自由度5还是很低的值，所以在使用t-连接函数前后损失分布会出现很大的变化。这也暗示读者，对连接函数以及自由度的选择对于极值损失而言，是一个关键而又敏感的因素。

12.3 违约损失率

在违约发生时，导致的损失是风险暴露EAD和违约损失率LGD的乘积，即EAD×LGD，所以违约损失率和风险暴露是除了PD之外的两个重要因素。

讨论违约损失率（loss given default，LGD）的前提条件是违约已经发生，如图12.14所示，违约后实际损失率的产生是一个持续的过程。通常**违约损失率**是关于风险暴露的一个比例，与**回收率**（recovery rate）之和为1。对LGD的测量最常用的方法是根据**解决期限**（resolution time）内的现金流进行合计和折算出实际损失的现值，并得到相对于违约风险暴露的比例：

$$\text{LGD} = \frac{\text{EAD} - \sum_{t=1}^{T} \frac{CF_t}{(1+r_t)^t}}{\text{EAD}} \quad (12.49)$$

如图12.15所示的例子中，假设在t_0时刻，违约发生并且EAD = 100美元，记为-100美元。随后，针对违约的应对程序马上启动，在t_1时刻，托收部门与违约方通过一定方式（例如，电话或托收信）取得联系，假设这个过程需要花费5美元，记为-5美元。违约方随后在t_2时刻支付了20美元，记为20美元，但远低于实际的总债务价值。托收部门继续与违约方沟通，在时刻t_3又发出还债要求，同样花费5美元，对应的现金流为-5美元。但违约方无力继续偿还余下债务，为了减少损失，违约方签订合约时提供的**抵押物**（collateral）在t_4时刻被出售，获得收入70美元，对应的现金流为70美元。假若将这些现金流（有正有负）折算到违约时刻t_0，得到的现值是72美元，那么就是说从100美元损失中回收了72美元，即回收率为72%。如此，实际损失了28美元，所以违约损失率LGD = 28%。

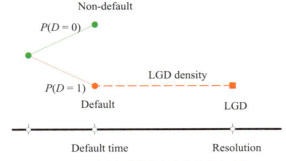

图12.14 违约损失的前提条件是发生违约

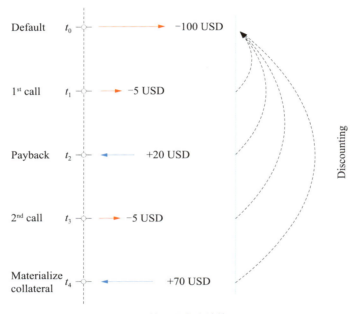

图12.15 基于现金流计算LGD

实际测算中的LGD值并不总是在 [0，1] 的区间内，有可能是负值，也有可能超过1。负值的LGD对应回收率超过1的情况，常见的原因是风险暴露EAD是在违约时计算的，但是当违约方偿还债务时同时支付了其他相应费用或罚金，使得实际支付金额高于原先计算的EAD。另一个原因可能是抵押物的价值升高超过了原先的EAD，售出抵押物止损时从中获得额外收益。当LGD超过1时，对应的是回收率为负值的情况，可能的原因是回收过程中的实际费用大于回收的金额，使得整体回收率为负。对某些金融产品，也有可能是违约之后又有额外的暴露产生并计算到了损失中。通常在LGD的建模中，负值LGD建议转化为0，而超过1的LGD值则限定为1。

在LGD的建模中，一定要保持对违约的定义始终与PD模型中的一致，这一点对于EAD而言也是一样的。因为三者最后都要共同参与到预期损失或者非预期损失同一运算中。例如，假若将违约定义从90天内未履约变为60天内未履约，那么违约率和违约概率都会升高，但是违约损失率LGD可能会下降。总体而言，预期损失可能不会出现很大变化。

在得到了违约损失率的历史数据后，可以对违约损失率直接建模，即目标变量 $Y_1 = \{y_{1,i}\}$，其中每个元素即为历史LGD数据：

$$y_{1,i} = \text{LGD}_i \tag{12.50}$$

或者先对违约损失率数据进行某些变化，再来搭建模型。常见的操作有**逻辑变化**（logistic transformation），即目标变量$Y_2 = \{y_{2,i}\}$，其中每个元素与LGD历史数据的关系为：

$$y_{2,i} = \ln\left(\frac{LGD_i}{1-LGD_i}\right) \tag{12.51}$$

另一个变化是**常态概率转化**（probit transformation），目标变量$Y_3 = \{y_{3,i}\}$，其中每个元素满足：

$$y_{3,i} = \Phi^{-1}(LGD_i) \tag{12.52}$$

这里$\Phi()$是正态累积分布函数，$\Phi^{-1}()$是它的逆函数。还有一个变化是，将违约损失率LGD转化为回收率，再作**自然对数变化**（natural logarithm transformation），目标变量$Y_4 = \{y_{4,i}\}$，并且：

$$y_{4,i} = \ln(1-LGD_i) \tag{12.53}$$

丛书第三本书数据部分将介绍更多数据转换处理方法。在确定了LGD模型的目标变量后，再选择适当的因子来搭建回归模型。这里，通过一个简单的例子来看看编程中的具体操作，首先使用以下代码导入所需数据。

`B2_Ch12_5_A.m`

```
clc; clear all; close all;

% Load historical data
filename = 'hist_data.csv';

data = readtable(filename, ...
    'Delimiter', ',', 'ReadVariableNames', ...
    true, 'ReadRowNames', false);

summary(data)
```

最后一行代码"summary(data)"将显示数据如下的基本信息：

```
>> summary(data)
Variables:
    LTV: 2000×1 double
            Values:
            Min            0.007380168
            Median         0.6497401605
            Max            1.979527426
    RecoveryRate: 2000×1 double
            Values:
            Min                    1e-05
            Median         0.973801659
            Max                    0.99999
    Purpose: 2000×1 double
```

```
            Values:
            Min             0
            Median          0
            Max             1
```

数据中包含有'RecoveryRate'、'LTV'和'Purpose'三个变量，共2000条信息，对应产品是普通个人贷款。'RecoveryRate'是历史回收率数据，需要转化为违约损失率或其相关变化。'LTV'是**贷款价值比**（loan-to-value ratio），指贷款金额和抵押品价值的比例，多见于抵押贷款。'Purpose'是一个**虚拟变量**（dummy variable），指贷款是否用于某一特定目的（例如，租赁），是的话为1，否则为0。大家会注意到，'RecoveryRate'的值在 [0，1] 的区间上，但实际数据设定在了0.00001到0.99999之间。考虑到LGD的值是 1 - Recovery Rate，这相当于将LGD的值也限定在了区间 [0.00001, 0.99999] 上。这样做的目的是为了避免在计算LGD的其他变化（逻辑变化，常态概率转化和自然对数变化）时出现无穷大值。

在导入数据后，运行以下代码，分别计算LGD四个不同的目标变量Y_1、Y_2、Y_3和Y_4。

`B2_Ch12_5_B.m`

```matlab
% Calculate LGD and its transformations
% Recovery rates have be capped and floored in the range
% [0.00001, 0.99999]
data.Y1 = 1-data.RecoveryRate;

% Logistic transformation of LGD
data.Y2 = log(data.Y1./(1-data.Y1));

% Probit transformation of LGD
data.Y3 = norminv(data.Y1);

% Natural logarithm of recovery rate
data.Y4 = log(1-data.Y1);

% Plot
figure
xlabels = {'Y1','Y2','Y3','Y4'};
bins = 25;
titles = ...
    {'Original LGD', 'Logistic transformation of LGD',...
    'Probit transformation of LGD',...
    'Natural logarithm of 1-LGD'};

for i=1:4

    subplot(2,2,i)
    hist(table2array(data(:, xlabels(i))), bins)
    xlabel(xlabels(i))
    title(titles(i))
end
```

如图12.16所示为原始LGD数据,以及逻辑变化,常态概率转化和自然对数变化后的LGD数据。从图12.16中可以看出,原始LGD数据中数值聚集在了0.00001和0.99999的边界上。同样的现象也始终保持在了其他变化后的LGD数据中,这也暗示模型因子中的虚拟变量'Purpose'可能是一个重要的变量。另外,经过变化后边界内数据的分布有明显的变化,无论是从形态还是从数值大小上来看,都有不同之处。以上代码可以绘制图12.16。

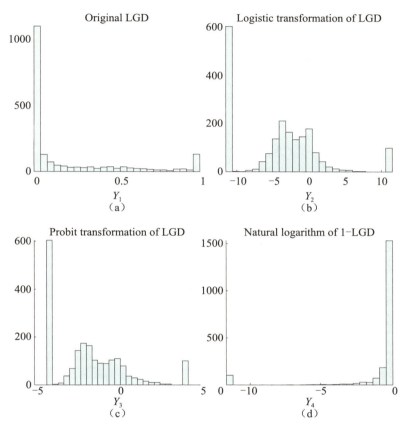

图12.16 原始LGD数据及其他变化的直方图

下面的代码将'LTV'和'Purpose'作为两个因子,针对四个不同目标变量,搭建线性回归模型。

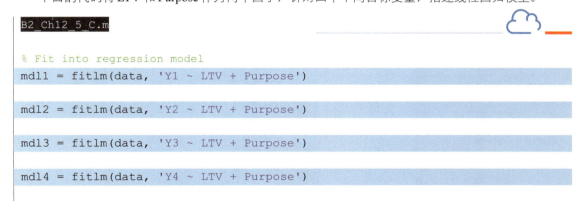

这里使用的是MATLAB的fitlm()函数,在本丛书关于回归模型的章节中,大家还会看到对该函数的多次使用以及对于回归模型更集中的讨论。如以上代码所示,fitlm( )函数需要定义输入的数据,以

及数据中包含的目标变量和解释变量。以"mdl1"为例，fitlm( )函数会给出如下关于模型的信息：

```
>> mdl1 = fitlm(data, 'Y1 ~ LTV + Purpose')
mdl1 =
Linear regression model:
    Y1 ~ 1 + LTV + Purpose

Estimated Coefficients:
Estimate            SE              tStat           pValue
(Intercept)
-0.04292648         0.0147073       -2.918708251    0.00355417
LTV
0.35654067          0.0195530       18.2345561      7.74450e-69
Purpose
0.14437591          0.0246782       5.85032750      5.71939e-09

Number of observations: 2000, Error degrees of freedom: 1997
Root Mean Squared Error: 0.289
R-squared: 0.155,   Adjusted R-Squared 0.155
F-statistic vs. constant model: 184, p-value = 5.33e-74
```

这当中包括各个解释变量前的系数以及统计变量（Estimate、SE、tState及pValue）和模型的拟合程度（R-squared及Adjusted R-Squared）等。这里pValue越小，说明对应的解释变量与目标变量的关系越密切，统计上归类于显著性假设检验。R-squared及Adjusted R-Squared的值为0～1，并且值越大说明模型中的解释变量对目标变量的解释力度越大，模型对目标变量历史变化的拟合程度越高。这两个概念的相关内容会在本丛书第三本书的相关章节进行具体解释。

表12.3总结了四个不同的目标变量下各个模型的基本信息。可以看到Y_3（常态概率转化）是模型中拟合度最高的；Y_1（原始LGD）和Y_2（逻辑变化）紧随其后，并且拟合度十分接近；Y_4（自然对数变化）的拟合度最低，并且与其他三个目标变量相比有明显的差距。在四个模型中，解释变量'Purpose'都表现出了很高的显著性，与目标函数关系密切，与之前的猜想一致。这个例子主要是用来演示建模方法，实际中还可以引入更多更合适的解释变量，来进一步提高模型的拟合程度。

表12.3 不同LGD相关模型结果

	Y_1	Y_2	Y_3	Y_4
(Intercept)	−0.04293	−8.99111	−3.63175	0.28695
t-statistic p-value, (Intercept)	0.00355	2.64813e-184	1.41113e-208	0.02340
LTV	0.35654	6.71252	2.62710	−1.64389
t-statistic p-value, LTV	7.74450e-69	4.23711e-68	5.61446e-74	4.41634e-22
Purpose	0.14438	2.89750	1.12201	−0.88274
t-statistic p-value, Purpose	5.71939e-09	6.87472e-10	1.67383e-10	3.32603e-05
R-Squared	0.15546	0.15557	0.16773	0.05365
Adjusted R-Squared	0.15462	0.15473	0.16690	0.05270

早期根据债券价格计算出的回收率平均值大概在40%，相当于违约损失率为60%（Hickman, 1958; Altman and Nammacher, 1984; Altman and Kishore, 1996）。如今，40%回收率的假设仍然被很多市场参与者采用。如图12.17所示为Moody's根据广泛采样得到的回收率分布，其中显示分布的期望值（平均值）也几乎是40%。但是因为分布偏移严重，无论是期望值40%还是中位数34.5%对于个案而言都不是很好的参考值，在大多数情况下回收率出现在20%左右，即违约损失在80%左右。表12.4展示了

Moody's定义的11个行业领域的回收率值，包括**交通运输**（transportation）、**工业**（industrial）、**保险业**（insurance）、**银行业**（banking）、**公共事业**（public utility）、**金融业**（finance）、**储蓄业**（thrifts）、**证券**（securities）、**房地产**（real estate）、**其他非银行业务**（other non-bank）、**主权业务**（sovereign）等。从表12.4的数据可以看出，不同行业和领域之间的回收率（违约损失率）有很大的差异。

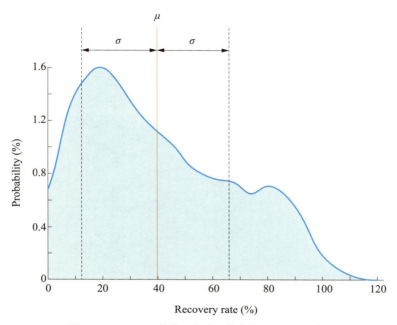

图12.17 Moody's债券及贷款回收率分布图（2002年）

表12.4 Moody's不同行业回收率平均值估算（2002年）

Industry	Average of recovery rate	Observed volume	Number of observations
Transportation	38.6%	27.4%	72
Industrial	40.5%	24.4%	728
Insurance	39.8%	21.4%	12
Banking	22.6%	16.6%	25
Public utility	69.6%	21.8%	57
Finance	45.6%	31.2%	11
Thrifts	25.6%	26.3%	20
Securities	15.4%	2.0%	2
Real estate	25.7%	17.2%	8
Other non-bank	24.8%	15.4%	15
Sovereign	56.8%	27.4%	8

至此，本书的核心内容已经结束。本书共分12章。第1～3章首先分析市场常见数据，然后探讨随机建模基础以及模拟随机过程。第1章以股票市场指数为基础探讨市场波动、回报率和波动率，请读者格外注意指数加权移动平均法，简称EWMA。第2章主要介绍随机数特点，请读者掌握布朗运动和几何布朗运动的特点。第3章探讨两种重要的随机过程模拟——几何布朗运动和均值回归过程，这一章介绍的模型校准是任何模拟的必要环节，请读者在以后的建模实践格外注意。

第4～6章，以Black-Scholes模型方法为基础，讨论期权定价、敏感性和奇异期权分析这三个话题。Black-Scholes模型是现代金融业的支柱之一，曾被列为"改变世界的13个公式（*13 Math Equations that Changed the World*）"之一。读者朋友需要格外留心表达期权敏感性的希腊字母Delta、Gamma、Theta、Vega和Rho，它们对于期权分析格外重要。

市场风险和信用风险是风险管理的两个重要的模块。本书用两章讨论了市场风险度量，首先讨论资产风险因子和敏感度以及损益估算，然后集中讨论参数法、历史法、历史加权和蒙特卡洛模拟法计算风险价值，最后讨论VaR回顾测试。本书最后三章，也就是第10~12章，集中讨论信用风险内容。第10章首先介绍信用风险基础，然后讨论个人和企业信用评分模型。第11章主要讨论违约概率、信用转移和两个主要结构违约模型。第12章主要讲解缩减式风险模型、违约相关性和违约损失率。

各位读者，丛书的内容已经过半；在前两本基础上，丛书后面要进一步深入探讨金融领域广泛使用的数学方法、数据方法、建模方法、优化方法、人工智能等方法。期待和您再见！

Appendix
附录

A-B

addtodate(CalWin, month_shift_array(j), 'month') 按字段修改日期数字，将数量month_shift_array(j)添加到标量日期序列值 CalWin 的指定日期字段'month'，并返回更新的日期数字。指定的日期字段还可以是'year'、'day'、'hour'、'minute'、'second' 或 'millisecond'

asianbycrr() 用CRR二叉树方法计算亚式期权价值

asianbystt() 用标准三叉树计算亚式期权价值

assetbybls() 用BSM方法计算资产或空手期权价值

assetsensbybls() 用BSM方法计算资产或空手期权价值和敏感

autobinning(csc_obj,…) 自动对csc_obj中的数据进行分箱操作

autocorr(A) 计算自相关性，并绘制火柴杆状图

barrierbybls() 用BSM方法计算障碍期权价值

barrierbycrr() 用CRR二叉树方法计算障碍期权价值

barrierbyfd() 用有限差分计算障碍期权价值

barrierbystt() 用标准三叉树计算障碍期权价值

barriersensbybls() 用BSM方法计算障碍期希腊字母

barriersensbyfd() 用有限差分方法计算障碍期权价值和敏感性

bininfo(csc_obj,…) 查看并显示creditscorecard对象csc_obj中数据分箱信息，并可提过相关的信息价值information value参数

binprice() CRR二叉树计算美式期权价值

blsdelta() BSM模型计算欧式期权Delta

blsgamma() BSM模型计算欧式期权Gamma

blsimpv() BSM模型计算隐含波动率

blsprice() BSM模型计算欧式期权价格

blsrho() 用BSM模型计算Rho值

blstheta() 用BSM模型计算Theta值

blsvega() 用BSM模型计算Vega值

bndconvy() 根据收益率计算债券凸率

bnddurp() 给出债券价值计算久期

bnddury() 根据收益率计算债券久期

bndprice(Yield,CouponRate,Settle,Maturity) 将收益率转化为价格

bndyield(Clean_Price, CouponRate, Settle, Maturity, Period, Basis) 将净价等转化为收益率

bondbyzero(RateSpec,CouponRate,Settle,Maturity) 获得债券当前的全价、净价和现金流情况

bondDefaultBootstrap() 根据市场上的相关债券和利率信息获得债券价格中隐含的违约概率

box off 绘图时，不绘制图的边框

C-D

cashbybls() 用BSM方法计算现金或空手期权价值

cashsensbybls() 用BSM方法计算现金或空手期权价值和敏感性

categorical(A) 根据数组A创建分类数组。B的类别是A的唯一值且经过排序

cdsbootstrap() 根据市场上的信用违约互换CDS和利率信息获得CDS产品隐含的违约概率

ceil(x) 朝正无穷大四舍五入

cfconv(CashFlow,Yield) 计算现金流的凸率

cfdur(CashFlow,Yield) 根据输入的现金流和收益率计算久期和修正久期

chol() 进行Cholesky分解

colorbar('horiz') 显示色阶的颜色栏，水平放置

corr2cov() 将标准差和线性相关系数转化为协方差

corrcoef(A) 计算矩阵A的相关系数矩阵

creditDefaultCopula() 用来构建creditDefaultCopula对象

creditscorecard(data,…) 在MATLAB中创建creditscorecard对象csc_obj

cumprod(A) 计算累乘

cumsum(A) 计算累求

daspect([1,1,1]) 指定坐标轴方向上采用相同的数据单位长度

datemnth() 可以用来生成指定时间间隔的日期序列

datenum() 将日期和时间转换为日期序列值

datestr(New_settle) 将日期和时间转换为字符串格式

datetick('x','yyyy','keeplimits') 将图里的横坐标改为以年份格式显示，'keeplimits'选项是使得横坐标的范围按照指定的开始日期和结束日期显示

datetime() 可将日期时间类型从数据转为字符类型

datetime() 对时间变量的输入格式进行定义

daysadd() 可用来在日期序列上添加额外的日期点

dblbarrierbybls() 用BSM方法计算双障碍期权价值

dblbarrierbyfd() 用有限差分计算双障碍期权价值

dblbarriersensbybls() 用BSM方法计算双障碍期权价值和敏感性

dblbarriersensbyfd 用有限差分计算双障碍期权价值和敏感性

diag() 创建对角矩阵或获取矩阵的对角元素

diff(X) 当X为向量时计算相邻元素之间的差值，当X为矩阵时，计算相邻行对应元素之间的差值

disp(['Print this value:', num2str(value)]) 在命令窗口上显示

displaypoints(csc_obj,…) 对变量分箱节点进行查询和显示

double() 将所有数值变量存储为8字节(64位)双精度浮点值

E-K

ecdf() 经验积累分布函数

fetch(c,series,startdate,enddate) 可以

用来从各种数据库获得数据，比如FRED等。FRED数据的URL为'https://fred.stlouisfed.org/'

`fit()` 用来拟合指数曲线，提供曲线参数

`fitlm()` 用来构建线性回归模型

`fitmodel(csc_obj,…)` 对creditscorecard对象直接构建逻辑回归模型，默认变量选择使用逐步筛选法，并可提过模型相关信息，例如卡方检验p值，修正R2值等

`fliplr(A)` 将矩阵A左右翻转

`floor(X)` 将 X 的每个元素四舍五入到小于或等于该元素的最接近整数

`formatstyle` 设置命令行窗口输出显示格式，常见的格式有short（默认）、long、shortE、longE、shortG、bank等等

`fred(url)` 当url='https://fred.stlouisfed.org/'，可以使用fred(url)圣路易士联邦储备银行[FederalReserveBank of St Louis]的官网下载大量经济数据

`fsolve()` 求解指定方程解

`getZeroRates()` 通过IRDataCurve对象计算并提取其中的即期利率

`grid off` 绘图时关闭网格

`groupsummary()` 对输入数据根据指定变量进行分群总结

`heatmap()` 创建热图

`hist_stock_data('01012015','31052019','GM','F','MCD','IBM');` `hist_stock_data()` 这是Matlab论坛网友分享的函数，可以用于下载Yahoo! Finance提供的历史股票价格数据。'01012015'和'31052019'分别定义查询的起始和结束日期。'GM','F','MCD' 和 'IBM' 为待查询股票的公司的名称，分别为通用汽车公司，福特汽车公司，麦当劳和IBM。此外，公司的缩写可通过Yahoo! Finance官网https://ca.finance.yahoo.com/ 查询获取

`histfit(A)` 绘制A直方图，并根据A拟合出其概率分布曲线

`histogram(A, 20)` 根据数据A生成直方图，直方条的数量是20

`histogram(A, 20,'Normalization','probability')` 将数据A归一化，归一化方法是"probability"，然后生成直方图

`HullWhite1F(RateSpec,HW_alpha,HW_sigma)` 构建Hull-White利率模型

`impvybls()` 用于计算隐含波动率

`innerjoin(table1, table2, …)` 可对两个table数据进行合并操作

`integral(fun,min(x),max(x))` 计算函数在自变量x的定义域内的数值积分值

`intenvset()` 创建利率期限结构

`IRDataCurve()` 定义IRDataCurve利率对象

`isnan()` 判断查询数组元素是否包含NaN值

`ksdensity(X_norm_rand,x,'function','cdf')` 根据样本数据X_norm估算其在指定的点x的累计分布函数CDF值

L-P

`legend boxoff` 在图中生成图例时，不绘制图例的边框

`legend show` 显示图例

`legend(legendCell,'location','best')` 绘图时定义图例的位置，参数location和best定义图例的位置为坐标区内与绘图数据冲突最少的地方，除了best，还有bestoutside、none、north、south等，具体含义请读者参阅MATLAB帮助手册

`lognpdf(x,mu_logn,sigma_logn)` 返回对数正态分布(数学期望是mu_login，标准差是

sigma_logn)在x处的概率密度函数pdf的值

mertonByTimeSeries() 应用Merton模型计算违约概率，使用向量输入

mertonmodel() 应用Merton模型计算违约概率，使用单一值输入

mesh(..., 'FaceColor','none') 不显示网格图网面，也就是将其设置为全透明

modifybins(csc_obj,…) 调整creditscorecard对象csc_obj中数据的分享情况，进行人为修改

nanstd(X) 去除所有的NaN值，计算x的标准差。类似的还有nanmean()

nargin 针对当前正在执行的函数，返回函数调用中给定函数输入参数的数目。该语法仅可在函数体内使用

nargout 针对当前正在执行的函数，返回该函数调用中指定的函数输出参数的数目。该语法仅可在函数体内使用

nchoosek(n,k) 提供当n为整数时，从n个变量中选取k个变量进行排列的情况总数；当n为序列时，提供相应的具体排列情况

normcdf() 给出标准正态分布累积概率

norminv() 正态分布累计分布函数逆函数

norminv() 获得正态累积分布逆函数值

normpdf(x,mu,sigma) 根据指定的x值计算其正态分布的概率分布函数值；数学期望是mu，标准差是sigma

num2str() 将数值型变量转化为字符型变量

numel() 返回数组 A 中的元素数目 n 等同于prod(size(A))

pearsrnd(mu,sigma,skew,kurt,m,n) 根据平均值mu，标准差sigma，偏度skew，峰度kurt生成符合泊松分布的$m \times n$的随机数矩阵

permute() 对输入数据进行结构上行列间的变形

plotbins(csc_obj,…) 绘制数据分箱直方图及WOE曲线

plotmatrix(A) 创建的散点图矩阵。矩阵的第i行、第j列中的子图是A的第i列相对于X的第j列的散点图。沿对角线方向是X的每一列的直方图

pol2cart(theta,rho) 将极坐标转化为直角坐标值

portfolioRisk() 提过creditDefaultCopula对象仿真得到的风险测量，例如预期损失，非预期损失，VaR等

portopt() 构建有约束的投资组合

portstats() 计算投资组合的风险和收益

prctile() 计算数据百分位值

price2ret() 价格水平换算成利率

probdefault() 对creditscorecard对象直接操作计算违约概率

probplot() 绘制概率图

pvvar(CashFlow, Rate, CFDates) 用于计算非固定现金流。其中，CashFlow为现金流的金额，Rate为年化利率，CFDates 为支付现金流的时间(可选)

Q-S

qqplot(x) 绘制x对比正态分布的分位图，若x的分布是正态分布，则图形为线性图形

quantile() 计算数据分位点

rand() 均匀连续分布随机数生成器

randn() 标准正态分布随机数生成器

rate2disc() 利率换算成折算因子

reordercats() 对分类数组中的类别重新排序

repmat(A,n) 返回一个数组，该数组在其行维度和列维度包含A的n个副本。A为矩阵时，B大小为size(A)*n

repmat(A,r) 使用行向量r指定重复方案。例如，repmat(A,[2 3])与repmat(A,2,3)返回相同的结果

repmat(A,r1,…,rN) 指定一个标量列表r1,…,rN，这些标量用于描述A的副本在每个维度中如何排列。当A具有N维时，B的大小为size(A).*[r1...rN]

ret2tick() 将回报率序列变成价格序列

rmmissing(A) 从数组或表中删除缺失的条目

rng('default') 确保反复试验产生相同的随机数组

round(X) 将X的每个元素四舍五入为最近的整数

scatterhist(x,y,'NBins',[num_bins,num_bins]) 绘制二维散点图和直方图。参数 [num_bins,num_bins]分别定义x和y的直方图的直方条数量

set (gca, 'xdir','reverse') 调转横轴方向

set(gca, 'XAxisLocation','origin') 将横轴在纵轴截距设在原点处

set(gca,'xdir','reverse') 翻转x轴方向

set(gca,'XTickLabel',x_labels) 设置图例，x_labels是事先定义好的字符串，如x_labels = {'Overlapped','Mon-Mon','Tue-Tue', 'Wed-Wed','Thu-Thu','Fri-Fri'}

set(gcf,'color','white') 将图的背景设置为白色

simulate() 可用来对creditDefaultCopula对象进行模拟仿真

sort(A) 按升序对 A 的元素进行排序；如果 A 是矩阵，则 sort(A)会将 A 的列视为向量并对每列进行排序

sortrows(table,…) 可针对table数据中的某栏进行升序ascending或降序descending的排序操作

squeeze(A) 返回元素与A相同但删除了所有单一维度的数组；单一维度是指 size(A,dim)=1的任意维度

std() 计算标准差

stem(X,Y) 绘制离散火柴杆图

stockspec(Sigma, AssetPrice, DivType, DivAmount) 创建股票结构对象

syms A(phi) 定义符号函数A(phi)，其中phi是其符号变量

T-Z

tick2ret() 将价格转化为回报率；有Simple和Continuous两个选择

transporbgrouptotals() 对输入的信用转移矩阵进行简化，可将不同的信用级别合并

transprob() 根据历史数据计算信用转移矩阵

trnd() 生成符合学生-t分布的随机数矩阵

unique() 可找出输入向量中的所有唯一项

varargin 是函数定义语句中的一个输入变量，允许函数接受任意数量的输入参数

view() 指定三维图视点或视角

xtickangle(…) 在图形绘制中，可以使用xtickangle(…)函数来调整图中x轴显示坐标label 的水平夹角

xticklabels() 设置或查询 x 轴刻度标签

year() 可获得时间变量中"年"的值

yticklabels() 设置或查询 y 轴刻度标签

yyaxis left 激活当前坐标区中与左侧 y 轴关联的一侧。后续图形命令的目标为左侧

yyaxis right 激活当前坐标区中与右侧 y 轴关联的一侧。后续图形命令的目标为右侧